2024-25年合格目標
大卒程度 **公務員試験**

本気で合格！ 過去問 解きまくり！

① 数的推理・資料解釈

JN172821

はしがき

1 「最新の過去問」を掲載

2023年に実施された公務員の本試験問題をいち早く掲載しています。公務員試験は年々変化しています。今年の過去問で最新の試験傾向を把握しましょう。

2 段階的な学習ができる

公務員試験を攻略するには，さまざまな科目を勉強することが必要です。したがって，勉強の効率性は非常に重要です。『公務員試験 本気で合格！過去問解きまくり！』では，それぞれの科目で勉強すべき項目をセクションとして示し，必ずマスターすべき必修問題を掲載しています。このため，何を勉強するのかをしっかり意識し，必修問題から実践問題（基本レベル→応用レベル）とステップアップすることができます。問題ごとに試験種ごとの頻出度がついているので，自分にあった効率的な勉強が可能です。

3 満足のボリューム（充実の問題数）

本試験問題が解けるようになるには良質の過去問を繰り返し解くことが必要です。『公務員試験 本気で合格！過去問解きまくり！』は，なかなか入手できない地方上級の再現問題を収録しています。類似の過去問を繰り返し解くことで知識の定着と解法パターンの習得を図れます。

4 メリハリをつけた効果的な学習

公務員試験の攻略は過去問に始まり過去問に終わるといわれていますが，実際に過去問の学習を進めてみると戸惑うことも多いはずです。『公務員試験 本気で合格！過去問解きまくり！』では，最重要の知識を絞り込んで学習ができるインプット（講義ページ），効率的な学習の指針となる出題傾向分析，受験のツボをマスターする10の秘訣など，メリハリをつけて必要事項をマスターするための工夫が満載です。

みなさんが本書を徹底的に活用し，合格を勝ち取っていただけたら，わたくしたちにとってもそれに勝る喜びはありません。

2023年9月吉日

株式会社　東京リーガルマインド
LEC総合研究所　公務員試験部

国家公務員（人事院・裁判所）の基礎能力試験が変わります！

人事院や裁判所をはじめ，国家公務員試験で課される基礎能力試験が2024（令和6）年度から大きく変更されます。変更内容は出題数・試験時間・出題内容と多岐にわたっています。2024（令和6）年度受験生は要注意です！

1. 基礎能力試験の問題数・時間・出題内容の変更

2023（令和5）年度以前		2024（令和6）年度以降
〈総合職・院卒者試験〉		
30題／ 2時間20分 ［知能分野24題］ 　文章理解⑧ 　判断・数的推理（資料解釈を含む）⑯ ［知識分野 6題］ 　自然・人文・社会（時事を含む）⑥	⇒	30題／ 2時間20分 ［知能分野24題］ 　文章理解⑩ 　判断・数的推理（資料解釈を含む）⑭ ［知識分野 6題］ 　自然・人文・社会に関する時事，情報⑥
〈総合職・大卒程度試験〉		
40題／ 3時間 ［知能分野27題］ 　文章理解⑪ 　判断・数的推理（資料解釈を含む）⑯ ［知識分野13題］ 　自然・人文・社会（時事を含む）⑬	⇒	30題／ 2時間20分 ［知能分野24題］ 　文章理解⑩ 　判断・数的推理（資料解釈を含む）⑭ ［知識分野 6題］ 　自然・人文・社会に関する時事，情報⑥
〈一般職/専門職・大卒程度試験〉		
40題／ 2時間20分 ［知能分野27題］ 　文章理解⑪ 　判断推理⑧ 　数的推理⑤ 　資料解釈③ ［知識分野13題］ 　自然・人文・社会（時事を含む）⑬	⇒	30題／ 1時間50分 ［知能分野24題］ 　文章理解⑩ 　判断推理⑦ 　数的推理④ 　資料解釈③ ［知識分野 6題］ 　自然・人文・社会に関する時事，情報⑥
〈裁判所職員総合職（院卒）〉		
30題／ 2時間25分 ［知能分野27題］ ［知識分野 3題］	⇒	30題／ 2時間20分 ［知能分野24題］ ［知識分野 6題］
〈裁判所職員総合職（大卒）・一般職（大卒）〉		
40題／ 3時間 ［知能分野27題］ ［知識分野13題］	⇒	30題／ 2時間20分 ［知能分野24題］ ［知識分野 6題］

2023年8月28日現在の情報です。

<変更点>

- ［共通化］：原則として大卒と院卒で出題の差異がなくなります。
- ［問題数削減・時間短縮］：基本的に出題数が30題となります（総合職教養区分除く）。それに伴い，試験時間が短縮されます。
- ［比率の変更］：出題数が削減された職種では，知能分野より知識分野での削減数が多いことから，知能分野の比率が大きくなります（知能分野の出題比率は67.5％→80％へ）
- ［出題内容の変更①］：単に知識を問うような出題を避けて時事問題を中心とする出題となります。従来，時事問題は，それのみを問う問題が独立して出題されていましたが，今後は，知識分野と時事問題が融合した出題になると考えられます。
- ［出題内容の変更②］：人事院の場合，「情報」分野の問題が出題されます。

2. 時事問題を中心とした知識

「単に知識を問うような出題を避けて時事問題を中心とする出題」とはどんな問題なのでしょうか。

人事院は，例題を公表して出題イメージを示しています。

人事院公表例題

【No. 】世界の動向に関する記述として最も妥当なのはどれか。

1. 英国では，2019年にＥＵからの離脱の是非を問う国民投票と総選挙が同時に行われ，それらの結果，ＥＵ離脱に慎重であった労働党の首相が辞任することとなった。ＥＵは1990年代前半に発効したリスボン条約により，名称がそれまでのＥＣから変更され，その後，トルコやウクライナなど一部の中東諸国や東欧諸国も2015年までの間に加盟した。 ← 社会科学の知識で解ける部分

2. 中国は，同国の人権問題を厳しく批判した西側諸国に対し，2018年に追加関税措置を始めただけでなく，レアアースの輸出を禁止した。中国のレアアース生産量は世界で最も多く，例えば，レアアースの一つであるリチウムは自然界では単体で存在し，リチウムイオン電池は，充電できない一次電池として腕時計やリモコン用電池に用いられている。 ← 自然科学（化学）の知識で解ける部分

3. ブラジルは，自国開催のオリンピック直後に国債が債務不履行に陥り，2019年に年率10万％以上のインフレ率を記録するハイパーインフレに見舞われた。また，同年には，アマゾンの熱帯雨林で大規模な森林火災が発生した。アマゾンの熱帯雨林は，パンパと呼ばれ，多種多様な動植物が生息している。 ← 人文科学（地理）の知識で解ける部分

4. イランの大統領選で保守穏健派のハメネイ師が2021年に当選すると，米国のバイデン大統領は，同年末にイランを訪問し，対イラン経済制裁の解除を約束した。イランや隣国のイラクなどを流れる，ティグリス・ユーフラテス両川流域の沖積平野は，メソポタミア文明発祥の地とされ，そこでは，太陽暦が発達し，象形文字が発明された。 ← 人文科学（世界史）の知識で解ける部分

5. （略）

この例題では，マーカーを塗った部分は，従来の社会科学・自然科学・人文科学からの出題と完全にリンクします。そして，このマーカーの部分にはそれぞれ誤りが含まれています。

この人事院の試験制度変更発表後に行われた，2023（令和5）年度本試験でも，翌年以降の変更を見越したような出題がなされています。

2023（令和5）年度国家総合職試験問題

【No. 30】 自然災害や防災などに関する記述として最も妥当なのはどれか。

1. 日本列島は，プレートの沈み込み帯に位置し，この沈み込み帯はホットスポットと呼ばれ，活火山が多く分布している。太平洋プレートとフィリピン海プレートの境界に位置する南海トラフには奄美群島の火山があり，その一つの西之島の火山では，2021年に軽石の噴出を伴う大噴火が起こり，太平洋沿岸に大量の軽石が漂着して漁船の運航などに悪影響を及ぼした。

2. 太平洋で発生する熱帯低気圧のうち，気圧が990 hPa未満になったものを台風という。台風の接近に伴い，気象庁が大雨警報を出すことがあり，この場合，災害対策基本法に基づき，都道府県知事は鉄道会社に対して，計画運休の実施を指示することとなっている。2022年に台風は日本に5回上陸し，その度に計画運休などで鉄道の運行が一時休止した。

3. 線状降水帯は，次々と発生する高積雲（羊雲）が連なって集中豪雨が同じ場所でみられる現象で，梅雨前線の停滞に伴って発生する梅雨末期特有の気象現象である。2021年7月，静岡県に線状降水帯が形成されて発生した「熱海土石流」では，避難所に指定された建物が大規模な崖崩れにより崩壊するなどして，避難所の指定の在り方が問題となった。

4. 巨大地震は，海洋プレート内で起こる場合が多い。地震波のエネルギーはマグニチュード（M）で示され，マグニチュードが1大きくなるとそのエネルギーは4倍大きくなる。2022年にM8.0を超える地震は我が国周辺では発生しなかったものの，同年1月に南太平洋のトンガで発生したM8.0を超える地震により，太平洋沿岸などに10 m以上の津波が押し寄せた。

5. （略）

> 自然科学（地学）の知識で解ける部分

この出題でも，マーカーを塗った部分には，それぞれ誤りが含まれています。そのうえ，すべて自然科学（地学）の知識で判別することができます。
マーカーを塗っていない箇所は，時事的な話題の部分ですが，この部分にも誤りが含まれています。

これらから言えることは，まず，時事の部分の判断で正答を導けるということ。そして，時事の部分について正誤の判断がつかなくても，さらに社会・人文・自然科学の知識でも正解肢を判断できるということです。つまり，2つのアプローチで対応できるわけです。

3. 知識問題の効果的な学習方法

① **社会科学**

　社会科学は多くの専門科目（法律学・経済学・政治学・行政学・国際関係・社会学等）の基礎の位置づけとなる守備範囲の広い科目です。もともと「社会事情」として社会科学の知識と最新トピックが融合した出題はよく見られました。そのため，基本的に勉強の方法や範囲に変更はなく，今回の試験内容の見直しの影響はあまりないといえるでしょう。時事の学習の際は，前提となる社会科学の知識にいったん戻ることで深い理解が得られるでしょう。

② **人文科学**

　ある出来事について出題される場合，出来事が起こった場所や歴史的な経緯について，地理や日本史，世界史の知識が問われることが考えられます。時事を人文科学の面から学習するにあたっては，その国・地域の理解の肝となる箇所を押さえることが重要です。ニュースに触れた際に，その出来事が起こった国や地域の地理的条件，その国を代表する歴史的なトピック，周辺地域との関係や摩擦，出来事に至るまでの経緯といった要素を意識することが大事です。

③ **自然科学**

　自然科学は，身の回りの科学的なニュースと融合しやすいため，出題分野が偏りやすくなります。たとえば，近年の頻出テーマである環境問題，自然災害，DXや，宇宙開発，産業上の新技術，新素材といった題材では，主に化学や生物，地学と親和性があります。自然科学の知識が身の回りや生活とどう関わりあっているのか，また，科学的なニュースに触れたときには，自分の持つ自然科学の知識を使って説明できるかを意識しながら学習することを心がけていきましょう。

2024年，国家公務員試験が変わります！！
～変更のポイントと対策法をすっきり解説！～

2024年から変わる「国家公務員採用試験」。どこがどう変わるのか，どんな対策をすればよいのか，LEC講師がわかりやすく解説します。

岡田 淳一郎　LEC専任講師

動画は こちらから アクセス！

二次元コードを読み込めない方はこちら↓
lec.jp/koumuin/kakomon24_25/

※動画の視聴開始日・終了日は，専用サイトにてご案内します。
※ご視聴の際の通信料は，お客様負担となります。

本書の効果的活用法

STEP1 出題傾向をみてみよう

各章の冒頭には，取り扱うセクションテーマについて，過去9年間の出題傾向を示す一覧表と，各採用試験でどのように出題されたかを分析したコメントを掲載しました。志望先ではどのテーマを優先して勉強すべきかがわかります。

❶ 出題傾向一覧

章で取り扱うセクションテーマについて，過去9年間の出題実績を数字や★で一覧表にしています。出題実績も9年間を3年ごとに区切り，出題頻度の流れが見えるようにしています。志望先に★が多い場合は重点的に学習しましょう。

❷ 各採用試験での出題傾向分析

出題傾向一覧表をもとにした各採用試験での出題傾向分析と，分析に応じた学習方法をアドバイスします。

❸ 学習と対策

セクションテーマの出題傾向などから，どのような対策をする必要があるのかを紹介しています。

● 公務員試験の名称表記について

本書では公務員試験の職種について，下記のとおり表記しています。

地上	地方公務員上級（※1）
東京都	東京都職員
特別区	東京都特別区職員
国税	国税専門官
財務	財務専門官
労基	労働基準監督官
裁判所職員	裁判所職員（事務官）／家庭裁判所調査官補（※2）
裁事	裁判所事務官（※2）
家裁	家庭裁判所調査官補（※2）
国家総合職	国家公務員総合職
国Ⅰ	国家公務員Ⅰ種（※3）
国家一般職	国家公務員一般職
国Ⅱ	国家公務員Ⅱ種（※3）
国立大学法人	国立大学法人等職員

（※1）道府県，政令指定都市，政令指定都市以外の市役所などの職員
（※2）2012年度以降，裁判所事務官（2012～2015年度は裁判所職員）・家庭裁判所調査官補は，教養科目に共通の問題を使用
（※3）2011年度まで実施されていた試験区分

STEP2 「必修」問題に挑戦してみよう

「必修」問題はセクションテーマを代表する問題です。まずはこの問題に取り組み，そのセクションで学ぶ内容のイメージをつかみましょう。問題文の周辺には，そのテーマで学ぶべき内容や覚えるべき要点を簡潔にまとめていますので参考にしてください。

本書の問題文と解答・解説は見開きになっています。効率よく学習できます。

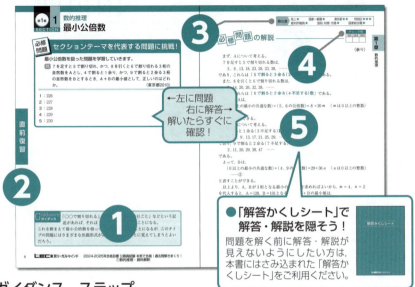

❶ ガイダンス，ステップ

「ガイダンス」は必修問題を解くヒント，ひいてはテーマ全体のヒントです。
「ステップ」は必修問題において，そのテーマを理解するために必要な知識を整理したものです。

❷ 直前復習

必修問題と，後述の実践問題のうち，LEC専任講師が特に重要な問題を厳選しました。試験の直前に改めて復習しておきたい問題を表しています。

❸ 頻出度

各採用試験において，この問題がどのくらい出題頻度が高いか＝重要度が高いかを★の数で表しています。志望先に応じて学習の優先度を付ける目安となります。

❹ チェック欄

繰り返し学習するのに役立つ，書き込み式のチェックボックスです。学習日時を書き込んで復習の期間を計る，正解したかを○×で書き込んで自身の弱点分野をわかりやすくするなどの使い方ができます。

❺ 解答・解説

問題の解答と解説が掲載されています。選択肢を判断する問題では，肢１つずつに正誤と詳しく丁寧な解説を載せてあります。また，重要な語句や記述は太字や色文字などで強調していますので注目してください。

STEP3 テーマの知識を整理しよう

必修問題の直後に，セクションテーマの重要な知識や要点をまとめた「インプット」を設けています。この「インプット」で，自身の知識を確認し，解法のテクニックを習得してください。

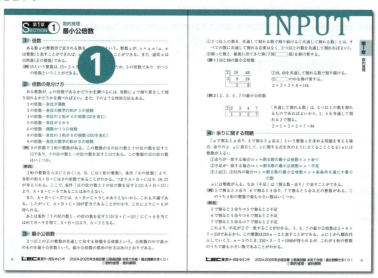

❶「インプット」本文

セクションテーマの重要な知識や要点を，文章や図解などで整理しています。重要な語句や記述は太字や色文字などで強調していますので，逃さず押さえておきましょう。

STEP4 「実践」問題を解いて実力アップ!

「インプット」で知識の整理を済ませたら，本格的に過去問に取り組みましょう。「実践」問題ではセクションで過去に出題されたさまざまな問題を，基本レベルから応用レベルまで収録しています。

❶ 難易度

収録された問題について，その難易度を「基本レベル」「応用レベル」で表しています。
1周目は「基本レベル」を中心に取り組んでください。2周目からは，志望先の採用試験について頻出度が高い「応用レベル」の問題にもチャレンジしてみましょう。

❷ 直前復習，❸ 頻出度，❹ チェック欄，❺ 解答・解説

※各項目の内容は，STEP2をご参照ください。

LEC専任講師が，『過去問解きまくり！』を使った
「オススメ学習法」をアドバイス！⇒

講師のオススメ学習法

❓ どこから手をつければいいのか?

　まず各章の最初にある「出題傾向の分析と対策」を見て，その章の中で出題数が多いセクションがどこなのかを確認してください。

　そのセクションは捨ててしまうと致命傷になりかねません。必ず取り組むようにしてください。逆に出題数の少ないセクションは優先順位を下げてもよいでしょう。

　各セクションにおいては，①最初に必修問題に挑戦し，そのセクションで学ぶ内容のイメージをつけてください。②次に必修問題の次ページから始まる知識確認によって，そのセクションで学習する考え方や公式を学びます。③そして，いよいよ実践問題に挑戦です。実際に出題された問題を解いてみましょう。

🕐 演習のすすめかた

　本試験で数的処理の解答に割くことができる時間の目安は，1問あたり4分程度です。

❶ 1周目（数分～20分程度：解法を学ぶため時間は気にしない）

　最初は解法を考えるということが重要ですから，いろいろと試行錯誤することになります。したがって，この段階では時間を気にしないで解けそうなら20分でも時間をかけて解き，解けなそうならば解説を見て考え方を学んでください。

❷ 2周目（4分～10分程度：解けるかどうかを確認するため時間内に解けなくてもよい）

　問題集をひととおり終えて2周目に入ったときは，時間を意識して解いていきましょう。ただし，時間内に解けなくても気にしなくてよいです。2周目は問題の解法を覚えているかどうかの復習に重点を置き，「実際に解くことができる」ということが大切です。問題を自分の力で解くということを意識してください。

❸ 3周目以降や直前期（4分程度：時間内に解くことを意識する）

　3周目以降や直前期は，これまでとは逆に解答時間を意識するようにしてください。ただし，すべての問題を4分程度で解けるようになる必要はありません。複数問を一度にまとめて解いたときに，たとえば，5問ならば20分，10問ならば40分というように，1問あたりの解答時間が平均して4分程度になることを目指してください。

　また，このように，まとまった数の問題を一度に解く練習を繰り返すことで，解答に時間のかかる問題を取捨選択し，解答時間を適切に配分する力を養うことができます。

一般的な学習のすすめかた（目標正答率60〜80%）

数的推理・資料解釈の分野をひととおり学習していきます。

全体的に学習することで，さまざまな職種や問題に対応することができることから，安定して合格に必要な得点をとることを目指します。

確認した「出題傾向の分析と対策」で出題数が多い分野を優先的に学習します。目指す職種の出題数に応じて分野の調整をしてください。

一般的に数的推理では最小公倍数，整数，比・割合，速さ，文章題，場合の数，確率の優先順位が高く，次に素因数分解・約数，整数解，数列・規則性と続きます。資料解釈は実数の優先順位が高いです。ただし，東京都や特別区の資料解釈は出題パターンが決まっているので，それらの自治体の過去問を中心に広く取り組んでください。

頻出分野に絞って演習をすることにより，効率よく合格に必要な得点をとることを目指します。1周目は基本レベルの問題を中心に学習し，得意な分野や2周目以降は応用レベルにも挑戦していきましょう。

数的処理で高得点を目指す場合には，優先順位の低い分野や応用レベルの問題も積極的に演習していきましょう。

短期間で学習する場合のすすめかた（目標正答率50〜60%）

試験までの日数が少ない場合，短期間で最低限必要な学習をします。

学習効果が高い問題に絞って演習をすることにより，最短で合格に必要な得点をとることを目指します。

問題ページ左に「直前復習」と書かれた各セクションの必修問題と，以下の「講師が選ぶ『直前復習』50問」に掲載されている問題を解いてください。

直前復習

必修問題17問 +

講師が選ぶ「直前復習」50問

実践2	実践31	実践71	実践121	実践160
実践4	実践32	実践73	実践135	実践174
実践5	実践34	実践79	実践139	実践176
実践10	実践37	実践87	実践140	実践182
実践17	実践41	実践90	実践141	実践185
実践18	実践44	実践103	実践148	実践186
実践22	実践50	実践107	実践151	実践188
実践25	実践52	実践116	実践152	実践198
実践27	実践56	実践118	実践154	実践201
実践30	実践69	実践119	実践158	実践204

目次 CONTENTS

はしがき
本書の効果的活用法
講師のオススメ学習法
数的推理・資料解釈をマスターする10の秘訣

第1章　数的推理 ………………………………………………… 1

SECTION①	最小公倍数 問題1～9 ………………………………………	6
SECTION②	素因数分解・約数 問題10～16 ……………………………	30
SECTION③	整数解 問題17～24 …………………………………………	50
SECTION④	整数 問題25～29 ……………………………………………	74
SECTION⑤	比・割合 問題30～39 ………………………………………	92
SECTION⑥	利益 問題40～42 ……………………………………………	118
SECTION⑦	濃度 問題43～49 ……………………………………………	128
SECTION⑧	記数法 問題50～52 …………………………………………	146
SECTION⑨	数列・規則性 問題53～60 …………………………………	156
SECTION⑩	最大・最小 問題61～65 ……………………………………	180
SECTION⑪	速さ 問題66～98 ……………………………………………	196
SECTION⑫	覆面算・魔方陣 問題99～102 ……………………………	280
SECTION⑬	文章題 問題103～132 ……………………………………	294
SECTION⑭	場合の数 問題133～147 …………………………………	366
SECTION⑮	確率 問題148～171 ………………………………………	412

第2章　資料解釈 ……………………………………………… 473

| SECTION① | 資料解釈（実数・構成比）問題172～195 ……………… | 476 |
| SECTION② | 資料解釈（指数・増減率）問題196～213 ……………… | 564 |

講師厳選！直前にやるべき問題5選！
解説動画を見ながら学習しよう！

本書の『講師が選ぶ「直前復習」問題50問』の中からさらに厳選した5問の解説動画を視聴することができます。

※画面はイメージです。
　実際の解説動画とは異なります。

パソコン・スマートフォンで視聴可能な解説動画です。
1問ごとに区切った10分解説なので、聞きたい問題だけをセレクトして通勤、通学中などスキマ時間にも学習できます。

二次元コードを読み込めない方はこちら↓
lec.jp/koumuin/kakomon24_25/

※動画の視聴開始日・終了日は、専用サイトにてご案内いたします。
※ご視聴の際の通信料はお客様負担となります。

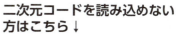

数的推理・資料解釈をマスターする10の秘訣

❶ 習うより慣れろ。そのために，毎日必ず勉強しよう［共通］

❷ 自分のレベルに見合った基本問題を繰り返し解こう［共通］

❸ 初めは解答時間を気にしない。自分で考えることが大事［共通］

❹ 解説を読むだけではなく，必ず計算したり図を描いたりして解きなおそう［共通］

❺ 丸暗記より発想の仕方を覚えよう［共通］

❻ 最後まであきらめない忍耐力が向上力［共通］

❼ 問題文とにらめっこするだけではダメ！ わかることを，とにかく図表に整理してみよう［数的推理］

❽ 公式は「形」だけでなく「使い方」を覚えよう［数的推理］

❾ 問われていることを素早く数式にできるようにしよう［資料解釈］

❿ 大小比較に正確な計算は必要なし。概算できるようにしよう［資料解釈］

第1章

数的推理

SECTION

① 最小公倍数
② 素因数分解・約数
③ 整数解
④ 整数
⑤ 比・割合
⑥ 利益
⑦ 濃度
⑧ 記数法
⑨ 数列・規則性
⑩ 最大・最小
⑪ 速さ
⑫ 覆面算・魔方陣
⑬ 文章題
⑭ 場合の数
⑮ 確率

第1章 数的推理

出題傾向の分析と対策

試験名	地上			国家一般職 (旧国Ⅱ)			東京都			特別区			裁判所職員			国税・財務・労基			国家総合職 (旧国Ⅰ)		
年度	15〜17	18〜20	21〜23	15〜17	18〜20	21〜23	15〜17	18〜20	21〜23	15〜17	18〜20	21〜23	15〜17	18〜20	21〜23	15〜17	18〜20	21〜23	15〜17	18〜20	21〜23
出題数	17	19	17	12	14	13	20	16	17	14	13	14	14	18	19	11	14	13	16	13	13
セクション																					
最小公倍数				★	★	★				★★		★★			★		★	★★		★★	
素因数分解・約数	★★			★		★	★★×4					★	★★	★					★		
整数解	★	★		★			★		★★	★	★★										★
整数	★★	★★	★★		★★	★★	★★×4	★	★					★		★★×4	★		★	★	★
比・割合	★★	★	★★★	★★		★	★		★	★		★				★★	★★	★	★	★	★
利益													★	★★	★		★				
濃度	★★											★		★	★	★	★				
記数法							★	★												★	★
数列・規則性				★	★	★		★		★										★	
最大・最小					★			★						★					★★★	★	
速さ	★★	★★★	★★	★★			★★★	★★★	★★	★★	★									★★★	★★★
覆面算・魔方陣		★★	★		★		★	★	★★												
文章題・その他	★	★★×6	★★×5	★★×4	★			★★×6	★	★	★★	★	★★	★★	★★	★★	★★×4	★	★		
場合の数	★	★★	★	★	★				★	★			★★	★★×4	★★×4				★★		
確率	★★	★		★★	★★	★★×4	★★	★★×4	★	★★	★	★	★	★★	★	★	★★		★★	★★	★★★

(注) 1つの問題において複数の分野が出題されることがあるため、星の数の合計と出題数とが一致しないことがあります。

本書で取り上げている試験種では「確率」,「文章題」,「速さ」,「整数」,「場合の数」からの出題が多い。「最小公倍数」,「素因数分解・約数」は多くの単元の問題の基礎となっているため,志望する試験種で出題が少ないからといって軽視してよいわけではない。

数的推理は分野ごとに用いる公式や解法が決まっているものが多い。その公式や解法を使うために,問題文の情報をどのように整理していくかということが重要である。公式や解法を覚えることは当然として,情報を整理する過程についても意識して学習をしていきたい。

地方上級

例年4～6題程度出題されている。「整数」,「速さ」,「文章題」からの出題が多い。「場合の数」からもよく出題されている。

近年は基本的な問題が多く,解きやすくなっている。そのため,数的推理で得点を落とすと周りと差がついてしまうことから,頻出分野でなくても基本問題をひととおり解けるようにしておきたい。

国家一般職（旧国家Ⅱ種）

例年3～5題程度出題されている。「確率」,「文章題」からの出題が多い。その他は「速さ」,「比・割合」,「最小公倍数」,「整数」,「最大・最小」から広く出題されている。近年は参考書で見慣れない問題や,難易度の高い問題が必ず1問出題され,公式や定石頼みではない理解力が必要である。

東京都

例年5～6題程度の出題であったが,近年は図形の計量の問題をはじめとした数的推理の問題が増加傾向である。「確率」,「文章題」の集合算,「数列・規則性」,「整数解」からの出題が多い。その他は「最小公倍数」,「速さ」から広く出題されている。基本的な問題が多く,確実に得点できるようにしておきたい。以前に出題された過去問と非常に類似した問題が出題されることがあるため,頻出ではない分野も過去に出題されているようならば,基本レベルの問題は解けるようにしたい。

特別区

例年4～6題程度出題されている。「速さ」,「文章題」からの出題が多い。その他は「素因数分解・約数」,「場合の数」,「確率」からの出題が多い。近年は基本的な問題が多いため確実に得点できるようにしておきたい。頻出ではない分野も過去に出題されているようならば,基本レベルの問題は解けるようにしたい。

裁判所職員

　例年5題程度出題されている。「確率」,「整数」,「場合の数」,「数列・規則性」,「文章題」からの出題が多い。他の試験種ではあまり出題されないような問題形式で出題されるものもあり難易度も高いことが特徴である。特に「場合の数」は毎年出題されており,少なくとも1題は難しい問題が含まれていた。しかし,2023年度は全体的に平易な問題が並んだ。基本レベルの問題や過去問題を中心に学習していこう。

国税専門官・財務専門官・労働基準監督官

　例年5題程度出題されている。近年は,「確率」,「文章題」からの出題が多い。その他には「最小公倍数」,「比・割合」,「場合の数」からの出題も多い。典型的な問題形式の出題もあるが,問題の意図を理解することが手間取るような応用問題も出題されるため,基本的な問題については確実に得点できるようにしておくのがよいだろう。

国家総合職（旧国家Ⅰ種）

　例年3〜5題程度出題されている。「確率」,「場合の数」,「速さ」からの出題が多い。「文章題」では,分野横断的な解法が必要になる問題が多いため,他の試験種を受験するとき以上にすべての分野の問題をひととおり解けるようになっておく必要性が高い。計算量が多い問題であったり,複雑だったりする問題が多いことから,情報をうまく整理し計算できるようにしておきたい。また,15年以上前の問題をアレンジして出題されたこともある。

第1章 数的推理

Advice アドバイス 学習と対策

　数的推理の基礎となっているのが，算数と数学の知識である。これを避けて通ることはできない。算数・数学の基本書や問題集の学習を通じて，苦手意識を払拭してほしい。

　また，数的推理は，算数・数学の知識を利用して問題文を推理する科目ではあるが，算数・数学そのものではない。したがって，数的推理を解くにあたって最も求められるものは，「問題文の条件から，問題を解くために適した知識を選び出すことができる読解力」である。この読解力を身につけるには，まずは，典型的なパターン問題を反復することにより，数的推理特有の思考に慣れることが必要である。また，解けない問題もあると思うが，そのときもただ解説を読むだけではなく，「どうしてこのような解説になったのだろう」「問題文のどこの条件からこのような解法に至ったのだろう」というところまで考えて理解してほしい。当然ではあるが，問題を解くにあたって解法の方針を決定付けるのは問題文のみである。思いこみや感覚でただなんとなく解くのではなく，問題文の記述から解法の方針をきちんと選択できるようになってほしい。

数的推理
最小公倍数

必修問題 セクションテーマを代表する問題に挑戦！

最小公倍数を扱った問題を学習していきます。

問 7を足すと5で割り切れ、かつ、8を引くと6で割り切れる3桁の自然数をAとし、4で割ると1余り、かつ、9で割ると2余る3桁の自然数をBとするとき、A＋Bの最小値として、正しいのはどれか。
　　　　　　　　　　　　　　　　　　　　　　　（東京都2010）

1 ： 226
2 ： 227
3 ： 228
4 ： 229
5 ： 230

Guidance ガイダンス

「○○で割り切れる」、「○○日周期、○○日ごと」などという記述があれば、それは「○○の倍数」ということになる。
これを踏まえて最小公倍数を扱って問題を解いていくことになるが、このタイプの問題にはさまざまな出題形式がある。パターンごとに覚えてしまうとよいだろう。

頻出度	地上 ★	国家一般職 ★	東京都 ★★	特別区 ★★★
	裁判所職員 ★	国税・財務・労基 ★	国家総合職 ★	

必修問題の解説

チェック欄

1回目	2回目	3回目
✕		

〈余り〉

第1章 数的推理

まず，Aについて考える。

7を足すと5で割り切れる数は，

　3，8，13，18，23，28，33，38，……

であり，これらは「**5で割ると3余る（2不足する）数**」である。

また，8を引くと6で割り切れる数は，

　8，14，20，26，32，38，……

であり，これらは「**6で割ると2余る（4不足する）数**」である。

よって，Aは，

　（0以上の最小の共通な数）＋（5，6の公倍数）＝ $8 + 30m$ 　（m は0以上の整数）

　　　……①

と表すことができる。

次に，Bについて考える。

4で割ると1余る（3不足する）数は，

　1，5，9，13，17，21，25，29，……

であり，9で割ると2余る（7不足する）数は，

　2，11，20，29，38，47　……

である。

よって，Bは，

　（0以上の最小の共通な数）＋（4，9の公倍数）＝ $29 + 36n$ 　（n は0以上の整数）

　　　……②

と表すことができる。

以上より，A，Bが3桁となる最小の自然数を求めればよいから，$m = 4$，$n = 2$ を代入すると，A＝128，B＝101となるため，A＋Bの最小値は，

　128＋101＝229

である。

よって，正解は肢4である。

正答 4

第1章 数的推理
SECTION ①
最小公倍数

1 倍数

ある数 a の整数倍で表される数を，a の倍数という。整数 x が，$x = an$（a，n は整数）と表すことができれば，x は a の倍数ということができる。また，通常 n は自然数（正の整数）である。

(例) 15という整数は，$15 = 3 \times 5$ と表すことができるため，3の倍数であり，かつ5の倍数ということができる。

2 倍数の見分け方

ある整数が，a の倍数であるかどうかを調べるには，実際に a で割り算をして割り切れるかどうかを調べればよい。また，下のような判別方法もある。

2の倍数…**末位が偶数**

3の倍数…**各位の数字の和が3の倍数**

4の倍数…**末位の2桁が4の倍数（00を含む）**

5の倍数…**末位が0か5**

6の倍数…**偶数かつ3の倍数**

8の倍数…**末位の3桁が8の倍数（000を含む）**

9の倍数…**各位の数字の和が9の倍数**

(例) 9の倍数で3桁の整数がある。この整数の百の位の数と十の位の数を足すと12であり，十の位の数と一の位の数を足すと15である。この整数の百の位の数はいくつか。

(解説)

3桁の整数をABCとおく（A，B，Cは1桁の整数）。条件「9の倍数」より，各桁の和A＋B＋Cは9の倍数であることがわかる。つまりA＋B＋Cは9，18，27が考えられる。ここで，条件「百の位の数と十の位の数を足すと12（A＋B＝12）」より，A＋B＋C＝9であることはありえない。

また，A＋B＋C＝27とは，A＝B＝C＝9しかありえないから，これも不適である。したがって，A＋B＋C＝18が妥当であることがわかり，これによりC＝6が得られる。

あとは条件「十の位の数と一の位の数を足すと15（B＋C＝15）」にC＝6を当てはめてB＝9を得て，A＋B＝12より，A＝3となる。

3 最小公倍数

2つ以上の正の整数が共通して有する倍数を公倍数という。公倍数の中で最小のものを最小公倍数という。最小公倍数の算出の仕方は次のとおりである。

8　　LEC東京リーガルマインド　2024-2025年合格目標 公務員試験 本気で合格！過去問解きまくり！
①数的推理・資料解釈

INPUT

① 2つ以上の数を，共通して割れる数で割り続ける（「共通して割れる数」とは，すべての数に共通して割れる必要はなく，2つ以上の数を共通して割れればよい）。

② 割った数と，最後に出てきた商（下図 ⬚ 部）を掛け算する。

（例1） 18と48の最小公倍数

```
2 | 18   48
3 |  9   24
        3    8
```

① 18, 48を共通して割れる数で割り続ける。

② ⬚ の中を掛け算する。

$2 \times 3 \times 3 \times 8 = 144$

（例2） 2，3，4，7の最小公倍数

```
2 | 2   3   4   7
    1   3   2   7
```

「共通して割れる数」は，2つ以上の数を割れるものであればよいから，2，4を共通して割れる2で割る。

$2 \times 1 \times 3 \times 2 \times 7 = 84$

4 ▶ 余りに関する問題

「a で割ると p 余り，b で割ると q 余る」という整数 x を求める問題を考える場合，余りの p，q に着目して，x に関する式を次のように立てることとなる（n には整数が入る）。

① 余りが一致する場合 ⇒ x ＝割る数の最小公倍数 × n ＋余り

② 不足が一致する場合 ⇒ x ＝割る数の最小公倍数 × n －不足

③ 上記①，②以外の場合 ⇒ x ＝割る数の最小公倍数 × n ＋各条件を満たす最小の数

n には整数が入る。なお「不足」は「割る数 − 余り」で表すことができる。

（例） 5で割ると3余り，6で割ると4余り，7で割ると5余る正の整数がある。このうち4桁の整数で最も小さい数はいくつか。

（解説）

5で割ると3余り ⇒ 5で割ると2不足

6で割ると4余り ⇒ 6で割ると2不足

7で割ると5余る ⇒ 7で割ると2不足

これより，不足が2で一致することがわかる。5，6，7の最小公倍数は $5 \times 6 \times 7 = 210$ であるから，この整数は $210n − 2$ と表すことができる。n に1から順次代入していくと，$n = 5$ のとき，$210 \times 5 − 2 = 1048$ が得られるが，これが4桁の整数のうちで最も小さい数であることがわかる。

第1章 SECTION 1 数的推理 最小公倍数

実践 問題 1 基本レベル

問 あるイベントの参加者数は100人以上200人未満である。この参加者全員を8人ずつのグループに分けると2人余り，18人ずつのグループに分けると8人余る。この参加者全員を7人ずつのグループに分けると余る人数は，次のうちどれか。 （地上2017）

1：1人
2：2人
3：3人
4：4人
5：5人

OUTPUT

実践 ▶ 問題 **1** ▶ **の解説**

〈最小公倍数〉

1以上の整数を m, n とすると, 8で割って2余る数は $8m+2$, 18で割って8余る数は $18n+8$ と表される。それぞれ小さい順に書き出すと, 次のようになる。

$8m+2$: 10, 18, 26, 34, ……

$18n+8$: 26, 44, 62, 80, ……

それぞれに共通する最も小さな数は, $m=3$, $n=1$ のときの26である。この26に8と18の最小公倍数である72の倍数を足せば, その数はすべて8で割って2余り, 18で割って8余る数となる。

$26+72=98$ は100を超えないため, イベントの参加人数として不適であり, $26+72 \times 2=170$ は100以上200未満であるため, 条件に適する。さらに72を足すと200を超えるため, イベントの参加人数は170人である。

ここで, $170 \div 7$ を計算すると, 商は24, 余りは2であるため, イベントの参加人数を7人ずつのグループに分けると余る人数は2人である。

よって, 正解は肢2である。

正答 **2**

第1章 数的推理

問 4，6，8で割ると余りはそれぞれ1になり，5で割ると余りが3，7で割ると余りが5，15で割ると余りが13になる3けたの自然数は，全部で何個か。

(特別区2014)

1：0個
2：1個
3：2個
4：3個
5：4個

OUTPUT

実践 問題 **2** の解説

チェック欄		
1回目	2回目	3回目
✕		

第1章 数的推理

〈余り〉

　まず，4，6，8で割ると余りがそれぞれ1になる自然数について考える。**すべて余りが1であるから，この自然数は「（4，6，8で割り切れる数）＋1」と考えられる。**ここで，4，6，8で割り切れる数とはこれらの公倍数であり，4，6，8の最小公倍数は24であるから，

　　　$24a + 1$（a は自然数）　……①

と表される。

　次に，5で割ると余りが3，7で割ると余りが5，15で割ると余りが13になる自然数について考える。**これらは余りが異なるが，不足について考えると，5で割ると2不足し，7で割ると2不足し，15で割ると2不足する自然数となるから，この自然数は「（5，7，15で割り切れる数）－2」と考えられる。**ここで，5，7，15で割り切れる数とはこれらの公倍数であり，5，7，15の最小公倍数は105であるから，

　　　$105b - 2$（b は自然数）　……②

と表される。

　さらに，①と②に共通する数を考えると，24と105の最小公倍数は840であるから「（①と②に共通する最小の数）＋$840c$（$c = 0，1，2，……$）」となる。

　ここで，②に $b = 1，2，…$ を代入して得た自然数を24で割って，余りが1になる最初の自然数を探すと，

　　　$103 = 24 \times 4 + 7$，　$208 = 24 \times 8 + 16$，　$313 = 24 \times 13 + 1$，…

となるから，①と②に共通する数は，

　　　$313 + 840c$（$c = 0，1，2，……$）

と表される。したがって，これらのうち3けたの自然数となるのは313の1個である。

　よって，正解は肢2である。

正答 2

実践 問題 3 基本レベル

頻出度 地上★ 国家一般職★ 東京都★★ 特別区★★★
　　　　裁判所職員★ 国税・財務・労基★ 国家総合職★

問 瞬時に点灯する7種類のランプがあり、それぞれ3秒、4秒、5秒、6秒、7秒、8秒、9秒に1回の周期で点灯する。今、午後6時ちょうどに全部のランプを同時に点灯させたとき、同日の午後11時45分ちょうどに点灯するランプは何種類か。　　　　　　　　　　　　　　　　　　　　　　（特別区2017）

1：3種類
2：4種類
3：5種類
4：6種類
5：7種類

OUTPUT

実践 問題 **3** の解説

〈倍数〉

対象となる時間の秒数を計算すると，

午後11時45分 − 午後 6 時 = 5 時間45分 = 345分 = 20700秒

であるから，20700が 3，4，5，6，7，8，9 の倍数であるかどうかを調べればよい。

ここで，9 または 6 の倍数であれば当然 3 の倍数であり，8 の倍数であれば当然 4 の倍数であるから，この順番で調べると効率がよい。

9 の倍数：20700の各位の数字の和は 2 + 0 + 7 + 0 + 0 = 9 であるから，9
（3）の倍数である。

8 の倍数：末位の 3 桁700が 8 の倍数ではないから，8 の倍数ではない。

7 の倍数：20700 ÷ 7 = 2957.1…となり，7 の倍数ではない。

6 の倍数：20700は偶数であり 3 の倍数であるから，6 の倍数である。

5 の倍数：末位が 0 であるから，5 の倍数である。

4 の倍数：末位の 2 桁が00であるから，4 の倍数である。

したがって，20700は，3，4，5，6，9 の倍数であるから，午後11時45分には 3 秒，4 秒，5 秒，6 秒，9 秒の周期で点灯する 5 種類のランプが点灯する。

よって，正解は肢 3 である。

正答 3

SECTION 1 最小公倍数

実践 問題 4 基本レベル

頻出度 地上★★ 国家一般職★ 東京都★ 特別区★★★
裁判所職員★ 国税・財務・労基★ 国家総合職★★

問 あるジムにA～Cの3人が通っており、Aは6日毎に、Bはb日毎に、Cはc日毎に通っている。ある日、3人全員が通ってきた日があり、その次に3人全員が来た日は、その30日後だった。その間、AとBだけが来た日は4日、BとCだけが来た日は2日あった。また、Cだけが来た日もあった。このとき、bとcの差はいくらか。ただし、b, cはともに正の整数とする。　（地上2016）

1：1
2：2
3：3
4：4
5：5

OUTPUT

チェック欄		
1回目	2回目	3回目
×		

実践 問題 **4** の解説

第1章 数的推理

〈約数・倍数〉

まず，最初に3人が来た日を0日目とし，2回目に3人が来た日を30日目とする。30の約数から，1日目から30日目までにジムに通う間隔とその回数については表のとおりである。

ジムに通った間隔	1日毎	2日毎	3日毎	5日毎	6日毎	10日毎	15日毎	30日毎
通った回数	30回	15回	10回	6回	5回	3回	2回	1回

次に，問題文の条件をまとめると次のようになる。ただし，①〜③は30日目を除く。

①：AとBだけ来た日が4日あった　　②：BとCだけ来た日が2日あった

③：Cだけ来た日があった　　④：3人がジムに来たのが30日目であった

①から，$c \neq 1$，$c \neq 6$かつ$b \neq c$，そして②と③から$b \neq 1$，$b \neq 6$となる。さらに，①〜④より，1日目〜30日目の間に，Bは少なくとも7回，Cは少なくとも4回ジムに通ったことになるので，上の表から，bとcのとる値は，

$b = 2, 3$　　　$c = 2, 3, 5$

でbは2通り，cは3通り考えられる。

ここで，$b = 2$，$c = 3$と仮定すると，3人が2回目にジムに来たのが6日目になるので④に反する。また，$b = 3$，$c = 2$のときも④に反する。

上の議論と$b \neq c$より，$c = 5$とわかる。

Cがジムに通った日：5日目，10日目，15日目，20日目，25日目，30日目

最後に，bについて考える。$b = 3$であれば，Bは15日目と30日目にジムに来たことになるが，それは②に反する。$b = 2$のとき，上の①〜③は，

①：6日目，12日目，18日目，24日目　　②：10日目，20日目

③：5日目，15日目，25日目

となり，すべての条件を満たす。

以上より，$b = 2$，$c = 5$とわかり，$c - b = 5 - 2 = 3$である。

よって，正解は肢3である。

正答 **3**

LEC東京リーガルマインド　2024-2025年合格目標 公務員試験 本気で合格！過去問解きまくり！
①数的推理・資料解釈

17

 数的推理
最小公倍数

実践　問題 5　基本レベル

頻出度	地上★★	国家一般職★	東京都★	特別区★
	裁判所職員★	国税・財務・労基★		国家総合職★★

問　1〜200までの番号が付いた200個のボールが袋の中に入っている。次のア〜ウの順番でボールを袋から取り出したとき、袋の中に残ったボールの個数はどれか。　　　　　　　　　　　　　　　　　　　　　　　　（特別区2021）

　ア　7の倍数の番号が付いたボール
　イ　5の倍数の番号が付いたボール
　ウ　2の倍数の番号が付いたボール

1：63個
2：65個
3：67個
4：69個
5：71個

直前復習

OUTPUT

チェック欄		
1回目	2回目	3回目
✕		

実践 問題 **5** の解説

〈倍数の個数〉

第1章 数的推理

まず，1〜200の自然数のうち2の倍数は，5の倍数や7の倍数よりも多い。そこで，2の倍数の番号がついたボールを取り出すことを考える。1〜200の自然数で2の倍数は200÷2＝100個ある。袋の中の偶数の番号がついた100個のボールを取り出す。すると，袋の中には，100個の奇数の番号がついたボールが入っている。1〜200の100個の奇数のうち5の倍数は，5から10ずつ増やしていった数を考えればよい。

5の倍数：5，15，25，35，45，……，185，195　……①

5に10を19回加えて195になることから，①の個数は19＋1＝20個である。

同様に，1〜200の100個の奇数のうち7の倍数は，7から14ずつ増やしていった数を考えればよい。

7の倍数：7，21，35，49，63，……，175，189　……②

7に14を13回加えて189になることから，②の個数は13＋1＝14個である。

①と②の両方に現れる奇数は，35から70ずつ増やしていった数であり，

35，105，175

の3個である。

上の結果，①と②を満たす1〜200の奇数は，

20＋14－3＝31（個）

であるから，袋の中に残ったボールの個数は，

100－31＝69（個）

である。

よって，正解は肢4である。

正答 **4**

LEC東京リーガルマインド　2024-2025年合格目標 公務員試験 本気で合格！過去問解きまくり！
①数的推理・資料解釈

19

第1章 SECTION 1 数的推理
最小公倍数

実践 問題 6 応用レベル

頻出度：地上★★　国家一般職★　東京都★★　特別区★★★
　　　　裁判所職員★　国税・財務・労基★　国家総合職★

問　2分計，3分計，5分計の3つの砂時計が並べてある。この3つを同時に反転させて計りはじめ，どの砂時計も計りきるとすぐに反転させる。ただし，3分計または5分計を反転させるときは，2分計も同時に反転させる。この操作を60分続けると，2分計は何回反転されるか。ただし，開始時と終了時は反転回数に含めない。

(地上1999)

1 : 39回
2 : 43回
3 : 47回
4 : 51回
5 : 55回

OUTPUT

実践 問題 6 の解説

〈倍数の個数〉

　ある偶数分後に2分計を反転させて、1分の量の砂を落として、もう一度反転させるとき、砂は1分の量しか落ちないため、反転後の1分後の次の偶数分後にもまた反転することになる。したがって、**2分計が反転する回数は、開始1分から59分の間で、2の倍数、3の倍数、5の倍数を少なくとも1つは満たす自然数の個数に等しい。**

　まず、2分計が反転する時刻(奇数分)を考える。1から59の奇数の中で、3の倍数となるのは、

　　3, 9, 15, 21, 27, 33, 39, 45, 51, 57　……①

の合計10個ある。

　また、1から59の奇数の中で、5の倍数となるのは、

　　5, 15, 25, 35, 45, 55　……②

の合計6個ある。

　①と②両方に15と45があるため、1から59の奇数の中で3の倍数または5の倍数になるのは、

　　10 + 6 − 2 = 14(個)

ある。すなわち、開始から奇数分後に2分計が反転するのは14回である。

　次に、開始から偶数分後に、2分計は、

　　59 ÷ 2 = 29 余り 1

より、29回反転することになる。

　以上より、反転する回数は全部で、

　　14 + 29 = 43(回)

である。

　よって、正解は肢2である。

正答 2

SECTION 1 数的推理 最小公倍数

実践 問題 7 応用レベル

頻出度	地上 ★	国家一般職 ★★★	東京都 ★	特別区 ★★
	裁判所職員 ★★	国税・財務・労基 ★★		国家総合職 ★★

問 北米には13年ゼミと17年ゼミといわれる，周期的に一斉に成虫が発生するセミがいる。これらのセミは，卵で生まれてから成虫になるまで13年又は17年を要し，それぞれ13年目，17年目に成虫になる。13年ゼミは3系統あり，それぞれの系統は13年目に成虫になるが，成虫になる年は全て異なり，13年のうち3年はいずれかの系統の成虫が発生している。例えば，2021〜2033年の13年のうち，成虫が発生するのは2024年，2027年，2028年の3年だけである。同様に，17年ゼミは12系統あり，17年のうち12年はいずれかの系統の成虫が発生している。

2021年以降，最初に13年ゼミの3系統，17年ゼミの12系統の成虫が発生する予定の年は次のとおりであり，その後もそれぞれの系統は13年又は17年ごとに成虫が発生することが見込まれている。なお，セミは成虫となった年までしか生きることができない。

> 13年ゼミ
>   2024年，2027年，2028年
> 17年ゼミ
>   2021年，2024年，2025年，2029〜2037年の各年

ここで，2021〜2250年の230年間に，13年ゼミの成虫のみが発生する年は何年あるかを次のように考えたとき，A，B，Cに当てはまるものの組合せとして最も妥当なのはどれか。「ある系統の13年ゼミの成虫が発生するのは13年に1回であり，2021〜2250年の間に13年ゼミの3系統のいずれかが発生している年は，　A　回である。一方，ある系統の13年ゼミとある系統の17年ゼミの両方が発生するのは221（＝13×17）年に1回であり，2021〜2250年の間に13年ゼミの3系統合計でみると，13年ゼミと17年ゼミの両方が発生する年は，　B　回である。よって，13年ゼミのみが発生する年は　C　回である。」

（国家一般職2021）

	A	B	C
1 :	49	35	14
2 :	49	39	10
3 :	49	40	9
4 :	54	37	17
5 :	54	42	12

OUTPUT

チェック欄		
1回目	2回目	3回目

実践 問題 **7** の解説

〈最小公倍数, 剰余の性質〉

まず, 13年ゼミの3系統が発生する回数について考える。2024年から2250年までの227年間に, 13年1周期が,

227 ＝ 13 × 17 ＋ 6

より17回訪れる。その17回目の13年の周期の最終年が, 2023 ＋ 13 × 17 ＝ 2244年であり, 2245年から18回目の13年の周期が始まる。すると,

2245年：2024年系統のセミ, 2248年：2027年系統のセミ,

2249年：2028年系統のセミ

が発生していることがわかり, 13年ゼミの3系統のいずれかが発生している年は合計17 × 3 ＋ 3 ＝ 54回 あることがわかる。

次に, 2024年以降の13年ゼミと17年ゼミの両方が発生する回数について考える。13年ゼミのある1つの系統と17年ゼミのある1つの系統のセミの両方の成虫が発生する年は, お互いの系統数の積でよく, 2024年から2244年の221年間に,

3（13年ゼミの系統数）× 12（17年ゼミの系統数）＝ 36（回） ……①

あることがわかる。そして, 2245年から2250年まで, 2024年に同時に発生した13年ゼミの1系統と17年ゼミの1系統が2245年にも発生することになる。この結果から, 13年ゼミと17年ゼミが両方発生する年は37回あり, 13年ゼミのみが発生するのは54 － 37 ＝ 17回である。

以上より, A：54, B：37, C：17が正しい組合せである。

よって, 正解は肢4である。

【コメント】

①でよい理由は, 17の余りが0 ～16の17通り, 13の余りが0 ～12の13通りある。よって, すべての自然数を13で割った余りと17で割った余りの組合せで類別すると, 13 × 17 ＝ 221通りのグループに自然数を分けることができ, その中の3 × 12 ＝ 36通りであるからである。

本問では, 13年ゼミの3系統について2024年以降の最初の発生年を13で割って余りを調べると,

2024（13で割った余りが9）, 2027（13で割った余りが12）,

2028（13で割った余りが0）

であり, 17年ゼミの12系統についても同様に17で割って余りを調べると,

2024（17で割った余りが1）, 2025（17で割った余りが2）,

最小公倍数

2029（17で割った余りが 6 ），2030（17で割った余りが 7 ），
2031（17で割った余りが 8 ），2032（17で割った余りが 9 ），
2033（17で割った余りが10），2034（17で割った余りが11），
2035（17で割った余りが12），2036（17で割った余りが13），
2037（17で割った余りが14），2038（17で割った余りが15）

になる。

　13と17は互いに素であるから、2024から2244の13×17＝221個の自然数に、13で割った余りと17で割った余りの組合せが 3 ×12＝36個あることになる。

正答 4

memo

第1章　数的推理

25

SECTION 1 最小公倍数

実践 問題 8 応用レベル

頻出度	地上★	国家一般職★	東京都★	特別区★
	裁判所職員★	国税・財務・労基★		国家総合職★★

問 1桁の数 a, b を用いて次のように表される6桁の数があり、13と17のいずれでも割り切れるとき、a と b の和はいくらか。 （国Ⅱ2006）

$$2 \quad 6 \quad \boxed{a} \quad \boxed{b} \quad 2 \quad 6$$

1 : 8
2 : 9
3 : 10
4 : 11
5 : 12

OUTPUT

チェック欄		
1回目	2回目	3回目

実践 問題 **8** の解説 ─────────

〈倍数〉

　題意の数は13と17で割り切れるから，2数の最小公倍数である221でも割り切れることになる。

　題意の数を，

　　$2\ 6\ a\ b\ 2\ 6 = 260000 + 26 + 1000a + 100b$　……①

と表す。

　ここで，260000を221で割ると，

　　$260000 = 1176 \times 221 + 104$

より，余りが104となる。このことから，①を，

$$260000 + 26 + 1000a + 100b = 1176 \times 221 + 104 + 26 + 1000a + 100b$$
$$= 1176 \times 221 + 130 + 1000a + 100b$$
$$= 1176 \times 221 + 10(100a + 10b + 13)$$

と変形する。

　$2\ 6\ a\ b\ 2\ 6$が221で割り切れるためには，

　　$100a + 10b + 13$　……②

が221の倍数であればよいことがわかる。221の倍数を挙げてみると，

　　221, 442, 663, 884, 1105, ……

のうち，一の位が3である②は663のみである。

　以上より，$a = 6$，$b = 5$と決まり，2つの和は11である。

　よって，正解は肢4である。

第1章 数的推理

正答 **4**

LEC東京リーガルマインド　2024-2025年合格目標 公務員試験 本気で合格！過去問解きまくり！
①数的推理・資料解釈

27

第1章 数的推理
SECTION 1 最小公倍数

実践 問題 9 応用レベル

頻出度	地上★★	国家一般職★★	東京都★	特別区★
	裁判所職員★	国税・財務・労基★		国家総合職★

問 異なる2桁の正の整数 a, b があり，$a > b$ である。a は6で割り切れるが，a^2 は8で割り切れず，b は13で割り切れ，ab は40で割り切れる。このとき，$a - b$ の値はいくつか。

(地上2010)

1 ： 8
2 ： 14
3 ： 24
4 ： 28
5 ： 38

OUTPUT

実践 問題 **9** の解説

〈平方数と倍数〉

第1章 数的推理

まず，a は6で割り切れるが，a^2 は8で割り切れないという条件について考える。a は6の倍数（6, 12, 18, 24, 30, ……）であるから，a の平方数は，

$6^2 = 36, 12^2 = 144, 18^2 = 324, 24^2 = 576, 30^2 = 900, ……$

となる。上の数のうち，12の倍数である a の平方数は，すべて8で割り切れることになるため，8で割り切れない a の平方数は，

$6^2 = 36, 18^2 = 324, 30^2 = 900, ……$

が考えられる。これより，この条件を満たす2桁の整数 a は，

$6 \times 3, 6 \times 5, ……, 6 \times 15$

であるから，

$a = 6 \times k = 2 \times 3 \times k$ （k は3〜15に含まれる奇数） ……①

と表すことができる。

次に，b は13で割り切れる2桁の数であるという条件から，

$b = 13m$ （$m = 1, 2, ……, 7$） ……②

と表すことができる。

最後に，ab の積が40で割り切れるという条件について考える。

40を素因数分解すると，

$40 = 2^3 \times 5$

である。

①より，a は2で割ることができるが，4で割り切ることができない。このため，b が4の倍数を満たすことになるため，②の m は，$m = 4$ となり，$b = 52$ と決まる。

$b = 52$ は5の倍数でなく，a が5の倍数であるとわかる。このとき考えられる a は，

・$k = 5$ のときの30 ・$k = 15$ のときの90

であるが，$a > b$ を満たすのは $a = 90$ のみである。

以上より，$a - b$ の値は，

$a - b = 90 - 52 = 38$

である。

よって，正解は肢5である。

正答 **5**

第1章 SECTION 2 数的推理
素因数分解・約数

必修問題 セクションテーマを代表する問題に挑戦！

約数を扱った問題を学習していきます。

問 ある2桁の正の整数 a がある。158, 204, 273を a で割るといずれも割り切れず，余りが等しくなる。このとき，a の各位の和は次のうちどれか。
(地上2019)

1 : 5
2 : 8
3 : 10
4 : 12
5 : 15

Guidance ガイダンス 約数の問題は，①素因数分解を用いて約数の個数や総和を求める問題と，②公約数で解く問題の2種類があります。

〈約数・倍数〉

3つの数字を a で割った余りを b とする。158, 204, 273から b を引いた数は，
$$158-b,\ 204-b,\ 273-b\quad \cdots\cdots ①$$
となって，同じ a の倍数である。これより，①の隣り合う2つの整数の差をみると，
$$(204-b)-(158-b)=46$$
$$(273-b)-(204-b)=69$$
となる。よって，46と69は a の倍数であることから，これら2つの数の約数を調べればよい。

46と69の公約数の中で条件を満たすものは，1は不適であるため，
$$a=23$$
とわかる。

以上より，a の各位の数字の和は $2+3=5$ となる。

よって，正解は肢1である。

正答 1

SECTION ② 第1章 数的推理
素因数分解・約数

1 約数

ある整数 n を割り切ることができる数を n の約数という。たとえば,12の約数は,1，2，3，4，6，12の6個である。

2 素数

1とその数以外に約数を持たない自然数のことを素数という。ただし,1は素数ではない。たとえば,2，3，5，7，11, 13, 17, 19などである。

3 素因数分解

すべての自然数は,素数の積として表すことができる。これを素因数分解という。

(例)72を素因数分解せよ。

(解説)

素数で割り続けていけばよい。

右の割り算の図より,$72 = 2^3 × 3^2$と素因数分解できる。

```
2 ) 72
2 ) 36
2 ) 18
3 )  9
     3
```

(例)$\sqrt{2178M}$(Mは整数)が整数であるとき,Mの最小値はいくらか。

(解説)

2178を素因数分解する。右の割り算の図より,

$2178 = 2 × 3^2 × 11^2$

と素因数分解できる。

```
 2 ) 2178
 3 ) 1089
 3 )  363
11 )  121
      11
```

$\sqrt{2178M}$

$=\sqrt{11^2 × 2 × 3^2 × M}$

ここで,$M = 2$とすると,

$=\sqrt{11^2 × 2^2 × 3^2}$

$=\sqrt{(11 × 2 × 3)^2}$

$=66$

と整数になる。したがって,求める最小値は$M = 2$となる。

4 約数の個数

約数の個数は、素因数分解をすることによって求めることができる。
ある整数が $a^n \times b^m$ と素因数分解できたとき、その約数の個数は $(n+1) \times (m+1)$ 個と求まる。

実際に、12の約数の個数を求めてみる。12を素因数分解すると、$2^2 \times 3^1$ となるから、約数は2, 3を使って、

$1 = 2^0 \times 3^0$
$3 = 2^0 \times 3^1$
$2 = 2^1 \times 3^0$
$6 = 2^1 \times 3^1$
$4 = 2^2 \times 3^0$
$12 = 2^2 \times 3^1$

と表すことができる。つまり、12の約数は $12 = 2^2 \times 3^1$ のうち、2を0〜2個（3通り）、3を0〜1個（2通り）使っていることがわかる。したがって、約数は $3 \times 2 = 6$ 通りの個数があることがわかる（下の樹形図参照）。

【$12 = 2^2 \times 3^1$ の約数の個数】

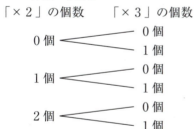

$3 \times 2 = 6$ 通りとわかる。

5 最大公約数

2つ以上の整数に共通な約数を公約数といい、このうち最大のものを最大公約数という。

整数 a, b の最大公約数を g とし、a, b を g で割った商をそれぞれ a', b' とすると、a' と b' は1以外に公約数を持たないという性質を有する。

このように、2つの整数 a', b' が1以外に公約数を持たないとき、a' と b' は互いに素であるという。

素因数分解・約数

実践 問題 10 基本レベル

頻出度	地上★★	国家一般職★	東京都★	特別区★★
	裁判所職員★	国税・財務・労基★		国家総合職★

[問] 2桁の3つの整数(15, 40, X)の最大公約数は5, 最小公倍数は600である。この条件を満たすXの個数はいくつか。　　　　　　（裁判所職員2017）

1 : 1個
2 : 2個
3 : 3個
4 : 4個
5 : 5個

OUTPUT

実践 問題 **10** の解説

〈素因数分解・約数〉

まず, 15と40の最小公倍数は,

$$2^3 \times 3 \times 5 = 120$$

である。120の約数は, 上の式から,

$2^a \times 3^b \times 5^c$（$a$は0〜3の整数, bは0〜1の整数, cは0〜1の整数） ……①

と表すことができる。Xが①を満たす数なら, 3つの整数の最小公倍数は120となり条件に反するため, Xは①を満たす数でない。

同様に, 600を素因数分解すると,

$$600 = 2^3 \times 3 \times 5^2$$

となる。600の約数は, 上の式から,

$2^A \times 3^B \times 5^C$（Aは0〜3の整数, Bは0〜1の整数, Cは0〜2の整数）
……②

と表すことができる。Xは②を満たす数である。

次に, 3つの数の最大公約数は5であるから, Xの因数として5は少なくとも1個含まれることになる。また, Xは②を満たす数であるため, Xの因数として5は多くて2個含まれることになる。

しかし, Xの因数として5が1個のみ含まれるとすれば, Xは①も満たし120の約数となるため, 不適である。

以上より, Xの因数として5は2個含まれていることになり, 2桁の数であるXは, ②から,

25（5^2）
50（2×5^2）
75（3×5^2）

の3個が考えられる。

よって, 正解は肢3である。

正答 3

SECTION 2 素因数分解・約数

実践 問題 11 基本レベル

頻出度	地上★	国家一般職★	東京都★	特別区★★
	裁判所職員★	国税・財務・労基★		国家総合職★

問 整数 $2^a \times 3^b \times 4^c$ の正の約数の個数の最大値はいくらか。ただし、a, b, c は正の整数であり、$a+b+c=5$ を満たすものとする。（国家一般職2014）

1 : 14
2 : 16
3 : 18
4 : 21
5 : 24

OUTPUT

実践 問題 **11** の解説

チェック欄		
1回目	2回目	3回目
✕		

〈素因数分解・約数〉

$2^a \times 3^b \times 4^c$ を素数の積に直すと,

$$2^a \times 3^b \times 4^c = 2^a \times 3^b \times 2^{2c} = 2^{(a+2c)} \times 3^b$$

であるから, この整数の約数の個数は,

$$(a + 2c + 1)(b + 1) \quad \cdots\cdots ①$$

である。

ここで, $a + b + c = 5$ より, 正の整数 a, b, c の組合せは,

$$(a, b, c) = (1, 1, 3), (1, 3, 1), (3, 1, 1),$$
$$(1, 2, 2), (2, 1, 2), (2, 2, 1)$$

の6通りがある。

それぞれの組合せを①に代入して計算すると,

$(a, b, c) = (1, 1, 3)$ のとき, $(a + 2c + 1)(b + 1) = (1 + 2 \times 3 + 1)(1 + 1) = 16$

$(a, b, c) = (1, 3, 1)$ のとき, $(a + 2c + 1)(b + 1) = (1 + 2 \times 1 + 1)(3 + 1) = 16$

$(a, b, c) = (3, 1, 1)$ のとき, $(a + 2c + 1)(b + 1) = (3 + 2 \times 1 + 1)(1 + 1) = 12$

$(a, b, c) = (1, 2, 2)$ のとき, $(a + 2c + 1)(b + 1) = (1 + 2 \times 2 + 1)(2 + 1) = 18$

$(a, b, c) = (2, 1, 2)$ のとき, $(a + 2c + 1)(b + 1) = (2 + 2 \times 2 + 1)(1 + 1) = 14$

$(a, b, c) = (2, 2, 1)$ のとき, $(a + 2c + 1)(b + 1) = (2 + 2 \times 1 + 1)(2 + 1) = 15$

となり, $(a, b, c) = (1, 2, 2)$ のとき, 正の約数が18個となって最大となる。

よって, 正解は肢3である。

正答 3

第1章 SECTION ② 数的推理
素因数分解・約数

実践 問題 12 基本レベル

頻出度	地上★	国家一般職★	東京都★	特別区★★
	裁判所職員★	国税・財務・労基★	国家総合職★	

[問] 例えば，

$1 \times 2 \times 3 \times \cdots\cdots \times 10$

を計算したとき，その値は3628800となり，下一桁から連続して2個0が並んでいる。では，

$1 \times 2 \times 3 \times \cdots\cdots \times 30$

を計算したとき，下一桁から数えて0は何個連続して並ぶか。

(国立大学法人2006)

1：4
2：5
3：6
4：7
5：8

OUTPUT

チェック欄		
1回目	2回目	3回目
✕		

実践 問題 12 の解説

〈素因数分解・約数〉

いくつかの数の掛け算をして得られた値において，下1桁から連続して0が並ぶ個数は，かけ合わせた数の中にいくつ10があるかによる。もっとも，このことはかけ合わせた数に10があった場合だけでなく，かけ合わせた数の素因数どうしのかけ合わせで10ができる場合も含む。つまり，**かけ合わせた数の素因数中にある2と5のペアの数だけ下1桁から連続して0が並ぶ**。

たとえば，$1 \times 2 \times 3 \times \cdots \cdots \times 10$ の値に，下1桁から数えて0が何個連続して並ぶかを考えてみる。$1 \times 2 \times 3 \times \cdots \cdots \times 10$ を素因数分解すると，

$1 \times 2 \times 3 \times 2^2 \times 5 \times (2 \times 3) \times 7 \times 2^3 \times 3^2 \times (2 \times 5)$

$= 2^8 \times 3^4 \times 5^2 \times 7$

となり，2と5のペアが2個できることがわかる。したがって，$1 \times 2 \times 3 \times \cdots \cdots \times 10$ の値には，下1桁から連続して2個の0が並ぶことがわかる。実際に $1 \times 2 \times 3 \times \cdots \cdots \times 10$ を計算すると3628800であり，下1桁から連続して2個0が並んでいる。

次に，$1 \times 2 \times 3 \times \cdots \cdots \times 30$ を計算したとき，下1桁から数えて0は何個連続して並ぶかについて考える。2と5のペアがいくつできるかを考えるだけでよいから，2もしくは5を因数として持つ，2の倍数と5の倍数がいくつあるかを考えればよい。このとき，**2の倍数は偶数であればよく，5の倍数よりも数は多いことから**，1～30の中に5の倍数がいくつあるかを考える。

すると，5の倍数は，

5, 10, 15, 20, 25, 30

の6個あり，このうちの25については，5×5 となり因数として5を2個持っている。

したがって，$1 \times 2 \times 3 \times \cdots \cdots \times 30$ を素因数分解した際に，5の因数は $6 + 1 = 7$（個）あることになる。これより，2と5のペアは7個できることになるから，下1桁から数えて0は7個並ぶことになる。

よって，正解は肢4である。

【参考】

実際に $1 \times 2 \times 3 \times \cdots \cdots \times 30$ を素因数分解すると，

$1 \times 2 \times 3 \times \cdots \cdots \times 30$

$= 2^{26} \times 3^{14} \times 5^7 \times 7^4 \times 11^2 \times 13^2 \times 17 \times 19 \times 23 \times 29$

となり，2と5のペアが7個できる。また，実際に $1 \times 2 \times 3 \times \cdots \cdots \times 30$ を計算すると，265252859812191058636308480000000となる。

正答 4

第1章 SECTION ② 数的推理
素因数分解・約数

実践 問題 13 基本レベル

頻出度	地上★	国家一般職★	東京都★★	特別区★★
	裁判所職員★	国税・財務・労基★		国家総合職★

問 それぞれ異なる一桁の四つの自然数 $a \sim d$ について、壊れている二つの電卓 X と電卓 Y を使って、「$a \times b \div c + d =$」の計算を行ったところ、次のことが分かった。

ア　電卓 X では、「4」又は「6」を押すと「3」と入力される。
イ　電卓 X では、「5」又は「8」を押すと「2」と入力される。
ウ　電卓 X では、「7」又は「9」を押すと「1」と入力される。
エ　電卓 X での計算結果は、5.5 であった。
オ　電卓 Y では、「+」、「−」、「÷」のどれを押しても「×」と入力される。
カ　電卓 Y での計算結果は、840 であった。

以上から判断して「$a \times b \div c + d$」の計算結果として、正しいのはどれか。

（東京都2021）

1 ： 11.8
2 ： 12.2
3 ： 12.4
4 ： 14.2
5 ： 23.2

OUTPUT

チェック欄		
1回目	2回目	3回目
△		

実践 ▶ 問題 **13** の解説 ————————————————

〈素因数分解・約数〉

　まず，電卓Yの結果に着目をする。条件オとカより計算結果が840であるから，840を素因数分解すると，

　　　$840 = 2^3 \times 3 \times 5 \times 7$

となることと，$a \sim d$ が一桁であるため，$a \sim d$ に用いられた4つの一桁の数値は，

　　(1)　3，5，7，8
　　(2)　4，5，6，7

の2通りが考えられる。

　次に，電卓Xについて考える。a，b，c，d の値を電卓Xに打ったときの入力値をそれぞれ x，y，z，w とする。条件エより，

　　　$x \times y \div z + w = 5.5$　……①

となる。条件ア〜ウより，x，y，z および w は1，2，3のいずれかの値をとることから，この4つの数字がとる値を考えてみる。そこで，①の w の値に着目をする。

・$w = 1$ のとき，$x \times y \div z = 4.5$ となるが，$x = y = 3$，$z = 2$ とすればよい。
・$w = 2$ のとき，$x \times y \div z = 3.5$ となるが，これを満たす x，y，z は存在しない。
・$w = 3$ のとき，$x \times y \div z = 2.5$ となるが，これを満たす x，y，z は存在しない。

　よって，

　　　$x = 3$，$y = 3$，$z = 2$，$w = 1$　……②

となる。

　最後に，(1)と(2)のなかで，電卓Xに打ったときの入力値が②になるのは，

　　　$a = 4$，$b = 6$，$c = 5$，$d = 7$，または $a = 6$，$b = 4$，$c = 5$，$d = 7$

のときと決まる。

　以上より，

　　　$a \times b \div c + d = 4 \times 6 \div 5 + 7 = 11.8$

である。

　よって，正解は肢1である。

正答 1

第1章 数的推理

LEC東京リーガルマインド　　2024-2025年合格目標 公務員試験 本気で合格！過去問解きまくり！ 41
①数的推理・資料解釈

SECTION ② 数的推理 素因数分解・約数

実践 問題 14 基本レベル

問 $\sqrt{55000 \div x}$ が整数となるような自然数 x は，全部で何個か。 （特別区2016）

1 : 5個
2 : 6個
3 : 7個
4 : 8個
5 : 9個

OUTPUT

チェック欄		
1回目	2回目	3回目
✕		

実践 ▶ 問題 **14** **の解説**

第1章 数的推理

〈素因数分解・約数〉

$\sqrt{A}$ が整数であるには，Aが平方数，つまりAを素因数分解したとき，すべての指数が偶数であればよい。また，55000は次のように因数分解することができる。

$$55000 = 2^3 \times 5^4 \times 11$$

上の因数分解の結果から，$55000 \div x$ の値は55000の約数を考えればよく，

$$2^a \times 5^b \times 11^c \quad （a は 0 \sim 3 の整数，b は 0 \sim 4 の整数，c は 0 \sim 1 の整数）$$

と表すことができる。そのうち，その約数が平方数になるのは，

$$2^a \times 5^b \quad （a = 0, 2 \quad b = 0, 2, 4 \quad c = 0） \quad \cdots\cdots①$$

の $a \sim c$ が偶数のときである。

以上より，a は2通り，b は3通り，c は1通りの選び方があり，約数は6通りできることから，それに対応する割る数 x も6個あることになる。

よって，正解は肢2である。

【コメント】

a と b の各値に対して，$\sqrt{\dfrac{55000}{x}}$ が整数となるような x の値と $\sqrt{\dfrac{55000}{x}}$ の値を求めてみよう。①の a，b の値から約数を求め，55000をその約数で割ることで x の値を求め，その約数の平方根をとると $\sqrt{\dfrac{55000}{x}}$ の値を求めることができる。

x が最も小さくなるのは，①の約数が最も大きいときで，$a = 2$，$b = 4$ と考えられる。すなわち，$x = 55000 \div (2^2 \times 5^4) = 22$ のとき，$\sqrt{2^2 \times 5^4} = 50$ と求まる。実は，残りの a，b の値を代入したときの $\sqrt{55000 \div x}$ の値は，すべて50の約数になっていることに注意しよう。

a	b	約数	x の値	$\sqrt{55000 \div x}$ の値
0	0	$2^0 \times 5^0 = 1$	$55000 \div 1 = 55000$	1
2	0	$2^2 \times 5^0 = 4$	$55000 \div 4 = 13750$	$\sqrt{2^2} = 2$
0	2	$2^0 \times 5^2 = 25$	$55000 \div 25 = 2200$	$\sqrt{5^2} = 5$
2	2	$2^2 \times 5^2 = 100$	$55000 \div 100 = 550$	$\sqrt{2^2 \times 5^2} = 2 \times 5 = 10$
0	4	$2^0 \times 5^4 = 625$	$55000 \div 625 = 88$	$\sqrt{2^0 \times 5^4} = 5^2 = 25$
2	4	$2^2 \times 5^4 = 2500$	$55000 \div 2500 = 22$	$\sqrt{2^2 \times 5^4} = 2 \times 5^2 = 50$

正答 2

第1章 数的推理
② 素因数分解・約数

実践 問題15 基本レベル

問 6桁の数 1AB8CD について、A、B は 0 から 9 までの整数のどれかであり、C＝9－A、D＝9－B であることが分かっている。この 6 桁の数に関する次のア～オの記述のうちで確実に言えるものはいくつあるか。ただし、A、B は同じ整数でもよいものとする。　　　　　　　　　　　（裁判所職員2012）

ア　11で割り切れる。
イ　27で割り切れる。
ウ　37で割り切れる。
エ　101で割り切れる。
オ　111で割り切れる。

1：1つ
2：2つ
3：3つ
4：4つ
5：5つ

OUTPUT

実践 問題 **15** **の解説**

チェック欄		
1回目	2回目	3回目
×		

第1章 数的推理

〈素因数分解・約数〉

6桁の数1AB8CDは，次のように表すことができる。

1AB8CD → 100000＋10000A＋1000B＋800＋10C＋D

この式に，C＝9－A，D＝9－Bを代入すると，

$100000＋10000A＋1000B＋800＋10C＋D$

$＝100000＋10000A＋1000B＋800＋10(9－A)＋(9－B)$

$＝100899＋9990A＋999B$

$＝9×(11211＋1110A＋111B)$

$＝9×111×(101＋10A＋B)$

$＝9×3×37×(101＋10A＋B)$

$＝3^3×37×(101＋10A＋B)$

となる。

したがって，1AB8CDは，$3^3×37$の約数で割ることができる。

そして，$3^3×37$の約数は，次の8個ある。

1，3，9，27，37，111，333，999

これより，ア～オを見ると，イの27，ウの37，オの111の3つが約数となっているため，これらの数で割り切ることができる。

よって，正解は肢3である。

正答 **3**

LEC東京リーガルマインド　2024-2025年合格目標 公務員試験 本気で合格！過去問解きまくり！
①数的推理・資料解釈

45

第1章 ② 数的推理
素因数分解・約数

実践 問題 16 応用レベル

頻出度	地上★★	国家一般職★	東京都★	特別区★
	裁判所職員★	国税・財務・労基★		国家総合職★★

問 80の約数から2つの異なる自然数を取り出し、その逆数の和が0.2以上0.5以下となる組合せは何通りあるか。 （特別区2013）

1：13通り
2：14通り
3：15通り
4：16通り
5：17通り

OUTPUT

実践 問題 **16** の解説

〈約数と整数解〉

80の約数は次の10個である。

$$1, 2, 4, 5, 8, 10, 16, 20, 40, 80 \quad \cdots\cdots ①$$

ここで，上の10個の約数から選んだ2つの数を a，b $(a < b)$ とする。

$$\frac{1}{5} \leqq \frac{1}{a} + \frac{1}{b} \leqq \frac{1}{2} \quad \cdots\cdots ②$$

を満たす組合せ (a, b) が何通りあるのかを考えていく。a を順番に小さい値から代入して，②を満たす b の個数を考えていけばよい。

(1) **$a = 1$ のとき**

$$\frac{1}{5} \leqq 1 + \frac{1}{b} \leqq \frac{1}{2} \quad \Rightarrow \quad -\frac{4}{5} \leqq \frac{1}{b} \leqq -\frac{1}{2}$$

となるが，上の不等式を満たす b は①に存在しないため，$a = 1$ は不適である。

(2) **$a = 2$ のとき**

$$\frac{1}{5} \leqq \frac{1}{2} + \frac{1}{b} \leqq \frac{1}{2} \quad \Rightarrow \quad -\frac{3}{10} \leqq \frac{1}{b} \leqq 0$$

となるが，上の不等式を満たす b は①に存在しないため，$a = 2$ は不適である。

(3) **$a = 4$ のとき**

$$\frac{1}{5} \leqq \frac{1}{4} + \frac{1}{b} \leqq \frac{1}{2} \quad \Rightarrow \quad -\frac{1}{20} \leqq \frac{1}{b} \leqq \frac{1}{4}$$

の不等式になる。上の不等式を満たす b は，$b = 5, 8, 10, 16, 20, 40, 80$ の7通りある。

(4) **$a = 5$ のとき**

$$\frac{1}{5} \leqq \frac{1}{5} + \frac{1}{b} \leqq \frac{1}{2} \quad \Rightarrow \quad 0 \leqq \frac{1}{b} \leqq \frac{3}{10} \quad \Rightarrow \quad \frac{10}{3} \leqq b$$

の不等式になる。上の不等式を満たす b は，$b = 8, 10, 16, 20, 40, 80$ の6通りある。

(5) **$a = 8$ のとき**

$$\frac{1}{5} \leqq \frac{1}{8} + \frac{1}{b} \leqq \frac{1}{2} \quad \Rightarrow \quad \frac{3}{40} \leqq \frac{1}{b} \leqq \frac{3}{8} \quad \Rightarrow \quad \frac{8}{3} \leqq b \leqq \frac{40}{3}$$

の不等式になる。上の不等式を満たす b は，$b = 10$ のみである。

(6) **$a \geqq 10$ のとき**

$$\frac{1}{a} + \frac{1}{b}$$

の値のうち最も大きくなるのは，$a = 10$，$b = 16$ を代入したときで，$\dfrac{1}{10} + \dfrac{1}{16} = \dfrac{13}{80}$

SECTION ② 数的推理
素因数分解・約数

となる。しかし，$\frac{13}{80}$ は，$\frac{16}{80}=0.2$ より小さいため，$a \geqq 10$ は不適である。

以上より，②を満たす組合せは14通り存在することになる。
よって，正解は肢2である。

正答 2

memo

第1章　数的推理

49

数的推理
整数解

 セクションテーマを代表する問題に挑戦！

未知数の数に対し方程式の数が少ない文章題について学習していきます。

[問] ある商店で，商品Ａを１個50円，商品Ｂを１個10円で販売を開始し，この２品目の初日の売上げは合計で5,800円であった。２日目に商品Ａを10円値下げしたところ，商品Ａの販売数量は10個増え，この２品目の売上げは合計で5,000円であった。２日目の商品Ａの販売数量はどれか。ただし，商品Ｂの販売数量は，両日とも12個以上20個以下であったものとする。　　　　　　　　　（特別区2008）

1：120個
2：121個
3：122個
4：123個
5：124個

Guidance ガイダンス　本問のように，未知数の数（x, y, zの３つ）に対して方程式の数（２つ）が少ないと，一般的には解くことができない。このとき不定方程式になる。
しかし，不定方程式の解が整数に限定されるとき，この条件を使って解くことができる場合もある。これを整数解という。

頻出度	地上★	国家一般職★★	東京都★★★	特別区★★
	裁判所職員★	国税・財務・労基★		国家総合職★

チェック欄		
1回目	2回目	3回目
×		

必修問題の解説

〈整数解〉

初日に商品Aが売れた販売数量を x 個, 初日, 2日目に商品Bが売れた販売数量をそれぞれ, y 個, z 個とする。そのとき, 2日間の売上げに関する条件は次のとおりである。

初日の売上げ：$50x + 10y = 5800$

$5x + y = 580$ ……①

2日目の売上げ：$40(x + 10) + 10z = 5000$

$4x + z = 460$ ……②

また, 商品Bについては両日とも12個以上20個以下の売上げであったから, y と z について次の式を満たす。

$12 \leq y \leq 20$, $12 \leq z \leq 20$ ……③

ここで, ①×4 −②×5 から,

$4(5x + y) - 5(4x + z) = 580 \times 4 - 460 \times 5$

$4y - 5z = 20$ ……④

となる。

④の式の1つの整数解は, $(y, z) = (5, 0)$ である。④の一般的な解として,

・④を満たす y の値は z の係数である5ずつ増加していく

・④を満たす z の値も y の係数である4ずつ増加していく

数値を考えればよい。④の一般的な解を下の表に示す。

y	5	10	15	20	25	30	…
z	0	4	8	12	16	20	…

この中で, ③を満たすのは, $(y, z) = (20, 12)$ のみであり, そのとき, $x = 112$ である。

以上より, 2日目の商品Aの販売数量は112＋10＝122個である。

よって, 正解は肢3である。

正答 **3**

SECTION ③ 第1章　数的推理 整数解

1 不定方程式

たとえば，$x + y = 5$という方程式には整数解が無数にある。しかし，もう1つ $x - y = 1$という方程式があれば，2式を連立して，$(x, y) = (3, 2)$という1つの解を求めることができる。このように，連立方程式は，通常xやyといった未知数の個数と方程式の個数が一致しないと解くことはできないのである。

しかし，方程式の解が整数に限られるときには，方程式の個数が未知数の個数より少なくても，その連立方程式が解けることがある。このような整数解を求める方程式を不定方程式という。

2 不定方程式の解法①

不定方程式の基本的な解法は，特定の文字について解き，右辺を分数の形に直す方法である。

(例) $5a + 6b = 65$　（a，bは正の整数）を解け。

(解説)

aについて解く。

$$5a = 65 - 6b$$

$$a = 13 - \frac{6b}{5}$$

ここで，左辺のaは正の整数であるから，右辺も正の整数でなければならない。つまり$\frac{6b}{5}$が整数でなければならない。そのためには$6b$が5で割り切れる必要がある。6は5で割ることはできないため，bが5で割れる必要がある。$b = 5, 10$を代入すると，$(a, b) = (7, 5), (1, 10)$という解を得ることができる。

3 不定方程式の解法②

不定方程式のもう1つの解き方は，(整式)×(整式)＝整数という式に変形する方法である。

(例) ある2つの自然数のそれぞれの2乗の差が217であったという。この2つの自然数を求めよ。

(解説)

2つの自然数をA，B（A＞B）とする。

条件より，

$$A^2 - B^2 = 217 \quad \cdots\cdots①$$

となる。①より，

$$(A + B)(A - B) = 217 \times 1$$

$$= 31 \times 7$$

INPUT

と考えられることから,

$$(A + B, A - B) = (217, 1), (31, 7)$$

となる。これより, $(A, B) = (109, 108), (19, 12)$ となる。

④ 不定方程式と範囲

「2 不定方程式の解法①」で扱った例「$5a + 6b = 65(a, b$ は整数$)$」のように, 通常の不定方程式は, 解を絞ることはできるが, 1つに特定することはできない。そこで, 大抵の整数解の問題には, 解を特定できる範囲が設けられていたり, 不等式を解くことによって範囲を絞らせたりする。

(例1) $5a + 6b = 65(a, b$ は正の整数で $a > b)$ を解け。

(解説)

前ページでの解説より, $5a + 6b = 65$ の解は $(a, b) = (7, 5), (1, 10)$ と絞れるが, ここで条件「$a > b$」より, $(a, b) = (7, 5)$ と1つに特定することができる。

(例2) $3x + 5y = 654, \dfrac{3}{5}x < 160 - x < \dfrac{2}{3}x$ $(x, y$ は整数$)$ を解け。

(解説)

$\dfrac{3}{5}x < 160 - x < \dfrac{2}{3}x$ を $\dfrac{3}{5}x < 160 - x, 160 - x < \dfrac{2}{3}x$ と分解して不等式を解き, x の範囲を絞る。

$$\dfrac{3}{5}x < 160 - x \quad \Rightarrow \quad x < 100$$

$$160 - x < \dfrac{2}{3}x \quad \Rightarrow \quad x > 96$$

これより, $96 < x < 100$ となる。これを満たす整数 x としては97, 98, 99が考えられる。これらを $3x + 5y = 654$ に代入し, y の値を求める。

- $x = 97$ のとき $\Rightarrow$ $3 \times 97 + 5y = 654$ $\Rightarrow$ $y = 72.6$
- $x = 98$ のとき $\Rightarrow$ $3 \times 98 + 5y = 654$ $\Rightarrow$ $y = 72$
- $x = 99$ のとき $\Rightarrow$ $3 \times 99 + 5y = 654$ $\Rightarrow$ $y = 71.4$

y が整数になるのは $x = 98$ のときのみであるから, $(x, y) = (98, 72)$ となる。

⑤ 整数解の問題だと気づくポイント

整数解の問題は, 普通の連立方程式で解く問題と見分けがつかないことがある。気づくためのポイントを何点か挙げておく。

①解が整数であるという指定がある。

②未知数の個数に対して, 方程式の個数が少ない。

③解の範囲が指定されている。

第1章 SECTION 3 数的推理 整数解

実践 問題 17 基本レベル

問 ある牧場では，ヒツジとヤギの2種類の家畜を飼育しており，屋外ではヒツジの数はヤギの数の5倍で，2種類の家畜の合計は1,000匹未満であった。また，屋内でもこの2種類の家畜を飼育しており，ヒツジの数はヤギの数のちょうど $\frac{1}{4}$ であった。

いま，屋内で飼育している2種類の家畜を全て屋外に出して，以前から屋外で飼育している家畜に合流させることとした。その結果，2種類の家畜の合計は1,000匹を超え，ヒツジの数はヤギの数の4倍となった。このとき，当初，屋内で飼育していたヒツジの数として最も妥当なのはどれか。

(国税・財務・労基2022)

1：10匹
2：11匹
3：12匹
4：13匹
5：14匹

OUTPUT

実践 問題 **17** の解説

〈整数解〉

屋外で飼育しているヤギを x 匹，屋内で飼育しているヒツジを y 匹とすると，次の表をつくることができる。

飼育場所	ヒツジ	ヤギ
屋内	y（匹）	$4y$（匹）
屋外	$5x$（匹）	x（匹）

まず，屋外で飼育しているヒツジとヤギの合計が1,000匹未満であることから，

$$5x + x < 1000 \quad \Rightarrow \quad x < \frac{1000}{6} \quad \cdots\cdots①$$

が成り立つ。

また，屋内と屋外で飼育している動物の合計が1,000匹を超えるため，

$$(5x + x) + (y + 4y) > 1000 \quad \Rightarrow \quad 6x + 5y > 1000 \quad \cdots\cdots②$$

屋内と屋外で飼育しているヒツジの数はヤギの数の4倍であるから，

$$(5x + y) = (x + 4y) \times 4 \quad \Rightarrow \quad x = 15y \quad \cdots\cdots③$$

がいえる。③を①に代入すると，y の存在範囲は，

$$15y < \frac{1000}{6} \quad \Rightarrow \quad y < \frac{1000}{90} = 11\frac{1}{9} \quad \cdots\cdots④$$

となる。また，③を②に代入すると，y の存在範囲は，

$$6 \times 15y + 5y > 1000 \quad \Rightarrow \quad y > \frac{1000}{95} = 10\frac{10}{19} \quad \cdots\cdots⑤$$

となる。④と⑤から，y に関する以下の条件を得る。

$$10\frac{10}{19} < y < 11\frac{1}{9}$$

y は自然数より，$y = 11$ と決まる。$y = 11$ のとき，③より $x = 165$ であり，x の条件である①も満たす。

よって，正解は肢2である。

正答 2

SECTION 3 数的推理 整数解

実践 問題 18 基本レベル

頻出度	地上★	国家一般職★★	東京都★	特別区★★
	裁判所職員★	国税・財務・労基★		国家総合職★★

問 ある菓子屋で，95個の菓子を作った。これらを使って，3個入り・5個入り・10個入り の菓子の詰め合わせを作ったところ，菓子は余らず，20個の菓子の詰め合わせができた。5個入りの詰め合わせの箱の数が，3個入りの詰め合わせの箱の数よりも多いとき，5個入りの詰め合わせの箱の数はいくつか。

（市役所2010）

1 ： 8個
2 ： 10個
3 ： 12個
4 ： 14個
5 ： 16個

OUTPUT

実践 問題 **18** の解説

チェック欄		
1回目	2回目	3回目
△		

第1章 数的推理

〈整数解〉

3個入りの箱の個数を x，5個入りの箱の個数を y，10個入りの箱の個数を z 個とする。3種類の箱の総数が20個であることから，

$x + y + z = 20$ ……①

が成り立ち，菓子の総数が全部で95個であったことから，

$3x + 5y + 10z = 95$ ……②

が成り立ち，5個入りの詰め合わせの箱の数が3個入りのそれより多いことから，

$y > x$ ……③

が成り立つ。

③が x と y の不等式であるため，①×10－②より z を消去した一次方程式，

$7x + 5y = 105$ ……④

を求める。④を満たす非負の数である (x, y) の組合せは，

$(x, y) = (15, 0), (10, 7), (5, 14), (0, 21)$

の4通りが考えられる。しかし，$(x, y) = (15, 0), (10, 7)$ は③を満たさず，$(x, y) = (0, 21)$ は①の z が負の数となるため，条件を満たさない。

以上より，条件を満たすのは，$x = 5$，$y = 14$，の1通りのみであり，そのとき，①から $z = 1$ と決まり，5個入りの詰め合わせの箱の個数は14個である。

よって，正解は肢4である。

【コメント】

①と②より，y を消去すると，$2x - 5z = 5$ となる。x と z の係数が正負で異なる場合，次の表のように，1つの解（この場合，$x = 0$，$z = -1$ とします）を見つけた後，x と z の両方を増やすか，減らすことで他の解を追跡することができる。

x	0	5	10	15	……
z	-1	1	3	5	……

正答 **4**

第1章 数的推理
SECTION 3 整数解

実践 問題 19　基本レベル

問 あるテニスサークルの夏合宿において，一次募集した参加人数を基に部屋割りを検討したところ，次のア～ウのことが分かった。

ア　全ての部屋を8人部屋に設定すると，23人の参加者を二次募集できる。
イ　全ての部屋を6人部屋に設定すると，8人分以上の部屋が不足する。
ウ　8部屋を8人部屋に設定し，残りの部屋を6人部屋に設定すると，6人以上の参加者を二次募集できる。

以上から判断して，一次募集した参加人数として，正しいのはどれか。

（東京都2015）

1：73人
2：97人
3：105人
4：119人
5：121人

OUTPUT

実践 問題 **19** の解説 ――――――

チェック欄
1回目	2回目	3回目
✕		

第1章 数的推理

〈整数解〉

一次募集をした参加人数を x 人，合宿で使用する施設の部屋の個数を n とする。

まず，条件アについて考える。すべての部屋を8人部屋に設定すると，$x+23$人で部屋が満室になることから，

$$x+23=8n$$

を満たし，

$$x=8n-23=8n-24+1=8(n-3)+1 \quad \cdots\cdots①$$

と変形できる。①から，x は8で割ると1余る数であり，肢4は不適である。

次に，条件イについて考える。すべての部屋を6人部屋に設定すると，$6n$人で満室である。このため，部屋が不足するとき，$x-6n$人が部屋に入れないことになり，

$$x-6n\geqq8 \quad \Rightarrow \quad x-8\geqq6n \quad \cdots\cdots②$$

を満たす。

最後に，条件ウについて考える。8部屋を8人部屋，残りのすべての部屋を6人部屋に設定するとき，$8\times8+6(n-8)=6n+16$人で満室である。このため，部屋に余裕があるとき，$6n+16-x$人が部屋に入れることなり，

$$6n+16-x\geqq6 \quad \Rightarrow \quad 6n\geqq x-10 \quad \cdots\cdots③$$

を満たす。選択肢1，2，3，5について，x の値を具体的に代入し，②と③を満たす自然数 n についてみていくことにする。

1 ✕ $x=73$を②と③に代入する。②から，$73-6n\geqq8$より，$6n\leqq65$，③から，$6n+10\geqq73$より，$63\leqq6n\leqq65$の不等式を導くことができる。しかし，この不等式を満たす自然数 n は存在しないため，不適である。

2 ✕ $x=97$を代入すると，②と③より，$87\leqq6n\leqq89$を導くことができる。しかし，この不等式を満たす自然数 n は存在しないため，不適である。

3 ◯ $x=105$を代入すると，②と③より，$95\leqq6n\leqq97$を導くことができる。この不等式を満たす自然数 n として，$n=16$がある。

4 ✕ $x=119$は8で割ると，7余る数である。

5 ✕ $x=121$を代入すると，②と③より，$111\leqq6n\leqq113$を導くことができる。しかし，この不等式を満たす自然数 n は存在しないため，不適である。

正答 **3**

2024-2025年合格目標 公務員試験 本気で合格！過去問解きまくり！ ①数的推理・資料解釈

59

第1章 SECTION 3 数的推理 整数解

実践 問題 20 応用レベル

頻出度	地上 ★	国家一般職 ★★	東京都 ★★★	特別区 ★★
	裁判所職員 ★	国税・財務・労基 ★		国家総合職 ★

問　ある売店では，A弁当が1,050円，B弁当が1,300円，サンドイッチが400円で販売されており，昨日の売上高と売れた数とについて次のア〜ウのことが分かっている。

　ア　A弁当，B弁当，サンドイッチの売上高の合計は99,900円であった。
　イ　サンドイッチが売れた数は，A弁当が売れた数の半分より4個少なかった。
　ウ　1番数多く売れたのはA弁当で，2番はB弁当，3番はサンドイッチであった。

以上から判断して，昨日売れたサンドイッチの数として，正しいのはどれか。

（大阪府2010）

1 ： 21
2 ： 22
3 ： 23
4 ： 24
5 ： 25

OUTPUT

実践 問題 20 の解説

〈整数解〉

サンドイッチの売れた数をx個とすると，下図のように，A弁当の売れた数は$2(x+4)$個と表すことができる。また，B弁当の売れた数をy個とおく。

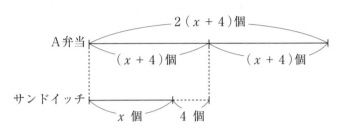

いま，売上高の合計が99,900円であることから，

$1050 \times 2(x+4) + 1300y + 400x = 99900$

$21(x+4) + 13y + 4x = 999$

∴ $25x + 13y = 915$

∴ $y = \dfrac{915 - 25x}{13} = \dfrac{5(183 - 5x)}{13}$

となり，**分子の$183 - 5x$が13の倍数でなければならない。**

このとき，xとyの組合せとして，

$(x, y) = (8, 55), (21, 30), (34, 5)$

の3通りが考えられるが$(x, y) = (8, 55)$のときはA弁当が売れた個数が$2 \times (8+4) = 24$個となるため，条件ウに反する。$(x, y) = (34, 5)$のときも条件ウに反する。

$x = 21, y = 30$のとき，条件ア〜ウをすべて満たす。

よって，正解は肢1である。

正答 1

第1章 数的推理
SECTION 3 整数解

実践 問題 21 応用レベル

問 あるホテルにはAタイプ，Bタイプ，Cタイプの3種類の客室があり，その数は合わせて28室ある。Aタイプの客室にはBタイプの2倍の人数，Cタイプの3倍の人数を泊めることができる。

最近，このホテルに増改築の計画が持ち上がり，Aタイプの客室はそのままで，Bタイプの客室数を6倍に，Cタイプの客室数を9倍に増やすと，これまでの3倍の人数が宿泊できることがわかった。

このホテルにあるAタイプの客室数はいくつか。　　　　　　（地上2004）

1：11室
2：12室
3：13室
4：14室
5：15室

OUTPUT

実践 問題 **21** の解説

チェック欄

1回目	2回目	3回目
X		

〈整数解〉

第1章 数的推理

Aタイプ，Bタイプ，Cタイプの客室の数をそれぞれ a，b，cとおくと，

$$a + b + c = 28$$
$$b + c = 28 - a \quad \cdots\cdots①$$

が成立する。また，Aタイプの客室1室に泊まることのできる人数を $6x$（人）とおくと，Bタイプの客室1室には $3x$（人），Cタイプの客室1室には $2x$（人）が泊まることができるため，このときにホテルに泊まることのできる人数の合計は，

$$6ax + 3bx + 2cx \quad \cdots\cdots②$$

となる。また，増改築したときに泊まることのできる人数が②の3倍になったという条件から，

$$6ax + 6 \times 3bx + 9 \times 2cx = 3(6ax + 3bx + 2cx)$$
$$2ax + 6bx + 6cx = 6ax + 3bx + 2cx$$
$$4ax = 3bx + 4cx$$
$$3b + 4c = 4a \quad \cdots\cdots③$$

となる。ここで，①，③を b，cに関する連立方程式と見て解くと（aを定数と考える），

$$b = 112 - 8a$$
$$c = 7a - 84$$

となるが，b，cはともに正の値でなければならないため，

$$112 - 8a > 0 \quad \Rightarrow \quad a < 14$$
$$7a - 84 > 0 \quad \Rightarrow \quad a > 12$$

となり，この条件を満たすような整数 a の値は $a = 13$のみである。

よって，正解は肢3である。

正答 **3**

LEC東京リーガルマインド　2024-2025年合格目標 公務員試験 本気で合格！過去問解きまくり！ 63
①数的推理・資料解釈

第1章 SECTION 3 数的推理 整数解

実践 問題 22 基本レベル

問 正の整数 a, b があり, $a < b$ であるとき, 次の式における a, b の組合せの数として, 正しいのはどれか。 (東京都2013)

$$\frac{1}{a} + \frac{1}{b} = \frac{1}{10}$$

1： 2組
2： 3組
3： 4組
4： 5組
5： 6組

OUTPUT

チェック欄		
1回目	2回目	3回目
✕		

実践 問題 **22** の解説

第1章 数的推理

〈積の形の整数解〉

与えられた式の両辺に$10ab$をかけて分母を払い，次のように変形する。

$$\frac{1}{a}+\frac{1}{b}=\frac{1}{10}$$

$$10b+10a=ab$$

$$ab-10a-10b=0$$

aとbの係数の積$(-10)\times(-10)$を両辺に加えて，

$$ab-10a-10b+(-10)\times(-10)=(-10)\times(-10)$$

右辺の$(-10)\times(-10)=100$を素因数分解した式にする。

$$(a-10)(b-10)=2^2\times5^2 \quad\cdots\cdots①$$

①式を見ると，2つの数をかけ合わせて100になる組合せを探せばよいことがわかる。その組合せは，

$$(1，100)，(2，50)，(4，25)，(5，20)，(10，10)$$

$$(-1，-100)，(-2，-50)，(-4，-25)，(-5，-20)，(-10，-10)$$

の10通りである。

ここで，条件より$a<b$であるから，$(10,10)，(-10，-10)$は不適である。

また，条件より$a，b$は正の整数であるから，$-10<a-10<b-10$となり，-10以下の数を含む$(-1，-100)，(-2，-50)，(-4，-25)，(-5，-20)$は不適である。

したがって，

$$(a-10，b-10)=(1，100)，(2，50)，(4，25)，(5，20)$$

の4通りの場合だけが考えられる。このとき，

$$(a，b)=(11,110)，(12,60)，(14,35)，(15,30)$$

となる。

よって，正解は肢3である。

正答 3

第1章 SECTION 3 数的推理 整数解

実践 問題 23 基本レベル

頻出度	地上★★★	国家一般職★★	東京都★★	特別区★
	裁判所職員★★	国税・財務・労基★★	国家総合職★★	

問 1桁の正の整数 a, b 及び c について、$a + \dfrac{1}{b - \dfrac{4}{c}} = 3.18$ であるとき、$a + b + c$ の値として、正しいのはどれか。

（東京都2017）

1 : 14
2 : 15
3 : 16
4 : 17
5 : 18

OUTPUT

実践 問題 **23** の解説

〈整数解〉

条件式の小数部分を表す,

$$\frac{1}{b - \dfrac{4}{c}} \quad \cdots\cdots ①$$

について考える。①は問題の数値である3.18の小数部分を表しており, ①の正の値として考えられるのは,

$$0.18 = \frac{9}{50}, \ 1.18 = \frac{59}{50}, \ 2.18 = \frac{109}{50}$$

である。

・①が $\dfrac{9}{50}$ の場合,

$$\frac{1}{b - \dfrac{4}{c}} = \frac{9}{50} \quad \Rightarrow \quad b - \frac{4}{c} = \frac{50}{9} = 5 + \frac{5}{9} \quad \cdots\cdots ②$$

と変形ができる。また②を,

$$b - 5 = \frac{4}{c} + \frac{5}{9} \quad \cdots\cdots ③$$

と変形すれば, ③の左辺が整数になるから, ③の右辺も整数になる。よって, $c = 9$, $b = 6$ と求めることができる。

・①が $\dfrac{59}{50}$ の場合,

$$b - \frac{4}{c} = \frac{50}{59} \quad \Rightarrow \quad b = \frac{4}{c} + \frac{50}{59} = \frac{4 \times 59 + 50 \times c}{59\,c} \quad \cdots\cdots ④$$

と変形してできた④の左辺と右辺はともに整数とわかる。しかし, $50 \times c$ はどの1桁の自然数 c を代入しても, 59で割り切ることができない。このため, ④を満たす b と c は存在しない。

・①が $\dfrac{109}{50}$ の場合,

$$b - \frac{4}{c} = \frac{50}{109} \quad \Rightarrow \quad b = \frac{4}{c} + \frac{50}{109} = \frac{4 \times 109 + 50 \times c}{109\,c} \quad \cdots\cdots ⑤$$

と変形してできた⑤の左辺と右辺はともに整数とわかる。しかし, $50 \times c$ はどの1桁の自然数 c を代入しても, 109で割り切ることができない。このため, ⑤を満たす b と c は存在しない。

最後に、①の値が負のとき、条件の数値が3.18であるから、p を 0、あるいは 1 桁の自然数として、①は $-p.82$ と表せることがわかる。そこで、$b - \dfrac{4}{c}$ が負であるような b と c の値を考える。

$$b - \dfrac{4}{c} < 0 \Rightarrow bc < 4$$

と変形できることから、b と c を満たすのは以下の 5 通りである。しかし、いずれも、①が $-p.82$ とはならず、不適である。

(b, c)	(1, 1)	(1, 2)	(2, 1)	(1, 3)	(3, 1)
$b - \dfrac{4}{c}$	-3	-1	-2	$-\dfrac{1}{3}$	-1

以上より、$b = 6$、$c = 9$ のとき、$a = 3$ となるから、$a + b + c = 18$ である。よって、正解は肢 5 である。

正答 5

memo

第1章　数的推理

69

第1章 SECTION 3 数的推理 整数解

実践 問題 24 応用レベル

頻出度	地上★★	国家一般職★★	東京都★★★	特別区★
	裁判所職員★	国税・財務・労基★		国家総合職★★

問 x, yは、$x < y$の大小関係にある自然数（1以上の整数）であり、$\dfrac{1}{x} + \dfrac{1}{y} = \dfrac{7}{10}$であるとき、$x$と$y$の値を次のような方法で求めることができる。

$x < y$の大小関係から$\dfrac{1}{x} > \dfrac{1}{y}$であるため$\dfrac{2}{x} > \dfrac{7}{10}$であることが分かる。

よって、$x \leq 2$であることが分かり、これから$x = 2$、$y = 5$が導き出せる。

いま、a, b, cは、$a < b < c$の大小関係にある自然数であり、$\dfrac{1}{a} + \dfrac{1}{b} + \dfrac{1}{c} = \dfrac{9}{10}$である。このとき、$c$の値はいくらか。　　　（国税・財務・労基2021）

1： 9
2： 12
3： 15
4： 18
5： 21

OUTPUT

実践 問題 **24** の解説

〈整数解〉

自然数 a, b, c に対して，問題文通りに逆数をとると，

$$\frac{1}{a} > \frac{1}{b} > \frac{1}{c}$$

が成り立つ。問題文同様に，

$$\frac{1}{a} + \frac{1}{b} + \frac{1}{c} = \frac{9}{10} \quad \cdots\cdots(☆)$$

を自然数が最も小さい a を用いて不等式を立てると，

$$\frac{3}{a} = \frac{1}{a} + \frac{1}{a} + \frac{1}{a} > \frac{1}{a} + \frac{1}{b} + \frac{1}{c} = \frac{9}{10} \quad \Rightarrow \quad \frac{3}{a} > \frac{9}{10} \quad \cdots\cdots①$$

となるため，①式の両辺を $10a$ 倍して分母を払うと，

$$30 > 9a \quad \cdots\cdots②$$

となり，②の不等式を満たす自然数は 1，2 および 3 のみである。これより，$a = 1$，2 および 3 の場合について考えていく。

(1)　**$a = 1$ のとき**

（☆）に代入すると，

$$1 + \frac{1}{b} + \frac{1}{c} = \frac{9}{10}$$

より 1 は $\frac{9}{10}$ より大きいため，この式を満たす自然数 b と c は存在しない。

(2)　**$a = 2$ のとき**

（☆）に代入すると，

$$\frac{1}{2} + \frac{1}{b} + \frac{1}{c} = \frac{9}{10} \quad \Rightarrow \quad \frac{1}{b} + \frac{1}{c} = \frac{2}{5} \quad \cdots\cdots③$$

となる。同じく b と c について $\frac{1}{b} > \frac{1}{c}$ であるから，③を b のみを用いた不等式で表すと，

$$\frac{2}{b} > \frac{1}{b} + \frac{1}{c} = \frac{2}{5} \quad \Rightarrow \quad \frac{2}{b} > \frac{2}{5} \quad \cdots\cdots④$$

となることから，④を満たす b は，3，4 である。

・$b = 3$ のとき，③に代入すると，

$$\frac{1}{3} + \frac{1}{c} = \frac{2}{5} \quad \Rightarrow \quad \frac{1}{c} = \frac{2}{5} - \frac{1}{3} = \frac{1}{15}$$

より $c = 15$ になる。

LEC東京リーガルマインド　2024-2025年合格目標 公務員試験 本気で合格！過去問解きまくり！
①数的推理・資料解釈

71

・$b = 4$ のとき，③に代入すると，
$$\frac{1}{4} + \frac{1}{c} = \frac{2}{5} \Rightarrow \frac{1}{c} = \frac{2}{5} - \frac{1}{4} = \frac{3}{20}$$
となるが，上の式を満たす自然数 c は存在しない。

(3)　$a = 3$ のとき

（☆）に代入すると，
$$\frac{1}{3} + \frac{1}{b} + \frac{1}{c} = \frac{9}{10} \Rightarrow \frac{1}{b} + \frac{1}{c} = \frac{17}{30} \quad \cdots\cdots ⑤$$

となる。同じく b と c について $\frac{1}{b} > \frac{1}{c}$ であるから，⑤を b のみを用いた不等式で表すと，

$$\frac{2}{b} > \frac{1}{b} + \frac{1}{c} = \frac{17}{30} \Rightarrow \frac{2}{b} > \frac{17}{30}$$

であるから，両辺を $30b$ 倍して分母を払うと，
　　　$60 > 17b$
となり，この不等式を満たす b は $b = 1, 2, 3$ のみであり，$a < b$ に反する。

以上より，$a = 2$，$b = 3$，$c = 15$ と求めることができる。
よって，正解は肢3である。

正答 3

memo

第1章　数的推理

73

数的推理
SECTION 4 整数

必修問題 セクションテーマを代表する問題に挑戦！

ここでは数の性質を使って推理する、クイズのような問題を学習していきます。

問 $a^2 + b^2 = c^2$ かつ $a + c = 81$ を満たす正の整数 a, b, c の組合せは何通りあるか。

（国税・財務・労基2019）

1：2通り
2：4通り
3：6通り
4：8通り
5：10通り

直前復習

Guidance ガイダンス 約数や倍数をはじめ、偶数、奇数などさまざまな整数の性質を使って解いていくことになる。
これらの問題には決まったパターンはあまり存在しないため、整数の性質をどのように使うのかという解答者の発想力が求められることになる。

頻出度	地上 ★★★　　国家一般職 ★★　　東京都 ★★　　特別区 ★
	裁判所職員 ★★★　　国税・財務・労基 ★★★　　国家総合職 ★

必修問題の解説

チェック欄		
1回目	2回目	3回目
✕		

第1章　数的推理

〈整数〉

3つの正の整数 a, b, c が $a^2 + b^2 = c^2$ を満たすため，$a < c$ が成り立つ。

$a + c = 81$ より，$a^2 + b^2 = c^2$ の式を簡単にすると，

$$b^2 = c^2 - a^2$$
$$= (c + a)(c - a)$$
$$= 81(c - a)$$
$$= 9^2(c - a) \quad \cdots\cdots①$$

となって，$c - a$ は，平方数だとわかる。また，$c + a = 81$ が奇数であることから，$c - a$ のとりうる値は，1 から 79 の奇数とわかるため，$c - a$ としてとりうる値は，

1，9，25，49

の4つが考えられる。

したがって，上の4つの数に対して，a と c の値を求めると，

$(a, c) = (40, 41), (36, 45), (28, 53), (16, 65)$

の4通りあるため，3つの正の整数の組合せは，①を用いて，

$(a, b, c) = (40, 9, 41), (36, 27, 45), (28, 45, 53), (16, 63, 65)$

の4通りあるとわかる。

よって，正解は肢2である。

正答 **2**

SECTION ④ 数的推理
第1章
整数

1 各位の数字について問う問題

　たとえば，3桁の整数ＡＢＣに対して，$100Ａ＋10Ｂ＋Ｃ$と変形し，方程式を解いたり，数の性質を用いて推理していく問題である。

(例) 2桁の正の整数があり，5で割ると4余る。また，十の位と一の位を入れ替えると，もとの数の2倍より15大きくなる。もとの2桁の整数を求めよ。

(解説)

　2桁の整数ＡＢは，$10Ａ＋Ｂ$と変形できる。後半の条件「十の位と一の位を入れ替えると，もとの数の2倍より15大きくなる」より，

　　$10Ｂ＋Ａ＝2（10Ａ＋Ｂ）＋15$　……☆

が成り立つ。また，前半の条件「5で割ると4余る」について，5で割り切れる数の一の位は0か5である。つまり，5で割ったときに4余るのは，一の位が4か9のときである。したがって，$Ｂ＝4，9$が考えられるため，場合分けをして検討する。

・Ｂ＝4のとき

　☆にＢ＝4を代入してＡについて解くと，$Ａ＝\dfrac{17}{19}$と整数ではない値になってしまうため，不適である。

・Ｂ＝9のとき

　☆にＢ＝9を代入してＡについて解くと，$Ａ＝3$が得られる。したがって，もとの2桁の整数は$ＡＢ＝39$とわかる。

2 2つの数を足す問題

(例) $Ａ＋Ｂ＝20，Ｂ＋Ｃ＝26，Ｃ＋Ｄ＝31，Ｄ＋Ｅ＝36，Ｅ＋Ａ＝29$のとき，Ａ，Ｂ，Ｃ，Ｄ，Ｅの値を求めよ。ただし，$Ａ＜Ｂ＜Ｃ＜Ｄ＜Ｅ$とする。

(解説)

　普通に連立方程式を解いても答えは出るが，それよりも速い解法がある。

　5つの式全体を見たときに，Ａ～Ｅの5つの文字が2つずつあることに気づく。そこで，この5つの式を足せば，次のようになる。

　　$2（Ａ＋Ｂ＋Ｃ＋Ｄ＋Ｅ）＝142（＝20＋26＋31＋36＋29）$

　両辺を2で割って，$Ａ＋Ｂ＋Ｃ＋Ｄ＋Ｅ＝71$を得る。これに$Ａ＋Ｂ＝20，Ｄ＋Ｅ＝36$を代入すると，$Ｃ＝15$が得られる。これを$Ｂ＋Ｃ＝26，Ｃ＋Ｄ＝31$に代入して，$Ｂ＝11，Ｄ＝16$が得られる。最後にこれを$Ａ＋Ｂ＝20，Ｅ＋Ａ＝29$に代入すると，$Ａ＝9，Ｅ＝20$が得られる。

　これより，$（Ａ，Ｂ，Ｃ，Ｄ，Ｅ）＝（9，11，15，16，20）$となる。

INPUT

3 奇数と偶数について

奇数と偶数については，次のような関係がある。

- **奇数＋奇数＝偶数**
- **偶数＋偶数＝偶数**
- **奇数＋偶数＝奇数**

(例) A＋B＋Cが偶数であり，Aが偶数のとき，B，Cが偶数か奇数かを答えよ。

(解説)

まず，A＋B＋C＝A＋(B＋C)として考えると，Aと(B＋C)の和が偶数であるから，(A，B＋C)＝(偶数，偶数)，(奇数，奇数)の組合せが考えられる。しかし，Aは偶数のため，(A，B＋C)＝(奇数，奇数)の組合せはありえず，(A，B＋C)＝(偶数，偶数)の組合せしかありえないことがわかる。

次に，B，Cについて考えると，BとCの和が偶数になるのは，(B，C)＝(偶数，偶数)，(奇数，奇数)の組合せが考えられる。

以上より，B，Cは，いずれも偶数であるか，または，いずれも奇数である。

第1章 SECTION 4 数的推理 整数

実践 問題 25 基本レベル

頻出度 地上★★★ 国家一般職★★ 東京都★★ 特別区★
裁判所職員★★★ 国税・財務・労基★★★ 国家総合職★

問 異なる4つの整数から，2つずつ選んで和を求めたところ，27・38・49・50・61・72となった。この4つの整数のうち2番目に小さいものとして，確実に言えるものはどれか。 （裁判所職員2018）

1：15
2：16
3：17
4：18
5：19

OUTPUT

実践 問題 **25** の解説

〈2数の整数の組〉

異なる4つの数を小さい順に a，b，c，d とする。

このとき，

$a + b = 27$ ……①

$a + c = 38$ ……②

$b + d = 61$ ……③

$c + d = 72$ ……④

であり，$a + d$ と $b + c$ は49と50のそれぞれいずれかである。

ここで，②－①より $c - b = 11$ と奇数になることから，$b + c$ も奇数になり $b + c = 49$ と決まる。これより，$c = 30$，$b = 19$ となる。

よって，正解は肢5である。

正答 5

第1章 SECTION 4 数的推理 整数

実践 問題 26 基本レベル

問 連続した5つの自然数の積が30240になるとき、この5つの自然数の和として、正しいのはどれか。　　　　　　　　　　　　　　　　（東京都2016）

1 ： 30
2 ： 35
3 ： 40
4 ： 45
5 ： 50

OUTPUT

チェック欄		
1回目	2回目	3回目
✕		

実践 問題 **26** の解説

〈整数〉

第1章 数的推理

30240を素因数分解すると次のとおりになる。

$30240 = 2^5 \times 3^3 \times 5 \times 7$ ……①

連続する5つの自然数は，①よりその5つの積が10万未満であることから，5つの自然数のうち最も小さいのは10以上でない。さらに，30240の素因数に7が含まれているため，連続する自然数の中に7が含まれていることになる(14が連続する5つの自然数の1つとすると，必ず13や17などの①にはない素数が含まれることになる)。

次に，7が含まれるような5つの連続する自然数の積が，①の素因数3が3つ含まれるようにするには，5つの連続する自然数に，

6，7，9

が含まれていればよい。

よって，考えられる連続する5つの自然数は，

⑴ 5，6，7，8，9
⑵ 6，7，8，9，10

のいずれかである。⑴の5つの積には，2は素因数に4つしか含まれないため，①に反する。ゆえに，条件に合うのは⑵の場合のみであり，その5つの自然数の和は，

$6 + 7 + 8 + 9 + 10 = 40$

である。

よって，正解は肢3である。

【コメント】

5つの連続した自然数の和を考えたとき，その和を5で割った値は真ん中の値となる。

選択肢を5で割ることで真ん中の値を求め，連続した5つの自然数を特定してから，素因数分解した結果と比較してもよい。

正答 3

LEC東京リーガルマインド　2024-2025年合格目標 公務員試験 本気で合格！過去問解きまくり！　81
①数的推理・資料解釈

第1章 SECTION 4 数的推理 整数

実践 問題 27 基本レベル

頻出度　地上★★★　国家一般職★★　東京都★★　特別区★
　　　　裁判所職員★★★　国税・財務・労基★★★　国家総合職★

問　1から10までの整数をそれぞれ2020乗した。得られた10個の数値の一の位の数字は何種類あるか。　　　　　　（国税・財務・労基2020）

1：3種類
2：4種類
3：5種類
4：6種類
5：7種類

解答かくしシート

LEC東京リーガルマインド

OUTPUT

チェック欄		
1回目	2回目	3回目

実践 問題 27 の解説

〈累乗と一の位〉

第1章 数的推理

まず，$1^{2020} = 1$ より，その数の一の位の数字は1である。また，10の累乗の一の位の数字は，指数の数値によらず0である。また，5と6の累乗は，指数の数値によらず，一の位は変化しない。これより，5^{2020} と 6^{2020} の一の位の数字は，それぞれ5と6である。

次に，4と9の累乗について考える。

4の累乗：$4^1 = 4$，$4^2 = 16$，$4^3 = 64$，$4^4 = 256$，……

9の累乗：$9^1 = 9$，$9^2 = 81$，$9^3 = 729$，$9^4 = 6561$，……

4と9の累乗については，指数が2の周期で，一の位が次のように繰り返していることがわかる。ここで，次の表中の m は0以上の整数とする。

指数の値	$2m+1$	$2m+2$
4の累乗の一の位	4	6
9の累乗の一の位	9	1

これより，4^{2020}，9^{2020} の一の位の数字はそれぞれ，6と1である。

最後に，2，3，7，8の累乗について考える。

2の累乗：$2^1 = 2$，$2^2 = 4$，$2^3 = 8$，$2^4 = 16$，$2^5 = 32$，……

3の累乗：$3^1 = 3$，$3^2 = 9$，$3^3 = 27$，$3^4 = 81$，$3^5 = 243$，……

7の累乗：$7^1 = 7$，$7^2 = 49$，$7^3 = 343$，$7^4 = 2401$，$7^5 = 16807$，……

8の累乗：$8^1 = 8$，$8^2 = 64$，$8^3 = 512$，$8^4 = 4096$，$8^5 = 32768$，……

2，3，7，8の累乗については，指数が4の周期で，一の位を繰り返していることがわかる。ここで，次の表中の m は0以上の整数とする。

指数の値	$4m+1$	$4m+2$	$4m+3$	$4m+4$
2の累乗の一の位	2	4	8	6
3の累乗の一の位	3	9	7	1
7の累乗の一の位	7	9	3	1
8の累乗の一の位	8	4	2	6

これより，2^{2020}，3^{2020}，7^{2020}，8^{2020} の一の位は，それぞれ6，1，1，6である。

以上より，1から10までの整数を2020乗したとき，得られる数値の一の位の数字は，

0，1，5，6

の4種類である。

よって，正解は肢2である。

正答 2

LEC東京リーガルマインド 2024-2025年合格目標 公務員試験 本気で合格！過去問解きまくり！
①数的推理・資料解釈

83

第1章 SECTION 4 数的推理
整数

実践 問題 28 基本レベル

頻出度	地上★★★	国家一般職★★	東京都★★	特別区★
	裁判所職員★★★	国税・財務・労基★★★		国家総合職★

[問] 次の等式のⓐ～ⓓにそれぞれ＋，－のいずれかを入れ，x～zにそれぞれ×，÷のいずれかを入れると等号が成り立つ。このとき，ⓒ，z，ⓓに入るものをいずれも正しく示しているのはどれか。　　　　　　　　　　(地上2008)

$$(10 ⓐ 3) \ x \ (10 ⓑ 4) \ y \ (10 ⓒ 5) \ z \ (10 ⓓ 6) = 10$$

	ⓒ	z	ⓓ
1 :	＋	×	＋
2 :	＋	×	－
3 :	＋	÷	＋
4 :	－	×	－
5 :	－	÷	＋

OUTPUT

実践 問題 **28** **の解説**

チェック欄		
1回目	2回目	3回目
×		

〈整数〉

第1章 数的推理

10ⓐ$3 = A$, 10ⓑ$4 = B$, 10ⓒ$5 = C$, 10ⓓ$6 = D$とおく。A～Dのとる値は次の表のとおりである。なお, ＋と－は, ⓐからⓓに＋と－を代入した結果を表す。

	A	B	C	D
＋	13	14	15	16
－	7	6	5	4

AⓧBⓨCⓩ$D = 10$ ……①

まず, ①の右辺の10が5の倍数であることに着目すると, 左辺も5の倍数が存在することになる。5の倍数があるのはCのみで, この結果ⓨ＝「×」となる。①は,

$(A \times C)$ⓧBⓩ$D = 10$ ……②

と変形ができる。そこで, ②のCの値が15あるいは5の場合に分けて, 条件を整理することにする。

(1) **C＝15のとき**

②は, $15 \times A$ⓧBⓩ$D = 10$

を満たす。上の式の左辺に3の倍数である15が含まれているが, 右辺の10は3の倍数ではないから, 3の倍数を除数とする割り算が左辺に存在することになる。上の表からC以外で3の倍数は6しかないことがわかる。B＝6, ⓧ＝「÷」とすると,

$15 \times A \div 6$ⓩ$D = 10$ ……③

を満たすことになる。しかし, ③を満たすAとD, あるいはⓩを決めることはできず, 不適である。

(2) **C＝5のとき**

②は, $5 \times (A$ⓧBⓩ$D) = 10$ つまり AⓧBⓩ$D = 2$ ……④

を満たす。

次に, Aについて考える。Aはいずれも素数であるが, A＝13と仮定すると, BとDは13の倍数でなく, Aの13を割ることができず, 不適である。

よって, A＝7と決まる。BとDで7の倍数なのは, B＝14のみである。ⓧ＝「÷」として④は,

$7 \div 14$ⓩ$D = 2$

となり, ⓩ＝「×」, D＝4とすれば, ④を満たすことができる。

以上より，ⓒ＝「−」，z＝「×」，ⓓ＝「−」である。
よって，正解は肢4である。

【コメント】
　　(1)　4×5＝5×4　　(2)　5÷4≠4÷5

　掛け算については，前後交換可能である。しかし，割り算はそうはいかないので注意しよう。

正答　4

memo

第1章　数的推理

第1章 数的推理 ④ 整数

実践 問題 29 応用レベル

頻出度：地上★★★　国家一般職★★　東京都★★　特別区★
裁判所職員★★★　国税・財務・労基★★★　国家総合職★★

問 異なる四つの正の整数がある。これらのうちから二つを選んで和と差（大きい方の数から小さい方の数を減じて得た数）を算出して、その全てを大きい順に左から並べたところ、次のとおりとなった。
109, 99, 87, 64, 57, 52, 45, 42, 35, 22, 12, 10
このとき、四つの整数の和はいくらか。　　　　　　　（国家総合職2014）

1：121
2：144
3：151
4：154
5：173

OUTPUT

チェック欄		
1回目	2回目	3回目
スラスラ		

実践 問題 **29** の解説

〈組み和〉

第1章 数的推理

　異なる4つの正の整数を大きいものから順に，a，b，c，dとする。

　まず，2つの和に関しては次の大小関係が成立する。ただし，（ア）と（イ）には，$a + d$あるいは$b + c$のいずれかが入る。

$$a + b > a + c > （ア） > （イ） > b + d > c + d \quad ……①$$

　次に，2つの差に関しては，最も大きい数である$a - d$に着目する。

　そこで，①の6つの式と$a - d$の合計7つの式を，問題で与えられている12個の数に当てはめる。最も大きい109と2番目に大きい99については式と数値が決まり，

$$a + b = 109, \quad a + c = 99$$

となる。上の2つの式から，bとcの差は，

$$b - c = (a + b) - (a + c) = 109 - 99 = 10 \quad ……②$$

となる。差が偶数であるから，2数の和の$b + c$も偶数であるとわかる。

　次に，3番目に大きい数である87について考える。当てはめることができる式は，①の$a + d$，$b + c$の2通りが考えられる。しかし，$b + c$が偶数であることから，

$$a + d = 87 \quad ……③$$

となる。

　最後に，4番目に大きな数である64について考える。当てはめることができる式は，①の$b + c$と2数の差で最も大きい$a - d$の2つが考えられる。しかし，③より$a - d$は奇数となるため，

$$b + c = 64 \quad ……④$$

となる。

　③と④から，4つの数の和は，

$$a + b + c + d = 87 + 64 = 151$$

となる。

　よって，正解は肢3である。

【コメント】

　②と④から，$b = 37$，$c = 27$と求まり，①より$a = 72$，③より$d = 15$と求めることができる。

　実際に，

$$a + b = 109, \ a + c = 99, \ a + d = 87, \ b + c = 64, \ b + d = 52, \ c + d = 42$$
$$a - b = 35, \ a - c = 45, \ a - d = 57, \ b - c = 10, \ b - d = 22, \ c - d = 12$$

LEC東京リーガルマインド　2024-2025年合格目標 公務員試験 本気で合格！過去問解きまくり！
①数的推理・資料解釈

89

となる。本問では、2数の差で最も大きい $a-d$ は、5番目に大きく、$b+d$ と $c+d$ よりも大きい。

【別解】

$a+b=A$, $a+c=B$ であるとき、$A-B=b-c$ を表す。ここで、$b-c$ も並べられた数の一部である。同様に、$a+b$ の a か b を変えた組合せの数との差は、並べられた数の一部である。たとえば、$b+d=C$ とすると、$A-C=a-d$ となり、$a+d=D$ とすると、$A-D=b-d$ となる。

したがって、$a+b$ だと確実にいえる109を基準として、並べられた数それぞれとの差を考えることで、数の組合せを見つけることができる。

	99	87	64	57	52	45	42	35	22	12	10
109との差	10	22	45	52	57	64	67	74	87	97	99

表より、着色部分の数は、109との差が並べた数にあることから、それらは $a+c$, $a+d$, $b+c$, $b+d$, $b-c$, $b-d$, $a-c$, $a-d$ のいずれかである。

残った3つの数は $a+b$ との差からは見つけることができない、$a-b$, $c+d$, $c-d$ となる。

ここで、$a+b=109$ であることから、(奇数+偶数)の組合せであるため、$a-b$ は(奇数-偶数)または(偶数-奇数)の組合せとなり、奇数となる。残った3つの数の中で奇数なのは35であるから、これが $a-b$ となる。

すると、残りは $c+d$ と $c-d$ となるが、$c+d > c-d$ であることは明らかであるから、$c+d=42$, $c-d=12$ となる。

以上より、$a+b=109$, $c+d=42$ とわかり、求める4つの整数の和は、

$a+b+c+d=109+42=151$

となる。

正答 **3**

memo

第1章

数的推理

第1章 SECTION 5 数的推理
比・割合

必修問題 セクションテーマを代表する問題に挑戦!

比・割合の性質を使って解く問題について学習していきます。

問 箱の中に何本かの缶ジュースがあり,A〜Eの5人で分けた。次のことが分かっているとき,DとEに分けられた缶ジュースの本数の合計は何本か。　　　　　　　　　　　　　　（国家一般職2018）

- AとBに分けられた缶ジュースの本数の合計は,分ける前の本数の$\frac{7}{18}$である。
- AとCに分けられた缶ジュースの本数の合計は,分ける前の本数の$\frac{4}{9}$である。
- BとCに分けられた缶ジュースの本数の合計は,分ける前の本数の$\frac{1}{3}$である。
- Aが自分に分けられた缶ジュースをBに4本渡したところ,AとBの缶ジュースの本数は等しくなった。

1: 26本
2: 28本
3: 30本
4: 32本
5: 34本

Guidance ガイダンス　比は,方程式と同様に重要な道具である。比の考え方は,速さや濃度などさまざまな問題に応用が利くため,数的推理の中で最も使うことになるものの1つであるといえる。
比は,問題によってさまざまな使われ方をする。まずは問題のパターンによってどのように比が使われているかを確認し,演習を通じて使い方を身につけてほしい。

頻出度
| 地上★★★ | 国家一般職★★ | 東京都★★ | 特別区★ |
| 裁判所職員★ | 国税・財務・労基★★ | | 国家総合職★ |

必修問題の解説

チェック欄
| 1回目 | 2回目 | 3回目 |
| ✕ | | |

〈比・割合〉

A～Eに分けられた缶の本数をそれぞれ a～e とする。また，分ける前のすべての缶の本数をLとする。すなわち，

$$a + b + c + d + e = L$$

である。1番目，2番目および3番目の条件から，

$$a + b = \frac{7}{18}L, \quad a + c = \frac{4}{9}L, \quad b + c = \frac{1}{3}L \quad \cdots\cdots①$$

である。①の3つの式の辺々を加えると，$2(a + b + c) = \frac{7}{6}L$ となって，

$$a + b + c = \frac{7}{12}L \quad \cdots\cdots②, \quad d + e = \frac{5}{12}L \quad \cdots\cdots③$$

である。①と②より，

$$a = \frac{1}{4}L, \quad b = \frac{5}{36}L, \quad c = \frac{7}{36}L$$

になる。

最後に，4番目の条件「$a - 4 = b + 4$」に a と b の式を代入すると，

$$\frac{1}{4}L - 4 = \frac{5}{36}L + 4$$

となって，L＝72と求めることができる。

以上より，③に代入してDとEに分けられた缶の本数の合計を計算すると，

$$\frac{5}{12} \times 72 = 30(本)$$

である。

よって，正解は肢3である。

正答 **3**

SECTION 5 比・割合

1 割合

(1) 割合の定義

割合とは，基準となる全体の量に対して，ある量が，どれくらい占めているかを示す比率である。関係式は次のようになる。

・割合＝$\dfrac{\text{全体の中の一部の量}}{\text{基準となる全体の量}}$ ・一部の量＝全体の量×割合 ・全体の量＝$\dfrac{\text{一部の量}}{\text{割合}}$

2 比

(1) 比

2つの数 x，y に対し，x の y に対する割合を比といい，$x:y$ で表される。この **$x:y$ にそれぞれ同じ数をかけた $xk:yk$ も同じ比となる。**

(例) 小麦粉と牛乳を5：2の比率で混ぜる。小麦粉を150ｇ入れるとき，牛乳は何ｇ入れるか。

(解説)
小麦粉：牛乳＝5：2＝5×30：2×30＝150：60より，牛乳は60ｇ入れることがわかる。

(2) 比の和と差

$x:y$ という比があったとき，その2つの値は足したり，引いたりして使用することができる。

(例) 兄と弟の年齢の比が6：5で，年齢の差が5歳のとき，2人の年齢の合計を求めよ。

(解説)
兄と弟の年齢をそれぞれ⑥，⑤とすると，⑥－⑤＝①＝5歳と表すことができる。
2人の年齢の合計は⑥＋⑤＝⑪と表される。①＝5歳であるから，⑪＝11×5＝55歳となる。

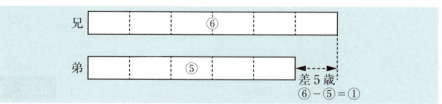

INPUT

(3) 複数の比の統一

(例)兄と弟の年齢の比が3：2で，兄と妹の年齢の比が5：1のとき，3人の年齢の比を求めよ。

(解説)

例のように，同じ値（兄の年齢）が，比べる対象（弟，妹）の違いにより，異なる比で表されているとき（弟の2に対して3，妹の1に対して5），**2つの値の最小公倍数で統一することができる。**

つまり，3，5の最小公倍数は15であることより，

兄：弟＝3：2＝15：10

兄：妹＝5：1＝15：3

と変形して，兄：弟：妹＝15：10：3と統一することができる。

(4) 比の分配

ある量（xとする）を$a：b$に分けるとき，それぞれの量は$x \times \dfrac{a}{a+b}$，$x \times \dfrac{b}{a+b}$と表すことができる。

(例)抹茶味のクッキーとチョコ味のクッキーが合計15枚，3：2の割合で菓子箱に入っている。それぞれの枚数を求めよ。

(解説)

右図より，3：2とは，(3＋2)＝5等分したうちの3つと2つと解釈することができる。

抹茶味＝$15 \times \dfrac{3}{3+2} = 9$枚

チョコ味＝$15 \times \dfrac{2}{3+2} = 6$枚

(5) 比例式

比例式$a：b＝c：d$に対して，a，dを外項，b，cを内項という。このとき外項の積＝内項の積，つまり$ad＝bc$が成立する。

第1章 SECTION ⑤ 数的推理 比・割合

実践 問題 30 基本レベル

問 ある土地をAとBの領域に分け，Aの60％を使いマンションを建て，Bの一部を使い駐車場をつくった。AとB全体に占めるマンションと駐車場の割合はそれぞれ40％，20％であったとき，駐車場がBに占める割合はいくらか。

（地上2007）

1 ： 40％
2 ： 50％
3 ： 60％
4 ： 70％
5 ： 80％

OUTPUT

実践 問題 **30** の解説

〈比・割合〉

第1章 数的推理

Aの土地の面積を100とする。条件より，マンションはAの60％を使って建てられているため，マンションの面積は，

$$100 \times 0.6 = 60$$

となる。

また，マンションのAとB全体に占める割合が40％であることから，全体の面積は，

$$全体の面積 = 60 \div 0.4$$
$$= 150$$

となる。Aの面積を100とおいているため，Bの面積は，

$$Bの面積 = 150 - 100$$
$$= 50$$

となる。また，駐車場の占める割合は全体の20％であるから，駐車場の面積は，

$$駐車場の面積 = 150 \times 0.2$$
$$= 30$$

となる。したがって，駐車場がBに占める割合は，

$$30 \div 50 \times 100 = 60（\%）$$

である。

よって，正解は肢3である。

正答 3

第1章 SECTION 5 数的推理
比・割合

実践 問題 31 基本レベル

[問] ある学校において，A，Bの二つの組が，それぞれジュースとお茶の2種類の飲み物を用意してパーティーを開催した。A組では，パーティー終了後，ジュースは全てなくなり，お茶は用意した量の$\frac{4}{5}$が残っていた。B組では，ジュースについてはA組と同じ量を，お茶についてはAの$\frac{2}{3}$の量を用意したところ，パーティー終了後，ジュースは全てなくなり，お茶は用意した量の$\frac{1}{10}$が残っていた。B組において消費された飲み物の量はA組のそれの$\frac{9}{8}$であった。このとき，A組において，用意した飲み物全体に占めるお茶の割合はいくらか。

(国家一般職2019)

1 ： 15%
2 ： 20%
3 ： 25%
4 ： 30%
5 ： 35%

OUTPUT

実践 問題 **31** の解説

〈比・割合〉

A組で用意したジュースの量を a，お茶の量を b とすると，A組，B組が用意したジュースとお茶の量，パーティー終了後の残量，消費された量は以下のように表すことができる。

		用意した量	残り	消費された量
A組	ジュース	a	0	a
	お茶	b	$\dfrac{4}{5}b$	$\dfrac{1}{5}b$
B組	ジュース	a	0	a
	お茶	$\dfrac{2}{3}b$	$\dfrac{1}{15}b$	$\dfrac{3}{5}b$

以上より，A組で消費された飲み物の総量は $a+\dfrac{1}{5}b$，B組で消費された飲み物の総量は $a+\dfrac{3}{5}b$ となる。

B組で消費された飲み物の量はA組で消費された飲み物の量の $\dfrac{9}{8}$ であることから，方程式を立てて，a を b の式に直すと，

$$\dfrac{9}{8}\left(a+\dfrac{1}{5}b\right)=a+\dfrac{3}{5}b$$
$$\Rightarrow \underline{a=3b \quad \cdots\cdots\text{①}}$$

となる。

これより，A組が用意した飲み物全体に占めるお茶の割合（％）を求めるには，$\dfrac{b}{a+b}\times100$ を計算すればよい。①を用いて計算すると，

$$\dfrac{b}{3b+b}\times100=\dfrac{1}{4}\times100=25（\%）$$

となる。

よって，正解は肢3である。

正答 3

第1章 数的推理
SECTION 5 比・割合

実践 問題32 基本レベル

[問] ある市において，犬や猫を飼育している世帯数を調査したところ，次の結果が得られた。

○ 犬か猫だけ又はその両方を飼育している世帯数は3,800世帯である。

○ 犬を飼育している世帯の $\frac{1}{7}$ は猫も飼育している。

○ 猫を飼育している世帯の $\frac{9}{41}$ は犬も飼育している。

このとき，猫だけを飼育している世帯数として正しいのはどれか。

（国税・財務・労基2012）

1：1,260世帯
2：1,280世帯
3：1,300世帯
4：1,320世帯
5：1,340世帯

直前復習

OUTPUT

	チェック欄		
	1回目	2回目	3回目
	X		

実践 問題 **32** の解説 ――――――――――――

〈比・割合〉

第1章 数的推理

犬を飼育している世帯の$\dfrac{1}{7}$は猫も飼育していることから，犬のみを飼育している世帯と犬と猫の両方を飼育している世帯の比は，

$$犬のみの世帯：犬と猫の両方の世帯 = \dfrac{6}{7} : \dfrac{1}{7}$$
$$= 6 : 1$$

となる。

同様に，猫を飼育している世帯の$\dfrac{9}{41}$は犬も飼育していることから，猫のみを飼育している世帯と犬と猫の両方を飼育している世帯の比は，

$$猫のみの世帯：犬と猫の両方の世帯 = \dfrac{32}{41} : \dfrac{9}{41}$$
$$= 32 : 9$$

となる。

ここで，犬と猫の両方を飼育している世帯の世帯数は等しいから，**連比の法則**より，

$$
\begin{array}{llll}
犬のみの世帯：犬と猫の両方の世帯 & = 6 : 1 \\
犬と猫の両方の世帯：猫のみの世帯 & = \quad\ 9 : 32 \\
\hline
犬のみの世帯：犬と猫の両方の世帯：猫のみの世帯 & = 54 : 9 : 32
\end{array}
$$

となる。

したがって，全世帯の3800世帯のうち，猫のみを飼育している世帯数は，

$$3800 \times \dfrac{32}{54 + 9 + 32} = 1280（世帯）$$

となる。

よって，正解は肢2である。

正答 **2**

LEC東京リーガルマインド　2024-2025年合格目標 公務員試験 本気で合格！過去問解きまくり！
①数的推理・資料解釈　101

第1章 SECTION 5 数的推理 比・割合

実践 問題 33 基本レベル

問 ある企業は本社と営業所から成り，社員は計120人いる。本社の社員に占める男性社員の割合は30％であり，営業所にいる男性社員数は42人である。あるとき，営業所から本社に社員が20人異動した。この結果，本社の社員に占める男性社員の割合は40％となり，営業所の社員に占める男性社員の割合は50％となった。異動した男性社員は何人か。　　　　　　　　　　（地上2014）

1：10人
2：12人
3：14人
4：16人
5：18人

OUTPUT

実践 問題 **33** の解説

チェック欄

1回目	2回目	3回目
✕		

〈比・割合〉

第1章 数的推理

異動前の本社の社員数を x 人とおく。すると，異動前の本社と営業所それぞれの男性と女性の社員数を下の左表のように x を用いて表すことができる。

まず，異動後の本社と営業所それぞれの男性と女性の社員数を考える。営業所から本社へ異動した20人の男女の社員数がわからないため，異動した男性の社員数を y 人として考えると，女性の社員数は $20-y$（人）となる。これより，本社の男性と女性の社員数は，それぞれ $0.3x+y$（人），$0.7x+(20-y)$（人）となり，営業所の男性と女性の社員数は，それぞれ $42-y$（人），$(78-x)-(20-y)=58-x+y$（人）となる。これらをまとめたのが下の右表である。

	異動前	
	本社	営業所
男性	$0.3x$	42
女性	$0.7x$	$78-x$
合計	x	$120-x$

	異動後		
	本社	異動数	営業所
男性	$0.3x+y$	y	$42-y$
女性	$0.7x+20-y$	$20-y$	$58-x+y$
合計	$x+20$	20	$100-x$

上の右表から問題文の2つの条件を整理する。

1つ目は，異動後の本社の社員に占める男性社員の割合が40%であったことから，方程式を立てて整理すると，

異動後の本社の男性の社員数：異動後の本社の社員数 $=40\%:100\%$

$\Rightarrow \quad 0.3x+y:x+20=2:5$

$$2(x+20)=5(0.3x+y)$$

$$0.5x-5y+40=0$$

となって，両辺を2倍すると，

$$x-10y+80=0 \quad \cdots\cdots①$$

を満たす。

2つ目は，異動後の営業所における男性社員の割合が50%であったことから，異動後の営業所の男性と女性の社員数が等しいとわかる。方程式を立てて整理すると，

$$42-y=58-x+y$$

$$x-2y-16=0 \quad \cdots\cdots②$$

を満たす。

①と②を連立させて2つの方程式を解くと，$x=40$ 人，$y=12$ 人となる。

したがって，営業所から本社に異動した男性社員数は12人となる。

よって，正解は肢2である。

正答 **2**

SECTION 5 比・割合

実践 問題 34 基本レベル

問 あるバスケットボールの選手は試合で1回ゴールに入ると2点が入るシュートと，3点が入るシュートを何回か投げ，合計で60点を獲得した。3点のシュートの成功率は30％であり，2点のシュートの成功率は60％であった。また，シュート全体の成功率は40％であった。このとき，2点のシュートと3点のシュートを投げた回数の和として正しいものを選べ。ただし，この選手が投げたシュートは2点のシュートと3点のシュートのみである。

(地上2018)

1 : 50
2 : 55
3 : 60
4 : 65
5 : 70

実践 問題34 の解説

〈比・割合〉

2点のシュートを投げた回数を x，3点のそれを y とする。
2点のシュートの成功率は60%であったため，2点のシュートによって得た点数は，
$$2 \times 0.6x = 1.2x（点）$$
である。同様に，3点のシュートの成功率は30%であったため，3点のシュートでは，
$$3 \times 0.3y = 0.9y（点）$$
を得ている。また，合計の得点が60点であるため，次の式が成り立つ。
$$1.2x + 0.9y = 60 \quad \cdots\cdots ①$$
また，2点のシュートと3点のシュートの合計の成功率が40%であったことから，
$$0.6x + 0.3y = 0.4(x+y)$$
$$6x + 3y = 4(x+y)$$
$$y = 2x \quad \cdots\cdots ②$$
となる。
①および②を連立して解くと，
$$x = 20, \ y = 40$$
となるため，シュートを投げた合計の回数は $20 + 40 = 60$ 回となる。
よって，正解は肢3である。

【コメント】
2点シュートと3点シュートの本数の比について，次のようなてんびん図を描くことができる。

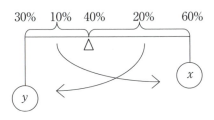

図より，$x : y = 10 : 20 = 1 : 2$ という比になる。また，$y = 2x$ であるため，$x + y = 3x$ となり，求める答えは3の倍数であることもわかる。

正答 3

SECTION ⑤ 比・割合

実践 問題 35 基本レベル

[問] ある出版社では，絶版となった書籍A〜Dについて，復刊希望の投票を2週間受け付けた。投票1回につき，A〜Dのうちのいずれか一つに投票するものとして，投票結果が次のとおりであったとき，確実にいえるのはどれか。
ただし，投票は全て有効であったものとする。　（国家一般職2016）

○　1週目の投票数は2,500で，その得票割合は，Aが20％，Bが50％，Cが10％，Dが20％であった。
○　2週目の得票数は，AとBとの差が2,000以上であり，CとDとの差が4,000以下であった。
○　2週間を通した得票割合は，Aが30％，Bが20％，Cが40％，Dが10％であった。

1：2週目のAの得票割合は，40％であった。
2：2週目のBの得票割合は，10％であった。
3：2週目のCの得票割合は，50％であった。
4：2週間を通したDの得票数は，1,250であった。
5：2週間を通した投票数は，15,000であった。

OUTPUT

チェック欄		
1回目	2回目	3回目
✕		

実践 ▶ 問題 35 の解説

〈比・割合〉

2週間を通した総得票数を x 票として，次のように整理する。

		A	B	C	D	総数
1週目	割合(%)	20	50	10	20	100
	票数	500	1250	250	500	2500
2週間の合計	割合(%)	30	20	40	10	100
	票数	$0.3x$	$0.2x$	$0.4x$	$0.1x$	x

表よりA〜Dの2週目の得票数を求めると，次のようになる。

A：$0.3x - 500$

B：$0.2x - 1250$

C：$0.4x - 250$

D：$0.1x - 500$

ここで，AとB，CとDを比較すると，1週目の得票割合が小さいAとCが2週間の合計ではそれぞれB，Dを上回っていることから，2週目の得票数は，A＞B，C＞Dである。

2番目の条件より，AとBの差が2,000以上であることから，

$$(0.3x - 500) - (0.2x - 1250) \geqq 2000$$
$$0.1x + 750 \geqq 2000$$
$$0.1x \geqq 1250$$
$$x \geqq 12500 \quad \cdots\cdots①$$

となる。また，CとDの差が4000以下であるから，

$$(0.4x - 250) - (0.1x - 500) \leqq 4000$$
$$0.3x + 250 \leqq 4000$$
$$0.3x \leqq 3750$$
$$x \leqq 12500 \quad \cdots\cdots②$$

となる。

①，②より，x の範囲が決まり，$12500 \leqq x \leqq 12500$ となり，$x = 12500$（票）となる。

これより、選択肢を検討していく。

1 × 2週目のAの得票数は3,250票であり、2週目の総得票数が10,000票であることから、Aの得票割合は32.5%であるため、誤りである。
2 × 2週目のBの得票数は、1,250票であるから、得票割合は12.5%となり、誤りである。
3 × 2週目のCの得票数は、4,750票であるから、得票割合は47.5%となり、誤りである。
4 ○ 2週間を通したDの得票数は500＋750＝1250と1,250票であるから、正しい。
5 × 2週間を通した投票数は12,500であるから、誤りである。

正答 4

memo

第1章 数的推理

SECTION 5 比・割合

実践 問題 36 基本レベル

問 2本の新幹線A，BがT駅に到着したとき，新幹線A，Bの乗客数の合計は2,500人であり，到着後，新幹線Aから降りた乗客数は新幹線Bから降りた乗客数の2倍であった。出発までに新幹線Aには170人，新幹線Bには116人が乗ったため，T駅に到着したときに比べ出発したときの乗客数は，新幹線Aが5％，新幹線Bが6％増加した。T駅を出発したときの新幹線A，Bの乗客数の合計として，正しいのはどれか。 (東京都2013)

1：2,628人
2：2,632人
3：2,636人
4：2,640人
5：2,644人

OUTPUT

チェック欄		
1回目	2回目	3回目
×		

実践 問題 **36** の解説

〈比・割合〉

T駅に到着したときの新幹線Aの乗客数を a 人とすると，新幹線Bの乗客数は $2500-a$ 人となる。また，T駅で新幹線Bから降りた乗客数を x 人とすると，T駅で新幹線Aから降りた乗客数は $2x$ 人となる。

さらに，T駅で新幹線Aと新幹線Bに乗った乗客数はそれぞれ，170人，116人であるため，到着から出発までの新幹線A，Bならびに合計の乗客数についてまとめると下表になる。

	到着時	降車人数	乗車人数	出発時
新幹線A	a	$2x$	170	$a-2x+170$
新幹線B	$2500-a$	x	116	$2500-a-x+116$

次に，各新幹線について，T駅への到着時と出発時の乗客数の変化率から方程式を立てる。

新幹線Aの出発時の乗客数は，到着時のそれの5％増であったことから，

$$a \times 1.05 = a - 2x + 170$$

が成り立つ。上の式の両辺を20倍して式を整理すると，

$$21a = 20a - 40x + 3400$$
$$a + 40x = 3400 \quad \cdots\cdots①$$

となる。

同様に，新幹線Bの出発時の乗客数は，到着時のそれの6％増であったことから，

$$(2500-a) \times 1.06 = 2500 - a - x + 116$$

が成り立つ。上の式の両辺を50倍して式を整理すると，

$$(2500-a) \times 53 = 125000 - 50a - 50x + 5800$$
$$132500 - 53a = 125000 - 50a - 50x + 5800$$
$$3a - 50x = 1700 \quad \cdots\cdots②$$

が成り立つ。

①と②を連立して解くと，

$$a = 1400, \quad x = 50$$

となる。

以上より，T駅を出発したときの両新幹線の乗客数の合計は，

$$1400 \times 1.05 + 1100 \times 1.06 = 1470 + 1166 = 2636（人）$$

となる。

よって，正解は肢3である。

正答 3

第1章 数的推理

LEC東京リーガルマインド　2024-2025年合格目標 公務員試験 本気で合格！過去問解きまくり！　111
①数的推理・資料解釈

SECTION 5 比・割合

実践 問題 37　基本レベル

頻出度	地上★★★	国家一般職★★	東京都★★	特別区★
	裁判所職員★	国税・財務・労基★★	国家総合職★★	

問　図は，歯が一つずつ噛み合いながらそれぞれ一方向にのみ回転する三種類の歯車を示す模式図である。歯車Aの歯数は48であり，それぞれの歯には1から48までの番号が時計回りに順に振られているが，歯車Bと歯車Cの歯数は不明である。また，歯車Aは反時計回りにのみ回転する。
次のことが分かっているとき，歯車Aがちょうど5周する間に歯車Cが回転する角度はおよそいくらか。　　　　　　　　　　　　（国家一般職2020）

○　歯車Aが回転を始めたとき，図の矢印が指す位置には1番の歯があった。
○　歯車Bがちょうど1周する間に，歯車Aは2周した後3周目に入っており，矢印が指す位置には5番目の歯があった。
○　歯車Bがちょうど3周する間に，歯車Cはちょうど5周した。

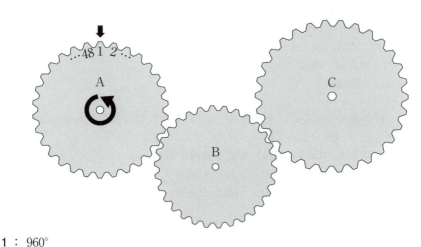

1：　960°
2：1080°
3：1200°
4：1320°
5：1440°

OUTPUT

チェック欄		
1回目	2回目	3回目
✕		

実践 問題 **37** の解説

〈比・割合〉

第1章 数的推理

歯車が回転するとき，噛み合う歯数は，すべての歯車で等しく，
　　（歯車の全歯数）×（歯車の回転数）　……①
となる。

歯車B，Cの全歯数を x，y とおく。1番目と2番目の条件より，歯車Bが1回転する間に，Aは2回転からさらに歯 <u>4個分</u> だけ進むことから，このときの歯車Aの回転数は，$2 + \dfrac{4}{48}$（周）である。このことから，①より方程式を立てると次の式になる。

$$48 \times \left(2 + \frac{4}{48} \right) = x \times 1 \quad ……②$$

また，3番目の条件より，①を用いて以下の式を得る。
　　$x \times 3 = y \times 5$　……③

②，③を解くと，$x = 100$，$y = 60$ を得る。

AとCは直接噛み合っているわけではないが，回転しているときの歯車A～Cの噛み合う歯数は等しくなる。このことから，AとCについても①を用いることができる。①よりAが5回転するときのCの回転数を z とおき，方程式を立てて，z について解くと，
　　$48 \times 5 = 60 \times z$
　　∴ $z = 4$（周）
となる。

したがって，Aが5周する間にCが回転する回転角度は，
　　$360° \times 4 = 1440°$
である。

よって，正解は肢5である。

【コメント】

①より，A～Cの歯車のすべての歯数と回転数は反比例の関係になる。

2番目の条件から，Bが1周したとき，Aが $2 + \dfrac{4}{48}$ 周したことから，AとBの回転数についての比は，A：B ＝ $2 + \dfrac{4}{48}$ ：1 ＝ 100：48 ＝ 25：12 と求めることができる。

また，3番目の条件から，BとCの回転数についての比は，B：C ＝ 3：5 となる。連比により，A～Cの3つの歯車についての回転数の比は，
　　A：B：C ＝ 25：12：20　……④
と求めることができる。④より，Aが5周したとき，Cは4周していることになる。そのとき，Cは $360° \times 4 = 1440°$ 回転したことになる。

正答 5

LEC東京リーガルマインド　2024-2025年合格目標 公務員試験 本気で合格！過去問解きまくり！　113
①数的推理・資料解釈

SECTION 5 比・割合

実践 問題 38 基本レベル

問 A社，B社及びC社の3つの会社がある。この3社の売上高の合計は，10年前は5,850百万円であった。この10年間に，売上高は，A社が9％，B社が18％，C社が12％それぞれ増加し，増加した金額は各社とも同じであったとすると，現在のC社の売上高はどれか。　　　　　　　　　　　　　　（特別区2019）

1：1,534百万円
2：1,950百万円
3：2,184百万円
4：2,600百万円
5：2,834百万円

OUTPUT

実践 問題 **38** の解説

〈比・割合〉

A社について，10年前の売上高，10年間の売上げの差，現在の売上高を比で表すと，

10年前の売上高：10年間の売上げの差：現在の売上高＝100：9：109

となる。B社についても同様に比で表すと，

10年前の売上高：10年間の売上げの差：現在の売上高＝100：18：118

となる。C社についても同様に比で表すと，

10年前の売上高：10年間の売上げの差：現在の売上高＝100：12：112

となる。

A，B，C社すべて10年間の売上げの差は等しいことから，比を9，18，12の最小公倍数である36に統一して表にまとめると，次のようになる。(数字)は比の値を表す。

	A	B	C	3社合計
10年前の売上高	(400)	(200)	(300)	(900)
10年間の売上げの差	(36)	(36)	(36)	(108)
現在の売上高	(436)	(236)	(336)	(1008)

10年前の3社の売上高の合計である比の値(900)が実際には5850(百万円)であることから，

(900)＝5850(百万円)

(1)＝5850÷900＝6.5(百万円)

となる。現在のC社の売上高は，比の値が(336)であるから，

(336)＝(1)×336＝6.5(百万円)×336＝2184(百万円)

となる。

よって，正解は肢3である。

正答 3

LEC東京リーガルマインド　2024-2025年合格目標 公務員試験 本気で合格！過去問解きまくり！　115
①数的推理・資料解釈

SECTION 5 数的推理
比・割合

実践　問題 39　応用レベル

問　大学生PとQは、入館料がそれぞれ1,000円の博物館A、800円の博物館B、600円の博物館Cに行く。今、Pのみが2,000円の入会金を支払って博物館A〜Cの共通会員になり、この3つの博物館で会員だけが使用できる入館料50％の割引券を1枚、25％割引券を3枚、10％割引券を16枚もらった。このとき、Pが支払う入会金と入館料の合計金額が、Qが支払う入館料の合計金額より少なくなるためには、Pは博物館A〜Cに合計して最低何回入館する必要があるか。ただし、PとQはいつも一緒に同じ博物館に行き、同じ回数入館するものとし、博物館A〜Cにそれぞれ1回は入館する。また、割引券は1回の入館につき1枚しか使用できないものとする。

（特別区2020）

1：7回
2：13回
3：14回
4：16回
5：20回

OUTPUT

チェック欄		
1回目	2回目	3回目
2ﾌﾟ		

実践 問題 **39** **の解説**

第1章 数的推理

〈比・割合〉

　PとQの支払い金額の合計を比べると，Pは入会金の分だけQより増額となる一方，割引券を使用するごとにQより入館料の総額が減額となる。これより本問題は，割引券の使用による入館料の減額分が，入会金2,000円を上回るための最低入館回数を求めればよいことになる。下の表は各博物館の割引後の値段とその差額を表したものである。

	入館料	A（1,000円）	B（800円）	C（600円）
①	50％割引後の金額	500円	400円	300円
	差額	500円	400円	300円
②	25％割引後の金額	750円	600円	450円
	差額	250円	200円	150円
③	10％割引後の金額	900円	720円	540円
	差額	100円	80円	60円

　差額が最も大きいのは，Aの50％割引であるから，最初にAで50％割引券を1回使う。残りの25％および10％割引で最も差額が大きいのは，Aの25％割引であるから，Aで25％割引券を3回使う。

　条件より，A～Cの博物館は必ず1度は訪れているため，差額がAよりも小さいBとCではそれぞれ，1回ずつ10％割引券を使えばよい。

　ここまで博物館に6回入館したときのPの割引による減額の合計は，

　　$1,000 \times 0.5 \times 1 + 1,000 \times 0.25 \times 3 + 800 \times 0.1 \times 1 + 600 \times 0.1 \times 1 = 1,390$（円）

であり，さらにQに対するPの支払い金額を残り610円減額すればよい。

　題意より，このあとは10％割引券を利用して博物館Aにのみ入館し続ければよい。その割引額は1回の入館につき100円となることから，7回入館（700円割引）すればよい。ゆえに，最低13回入館すると，Pの支払い金額の合計がQのそれより少なくなることがわかる。

　よって，正解は肢2である。

正答 **2**

LEC東京リーガルマインド　2024-2025年合格目標 公務員試験 本気で合格！過去問解きまくり！　117
①数的推理・資料解釈

数的推理
利益

必修問題 セクションテーマを代表する問題に挑戦！

利益, 売上に関する方程式の問題を学習していきます。ちょっとしたテクニックも登場します。

[問] ある商品を120個仕入れ, 原価に対し5割の利益を上乗せして定価とし, 販売を始めた。ちょうど半数が売れた時点で, 売れ残りが生じると思われたので, 定価の1割引きにして販売した。販売終了時刻が近づき, それでも売れ残りそうであったので, 最後は定価の半額にして販売したところ, 売り切れた。全体としては, 原価に対し1割5分の利益を得た。このとき, 定価の1割引きで売れた商品は何個か。　　　　　　　　　　　　　　　　　　　　(国Ⅱ2010)

1 : 5個
2 : 15個
3 : 25個
4 : 45個
5 : 55個

直前復習

Guidance ガイダンス 本セクションのテーマは2つある。1つは「問題文から方程式を立てられるようにする」。もう1つは「未知数の設定」である。どちらも他の文章題を解くうえでも必須になる考え方である。
なお, 「未知数の設定」に関しては, どのような場合でも x, y と置くのではなく, 適当な数値を設定して考えていくという方法についても学習していく。

頻出度	地上★	国家一般職★	東京都★	特別区★
	裁判所職員★	国税・財務・労基★		国家総合職★

必修問題の解説

チェック欄		
1回目	2回目	3回目
✕		

〈利益〉

　本問は問題文に具体的な金額を示す条件がまったくない。このような場合には，原価を考えやすい100円として計算していく。

　条件より，120個仕入れているため，仕入額は，

$$100 \times 120 = 12000（円）$$

である。条件「原価に対し1割5分の利益を得た」より全体の売上げは，

$$12000 \times (1 + 0.15) = 13800（円）$$

となる。

　ここで，1割引きで売れた個数を x 個とする。条件より以下のような表ができる。

	値段	個数	売上
定価（5割増）	150円	60個	9000円
1割引	135円	x 個	$135x$ 円
半額	75円	$(60 - x)$ 個	$75(60 - x)$ 円
全　体			13800円

　売上について，

$$9000 + 135x + 75(60 - x) = 13800$$

が成り立ち，これを解くと，

$$9000 + 135x + 4500 - 75x = 13800$$
$$60x = 300$$
$$x = 5（個）$$

が得られる。

　よって，正解は肢1である。

正答 **1**

Step ステップ　本問は，個数に関しては「120個」と具体的な数値条件があるため，自由に設定することはできない。何が設定することができて，何ができないのかを問題文から判断できるようにしよう。

第1章　数的推理

第1章 数的推理
SECTION 6 利益

1 割合の表し方と関係

① 割合の表し方

・百分率（％）…全体の量を100％として示す。つまり1％は全体の$\frac{1}{100}$である。

・割と分……割は全体の$\frac{1}{10}$，分は全体の$\frac{1}{100}$である。

② 関係性

10％は全体の$\frac{1}{10}$に相当するから，10％＝1割とすることができる。

2 用語と関係式

① 原価…仕入値のこと。
② 定価…原価に対し，ある程度の利益を見込んでつけた価格。
③ 売価…商品の実際の販売価格。
④ 利益…もうけのこと。実社会の利益は複雑だが，数的処理の利益算なら，

$$利益＝売上総額－仕入総額$$

が成り立つ。また，売上総額，仕入総額には次の式が成り立つ。

$$売上総額＝売価_1×個数_1＋売価_2×個数_2＋\cdots$$

$$仕入総額＝原価×個数$$

3 割増しと割引き

もとの値段がx円の商品をa％増しで売るときの値段は，

$$x×\left(1+\frac{a}{100}\right)（円）$$

であり，a％引きで売るときの値段は，

$$x×\left(1-\frac{a}{100}\right)（円）$$

である。

（例）1,000円の商品を20％の利益を見込んで売るとき，いくらで売ればよいか。

（解説）

問題文は「1,000円の20％増しの値段はいくらか」ということができる。「1,000円の20％増し」とは，もとの値段1,000円に，1,000円の20％を上乗せするということである。したがって，

$$1000＋1000×0.2$$
$$＝1000×(1＋0.2)$$
$$＝1200（円）$$

となる。

INPUT

④ 方程式の立て方

① 等式となる条件を探す。等式とは「○○＝△△」と「＝」で結ぶことができるものを指す。なお，利益算の場合は「**利益**」，「**売上**」，「**商品の個数**」に関する条件で等式が立てやすい。つまり，「○○の売上＝△△の売上」などとできる条件を探せばよい。

② わからない項目をxやyなどの未知数で表す。

①，②を行う際，問題文の状況を図や表を用いて視覚的に整理したほうが，等式が立てやすいし，何が不明なのかがわかりやすくなる。

⑤ 適当な数値を設定できる問題

前項②で「わからない項目を未知数で表す」とあるが，その項目に対して，

・**具体的な数値に関する条件**(たとえば「原価が100円」や「商品を50円引きにした」など)が一切なく

・**割合に関する条件**(たとえば「定価から１割引きにした」など)しかない

場合がある。このような場合，具体的な数値の条件がないため，算出することができない。そこで，上記の条件を満たす項目に対しては，未知数を設定するのではなく，計算しやすい具体的な数値を設定してしまっても構わない。このテクニックを知っておくと，未知数を減らすことができるため，計算がしやすくなる。

(例) ある商品を100個仕入れた。当初，原価の50%増しの定価で販売していたが，売れ残りそうになったので，途中から定価の40%引きで販売したところすべて売れた。売上が商品を仕入れた額の1.2倍であったとき，定価で売れた個数を求めよ。

(解説)

条件「売上が商品を仕入れた額の1.2倍であった」より，

　　定価の売上＋割引きの売上＝仕入額の1.2倍

という等式が成り立つ。ここで「売上＝価格×個数」より，必要な情報は「価格」と「個数」になるが，「**価格**」**に関しては具体的な数値に関する条件がないため，原価を100円と設定する**。すると条件より，定価は$100×(1+0.5)=150$円，40%引きの値段は，$150×(1-0.4)=90$円，全体の売上は，$100×100×1.2=12000$(円)となる。また，定価で売れた個数をx個，割引きで売れた個数を$100-x$個とする。ここまでを次のような表に整理する。

	価格	個数	売上
定価	150円	x個	$150x$円
割引き	90円	$100-x$個	$90(100-x)$円
合計			12000円

すると，売上について，$150x+90(100-x)=12000$が成り立つ。

これを解いて，$x=50$(個)が得られる。

SECTION 6 利益 数的推理

実践 問題 40 基本レベル

頻出度	地上★	国家一般職★	東京都★	特別区★
	裁判所職員★	国税・財務・労基★		国家総合職★

問 ある小学校で動物園へ遠足に行った。入場券は30人以上50人未満なら全員10％引き, 50人以上なら全員25％引きになるので, とりあえず50枚を購入した。当日欠席者がおり, 購入額の16％をキャンセル料金として支払った上で参加人数分を買い直すことにしたが, この場合でもかかった金額は同じであった。参加人数は何人であったか。 （法務教官2007）

1 : 35人
2 : 37人
3 : 40人
4 : 44人
5 : 46人

OUTPUT

	チェック欄	
1回目	2回目	3回目
✕		

実践 問題 **40** **の解説**

〈利益〉

　1人あたりの入場料を100円とする。50枚買うと1枚あたりの金額は$100×0.75=75$（円）になるため，50枚購入したときの金額は，

　　$75×50=3750$（円）

となる。条件より，この50枚は戻しているが，その際キャンセル料が16％発生しているため，実際に戻ってきた金額は，

　　$3750×(1-0.16)=3150$（円）

である。この金額で，1枚90円（30～49人であることは明らか）の入場券を買うと，

　　$3150÷90=35$（枚）

買うことができる。条件より，35人が参加したことがわかる。

　よって，正解は肢1である。

正答 **1**

第1章 SECTION 6 数的推理 利益

実践 問題 41 基本レベル

頻出度 地上★ 国家一般職★ 東京都★ 特別区★
裁判所職員★ 国税・財務・労基★ 国家総合職★

問 あるラーメン店では，単一メニューの「ラーメン」のみを提供しており，どの客も，注文できるのはラーメン1杯のみである。

ある日この店で，販売価格を据え置いたままラーメンを大盛りで提供するサービスデーを開催した。当日は前日に比べて，客一人当たりの利益（売価から原価を差し引いたもの）が2割減少したものの，女性客が3割減少し，男性客が7割増加したため，この日の総利益は2割増加した。このとき，前日の女性客の割合はいくらであったか。

なお，サービスデーにおいては，客の希望の有無にかかわらず，店側は大盛りで提供したものとする。

（国Ⅱ2011）

1 : 15%
2 : 20%
3 : 25%
4 : 30%
5 : 40%

OUTPUT

実践 問題 **41** **の解説**

チェック欄

〈利益〉

まず，全体の客数を100人として，女性客の割合を x ％とすると，女性客の数は x 人となり，男性客の数は$(100-x)$人となる。また，1人あたりの利益を10円とすると，前日の総利益は，

$$10 \times \{x+(100-x)\}=1000（円）$$

となる。これを表にまとめると次のようになる。

	女性客数（人）	男性客数（人）	1人あたり利益（円）	総利益（円）
前日	x	$100-x$	10	1000

次に，当日の客数および利益について考える。女性客は3割減少したため$0.7x$人，男性客は7割増加したため$1.7(100-x)$人となる。また，1人あたりの利益は2割減少したことから8円となるため，当日の総利益は，

$$8 \times \{0.7x+1.7(100-x)\}=1360-8x（円）$$

となる。

これを表にまとめると，次のようになる。

	女性客数（人）	男性客数（人）	1人あたり利益（円）	総利益（円）
前日	x	$100-x$	10	1000
当日	$0.7x$	$1.7(100-x)$	8	$1360-8x$

当日の総利益が前日の1.2倍となったため，

①前日の総利益×1.2＝②当日の総利益

が成立する。①，②に代入すると，

$$1000 \times 1.2 = 1360-8x$$
$$8x = 1360-1200$$
$$8x = 160$$
$$x = 20$$

となる。これより，前日の女性客の割合が20％であったことがわかる。

よって，正解は肢2である。

正答 **2**

第1章 SECTION 6 数的推理 利益

実践 問題 42 基本レベル

頻出度	地上★	国家一般職★	東京都★	特別区★
	裁判所職員★	国税・財務・労基★		国家総合職★

[問] ある店では商品Aは1個100円で仕入れ、120円で販売し、全て売りつくす。また商品Bは1個150円で仕入れ、190円で販売し、すべて売りつくす。ある日店員が間違えて、商品Aを仕入れる予算で商品Bを、商品Bを仕入れる予算で商品Aを仕入れてしまった。また、お金は全て使い切った。商品の仕入れ個数はいつもの $\frac{5}{4}$ になり、売上げはいつもより2,500円少なかった。このとき、通常の商品Aの仕入れ個数として正しいのは次のうちどれか。　(地上2005)

1：120個
2：150個
3：180個
4：200個
5：240個

OUTPUT

実践 問題 **42** の解説

〈利益〉

通常の商品Aの仕入個数を x 個，商品Bの仕入個数を y 個とすると，商品Aを仕入れる予算は$100\,x$円，商品Bを仕入れる予算は$150\,y$円となる。

ここで，ある日間違って仕入れた個数を考える。商品Aを仕入れる予算で商品Bを仕入れたから，商品Bの仕入個数は，

$$\frac{100\,x}{150}=\frac{2\,x}{3}\,（個）$$

となる。同様に，商品Bを仕入れる予算で商品Aを仕入れたから，商品Aの仕入個数は，

$$\frac{150\,y}{100}=\frac{3\,y}{2}\,（個）$$

となる。

商品Aと商品Bを間違って仕入れてしまった結果，商品の仕入個数がいつもの $\frac{5}{4}$ となったため，

$$\frac{2\,x}{3}+\frac{3\,y}{2}=\frac{5}{4}(\,x+y\,)$$

$$8\,x+18\,y=15\,x+15\,y \quad\Rightarrow\quad 7x=3y \quad\cdots\cdots①$$

となる。

また，このときの売上高がいつもより2,500円少なかったことから，

$$190\times\frac{2\,x}{3}+120\times\frac{3\,y}{2}=120\,x+190\,y-2500$$

$$380\,x+540\,y=360\,x+570\,y-7500$$

$$\therefore\quad 20\,x=30\,y-7500 \quad\Rightarrow\quad 2\,x=3\,y-750 \quad\cdots\cdots②$$

となる。

①を②に代入すると，

$$2\,x=7\,x-750$$

$$5\,x=750$$

$$x=150\,（個）$$

となる。①に代入して $y=350$（個）となる。

以上より，通常の商品Aの仕入個数は150個となる。

よって，正解は肢2である。

正答 2

第1章 SECTION 7 数的推理
濃度

必修問題
セクションテーマを代表する問題に挑戦！

濃度について学習していきます。2つの解法をマスターしましょう。

問 濃度の異なる2種類の食塩水A，Bがある。いま，AとBを1：2の割合で混ぜたところ濃度10％の食塩水ができ，AとBを2：1の割合で混ぜたところ濃度15％の食塩水ができた。このとき，Bの濃度はいくらか。　　　　　　　　　　　　　　　　（国税・財務・労基2021）

1：5％
2：10％
3：15％
4：20％
5：25％

直前復習

Guidance ガイダンス
濃度の問題には「食塩の量について推理していく解法」「てんびん図を用いる解法」の2つがある。
問題によって適した解法は異なるため，一方だけではなく両方の解法をマスターすることが望ましい。
なお，「食塩の量について推理していく解法」は，必修問題のように方程式を用いて解くこともよくあるが，必ず方程式を用いるということではない。食塩の量について推理できるように，表なども用いるとよい。

〈濃度〉

必修問題の解説

混ぜる前のAとBの食塩水の濃度をそれぞれ a ％，b ％とおく。

まず，AとBを1：2の割合で混ぜたところ濃度が10％になったことから，Aを100g，Bを200g混ぜたとき食塩の重さに関する方程式を立てると次のようになる。

$$100 \times \frac{a}{100} + 200 \times \frac{b}{100} = 300 \times \frac{10}{100}$$

上の式を変形すると，

$a + 2b = 30$ ……①

となる。

次に，AとBを2：1の割合で混ぜたところ濃度が15％になったことから，Aを200g，Bを100g混ぜたとき食塩の重さに関する方程式を立てると次のようになる。

$$200 \times \frac{a}{100} + 100 \times \frac{b}{100} = 300 \times \frac{15}{100}$$

上の式を変形すると，

$2a + b = 45$ ……②

となる。

①と②より，連立方程式を解くと，

$a = 20$，$b = 5$

となる。以上より，混ぜる前のBの食塩水の濃度は5％である。

よって，正解は肢1である。

正答 1

食塩水を混ぜる前と後とで，その中に含まれる食塩の総量は変化していないことに注目して方程式を立てる。

1 定義と関係式（食塩水の濃度の場合）

食塩水全体に含まれている食塩の割合を濃度という。以下に濃度に関する関係式を示すが，結局は割合の定義と同じだということを確認してほしい。

・濃度(%) = $\dfrac{食塩の重さ}{食塩水の重さ} \times 100$

・食塩の重さ = 食塩水の重さ $\times \dfrac{濃度(\%)}{100}$

・食塩水の重さ = $\dfrac{食塩の重さ}{濃度(\%)} \times 100$

2 解法

① 食塩の量に関して推理していく解法

食塩水に含まれている**食塩の総量は，食塩水を捨てない限り，混ぜる前後で変わることはない**。このことを利用して解く。

(例) 濃度6%の食塩水Aに，濃度12%の食塩水Bを混ぜたところ，8%の食塩水が450gできた。食塩水Aの重さを求めよ。

(解説)

6%の食塩水Aの重さをxgとすると，12%の食塩水Bは$450-x$gとなる。食塩の重さに着目して表に整理すると，以下のようになる。

		食塩水の重さ	濃度	食塩の重さ
混ぜる前	食塩水A	x（g）	6（%）	$0.06x$（g）
	食塩水B	$450-x$（g）	12（%）	$0.12(450-x)$（g）
混ぜた後		450（g）	8（%）	36（g）

ここで，混ぜる前後の食塩の量について次の方程式が成り立つ。

$0.06x + 0.12(450-x) = 36$

∴ $x = 300$（g）

② てんびん図
　てんびん図は，2種類の濃度のものを混合する場合に使うことができる。
　濃度 a ％の食塩水 m g と濃度 b ％の食塩水 n g（ただし $a < b$ とする）を混合して，濃度 x ％の食塩水ができる場合を考える。

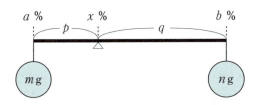

てんびんがつり合う条件より（ただし，$p = x - a$，$q = b - x$），
　　$p \times m = q \times n$
　∴　$m : n = q : p$
これより，**重さの比と濃度の差の比は互いに逆比の関係になる**ことがわかる。

(例) 濃度6％の食塩水Aに，濃度12％の食塩水Bを混ぜたところ，8％の食塩水が450gできた。食塩水Aの重さを求めよ。

(解説)
　てんびん図を用いて解く。条件をてんびん図に記入すると次のようになる。

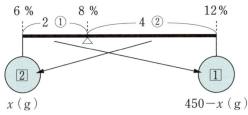

　濃度差の比は $8 - 6 : 12 - 8 = 1 : 2$ である。この比を逆転させたものが食塩水の重さの比となるから，食塩水の重さについて次の比例式が成り立つ。
　　$x : 450 - x = 2 : 1$
　これを解いて，$x = 300$（g）が得られる。

【補足】
　このてんびん図の解法は「2つのものを混ぜる」問題であれば，濃度の問題以外にも適用できる。

第1章 SECTION 7 数的推理 濃度

実践 問題 43 基本レベル

[問] ある容器に濃度20.0％のショ糖の水溶液が500g入っている。この水溶液の$\frac{3}{5}$を赤いコップに移し、残りをすべて青いコップに入れた。赤いコップに、ショ糖を20g追加し、十分にかき混ぜて均一になったところで、赤いコップの水溶液の半分を青いコップに移した。最後に、青いコップへ水を40g追加した。このとき、青いコップに入っている水溶液の濃度はいくらか。ただし、水溶液中のショ糖はすべて溶けているものとする。　　　　　　　　　　（国Ⅱ2009）

1：18.0％
2：18.5％
3：19.0％
4：19.5％
5：20.0％

OUTPUT

実践 問題 **43** の解説 ─────────────────────

〈濃度〉

第1章 数的推理

問題文に従って操作すると，次のようになる。

まず，最初の状態では，

	赤いコップ	青いコップ
ショ糖水の量(g)	300	200
濃度(%)	20	20
ショ糖の量(g)	60	40

次に，赤いコップにショ糖20gを追加する。

	赤いコップ	青いコップ
ショ糖水の量(g)	320	200
濃度(%)	25	20
ショ糖の量(g)	80	40

そして，赤いコップの水溶液を半分青いコップに移す。

	赤いコップ	青いコップ
ショ糖水の量(g)	160	360
濃度(%)	25	$\frac{80}{360} \times 100$
ショ糖の量(g)	40	80

最後に，青いコップへ水40gを追加する。

	赤いコップ	青いコップ
ショ糖水の量(g)	160	400
濃度(%)	25	20
ショ糖の量(g)	40	80

したがって，最後に青いコップに入っている水溶液の濃度は，20％である。

よって，正解は肢5である。

正答 5

SECTION 7 濃度

実践 問題 44 基本レベル

頻出度　地上★　国家一般職★　東京都★　特別区★
　　　　裁判所職員★　国税・財務・労基★　国家総合職★

問 次の文中の空欄 ア ， イ に当てはまる語句の組み合わせとして妥当なのはどれか。 (地上2017)

濃縮されたA，B 2つのめんつゆがある。AはAと同量の水を入れて薄める（2倍に薄める）ことで使用し，BはBの4倍の水を入れて薄める（5倍に薄める）ことで使用し，これが規定の濃度である。

ところがある日，A，Bを薄めて使う水の量を間違え，Aを5倍で薄めたものを100ml，Bを2倍で薄めたものを100ml作ってしまった。こうしてできためんつゆを合わせたとき，めんつゆの濃度は規定よりも ア ，規定の濃度にするためには イ を加えればよい。

　　　ア　　　　イ
1：薄く　　　Aを 15ml
2：薄く　　　Aを 30ml
3：濃く　　　水を 60ml
4：濃く　　　水を 90ml
5：濃く　　　水を120ml

OUTPUT

チェック欄		
1回目	2回目	3回目
✕		

実践 問題 **44** の解説

〈濃度〉

第1章 数的推理

間違えて作ったとき，Aを5倍，Bを2倍に薄めてそれぞれ100ml作られたことから，このめんつゆに含まれているAおよびBの体積は，

A：$100 \div 5 = 20$ (ml)

B：$100 \div 2 = 50$ (ml)

である。

<u>この量のめんつゆの原液を使って作ることができる規定濃度のめんつゆの体積</u>は，

$20 \times 2 + 50 \times 5 = 290$ (ml)

である。本来ならば，A，Bそれぞれを適切に薄めて290ml作らなければならないめんつゆが，200mlしかできていないことから，間違って作ってしまっためんつゆを合わせた濃度は規定濃度よりも濃く（ア），水を90ml（イ）加えれば本来の規定濃度にすることができる。

よって，正解は肢4である。

【別解】

めんつゆAは2倍濃度であるため②とし，めんつゆBは5倍濃度であるため⑤とし，水を○とすれば，次のように図式化することができる。

水100mlのとき：○○○○○○○○○○ （○1つ分で10ml）

正しいAの作り方：②②②②②○○○○○ （②と○が1：1）

正しいBの作り方：⑤⑤○○○○○○○○ （⑤と○が1：4）

間違った作り方では，2倍濃度と5倍濃度のものを取り違えたため，次のようになる。

間違ったAの作り方：②②○○○○○○○○

間違ったBの作り方：⑤⑤⑤⑤⑤○○○○○

②が1つにつき○を1つ，⑤が1つにつき○を4つの割合で相殺していくと，○が足りなくなるため，濃くなっていることがわかる。また，過不足なく相殺するためには○をあと9個，つまり水を90ml加えればよい。

正答 **4**

第1章 数的推理
SECTION 7 濃度

実践 問題 45 基本レベル

頻出度	地上★★	国家一般職★	東京都★	特別区★
	裁判所職員★	国税・財務・労基★		国家総合職★

問 濃度の異なる食塩水が，容器A，Bにそれぞれ600g，400g入っている。はじめに容器Aから容器Bへ食塩水200gを移し，よくかき混ぜた後に容器Bから容器Aへ食塩水200gを戻してよくかき混ぜたら，容器Aには濃度10%の食塩水ができた。その後，容器A，容器Bの食塩水を全てよく混ぜ合わせたら濃度8.4%の食塩水ができた。はじめに容器Aに入っていた食塩水の濃度はいくらか。

(裁判所職員2016)

1 : 11%
2 : 12%
3 : 13%
4 : 14%
5 : 15%

OUTPUT

実践 問題 **45** の解説

〈濃度〉

容器AとBを3つの状況に分ける。

(1) 容器Aから容器Bに移す前
(2) 容器Aから容器Bに食塩水200gを移した後
(3) 容器Bから容器Aに食塩水200gを移した後

最終的に,容器Aと容器Bの食塩水を混ぜると8.4%の食塩水ができたことから,2つの容器に入っていた食塩の総量は,

$$(600+400) \times 0.084 = 84 (g) \quad \cdots \cdots ①$$

となる。これより,上の(1)から(3)の状況はすべて,84gの食塩と916gの水が使われていたことになる。そこで,(1)から(3)までの状況でわかる部分を表にまとめる。

	容器A	容器B
(1)	600g（ア%）	400g（イ%）
(2)	400g（ウ%）	600g（エ%）
(3)	600g（10%）	400g（オ%）

まず,(3)終了後の容器Aに含まれる食塩が600×0.1＝60gであるから,容器Bのそれは①より84−60＝24gとなり,容器Bの濃度は,24÷400×100＝6%（オ）となる。

次に,(2)以降で容器Bは,容器Aから水溶液を移していないため,濃度が等しい。これより,エ＝オ＝6（%）となる。

よって,(2)で容器Bに含まれる食塩の量は,600×0.06＝36g,容器Aのそれは,84−36＝48gと決まり,容器Aの濃度は48÷400×100＝12%（ウ）となる。

最後に,(1)と(2)の容器Aの濃度は等しいことから,

ア＝ウ＝12（%）

となる。

以上より,はじめに容器Aに入っていた食塩水の濃度は12%である。

よって,正解は肢2である。

正答 2

第1章 数的推理　SECTION 7　濃度

実践　問題 46　応用レベル

頻出度　地上★　国家一般職★　東京都★　特別区★
　　　　　裁判所職員★　国税・財務・労基★　国家総合職★

問　それぞれ濃度の異なるA，BおよびCの3種類の食塩水がある。Aの食塩水40gとBの食塩水40gとを混合したあと，濃縮して濃度を2倍にすると10％の濃度の食塩水ができ，Aの食塩水50gとCの食塩水60gとを混合したあと，蒸留水を90g加えると5.5％の濃度の食塩水ができる。このとき，Bの食塩水の濃度はどれか。ただし，それぞれの濃度の値はパーセントで整数になるものとする。

（特別区2001）

1： 6％
2： 7％
3： 8％
4： 9％
5：10％

OUTPUT

チェック欄		
1回目	2回目	3回目
✕		

実践 問題 **46** **の解説**

〈濃度, 整数解〉

A, BおよびCの水溶液の濃度をそれぞれ, a%, b%, c%とする。ただし, a, b, cは,

$$a \neq b \neq c, \ a \neq c \quad \cdots\cdots①$$

を満たす0以上の整数とする。

まず, 40 gの食塩水Aと40 gの食塩水Bを混合して5%の食塩水80 gができたことから, 食塩の重さに関する方程式を立てると,

$$40 \times \frac{a}{100} + 40 \times \frac{b}{100} = 80 \times \frac{5}{100}$$

$$\Rightarrow a + b = 10 \quad \cdots\cdots②$$

を導くことができる。

次に, 50 gの食塩水Aと60 gの食塩水C, および蒸留水90 gを混合して5.5%の食塩水200 gができたことから, 食塩の重さに関する方程式を立てると,

$$50 \times \frac{a}{100} + 60 \times \frac{c}{100} = 200 \times \frac{5.5}{100}$$

$$\Rightarrow 5a + 6c = 110 \quad \cdots\cdots③$$

を導くことができる。

③のaとcの整数解が0以上なのは次の表のとおりである。

a	22	16	10	4
c	0	5	10	15

上の表のaとcのうち, ①を満たし, ②のaとbが両方0以上の整数になるのは,

$$a = 4, \ b = 6, \ c = 15$$

のときのみである。

よって, 正解は肢1である。

正答 **1**

第1章 SECTION 7 数的推理 濃度

実践 問題 47 応用レベル

問 食塩水Ａと重さ１kgの食塩水Ｂがある。食塩水Ａの重さは食塩水Ｂの重さよりも軽く，濃度は食塩水Ｂが食塩水Ａの５倍である。食塩水Ａに水を入れて１kgにしたところ，食塩水Ｂは食塩水Ａの６倍の濃度になり，食塩水Ａに食塩を入れて１kgにしたところ，食塩水Ａは食塩水Ｂの1.5倍の濃度になった。食塩水Ａのもとの濃度は次のうちどれか。 （市役所2010）

1 ： 0.5％
2 ： 1.0％
3 ： 1.5％
4 ： 2.0％
5 ： 2.5％

OUTPUT

実践 問題 **47** の解説

〈濃度〉

水や食塩を入れる前の食塩水AをA$_0$, A$_0$に水を入れて1kgにした食塩水AをA$_1$, A$_0$に食塩を入れて1kgにした食塩水AをA$_2$とする。

A$_0$とBの濃度の比が1：5＝6：30, A$_1$とBの濃度の比が1：6＝5：30, A$_2$とBの濃度の比が3：2＝45：30であることから, 4つの水溶液の濃度の比は,

A$_0$：A$_1$：A$_2$：B＝6：5：45：30

となる。4つの食塩水の状態を下の表にする。括弧の数値は比の値を表す。

食塩水	食塩水の重さ	食塩	濃度
A$_0$		x (kg)	(6)
A$_1$	1 (kg)	x (kg)	(5)
A$_2$	1 (kg)		(45)
B	1 (kg)		(30)

まず, 上の表より, A$_0$とA$_1$の食塩の重さをx (kg)とする。食塩水の重さと濃度が反比例するため,

A$_0$の食塩水の重さ：1 (kg) ＝ 5：6

より, A$_0$の食塩水の重さ＝$\frac{5}{6}$ (kg)となる。

このことから, A$_0$からA$_1$に水を$1 - \frac{5}{6} = \frac{1}{6}$ (kg)入れたことになる。さらにA$_0$からA$_2$に食塩を$\frac{1}{6}$ (kg)入れたことがわかり, A$_2$の食塩の重さは$x + \frac{1}{6}$ (kg)となる。

次に, A$_1$とA$_2$の食塩水の重さが等しく, 食塩の重さと濃度が比例することから,

A$_1$の食塩の重さ：A$_2$の食塩の重さ＝A$_1$の濃度：A$_2$の濃度

⇒ $x : x + \frac{1}{6} = 1 : 9$

となって, $9x = x + \frac{1}{6}$を満たし, $x = \frac{1}{48}$を導くことができる。

以上より, 重さ$\frac{5}{6}$ (kg)のもとの食塩水A$_0$には, $\frac{1}{48}$ (kg)の食塩が混ざっているため, A$_0$の濃度は,

$$\frac{1}{48} \div \frac{5}{6} \times 100 = \frac{1}{48} \times \frac{6}{5} \times 100 = 2.5 (\%)$$

となる。

よって, 正解は肢5である。

正答 5

LEC東京リーガルマインド　2024-2025年合格目標 公務員試験 本気で合格！過去問解きまくり！ ①数的推理・資料解釈　141

第1章 数的推理
SECTION 7 濃度

実践 問題 48 応用レベル

頻出度	地上★★	国家一般職★	東京都★★	特別区★
	裁判所職員★★	国税・財務・労基★		国家総合職★★

問 濃度25％の食塩水200ｇがある。この食塩水から何ｇかを捨てて、同じ量の水を補った。さらに最初に捨てた食塩水の２倍を捨て、捨てた分だけ水を補ったところ、濃度が12％になった。このとき、最初に捨てた食塩水の量として正しいものはどれか。

（裁判所職員2021）

1 ： 40 g
2 ： 50 g
3 ： 60 g
4 ： 70 g
5 ： 80 g

OUTPUT

実践 問題 **48** の解説

〈濃度〉

2回の操作において食塩水を捨てた分と同じ量の水を補っているため，食塩水は薄くなっているが各操作の後の食塩水の量は200gである。各操作の後に残っている食塩の量に着目して解く。

最初，濃度25%の食塩水200gに含まれている食塩の量は，

$$200 \times \frac{25}{100} = 50 (g)$$

である。

そして，1回目の操作で x gの食塩水を捨てたとすると，残った $200 - x$ gの食塩水に含まれている食塩は，$0.25 \times (200 - x)$ gである。この式を，

$$0.25 \times (200 - x) = \frac{50}{200} \times (200 - x) = 50 \times \frac{200 - x}{200} \quad \cdots\cdots①$$

と変形する。すると，①の式は下の②の式で表現でき，それは食塩水を捨てた後，そして水を入れた後の食塩水中の食塩の量に等しい。

$$捨てる前の食塩水中の食塩の量 \times \frac{捨てた後の食塩水の量}{捨てる前の食塩水の量} \quad \cdots\cdots②$$

さらに，2回目の操作では $2x$ gの食塩水を捨てたのであるから，残った $(200 - 2x)$ gの食塩水に含まれている食塩は，②より，

$$50 \times \frac{200 - x}{200} \times \frac{200 - 2x}{200} (g)$$

である。

また，濃度12%の食塩水200gに含まれている食塩の量は，

$$200 \times \frac{12}{100} = 24 (g)$$

であり，これが2回の操作の後に残っている食塩の量であるから，

$$50 \times \frac{200 - x}{200} \times \frac{200 - 2x}{200} = 24$$
$$(200 - x)(100 - x) = 24 \times 400$$
$$x^2 - 300x + 20000 = 9600$$
$$x^2 - 300x + 10400 = 0$$
$$(x - 40)(x - 260) = 0$$
$$\therefore \quad x = 40, 260$$

ここで，x，$2x$ は200gの食塩水から捨てる量であるから，$0 \leqq x \leqq 100$ でなければならないため，$x = 40$ gである。

よって，正解は肢1である。

正答 **1**

SECTION 7 数的推理 濃度

実践 問題 49 応用レベル

問 ある塩の水溶液Ａ，Ｂは，濃度が互いに異なり，それぞれが1,200ｇずつある。両方を別々の瓶に入れて保管していたところ，水溶液Ａが入った瓶の蓋が緩んでいたため，水溶液Ａの水分の一部が蒸発した結果，100ｇの塩が沈殿した。この沈殿物を取り除くと，水溶液の重量は800ｇとなったが，これに水溶液Ｂのうちの400ｇを加えたところ，この水溶液の濃度は水溶液Ａの当初の濃度と同じになった。

次に，水溶液Ａから取り出した沈殿物100ｇに，水溶液Ｂのうちの500ｇを加えて溶かしたところ，この水溶液の濃度も水溶液Ａの当初の濃度と同じになった。

水溶液Ａの当初の濃度はいくらか。

なお，沈殿物を取り除く際には，水分は取り除かれないものとする。

(国家一般職2013)

1：22.5％
2：27.5％
3：32.5％
4：37.5％
5：42.5％

OUTPUT

実践 問題 **49** の解説

〈濃度〉

条件より，塩を取り除いた水溶液A800ｇに，水溶液Bを400ｇ加えたところ，当初の水溶液Aの濃度と同じになっていることから，**加えた水溶液Bに含まれる塩の重さが，取り除いた塩100ｇと同じ**であることがわかる。

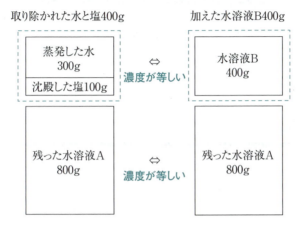

これより，加えた水溶液B400ｇには塩が100ｇ含まれていることになるため，水溶液Bの濃度は，

$$\frac{100}{400} \times 100 = 25(\%)$$

となる。

次に，取り除いた塩の沈殿物100ｇに水溶液B500ｇを加えた水溶液の濃度が，当初の水溶液Aの濃度と等しいことから，当初の水溶液Aの濃度は，

$$\frac{100 + 500 \times \frac{25}{100}}{100 + 500} \times 100 = \frac{225}{600} \times 100 = 37.5(\%)$$

となる。

よって，正解は肢4である。

正答 4

記数法

セクションテーマを代表する問題に挑戦！

数の表し方に関する記数法について学習していきます。

問 2進法で1010110と表す数と，3進法で2110と表す数がある。これらの和を5進法で表した数として，正しいのはどれか。

（東京都2018）

1： 102
2： 152
3： 201
4： 1021
5： 1102

Guidance ガイダンス
2進法と3進法で表された数どうしを直接計算することはできない。また，2進法，3進法の数をそれぞれ5進法に変換するのは難しい。そこで2進法，3進法の数を10進法へ変換し，計算を行った後に10進法から5進法に変換していくことになる。記数法で大事なのはこの変換方法である。

〈記数法〉

必修問題の解説

2進法で1010110と表された数を10進法に直すと，
$1\times2^6+0\times2^5+1\times2^4+0\times2^3+1\times2^2+1\times2^1+0\times2^0$
$=64+16+4+2$
$=86$

となり，3進法の2110も同様に10進法に直すと，
$2\times3^3+1\times3^2+1\times3^1+0\times3^0$
$=54+9+3$
$=66$

となるから，2つの数を10進法で足し算をすると，
$86+66=152$

となる。

最後に，10進法の152を5進法に変換すると，
$152=1\times5^3+1\times5^2+0\times5^1+2\times5^0$

より，1102_{(5)}となる。

よって，正解は肢5である。

```
5 ) 152
5 )  30 … 2
5 )   6 … 0
      1 … 1
```

正答 5

Step ステップ 直接5進法にしてから足し算をする人がいるが，ミスの原因になるのでおすすめしない。手間がかかるようでも，一度10進法に直してから計算をしたほうがいいだろう。

SECTION ⑧ 第1章 数的推理
記数法

1 記数法の表記方法

記数法とは，適当な数字，記号を用いて，一定の規則に従い数を表現することをいう。

a，b，c，dが$0 \sim (n-1)$の整数であるとき，

$$x = an^3 + bn^2 + cn^1 + dn^0$$

を$abcd_{(n)}$と書くとき，これをxのn進法表記という。

一般に，n進法では，$0 \sim (n-1)$のn個の数字が使われる。

たとえば，3進法ならば，0，1，2の3つの数字が使われる。

我々が普段用いているのは0，1，2，……8，9の10種類の記号を用いる10進法表記である。

2 10進法とn進法の変換方法

記数法のままでの四則計算は，ミスをすることが多いため，普通は10進法に変換してから計算する。

① n進法→10進法の変換

n進法では，下の桁から，n^0の位，n^1の位，n^2の位，n^3の位，……を表している。たとえば，6進法の4503を10進法に変換するには，次のようにすればよい。

$$4503_{(6)} = 4 \times 6^3 + 5 \times 6^2 + 0 \times 6^1 + 3 \times 6^0$$
$$= 4 \times 216 + 5 \times 36 + 0 \times 6 + 3 \times 1 \quad (6^0 = 1)$$
$$= 864 + 180 + 0 + 3 = 1047$$

② 10進法→n進法の変換

10進法で表記された数をnで順に割って，商と余りを逆順に並べればよい。たとえば，10進法の897を6進法に変換するには，897を6で順次割って，商と余りを逆順に並べればよい。

```
6 ) 897
6 ) 149  … 3 ▲
6 )  24  … 5 │
       4  … 0 │
```

したがって，10進法の897は6進法では$4053_{(6)}$と表せる。

3 記数法と整数問題

セクション3で学んだ整数解と，記数法が融合されている問題がある。

整数解の問題で重要なのは「解の範囲の絞込み」である。そこで記数法との融合問題では，「n進法は$0 \sim (n-1)$までのn種類の数字を用いている」ということを利用して解を絞り込んでいくことになる。

INPUT

(例) ある自然数Nを5進法で表すと $a\,a\,b_{(5)}$ となり，9進法で表すと $b\,a\,a_{(9)}$ となる。このとき，a，b の値を求めよ。

(解説)

5進法の数 $a\,a\,b$，9進法の数 $b\,a\,a$ を，それぞれ10進法で表記する。

$a\,a\,b_{(5)} = a \times 5^2 + a \times 5^1 + b \times 5^0 = 30\,a + b$

$b\,a\,a_{(9)} = b \times 9^2 + a \times 9^1 + a \times 9^0 = 10\,a + 81\,b$

これより，$30\,a + b = 10\,a + 81\,b$ が成り立つ。これを整理すると，$a = 4\,b$ となる。a，b は1桁の自然数だから，b に1，2を代入して，

$(a, b) = (4, 1), (8, 2)$

の2通りが考えられる。しかし，a，b は5進法表記に使われていることから，a，b は4以下の数であることがわかる（**5進法は0，1，2，3，4の5種類の数字で表す**）。

したがって，$(a, b) = (4, 1)$ となる。

4 記数法と暗号

記数法はしばしば暗号と融合されることがある。記号が n 種類しかない暗号の問題であったら，「**n 種類の数字を用いて表す n 進法と融合されているのではないか**」と推測してみるといいだろう。

(例) ある法則で，Aを「○○○」，Bを「○○×」，Cを「○○△」，Dを「○×○」と表すことができるとき，Hはどのように表されるか。

(解説)

記号が○，×，△の3種類しか使われていないため，これらの記号が0，1，2を用いて表す3進法に対応しているのでは，と推測することができる。10進法の0，1，2，3，……を3進法で表記すると次のようになる。

10進法	000	001	002	003	004	005	006	007
3進法	000	001	002	010	011	012	020	021

これにA，B，C，Dと，それに対応する暗号を加えてみる。

10進法	000	001	002	003	004	005	006	007
3進法	000	001	002	010	011	012	020	021
英字	A	B	C	D	E	F	G	H
暗号	○○○	○○×	○○△	○×○				

これより，暗号の「○」，「×」，「△」は，それぞれ3進法の「0」，「1」，「2」に対応していることがわかる。したがって，Hは「021」＝「○△×」となる。

第1章 数的推理
SECTION 8 記数法

実践 問題 50 基本レベル

問 アルファベットのみを用いて数を表す二十六進法を考える。すなわち，Aは十進法で０，Ｂは１，Ｚは25を表すものとする。したがって，たとえば，ＣＢは２×26＋１×１なので53となる。
　いま，ＢＢ＋Ｆから始めて，次にＢＢ＋Ｆ＋Ｆ，ＢＢ＋Ｆ＋Ｆ＋Ｆといったように，ＢＢに順次Ｆを加えていったときに，生じうる数はどれか。

(国Ⅱ2007)

1：ＣＣ
2：ＤＤ
3：ＥＥ
4：ＦＦ
5：ＧＧ

OUTPUT

チェック欄		
1回目	2回目	3回目
X(4)		

実践 問題 **50** の解説

〈記数法〉

第1章 数的推理

　問題文より，アルファベットの26進法の文字と10進法の数字を対応させていく。AからZまで順番に並べて，10進法の数字と対応させていくと，次の表のとおり，0から25までの数字が対応することがわかる。

26進法	A	B	C	D	E	F	…	Y	Z
10進法	0	1	2	3	4	5	…	24	25

　次に，$B_{(26)}$が10進法の数字で1に対応していることから，10進法の26は，26進法の文字では1桁繰り上がって$BA_{(26)}$に対応していることがわかる。上の表から，26＋25＝51は$BZ_{(26)}$に，52は$CA_{(26)}$に対応しているものとわかる。

26進法	B A	B B	…	B Y	B Z	C A	C B	C C
10進法	26	27	…	50	51	52	53	54

　すなわち，10進法で26の倍数ごとに，26進法の左の位の文字が変化していることがわかる。

　上の表から，$BB_{(26)}$は，2つの桁で両方1に対応しており，

　　$BB_{(26)}=27=26^1 \times 1 + 26^0 \times 1$

とわかる。このことから，26進法も10進法に直して計算できる。

　次に，$F_{(26)}$は10進法で5に対応するから，$BB_{(26)}$に$F_{(26)}$をn回加えた値を10進法の数字で表すと，

　　$27+5n$

である。つまり，10進法の数字に直したとき，一の位で取るべき数は2，あるいは7であるような26進法の文字を選べばよい。以上より，選択肢を検討していく。

1 × 26進法でCCは10進法で，$26^1 \times 2 + 26^0 \times 2 = 54$に対応する。

2 × 26進法でDDは10進法で，$26^1 \times 3 + 26^0 \times 3 = 81$に対応する。

3 × 26進法でEEは10進法で，$26^1 \times 4 + 26^0 \times 4 = 108$に対応する。

4 × 26進法でFFは10進法で，$26^1 \times 5 + 26^0 \times 5 = 135$に対応する。

5 ○ 26進法でGGは10進法で，$\underline{26^1 \times 6} + 26^0 \times 6 = 162$に対応する。

正答 5

第1章 SECTION 8 数的推理
記数法

実践 問題 51 基本レベル

問 A，B，Cは，1，2，3のいずれかの異なる数字であり，ある数を4進法で表すとABCAとなり，12進法で表すとCBAとなる。この数を5進法で表したものとして，正しいのはどれか。　　　　　　　　　　　　（東京都2023）

1：AABC
2：ABBA
3：BBCA
4：CABC
5：CACA

OUTPUT

実践 問題 **51** の解説 ————————————

〈記数法〉

4進法でABCAと表される数を10進法に直すと,

$64A + 16B + 4C + A$ ……①

一方, 12進法でCBAと表される数を10進法に直すと,

$144C + 12B + A$ ……②

となる。①と②は10進数で表すと同じ数であるという条件から,

$64A + 16B + 4C + A = 144C + 12B + A$

となり, 式を変形すると,

$64A + 4B - 140C = 0$

$\Rightarrow 16A + B - 35C = 0$ ……③

を得る。ここで, A, B, Cは4進法の数字であるから, 1, 2, 3のいずれかであり, ③を満たすA, B, Cは,

$A = 2, B = 3, C = 1$

のみであり, ①より10進法で表すと182が得られる。

求めた182を5進法で表すと, 次のようになる。

```
5) 182
5)  36 …2 ↑
5)   7 …1
     1 …2
```

$\therefore 182 = 1212_{(5)}$

$1212_{(5)}$は, CACAである。

よって, 正解は肢5である。

正答 5

LEC東京リーガルマインド　2024-2025年合格目標 公務員試験 本気で合格！過去問解きまくり！　153
①数的推理・資料解釈

第1章 SECTION 8 数的推理 記数法

実践 問題 52 基本レベル

[問] 150台の自動車が駐車できる駐車場がある。この駐車場では1台目の駐車スペースを1番, 2台目の駐車スペースを2番というように番号を振っているが,「3」と「4」と「9」の数字は使わないことになっている。したがって, 3台目の駐車スペースは5番となる。この駐車場における150台目の駐車スペースの番号として正しいのはどれか。　　　　　　　　　　（地上2002）

1： 215番
2： 256番
3： 505番
4： 576番
5： 628番

OUTPUT

実践 問題 52 の解説

〈記数法〉

条件より、使うことのできる数字は、⓪、①、②、⑤、⑥、⑦、⑧の7種類である。したがって、7種類の数字を使って数を表すのだから、7進法と考えることができる。

⓪	①	②	⑤	⑥	⑦	⑧
‖	‖	‖	‖	‖	‖	‖
0	1	2	3	4	5	6

これより、150を7進法で表すと、

```
7)150
 7) 21 …3
     3 …0
```

となるため、303_(7) となる。

したがって、上の表により数字を変換して元に戻すと、303＝⑤⓪⑤となる。

よって、正解は肢3である。

正答 3

数的推理
数列・規則性

必修問題 セクションテーマを代表する問題に挑戦！

ここでは，高校生で学習した数列およびクイズ的要素を多く含む規則性を扱った問題について学習していきます。

問 次のア～エは，それぞれ一定の規則により並んだ数列である。空欄A～Dに当てはまる四つの数の和として，正しいのはどれか。

（東京都2021）

ア　1，4，10，□A□，46，……
イ　1，4，13，40，□B□，364，……
ウ　1，9，41，□C□，681，……
エ　1，11，41，91，□D□，251，……

1：453
2：463
3：473
4：483
5：493

Guidance ガイダンス

数列では「等差数列」「階差数列」についてよく出題される。まずは公式を覚えるところから始めよう。公式はただ覚えるだけではなく，証明や導出を自分で書いて覚えていくといいだろう。
規則性に関する問題は数学的な知識はあまり必要としないが，その分発想力が求められる。

頻出度	地上★	国家一般職★★	東京都★★★	特別区★
	裁判所職員★★★	国税・財務・労基★		国家総合職★

必修問題の解説

チェック欄		
1回目	2回目	3回目
△		

第1章 数的推理

〈数列・規則性〉

どの数列も，一見すると規則性が見られない。そこで，隣り合う項どうしの差に規則性がないか，すなわち階差数列における規則性を考えていく。

まず，アの階差数列を考えてみる。

$\underline{3,\ 6,\ A-10,\ 46-A,\ \cdots\cdots}$

アの階差数列が初項3，公差3の等差数列のとき，$A-10=9$，$46-A=12$を満たすが，この2つの式を満たすAは存在しない。Aの階差数列が初項3，公比2の等比数列であると考えてみる。すると，

$A-10=12,\ 46-A=24$

を満たすAは両方の式で22である。よって，$A=22$と推測ができる。

次に，イの階差数列を考えてみる。

$3,\ 9,\ 27,\ B-40,\ 364-B,\ \cdots\cdots$

イの階差数列は，初項が3，公比が3の等比数列と推測できる。そのとき，

$B-40=27\times 3=81$

$364-B=27\times 3\times 3=243$

を満たす。この2つの式を満たすBは$B=121$である。

次に，ウの階差数列を考えてみる。

$8,\ 32,\ C-41,\ 681-C,\ \cdots\cdots$

となる。ウの階差数列が初項8，公差24の等差数列のとき，$C-41=56$，$681-C=80$を満たすが，この2つの式を満たすCは存在しない。そこで，Cの階差数列が初項8，公比4の等比数列であると考えてみる。すると，

$C-41=128,\ 681-C=512$

を満たすCは両方の式で169である。よって，$C=169$と推測ができる。

最後に，エの階差数列を考えてみる。

$10,\ 30,\ 50,\ D-91,\ 251-D,\ \cdots\cdots$

エの階差数列は，初項が10，公差が20の等差数列と推測できる。そのとき，

$D-91=10+20\times 3=70$

$251-D=10+20\times 4=90$

を満たす。この2つの式を満たすDは$D=161$である。

以上より，A～Dの数の和は，

$22+121+169+161=473$

である。

よって，正解は肢3である。

正答 **3**

SECTION ⑨

数的推理

数列・規則性

ある規則に従って，次々に並んでいる数を数列という。

数列のそれぞれの数を数列の項といい，**最初の項を初項**（第1項），2番目の項を第2項，……，n番目の項を第n項という。また，**第n項をnの式で表したものを一般項**という。

1 等差数列 ‥‥‥‥‥‥‥‥‥‥‥‥‥‥‥‥‥‥‥‥‥‥‥‥‥‥‥‥‥‥‥‥‥‥

ある数から始まって次々と**一定の数を加えて得られる数列を，等差数列といい，加える一定の数を公差**という。たとえば，

$1，3，5，7，9，11，13$……

は2ずつ加えられており，初項1，公差2の等差数列ということができる。

① 等差数列の一般項

等差数列の第n項をa_nとすれば，一般項は次のようになる。

$a_n = 初項 + 公差 \times (n - 1)$

(例) $1，3，5，7，9，11，13$……の数列の第50項を求めよ。

(解説)

初項1，公差2であるから，公式より，$a_{50} = 1 + 2 \times (50 - 1) = 99$となる。

② 等差数列の和

等差数列において，初項から第n項までの和S_nは次のようになる。

$$S_n = \frac{n(初項 + 第n項)}{2}$$

特に，1からnまでの自然数の和は，

$$1 + 2 + 3 + \cdots\cdots + (n - 2) + (n - 1) + n = \frac{1}{2}n(n + 1)$$

と表される。

(例) $1，3，5，7，9，11，13$……の数列の初項から第50項までの和を求めよ。

(解説)

上の例より，第50項の数は99である。公式より，$S_{50} = \dfrac{50 \times (1 + 99)}{2} = 2500$となる。

2 等比数列 ‥‥‥‥‥‥‥‥‥‥‥‥‥‥‥‥‥‥‥‥‥‥‥‥‥‥‥‥‥‥‥‥‥‥

ある数から始まって，次々と**一定の数をかけて得られる数列を等比数列といい，かける一定の数を公比**という。

① 等比数列の一般項

等比数列の第n項をa_nとすれば，一般項は次のようになる。

$a_n = 初項 \times (公比)^{n-1}$

② 等比数列の和
等比数列において，初項から第n項までの和S_nは次のようになる。

$$S_n = \frac{初項 \times (1 - 公比^n)}{1 - 公比} = \frac{初項 \times (公比^n - 1)}{公比 - 1}$$（公比 ≠ 1のとき）

$S_n = (初項) \times n$（公比 = 1のとき）

(例) 次の数列，1，3，9，27，……2187の和を求めよ。
(解説)
3ずつ乗した等比数列である。$3^0 = 1$，$3^7 = 2187$より，初項1，公比3の等比数列の初項から第8項までの和を求めることになる。
公式より，$S_8 = \dfrac{1 \times (3^8 - 1)}{3 - 1} = 3280$となる。

3 階差数列

数列
　　　1，5，13，25，41，61，……
において，隣り合う2項の差を順にとると，新しく，
　　　4，8，12，16，20，……
ができる。
一般に，数列$\{a_n\}$において，
　　　$b_n = a_{n+1} - a_n$
として得られた数列$\{b_n\}$をもとの数列$\{a_n\}$の階差数列という。

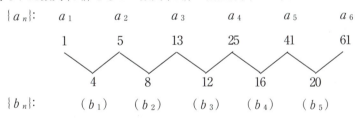

もとの数列$\{a_n\}$と階差数列$\{b_n\}$には次の関係がある。
　　$n \geq 2$のとき，$a_n = a_1 + (b_1 + b_2 + \cdots + b_{n-1})$
上の数列のa_4とa_5は上の公式を用いて次のように求められる。
　　$a_4 = a_1 + (b_1 + b_2 + b_3) = 1 + (4 + 8 + 12) = 25$
　　$a_5 = a_1 + (b_1 + b_2 + b_3 + b_4) = 1 + (4 + 8 + 12 + 16) = 41$

4 フィボナッチ数列

初項を0，第2項を1と定義し，$a_{n+2} = a_{n+1} + a_n$を満たす数列を$\{a_n\}$フィボナッチ数列という。フィボナッチ数列は，次のような数列である。
　　0，1，1，2，3，5，8，13，21，34，55，89，144，233，377……

S第1章 ECTION ⑨ 数的推理
数列・規則性

| 実践 | 問題 53 | 基本レベル |

| 頻出度 | 地上★★　　国家一般職★★　　東京都★★★　特別区★
裁判所職員★★★　国税・財務・労基★　　国家総合職★★ |

問 ある規則にしたがって次のように数が並んでいる。このとき，上から15段目の，左から8番目の数の1の位はいくらか。　　　　　　　　（裁判所職員2021）

$$
\begin{array}{ccccccccccc}
 & & & & & 1 & & & & & \\
 & & & & 1 & & 1 & & & & \\
 & & & 1 & & 2 & & 1 & & & \\
 & & 1 & & 3 & & 3 & & 1 & & \\
 & 1 & & 4 & & 6 & & 4 & & 1 & \\
1 & & 5 & & 10 & & 10 & & 5 & & 1 \\
\end{array}
$$

・・・・・・・・

1 : 1
2 : 2
3 : 3
4 : 4
5 : 5

OUTPUT

実践 問題 **53** の解説

〈パスカルの三角形〉

　本問のように数を三角形状に並べたものをパスカルの三角形という。各段の両端は 1 であり，間の数は左上の数と右上の数の和となっている。したがって，左右対称である。また，上から n 段目の数は n 個となっているから，上から15段目の左から 8 番目の数は<u>中央の数</u>である。

　求めたいのは 1 の位の数であるから，繰り上がりがあった場合は無視して<u>1 の位の数だけ計算</u>するようにし，左側部分だけを計算していくと下図のようになる。

```
1段目                              1
2段目                           1   1
3段目                        1   2   1
4段目                     1   3   3
5段目                  1   4   6
6段目               1   5   0   0
7段目            1   6   5   0
8段目         1   7   1   5   5
9段目      1   8   8   6   0
10段目   1   9   6   4   6
11段目   1   0   5   0   0   2
12段目   1   1   5   5   0   2   2
13段目   1   2   6   0   5   2   4
14段目   1   3   8   6   5   7   6   6
15段目   1   4   1   4   1   2   3   2
```

　図より，上から15段目の左から 8 番目の数（着色した）の 1 の位は 2 である。

　よって，正解は肢 2 である。

【コメント】

　着色の部分は，$_{14}C_7$ の一の位に等しい。

正答 2

第1章 数的推理
SECTION 9 数列・規則性

実践 問題 54 基本レベル

問 一桁の整数Aが，ある規則性に従うと下のように次々と変化をし，Cのところで循環する（ループになっている）。このとき，A＋C＋Eの値の1の位の数として正しいものはどれか。

（裁判所職員2022）

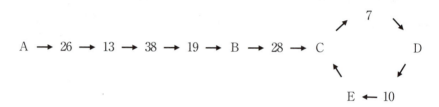

1：1
2：2
3：4
4：6
5：8

OUTPUT

実践 問題 **54** の解説 ────────

〈数列・規則性〉

Aは一桁の整数であるから，A→26は増加していることになる。計算結果でわかるもののうち，計算後に増加しているのは，

　　A→26, 13→38　……①

の2つである。また，計算結果でわかるもののうち，計算後に減少しているのは，

　　26→13, 38→19　……②

の2つである。②については，計算前の値を2で割っていることがわかる。これより，

　　計算前の値が<u>偶数</u>なら，2で割った値を求める

ことが推測できる。この推測から，Cは28÷2＝14，E＝10÷2＝5と求めることができる。そして，E（5）→C（14）は増加しているため，①に該当する。

　次に，①について考えてみる。

　　A→26, 13→38, 5→14

13も5も奇数であり，かつ計算前の3倍から1を引いていることがわかる。これより，

　　計算前の値が奇数なら，3倍して1引いた値を求める

ことが推測できる。この推測から，19→BのB＝19×3－1＝56，A→26のA＝（26＋1）÷3＝9，7→DのD＝7×3－1＝20とわかる。

　この2つの推測は，問題図の規則性をすべて満たしていることになり，正しいと判断できる。

　以上より，

　　A＋C＋E＝9＋14＋5＝28

から，A＋C＋Eの1の位は8である。

　よって，正解は肢5である。

正答 5

SECTION 9 数的推理
数列・規則性

実践 問題 55　基本レベル

問　自家製ヨーグルトをつくる場合，種（たね）となるヨーグルトに，その重さの5倍の重さの牛乳を加えて室温に放置すると，翌日，すべてヨーグルトになる。できたヨーグルトの重さは，種ヨーグルトと牛乳の重さの和に等しい。

ある家で，6月1日にヨーグルト15gを種として，これに5倍の重さの牛乳を加えてヨーグルトをつくり始めた。翌日から毎日，できたヨーグルトの2／3を食べ，残りのヨーグルトに牛乳を加えて再びヨーグルトをつくることを繰り返した。6月6日，その日の分のヨーグルトを食べ終わった後，誤ってヨーグルトの一部をこぼしてしまった。残ったヨーグルトを使って，今までと同様にヨーグルトをつくり，食べることを繰り返したところ，その2日後にできたヨーグルトは1,440gだった。このとき，こぼしたヨーグルトの重さはいくらか。

（国家一般職2012）

1 ： 60 g
2 ： 120 g
3 ： 240 g
4 ： 360 g
5 ： 480 g

OUTPUT

実践 ▶ 問題 **55** の解説

〈数列・規則性〉

6月1日に，ヨーグルト15gを種として，これに5倍の重さの牛乳75gを加えたため，翌日には合計90gのヨーグルトができている。

6月2日にはできているヨーグルト90gの$\frac{2}{3}$を食べるため，種として残るのは$90 \times \boxed{\frac{1}{3}} = 30$gとなる。これに5倍の重さの牛乳150gを加えたため，翌日には合計180gのヨーグルトができている。

6月3日にはできているヨーグルト180gの$\frac{2}{3}$を食べるため，種として残るのは$180 \times \frac{1}{3} = 60$gとなる。これに5倍の重さの牛乳300gを加えたため，翌日には合計360gのヨーグルトができている。

これらを6月1日から6日まで表にまとめると，以下のようになる。

	6月1日	2日	3日	4日	5日	6日	…
できたヨーグルト		90 g	180 g	360 g	720 g	1440 g	…
食べたヨーグルト		60 g	120 g	240 g	480 g	960 g	…
ヨーグルトの種	15 g	30 g	60 g	120 g	240 g	480 g	…

ここで，6月6日の2日後にできたヨーグルトは1440gであったから，上の表を参考にすると，その2日前，6月6日にあった種の量は，120gでなければならない。一方，上表より，6月6日にあるはずだった種の量は480gであるから，その差480－120＝360gが，6月6日にこぼしてしまったヨーグルトの量である。

よって，正解は肢4である。

正答 **4**

第1章 SECTION 9 数的推理 数列・規則性

実践　問題 56　基本レベル

頻出度　地上★　国家一般職★★　東京都★★★　特別区★
　　　　裁判所職員★★★　国税・財務・労基★　国家総合職★★

問　下図のように，白と黒の碁石を交互に追加して正方形の形に並べていき，最初に白の碁石の総数が120になったときの正方形の一辺の碁石の数として，正しいのはどれか。
(東京都2015)

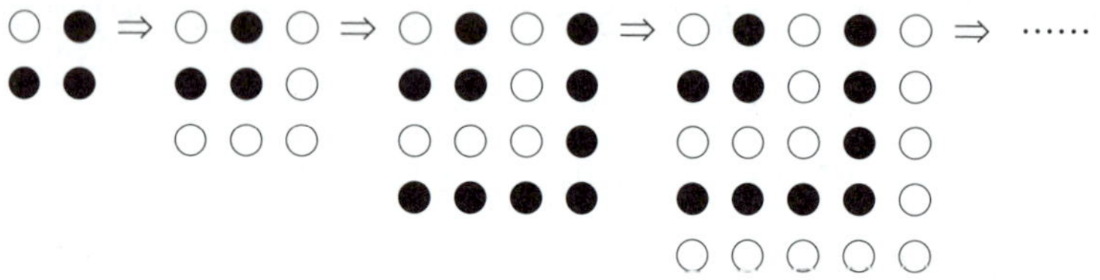

○● ⇒ ○●○ ⇒ ○●○● ⇒ ○●○●○ ⇒ ……
●● 　　●●○ 　　●●○● 　　●●○●○
　　　　○○○ 　　○●○● 　　○●○●○
　　　　　　　　●●●● 　　●●○●○
　　　　　　　　　　　　　　○○○○○

1 ： 11
2 ： 13
3 ： 15
4 ： 17
5 ： 19

実践 問題 56 の解説

〈等差数列とその和〉

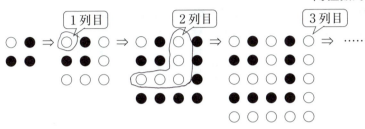

　上記の図のとおり，白の碁石の列を左端から順次「1列目」，「2列目」，「3列目」，……と呼ぶものとする。どの列の白の碁石の数も前列目より4個増加しているため，白の碁石が各列に並んでいる数は初項1，公差4の等差数列であり，

$$a_n = 1 + 4 \times (n-1) = 4n - 3$$

となる。この数列において，1列目からn列目までの総数（S）は，

$$S = 1 + 5 + 9 + \cdots + (4n-3) \quad (ただし，n は自然数)$$

となる。

　これに等差数列の和の公式を適用して簡単な式にすると，

$$\begin{aligned} S &= 1 + 5 + 9 + \cdots + (4n-3) \\ &= \frac{n\{1+(4n-3)\}}{2} \\ &= n(2n-1) \end{aligned}$$

となる。

　これより，Sが120になる場合は，

$$120 = n(2n-1) \Rightarrow 2n^2 - n - 120 = 0 \Rightarrow (2n+15)(n-8) = 0 \quad \cdots\cdots ①$$

となる。

　ここで，nは自然数であるから，①より，

$$n = 8$$

となる。

　白の碁石の各列の間には，黒の碁石が1列並べられているため，白の碁石の総数が120になったときの正方形の一辺の碁石の数は，

$$8 + 7 = 15$$

である。

　よって，正解は肢3である。

 数的推理
数列・規則性

【別解】

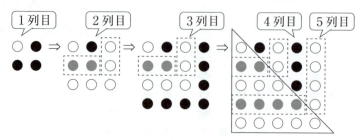

上記の図のとおり，碁石の列を左端から順次「1列目」，「2列目」，「3列目」，……と呼ぶものとする。

各列の白の碁石を図のとおりその前列の黒の碁石と置き換えるとすると，白の碁石は直角三角形上に並ぶことになる。この直角三角形の1列目から n 列目までの総数（S）は，

$S = 1 + 2 + 3 + \cdots + n$ （ただし，n は自然数）

$= \dfrac{n(n+1)}{2}$

である。

$S = 120$ を代入して，

$120 = \dfrac{n(n+1)}{2}$

$\Rightarrow n^2 + n - 240 = 0 \Rightarrow (n+16)(n-15) = 0$ ……①

となる。

ここで，n は自然数であるから，①より，

$n = 15$

となる。

正答 3

memo

第1章　数的推理

169

第1章 SECTION 9 数的推理 数列・規則性

実践 問題 57 基本レベル

頻出度	地上★	国家一般職★★	東京都★★★	特別区★
	裁判所職員★★★	国税・財務・労基★★		国家総合職★★

問 ある料理店で、料理人Aが考案した新しい料理のレシピを50人の料理人に教えていくことにした。料理人Aは7月1日から毎日1人ずつ、新しい料理のレシピを教えてもらっていない料理人に教えていき、新しい料理のレシピを教えてもらった料理人は、教えてもらった翌々日から毎日1人ずつ、新しい料理のレシピを教えてもらっていない料理人に教えていくとき、新しい料理のレシピを50人の料理人に教え終わる日として、正しいのはどれか。

(東京都2008)

1：7月5日
2：7月6日
3：7月7日
4：7月8日
5：7月9日

OUTPUT

実践 問題 **57** **の解説**

チェック欄: 1回目 ✕

〈フィボナッチ数列〉

第1章 数的推理

まず，実際に数えてみる。そのために次のような表を作成する。

ここで，添え字のAは料理人Aが教えた料理人を指し，数字はその人数を表す。添え字のBは料理人Aが7月1日に教えた料理人が教えた料理人を表し，数字は同様にその人数を表す。以下，Cは2日目に，Dは3日目に教えた料理人を表す。

1日	2日	3日	4日	5日	6日	7日	8日
○_A1							→
	○_A2						→
		○_A3					→
			○_A4				→
				○_A5			→
		○_B1					→
			○_B2				→
				○_B3			→
			○_C1				→
				○_C2			→
				○_D1			→

この表からわかるように，1日目に教わった料理人は1人，2日目に教わった料理人も1人，3日目は2人，4日目は3人，5日目は4人に加えてB1が教えた人が入り5人となる。すなわち，増加人数は，

1，1，2，3，5，……

となる。この数列は，前2項の和が次の項になる**フィボナッチ数列**である。

したがって，

1，1，2，3，5，8，13，21，34，……

となる。

すると，7月8日に50人を超える（1＋1＋2＋3＋5＋8＋13＋21＝54）ことがわかる。

よって，正解は肢4である。

正答 4

LEC東京リーガルマインド　2024-2025年合格目標 公務員試験 本気で合格！過去問解きまくり！ 171
①数的推理・資料解釈

第1章 SECTION 9 数的推理
数列・規則性

実践 問題 58 基本レベル

頻出度 地上★ 国家一般職★★ 東京都★★★ 特別区★
裁判所職員★★★ 国税・財務・労基★ 国家総合職★★

問 2以上の整数 n について，数列 a_n が表のようになるとき，a_{1000} はいくらか。

n	2	3	4	5	6	7	8	9	10	11	12	13	14	15	16
a_n	2	3	4	5	5	7	6	6	7	11	7	13	9	8	8

n	17	18	19	20	21	22	23	24	25	26	27	28	29	30	…
a_n	17	8	19	9	10	13	23	9	10	15	9	11	29	10	…

なお，この数列には，以下の特徴がある。
・k が素数のとき，$a_k = k$ である。
・任意の整数 n と素数 k について，その積 $t = kn$ に対して $a_t = a_n + k$ が成立する。

（国税・労基2007）

1：21
2：49
3：70
4：96
5：110

OUTPUT

実践 ▶ 問題 **58** の解説

〈数列・規則性〉

まず，表から整数 n が素数のとき，$a_n = n$ となっていることがわかる。これが，問題文の1つ目の特徴である。

$n = 2$ のとき，$a_2 = 2$　　　$n = 3$ のとき，$a_3 = 3$　　　$n = 5$ のとき，$a_5 = 5$

$n = 7$ のとき，$a_7 = 7$　　　$n = 11$ のとき，$a_{11} = 11$　　　$n = 13$ のとき，$a_{13} = 13$

次に，整数 n が素数以外の自然数のときについて考える。問題文の2つの特徴を用いて，まず2つの素数の積で表される整数 n について考える。

$n = 6$ のとき，$6 = \underline{2 \times 3}$ より，$a_6 = a_3 + 2 = \underline{a_3 + a_2}$

$n = 10$ のとき，$10 = 2 \times 5$ より，$a_{10} = a_5 + 2 = a_5 + a_2$

$n = 14$ のとき，$14 = 2 \times 7$ より，$a_{14} = a_7 + 2 = a_7 + a_2$

$n = 21$ のとき，$21 = 3 \times 7$ より，$a_{21} = a_7 + 3 = a_7 + a_3$

この結果，2つの素数 x と y として，$n = x \times y$ を満たすとき，

$a_n = a_x + a_y$

と推測ができる。さらに，上で考察した以外の整数 n について考える。

$n = 12$ のとき，$12 = 2 \times 6$ より，$a_{12} = a_6 + 2 = a_3 + a_2 + a_2$

$n = 20$ のとき，$20 = 2 \times 10$ より，$a_{20} = a_{10} + 2 = a_5 + a_2 + a_2$

$n = 24$ のとき，$24 = 2 \times 12$ より，$a_{24} = a_{12} + 2 = a_3 + a_2 + a_2 + a_2$

この結果 a_n は，n のすべての素因数を $a_○$ の右下の添え字にして，$a_○$ のすべての和をとったものに等しいと推測することができる。そこで，1000は，

$1000 = 2^3 \times 5^3$

と2を3個，5を3個素因数に含むことから，

$a_{1000} = a_2 + a_2 + a_2 + a_5 + a_5 + a_5 = 3 \times 2 + 3 \times 5 = 21$

と求めることができる。

よって，正解は肢1である。

正答 1

LEC東京リーガルマインド　2024-2025年合格目標 公務員試験 本気で合格！過去問解きまくり！　173
①数的推理・資料解釈

第1章 SECTION ⑨ 数的推理 数列・規則性

実践 問題 59 基本レベル

[問] 次の数列の和として，正しいのはどれか。

$$\frac{1}{1\times 2},\ \frac{1}{2\times 3},\ \frac{1}{3\times 4},\ \frac{1}{4\times 5},\ \frac{1}{5\times 6},\ \cdots\cdots,\ \frac{1}{15\times 16}$$

（東京都2016）

1 ： $\dfrac{13}{16}$

2 ： $\dfrac{13}{15}$

3 ： $\dfrac{223}{240}$

4 ： $\dfrac{15}{16}$

5 ： $\dfrac{253}{240}$

OUTPUT

実践 問題 **59** の解説 ────────

〈部分分数分解〉

第1章 数的推理

与えられた数列の第 n 項は,

$$\frac{1}{n \times (n+1)}$$

の形になっており,この式を変形すると,

$$\frac{1}{n \times (n+1)} = \frac{1}{n} - \frac{1}{n+1} \quad \cdots\cdots①$$

となる。

これより,与えられた数列の和は,

$$\frac{1}{1 \times 2} + \frac{1}{2 \times 3} + \frac{1}{3 \times 4} + \cdots + \frac{1}{15 \times 16}$$

$$= \left(\frac{1}{1} - \frac{1}{2}\right) + \left(\frac{1}{2} - \frac{1}{3}\right) + \left(\frac{1}{3} - \frac{1}{4}\right) + \cdots + \left(\frac{1}{15} - \frac{1}{16}\right)$$

$$= 1 - \frac{1}{16}$$

$$= \frac{15}{16}$$

となる。

よって,正解は肢4である。

【コメント】

①は,

$$\frac{1}{n} - \frac{1}{n+1} = \frac{(n+1)}{n(n+1)} - \frac{n}{n(n+1)} = \frac{1}{n(n+1)}$$

と式を変形できる。

また,k を自然数とし,

$$\frac{1}{n} - \frac{1}{n+k} = \frac{(n+k) - n}{n(n+k)} = \frac{k}{n(n+k)}$$

と式を変形できる。

正答 **4**

LEC 東京リーガルマインド　2024-2025年合格目標 公務員試験 本気で合格！過去問解きまくり！　175
①数的推理・資料解釈

SECTION 9 数列・規則性

数的推理

実践 問題 60 応用レベル

[問] 図Ⅰのように,無限個の正六角形を用いて㋐〜㋓の作業を行う。
  ㋐ 正六角形を一つ置き,「1」の番号を付す。
  ㋑ 「1」の番号を付した正六角形の周囲に正六角形を隙間なく並べ,その個数である「6」の番号を付す。
  ㋒ 「6」の番号を付した正六角形の外側に正六角形を隙間なく並べ,その個数である「12」の番号を付す。
  ㋓ 外側に正六角形を隙間なく並べ,その個数である番号を付す作業を繰り返す。

作業を繰り返していくと,図Ⅱのような,「30」の番号が付された正六角形が30個でき,これらの正六角形の周囲にある6個の正六角形全てにも,実際にはそれぞれ番号が付されている。これらの「30」の番号が付された30個の正六角形それぞれについて,周囲にある6個の正六角形に付された番号の数字の合計としてあり得るもののみを全て挙げているのはどれか。

(国税・財務・労基2022)

図Ⅰ

図Ⅱ

1 : 168
2 : 192
3 : 168, 180
4 : 180, 192
5 : 168, 180, 192

実践 問題60 の解説

〈数列・規則性〉

図Ⅰから,「6」,「12」,「18」の3つの番号がついている正六角形について考える。

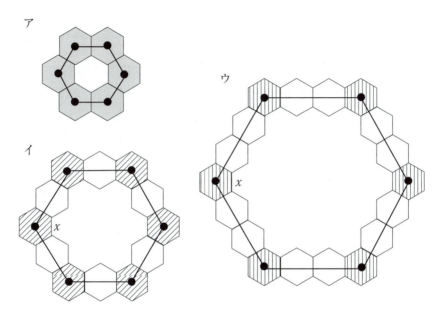

図1

上のアは「6」の面を6個並べたときの図である。6個の面の正六角形の中心を線で結ぶと,横長の正六角形が完成する。

上のイは「12」の面を12個並べたときの図である。xの面から時計回りに1周するとき,次の操作を行う。

・進む方向が変化する面に斜線を入れる
・進む方向が変化しない面はそのままにする

このとき,斜線の面の中心を線で結ぶと,アと同様に横長の正六角形が完成する。また,横長の正六角形の頂点を持つ斜線部分の面が6個,それ以外の面が6個あるとわかる。

上のウは「18」の面を18個並べたときの図である。xの面から時計回りに1周するとき,イと同様に次の操作を行う。

SECTION 9 数的推理 数列・規則性

・進む方向が変化する面に縦線を入れる
・進む方向が変化しない面はそのままにする

　縦線の面の中心を線で結ぶと，アと同様に横長の正六角形が完成する。このとき，横長の正六角形の頂点を持つ縦線部分の面が6個，それ以外の面が12個あることがわかる。
　よって，ア〜ウの場合をまとめ，「24」と「30」の面について推測すると次のようになる。

	横長の正六角形の頂点に対応する面の数	横長の正六角形の頂点に対応しないの面の数	合計
ア：「6」の面	6個	0個	6個
イ：「12」の面	6個	6個	6×2＝12個
ウ：「18」の面	6個	12個	6×3＝18個
「24」の面	6個	18個	6×4＝24個
「30」の面	6個	24個	6×5＝30個

　「30」が付された正六角形のうち，周囲にある6個の正六角形に付された番号の数字は，
　　①：xのような横長の正六角形の頂点に対応する正六角形
　　②：x以外のような横長の正六角形の頂点に対応しない正六角形
の2通り考えることができる。
　①のうち，図1のxのように，横長の正六角形の最も左側にある頂点に対応する正六角形を中心にした配置を図2に示し，②のうち，xの面の右上隣りの面を中心にした配置を図3に示した。

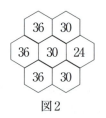

図2

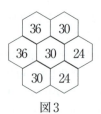

図3

　中心の「30」の周囲にある正六角形の番号の合計は，図2では192，図3では180である。
　よって，正解は肢4である。

正答 4

memo

第1章　数的推理

179

第1章 10 数的推理
SECTION 最大・最小

必修問題 セクションテーマを代表する問題に挑戦！

数値を調整するなどして，売上などの最大値，消費量の最小値などを求める最大・最小について学習していきます。

問 ある会社では，同社の製品A，Bを製造する工場を新設することとなった。製品A，Bの製造ライン1本当たり，設置に必要なスペースと作業員数，得られる利益は常に表のとおりであるとする。これらの製造に割り当てることができるスペースは最大で9,000m²であり，作業員数は最大で600人である。この工場が製品A，Bの製造で得られる利益を最大にするには，製品Aの製造ラインを何本にすればよいか。 （国税・財務・労基2017）

	製品A	製品B
設置に必要なスペース（m²）	300	600
作業員数（人）	40	30
利益（百万円）	15	20

1 ： 3本
2 ： 6本
3 ： 9本
4 ：12本
5 ：15本

> **Guidance ガイダンス**
> 最大・最小に関する問題にはさまざまな出題形式がある。本問は「線形計画法」と呼ばれている問題で，このセクションの中では最も出題頻度が高い。
> なお，このセクションは，難解なことが多く出題頻度は低いため，学習する優先順位は低くても構わない。

直前復習

頻出度　地上★　国家一般職★　東京都★　特別区★
　　　　裁判所職員★　国税・財務・労基★　国家総合職★★★

必修問題の解説

チェック欄 1回目✗ 2回目 3回目

〈最大・最小〉

製品A，Bの製造ラインの本数をそれぞれa, bとする。
製造に割り当てることができるスペースは最大で9000m^{2}であるため，
　$300a + 600b \leqq 9000$
　　　　$b \leqq -\dfrac{1}{2}a + 15$　……①

となる。
また，作業人員は最大で600人であるため，
　$40a + 30b \leqq 600$
　　　　$b \leqq -\dfrac{4}{3}a + 20$　……②

である。
利益をXとすると，
　$X = 15a + 20b$　……③

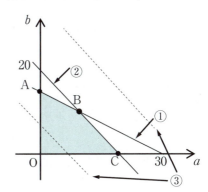

と表せる。
　条件である①と②の不等式の領域，かつ$a \geqq 0$, $b \geqq 0$を合わせると，図中の着色部分の領域になる。着色部分の領域は凸多角形であるから，Xの最大値を調べるには，その多角形の頂点のうち上側の辺上にある，
　　A：(0, 15)，B：(6, 12)，C：(15, 0)
の3点について調べればよい。
　A〜Cの3つの頂点について，それぞれ③に代入すると，
　　A：X = 15×0 + 20×15 = 300（百万円）
　　B：X = 15×6 + 20×12 = 330（百万円）
　　C：X = 15×15 + 20×0 = 225（百万円）
となり，Bの座標のとき最も大きくなるとわかる。このときの製品Aの製造ラインは6本とわかる。
　よって，正解は肢2である。

【コメント】
　凸多角形とは，多角形の領域内のどの2点を取っても，その2点を両端に持つ線分は必ずその多角形に含まれるような図形をいう。

正答 **2**

1 条件より最大・最小を求める

　公務員試験での最大・最小の問題は，条件（制約条件）が与えられ，その条件の中で特定の数値の最大・最小を求める問題が中心である。このタイプの問題はまず，制約条件を見つけ，その制約条件における各項の単位量あたりの値を求める。次に，問題の条件（最大か最小か）に最も適する項目を中心に数値を割り当てていく。

(例) ある会社で2つの工場A，Bから3つの営業所 a，b，c に同じ製品を輸送したい。いま，A，Bでの生産量，a，b，c への輸送必要量，各工場から各営業所への輸送費が次表で与えられているとき，全輸送費の最小値はいくらになるか。ただし，どの輸送路も，任意量の製品を輸送できるものとする。

	営業所 a	営業所 b	営業所 c	生産量
工場A	4万円／t	2万円／t	3万円／t	100 t
工場B	2万円／t	1万円／t	5万円／t	100 t
輸送必要量	60 t	90 t	50 t	

(解説)

　工場A，Bどちらについても営業所 b への輸送費が最も安いため，他の営業所への輸送費をなるべく安くおさえて，残りを営業所 b へ輸送したい。このとき，営業所 a への輸送費は，工場Aからよりも工場Bからのほうが1tあたり2万円安く，営業所 c への輸送費は，工場Bからよりも工場Aからのほうが1tあたり2万円安い。

　これより，営業所 a への輸送必要量60tはすべて工場Bが負担し，逆に営業所 c への輸送必要量50tはすべて工場Aが負担すればよい。そして，工場Bの残りの生産量40tと工場Aの残りの生産量50tを営業所 b へ輸送することを考える。

	営業所 a	営業所 b	営業所 c	生産量
工場A	0	50×2万円	50×3万円	100 t
工場B	60×2万円	40×1万円	0	100 t
輸送必要量	60 t	90 t	50 t	

　以上より，全輸送費の最小値は，50×2＋50×3＋60×2＋40×1＝410（万円）となる。

INPUT

2 二次関数の最大・最小 ･･･

二次関数の最大・最小の問題では，二次関数を平方完成する。

二次関数 $y = ax^2 + bx + c$ $(a \neq 0)$ に対して，$y = a(x-p)^2 + q$ と平方完成できたとすると，次のことがいえる。

①$a > 0$ ならば　$x = p$ のとき，最小値 $y = q$ をとる（グラフは下に凸）。

②$a < 0$ ならば　$x = p$ のとき，最大値 $y = q$ をとる（グラフは上に凸）。

平方完成の手順

ここでは，$y = 2x^2 - 4x + 10$ を例に考えてみる。

①x^2 の係数で x^2 と x の項をくくる。

$y = 2x^2 - 4x + 10$

$\quad = 2(x^2 - 2x) + 10$

②（　　　）内に着目する。$x^2 - 2ax + a^2 = (x-a)^2$ に変形するため，つじつまを合わせる。

$y = 2(x^2 - 2x) + 10$

$\quad = 2(x^2 - 2x + 1 - 1) + 10 \quad (x^2 - 2x + 1 = (x-1)^2 \text{としたいため})$

$\quad = 2\{(x-1)^2 - 1\} + 10$

$\quad = 2(x-1)^2 + 8$

この場合，$x = 1$ のとき，最小値 8 をとることがわかる。

（例）ある商店には，1個120円で一日に780個売れる商品がある。この商品の単価を上げて売上額を増やしたいが，1円値上げをするごとに売上個数が3個減ってしまうことがわかっている。売上額の最大値を求めよ。

（解説）

単価を x 円上げ $(120 + x)$ 円とすると，条件より，売上個数は $3x$ 個減少した $(780 - 3x)$ 個となる。したがって，売上額は次のように表される。

売上額 $= (120 + x)(780 - 3x)$

ここで，この式を次のように変形する。

売上額 $= (120 + x)(780 - 3x)$

$\qquad = -3x^2 + 420x + 93600$

$\qquad = -3(x^2 - 140x) + 93600$

$\qquad = -3\{(x-70)^2 - 70^2\} + 93600$

$\qquad = -3(x-70)^2 + 108300$

x^2 の係数が負より，$x = 70$ のとき，最大値108300をとる。

よって，売上額の最大値は，108,300円である。

SECTION 10 最大・最小

実践 問題 61 基本レベル

[問] 資材A, B, Cを用いて, 製品Ⅰ, Ⅱを製造する。製品Ⅰを1個製造するには, 資材A, B, Cがそれぞれ100個, 100個, 200個必要で, 製品Ⅱを1個製造するには, 資材A, B, Cがそれぞれ100個, 200個, 100個必要である。また, 資材A, B, Cの個数には上限があり, それぞれ50,000個, 90,000個, 80,000個である。製品Ⅰについては1個当たりから得られる利益が30万円, 製品Ⅱについては1個当たりから得られる利益が20万円で, 製品Ⅰ, Ⅱから得られる利益の合計が最大となるように資材A, B, Cを使用する。このとき, 利益の合計はいくらか。 (国Ⅰ2010)

1：1.0億円
2：1.1億円
3：1.2億円
4：1.3億円
5：1.4億円

OUTPUT

実践 問題 61 の解説

〈最大・最小〉

製品Ⅰを x 個，製品Ⅱを y 個作るとすると，資材の使用量，製品の利益は次のようになる。

	資材A	資材B	資材C	利益
製品Ⅰ	100x	100x	200x	30x
製品Ⅱ	100y	200y	100y	20y
資材の上限	50000	90000	80000	

利益の合計値を k とおくと，

$$30x + 20y = k \Rightarrow y = -\frac{3}{2}x + \frac{1}{20}k$$

が成り立つ。また，資材の上限について，

資材A：$100x + 100y \leq 50000 \Rightarrow x + y \leq 500 \Rightarrow y \leq -x + 500$ ……①

資材B：$100x + 200y \leq 90000 \Rightarrow x + 2y \leq 900 \Rightarrow y \leq -\frac{1}{2}x + 450$ ……②

資材C：$200x + 100y \leq 80000 \Rightarrow 2x + y \leq 800 \Rightarrow y \leq -2x + 800$ ……③

が成り立つ。①，②，③を満たす $x(\geq 0)$，$y(\geq 0)$ の範囲を図示（着色部分）すると，下図のようになる。

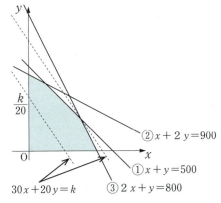

このとき，$30x + 20y = k$ は着色した範囲内に直線が含まれるように動くことができる。利益が最大になるとき，図より y 切片が最大になる。それは図より，直線が①，③の交点を通るときだとわかる。①，③の交点は $(x, y) = (300, 200)$ であるから，これを $30x + 20y = k$ に代入する。

$$k = 30 \times 300 + 20 \times 200 = 13000(万円) = 1.3(億円)$$

よって，正解は肢4である。

正答 4

SECTION 10 数的推理
最大・最小

実践 問題 62 基本レベル

頻出度：地上★★　国家一般職★　東京都★　特別区★
　　　　裁判所職員★　国税・財務・労基★　国家総合職★★

問　図のように、一辺の長さが6cmの正方形の頂点A, B, Cから動点P, Q, Rがそれぞれ同時に出発し、点Pは毎秒1cm, 点Qと点Rは毎秒2cmの速さで矢印の向きに辺上を進む。点P, Q, Rが出発してから3秒後までの間で点A, P, Q, Rによって囲まれる斜線部分の面積の最小値はいくらか。

（国家一般職2022）

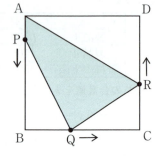

1：14cm²
2：15cm²
3：16cm²
4：17cm²
5：18cm²

OUTPUT

チェック欄		
1回目	2回目	3回目
07		

実践 問題 **62** の解説

〈最大・最小〉

第1章 数的推理

t 秒後のAP間の距離を t (cm)とする。このとき,

BQ＝CR＝2t (cm)

である。正方形ABCDの着色部分以外の直角三角形の面積は次のとおりである。

$\triangle$ PBQ＝PB×BQ÷2＝$(6-t)$×2t÷2＝$6t-t^2$ (cm^2)

$\triangle$ QCR＝QC×CR÷2＝$(6-2t)$×2t÷2＝$6t-2t^2$ (cm^2)

$\triangle$ RDA＝RD×AD÷2＝$(6-2t)$×6÷2＝$18-6t$ (cm^2)

これら3つの面積の和は,

$(6t-t^2)+(6t-2t^2)+(18-6t)=-3t^2+6t+18$ (cm^2)

であるから,着色部分の面積は,

$36-(-3t^2+6t+18)=3t^2-6t+18$ (cm^2)　……①

である。①は,

$3(t-1)^2+15$ (cm^2)

と変形できることから,$t=1$ のとき,15が着色部分の面積の最小値とわかる。

よって,正解は肢2である。

正答 2

SECTION 10 数的推理 最大・最小

実践　問題 63　基本レベル

頻出度	地上★	国家一般職★★	東京都★★	特別区★
	裁判所職員★	国税・財務・労基★		国家総合職★

問　ＡＢ＝4cm，ＢＣ＝5cm，ＣＡ＝3cmの三角形がある。この三角形に図のように長方形ＰＱＲＳを内接させる。長方形ＰＱＲＳの面積が最大となるときの辺ＰＱの長さはいくらか。
　　　　　　　　　　　　　　　　　　　　　（国家一般職2013）

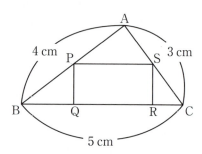

1 ： 1 cm

2 ： $\dfrac{6}{5}$ cm

3 ： $\dfrac{3\sqrt{3}}{4}$ cm

4 ： $\dfrac{3}{2}$ cm

5 ： $\dfrac{25}{12}$ cm

OUTPUT

実践 問題 63 の解説

〈最大・最小〉

$4^2 + 3^2 = 5^2$ であるから、△ＡＢＣは直角三角形である。そして、直角の頂点Ａから斜辺ＢＣに下ろした垂線の足をＨとし、この垂線と長方形の辺ＰＳが交わる点をＤとする。また、長方形の辺ＰＱ(＝辺ＳＲ)の長さを x cmとする。

ここで、△ＡＢＣの面積について考えると、

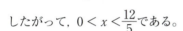

$\Rightarrow \quad \dfrac{1}{2} \times 4 \times 3 = \dfrac{1}{2} \times 5 \times $ ＡＨ

∴ ＡＨ $= \dfrac{12}{5}$

したがって、$0 < x < \dfrac{12}{5}$ である。

次に、△ＡＢＣと△ＡＰＳは、∠Ａを共有し、∠Ｂ＝∠Ｐ、∠Ｃ＝∠Ｓであるため相似であるから、ＢＣ：ＰＳ＝ＡＨ：ＡＤであり、

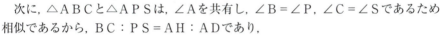

∴ ＰＳ $= \dfrac{5}{12} \times (12 - 5x) = 5 - \dfrac{25}{12}x$

となる。したがって、長方形ＰＱＲＳの面積は、

$$\text{長方形ＰＱＲＳ} = ＰＱ \times ＰＳ = x \times \left(5 - \dfrac{25}{12}x\right)$$

$$= 5x - \dfrac{25}{12}x^2 = -\dfrac{25}{12}\left(x^2 - \dfrac{12}{5}x\right)$$

$$= -\dfrac{25}{12}\left(x - \dfrac{6}{5}\right)^2 + 3$$

となるから、$0 < x < \dfrac{12}{5}$ において、$x = \dfrac{6}{5}$ のとき、長方形ＰＱＲＳの面積は最大値 3 (cm^2) となる。

よって、正解は肢２である。

正答 2

SECTION 10 数的推理 最大・最小

実践 問題 64 基本レベル

問 A, B, C, D, Eは観光名所であり, 次の表は2つの観光名所間の移動に要する交通費である。ただしA－B間は無料シャトルバスがあるので交通費はかからない。

1つの観光名所を出発してからすべての名所を一度だけ訪問して最初の訪問地に戻るとき, 交通費の総額の最小値はいくらか。なお, 無料シャトルバスは必ず利用するものとする。　　　　　　　　　　　（裁事・家裁2011）

（単位：円）	A	B	C	D	E
A		0	200	210	150
B	0		130	130	120
C	200	130		150	100
D	210	130	150		80
E	150	120	100	80	

1 : 480円
2 : 510円
3 : 530円
4 : 550円
5 : 590円

OUTPUT

チェック欄		
1回目	2回目	3回目
✕		

実践 問題 **64** の解説

〈最大・最小〉

　問題の条件を満たすA〜Eの観光名所の巡り経路は，①〜⑥の6通りある。それぞれ，巡る順番で，右方向へ巡る場合と左方向へ巡る場合の2パターンがあるが，それぞれの経路において交通費の総額は，巡り始めをどこにしても変化せず，また，巡る方向によっても変化しない。したがって，交通費の総額を考えるとき，①〜⑥の経路の交通費の総額を計算するだけでよい。

　①　A − B − C − D −(E)(A)　　→　　$0 + 130 + 150 + 80 + 150 = 510$（円）
　②　A − B − C − E − D − A　　→　　$0 + 130 + 100 + 80 + 210 = 520$（円）
　③　A − B − D − C − E − A　　→　　$0 + 130 + 150 + 100 + 150 = 530$（円）
　④　A − B − D − E − C − A　　→　　$0 + 130 + 80 + 100 + 200 = 510$（円）
　⑤　A − B − E − C − D − A　　→　　$0 + 120 + 100 + 150 + 210 = 580$（円）
　⑥　A − B − E − D − C − A　　→　　$0 + 120 + 80 + 150 + 200 = 550$（円）

　以上より，交通費の総額が最小となるのは，①，④の場合で，その総額は510円である。

　よって，正解は肢2である。

第1章　数的推理

正答 2

LEC東京リーガルマインド　2024-2025年合格目標 公務員試験 本気で合格！過去問解きまくり！
①数的推理・資料解釈　　191

SECTION 10 数的推理 最大・最小

実践 問題 65 応用レベル

問 近接するA，B，Cの三つの市は，老朽化した小学校向けの給食センターに代わり，新しい給食センターを同時に建設することとなった。建設にかかる費用は表のとおりであり，各市は，単独で建設するか，又は，他の市と共同で建設するかの選択ができるものとする。

いま，三つの市は，協議を重ねた結果，共同で建設することとなったが，各市が負担する費用については，「三つの市が単独で建設する場合にかかる費用の合計」(33.0億円)から「三つの市が共同で建設する場合にかかる費用」(29.0億円)を差し引いた金額(4.0億円)を，次の条件を満たすように各市に配分し，単独で建設する場合にかかる費用から，配分された金額を引いた金額として決定することとした。

○ 各市に配分する金額は，0円以上である。

○ AとBに配分する金額の合計は，「これらの二つの市が単独で建設する場合にかかる費用の合計」から「これらの二つの市が共同で建設する場合にかかる費用」を差し引いた金額以上である。また，AとC，BとCについても同様である。

しかし，条件を満たす配分が一つに決まらなかったため，そのうち，最も配分の多い市と最も配分の少ない市との差が最小となる配分に決めた。このとき，Cが負担する費用はいくらか。

(国家総合職2017)

	建設にかかる費用
A単独	16.0億円
B単独	10.0億円
C単独	7.0億円
AとBの共同	22.8億円
AとCの共同	21.4億円
BとCの共同	14.5億円
A，B，Cの共同	29.0億円

1 : 6.0億円
2 : 6.1億円
3 : 6.2億円
4 : 6.3億円
5 : 6.4億円

OUTPUT

実践 問題 **65** の解説

〈最大・最小〉

はじめに，AとB，AとC，BとCのそれぞれの組合せにおける建設費の，単独建設の和，共同建設，ならびに単独建設の和から共同建設の費用を差し引いた差額は次のとおりである。なお，表中は単位である億円を省略している（以降同じ）。

組合せ	単独建設の和	共同建設	差額
AとB	26.0	22.8	3.2
AとC	23.0	21.4	1.6
BとC	17.0	14.5	2.5

この単独建設の和から共同建設を差し引いた値が，A，B，Cそれぞれ2つずつの配分金額の和の最低値となる。

配分を考える手順として，まずCに4.0億円をすべて配分し，その状態からCへの配分金をAとBに振り分けていくことにより，条件に合う組合せを模索する。

A，B，Cそれぞれ2つずつの配分金額の和（X欄），単独に建設したときと共同で建設したときの差額（Y欄）および，X欄の値からY欄の値を引くことにより得られる値である，配分金額の和から単独で建設したときの合計と共同で建設したときの差額を差し引いた値（X欄－Y欄）は次のようになる。

配分金の額	組合せ	配分金額の和（X欄）	差額（Y欄）	X欄－Y欄
A：0	AとB	0	3.2	－3.2
B：0	AとC	4.0	1.6	＋2.4
C：4.0	BとC	4.0	2.5	＋1.5

AとBの配分金が0のため，AとBの配分金の合計は0であり，この組合せで得られる配分金の最低値よりも3.2億円足りなくなる。そのため，CからA，Bにそれぞれ3.2÷2＝1.6億円ずつ振り分けるように調整すると，次のようになる。

配分金の額	組合せ	配分金額の和（X欄）	差額（Y欄）	X欄－Y欄
A：1.6	AとB	3.2	3.2	±0
B：1.6	AとC	2.4	1.6	＋0.8
C：0.8	BとC	2.4	2.5	－0.1

BとCの配分金の和が最低値よりも0.1億円不足しているため，Aから，BかCに0.1億円を移動させる。このとき，AからCに移動させるとAとBの合計が減少して最小値よりも少なくなる。一方，AからBに移動させるとAとBの配分金の和は減

らないため、AからBに0.1億円を移動させる。

配分金の額	組合せ	配分金額の和(X欄)	差額(Y欄)	X欄−Y欄
A：1.5	AとB	3.2	3.2	±0
B：1.7	AとC	2.3	1.6	+0.7
C：0.8	BとC	2.5	2.5	±0

これより、条件を満たす配分金の分配方法の1つが決まる。これ以外の配分金の分配方法は、AとBの組合せやBとCの組合せは過不足がない一方、AとCの組合せは最低値よりも+0.7億円となっているため、Cの配分金を、0.7億円を超えない数(α億円)だけ減らし、Bに振り分けることが考えられる。

配分金の額	組合せ	配分金額の和(A欄)	差額(B欄)	A欄−B欄
A：1.5	AとB	$3.2+\alpha$	3.2	α
B：$1.7+\alpha$	AとC	$2.3-\alpha$	1.6	$0.7-\alpha$
C：$0.8-\alpha$	BとC	2.5	2.5	±0

また、この操作の後、AからCへα億円を超えない数(β億円)を振り分けることも可能である。

配分金の額	組合せ	配分金額の和(A欄)	差額(B欄)	A欄−B欄
A：$1.5-\beta$	AとB	$3.2+\alpha-\beta$	3.2	$\alpha-\beta$
B：$1.7+\alpha$	AとC	$2.3-\alpha$	1.6	$0.7-\alpha$
C：$0.8-\alpha+\beta$	BとC	$2.5+\beta$	2.5	β

しかし、このように、CからBにα億円の配分金を分配する作業以降の調整を行うと、調整を行う以前のCの配分金は0.8億円とA、B、Cの中で最小であり、一方、受け取る側のBは1.7億円と最大であったため、その差は拡大することになる。そのため、配分金を受け取る最大額と最小額の差が最も小さい配分金の組合せは、Aに1.5億円、Bに1.7億円、Cに0.8億円となる。

したがって、Cが負担する建設費は、7.0−0.8＝6.2(億円)となる。

よって、正解は肢3である。

正答 3

memo

第1章

数的推理

第1章 11 数的推理
SECTION
速さ

必修問題 セクションテーマを代表する問題に挑戦！

文章題の王様，速さについて学習していきます。

問 5 km離れた2地点A，B間を同じ経路で，兄はオートバイで，弟は自転車でそれぞれ走って一往復することになり，13時に弟が地点Aを出発した。その32分後に兄が地点Aを出発し，地点Bの手前1 kmの地点で弟を追い越した。その後，復路を走る兄が弟とすれ違う時刻として，正しいのはどれか。ただし，兄弟が走る速さはそれぞれ一定であり，兄は弟の3倍の速さで走った。　（東京都2011）

1 ：13時44分
2 ：13時54分
3 ：14時04分
4 ：14時14分
5 ：14時24分

直前復習

Guidance ガイダンス　速さには，方程式および比の2つの解法がある。濃度と同様に，問題によって適した解法があるので両方マスターしよう。

速さには方程式，比など数的推理に必要なエッセンスが詰まっているので，速さを学習することは数的推理全体を学習することにもなっている。学習効果の高いセクションである。

速さには公式があるが，丸暗記することはおすすめしない。公式は図を描いて実際に立式してみれば作ることができるからである。公式を暗記するにしても必ず一度図を描いて理解しよう。

頻出度 地上★★★ 国家一般職★★ 東京都★ 特別区★★★
裁判所職員★★ 国税・財務・労基★★★ 国家総合職★★

必修問題の解説

〈速さ〉

兄が弟を追い越した地点をＣ地点とする。

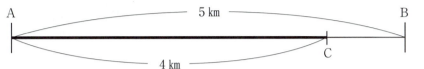

ＡＣ間において，兄弟は同じ距離を移動したことになる。速さの比は兄：弟＝３：１であるから，ＡＣ間を移動するのにかかった時間の比は兄：弟＝１：３である。
ここで，兄が弟に追いつくのに要した時間を t 分とする。条件「弟が出発して32分後に兄が出発した」より，弟の時間は $t+32$ 分と表される。これより，次の比例式が成り立つ。

$t : (t+32) = 1 : 3$

これを解くと $t=16$（分）が得られる。したがって，兄が弟に追いついたのは13時から16＋32分後の13時48分となる。

このとき，兄は４km＝4000mを16分で移動したから，速さは $\dfrac{4000}{16}=250$（m／分）であり，弟の速さはその３分の１の $\dfrac{250}{3}$（m／分）である。

次に，Ｃ地点で兄が弟を追い越してからすれ違うまでの時間（Ｔ分とする）を考える。

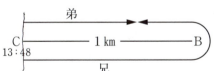

図より，距離に関して次の等式が成り立つ。

兄の移動距離＋弟の移動距離＝2000m

∴ $250 T + \dfrac{250}{3} T = 2000$

これを解くと，Ｔ＝６（分）が得られる。したがって，２人がすれ違うのは13時48分から６分後の13時54分である。
よって，正解は肢２である。

正答 **2**

Ｓ第1章 ECTION ⑪ 数的推理
速さ

1 基本公式

速さに関する問題で，最も基本的なのは，次の3つの公式である。

① 速さ＝$\dfrac{距離}{時間}$ ② 時間＝$\dfrac{距離}{速さ}$ ③ 距離＝速さ×時間

これら3つの公式のいずれかを使い，方程式を作るのが基本的解法である。条件が複雑で方程式が立てづらい場合は，図を描いて考えるとよい。また，単位には十分気をつける必要がある。

2 比の利用

速さの問題を速く解くためには，比の考え方に慣れておくとよい。次の2つが重要である。

① 2人が進むのにかかった時間が等しい場合

この場合，速さの比は距離の比と等しい。たとえば，Aの速さが時速 a km，Bの速さが時速 b km のとき，AとBが一定の時間内に進む距離の比は $a:b$ である。

② 2人が進んだ距離が等しい場合

この場合，時間の比は速さの逆比に等しい。たとえば，一定の距離を進むのにかかる時間が，Aが a 時間，Bが b 時間であるとき，AとBの速さの比は $b:a$ である。

3 ダイヤグラム

縦軸を距離，横軸を時間として，対象の移動の様子を表したグラフをダイヤグラムという。

ダイヤグラムでは，2本の直線の交点は2つの対象が同一の地点にいることを表すため，右上がりの直線と右下がりの直線の交点は出会った地点を表し，右上がりの直線2本の交点は追いついた地点を表す。

このダイヤグラムを使うことによって，速さの問題を図形の問題として解くことができるため，使いこなすことができれば，非常に速く問題を解くことができる。「迎えの車」の問題や「旅人算」の問題などで有効である。

4 旅人算

旅人算とは，速さの異なる2人の関係を扱う問題である。2人が進む方向が同じで一方が他方に追いつくときを扱う「追いかけ算」と，2人が進む方向が反対で2人が出会うときを扱う「出会い算」がある。

旅人算では，相対速度の考えが重要である。相対速度とは，「一方からみた他方の速さ」のことで，同一の方向に進むときは両者の差となり，反対方向に進むとき

INPUT

は両者の和になる。この相対速度を基本公式に当てはめれば，旅人算の公式が得られる。

① 追いかけ算（AをBが追いかける場合）

2人の間の距離＝（Bの速さ－Aの速さ）×追いつくまでの時間

$$追いつくまでの時間＝\frac{2人の間の距離}{Bの速さ－Aの速さ}$$

② 出会い算（AとBが出会う場合）

2人の間の距離＝（Aの速さ＋Bの速さ）×出会うまでの時間

$$出会うまでの時間＝\frac{2人の間の距離}{Aの速さ＋Bの速さ}$$

5 通過算

通過算とは，長さのあるものが1点，または他の長さのあるものを通過する場合を扱う問題である。

出題パターンとしては，列車などの長さがあるものが，トンネルや鉄橋などの物体を通過する場合と，2つの列車がすれ違ったり，追い越したりする場合がある。いずれのパターンにおいても列車自体の長さを考慮することが必要である。

① 列車が物体（鉄橋など）を通過する場合

通過に要する時間×列車の速さ＝物体（鉄橋など）の長さ＋列車の長さ

② **追越し**（列車Aが列車Bに追いついてから完全に追い越すまで）

追い越すまでの時間×（Aの速さ－Bの速さ）＝AとBの長さの和

③ **すれ違い**

すれ違うのにかかる時間×（Aの速さ＋Bの速さ）＝AとBの長さの和

6 流水算

流水算とは，流れのある川などを船などで上り下りする場合を扱う問題である。船の速さは，川の流れの速さに影響されるため，川の流れの速さを考慮に入れることが必要である。流水算の応用として，動く歩道の問題などがある。

川の流れの速さを「流速」，船などの静水上（川の流れがないとき）での速さを「静水時の速さ」とすると，次の関係が成り立つ。

① **下りの速さ＝静水時の速さ＋流速**

② **上りの速さ＝静水時の速さ－流速**

また，流水算では往復する状況が多く出題される。往復する状況では，往路と復路の距離が等しくなるため，比を用いた解法が使いやすい。

SECTION 11 数的推理 速さ

実践 問題66 基本レベル

問 A〜Eの5つの地点がある。地点Aと地点B及び地点Cと地点Dはそれぞれ一般道路で結ばれており，それぞれの一般道路は地点Eで直交している。地点Aと地点Cは高速道路で結ばれており，地点Aから地点Eまでは12km，地点Cから地点Eまでは5kmである。自動車で地点Aを出発してから地点Eに到着するまでの最短時間はどれか。ただし，一般道路及び高速道路はいずれも直線であり，自動車は高速道路を時速78km，一般道路を時速30kmで走行するものとする。

（特別区2016）

1：20分
2：24分
3：28分
4：32分
5：36分

OUTPUT

実践 問題 **66** の解説

〈速さ〉

問題文で与えられたとおりにA～Eを表すと，次のようになる。

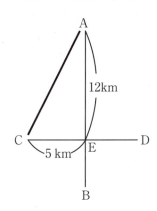

図より，AC間を結ぶ高速道路の道のりは，三平方の定理を用いて，
$$AC^2 = 5^2 + 12^2$$
$$= 169$$
$$AC = 13 (km)$$
である。

地点Aから地点Eに向かう道順は，一般道のみを用いてA→Eと移動するか，高速道路と一般道を用いて，A→C→Eと移動するかの2通りしかない。それぞれについて到着に要する時間を計算すると，次のようになる。

$A→E : \dfrac{12}{30} × 60 = 24 (分)$

$A→C→E : \dfrac{13}{78} × 60 + \dfrac{5}{30} × 60 = 10 + 10 = 20 (分)$

以上より，最短時間は20分となる。
よって，正解は肢1である。

正答 1

第1章 SECTION 11 数的推理 速さ

実践 問題 67 基本レベル

問 A，Bの2人が一定のペースで自転車を走行している。Bの速さはAより1m／s速い。Bは90mあるトンネルにAが入ってから4秒後に入り、Aが出てから3秒後に出てきた。このとき、Aの速さとして正しいのはどれか。

(地上2011)

1：5m／s
2：6m／s
3：7m／s
4：8m／s
5：9m／s

OUTPUT

実践 問題 **67** の解説

〈速さ〉

Aの速さを x（m／s）とする。Aがトンネルを通過するのにかかった時間は，

$90 \div x$（秒）

である。Bの速さは $x + 1$（m／s）であるため，Bがトンネルを通過するのにかかった時間は，

$90 \div (x + 1)$（秒）

である。BはAよりも通過にかかった時間が1秒短かったため，

$$\frac{90}{x} - \frac{90}{x + 1} = 1$$

が成り立ち，両辺に $x(x + 1)$ をかけて，

$$90(x + 1) - 90x = x(x + 1)$$
$$90 = x^2 + x$$
$$x^2 + x - 90 = 0$$
$$(x + 10)(x - 9) = 0$$

となり，$x > 0$ より，

$$x = 9 \text{（m／s）}$$

となる。

よって，正解は肢5である。

正答 **5**

第1章 SECTION 11 数的推理 速さ

実践 問題 68 基本レベル

問 地点Pと地点Qとを結ぶ1本の道がある。AとBは地点Pを同時に出発して，Aは時速5km，Bは時速4kmで歩き，2人ともP，Q間を休まず2往復することにした。

Aが地点Qを先に折り返して，2人が初めて出会ったのは地点Rだった。さらに，Aが地点Pを折り返して，2人が2度目に出会ったのは地点Sだった。地点Sは地点Rから地点P寄りに3km離れている。このとき，P，Q間の距離として正しいものはどれか。 （裁判所職員2022）

1：4.0km
2：4.5km
3：5.0km
4：5.5km
5：6.0km

実践 問題 68 の解説

〈速さ〉

　スタートから1回目に出会うまでの様子を図1に，1回目に出会ってから2回目に出会うまでの様子を図2に描いた。ただし，実線はAの移動した様子，破線はBの移動した様子をそれぞれ描いているものとする。

　スタートから1回目に2人が出会うまでの移動時間をTとする。
　上の2つの図から，**スタートから1回目に出会うまでに2人が移動した距離の合計と1回目に出会ってから2回目に出会うまでに2人が移動した距離の合計は，ともにPQ間の距離の2倍に等しい。**

　　$5T + 4T = 2PQ$　より，$9T = 2PQ$　……①

スタートから1回目に出会うまでに2人が移動した距離の差は，

　　Aの移動距離 − Bの移動距離 = $2QR$

　　$5T − 4T = 2QR$　より，$T = 2QR$　……②

であるが，2人の速さは不変かつ上の太字部分の主張から，1回目に出会ってから2回目に出会うまでに2人が移動した距離の差も$2QR$に等しい。式にすると，

　　Aの移動距離 − Bの移動距離 = $2QR$

　　$(PR + PS) − (QR + QS) = 2QR$

$PR = PS + 3$，$QS = QR + 3$ より，上の式を整理すると，

　　$(2PS + 3) − (2QR + 3) = 2QR$

　　$\Rightarrow PS = 2QR$　……③

となる。①〜③より，

$PS：RS：QR＝2：9－2－1：1＝2：6：1$

となり，xを正の数として，

$PS＝2x$(km)，$RS＝6x$(km)，$QR＝x$(km)

とおける。条件であるRS＝3kmであるから$x＝0.5$と求まり，PQ間は，

$9x＝9×0.5＝4.5$(km)

となる。

よって，正解は肢2である。

正答 2

memo

第1章　数的推理

207

SECTION 11 数的推理 速さ

実践 問題 69 基本レベル

頻出度 地上★★★ 国家一般職★★ 東京都★ 特別区★★★
裁判所職員★★ 国税・財務・労基★★★ 国家総合職★★

[問] 長さ50mのプールでA，B，Cの3人がプールの端にある同じスタート地点を同時に出発して往復しながらある同じ距離を泳いだ。Aは10分間でゴールし，BはAより5分遅れでゴールし，CはBより3分遅れでゴールした。

同様に，3人が同時に出発し，往復しながら泳ぎ続けたとき，再度3人が同時にスタート地点と同じ場所に到達するまでにAが泳いだ距離は最小でいくらか。

ただし，3人はそれぞれ一定の速さで泳ぐものとし，身長や折り返しにかかる時間は考慮しないものとする。　　　　　　　　　　（国税・財務・労基2016）

1 ： 600m
2 ： 800m
3 ： 900m
4 ： 1,200m
5 ： 1,500m

OUTPUT

実践 問題 **69** **の解説**

チェック欄
1回目	2回目	3回目
△		

〈速さと比〉

問題文より，同じ距離を泳いだときに要した時間は，Aは10分，Bは15分，Cは18分である。

このときの速さの比は，時間の逆比をとればよく，

Aの速さ：Bの速さ：Cの速さ $= \dfrac{1}{10} : \dfrac{1}{15} : \dfrac{1}{18} = 9 : 6 : 5$

となる。(10, 15, 18の最小公倍数90をかけるとよい。)

同じ時間泳ぐとき，泳いだ距離の比は速さの比と同じ $9 : 6 : 5$ になることから，Aが9回往復したときに，Bは6回，Cは5回往復していることになる。また，1往復が100m進むことから，再度3人が同時にスタート地点と同じ場所に到達するまでにAが泳ぐ距離は，100の倍数である，

$9 \times 100 = 900 \,(\mathrm{m})$

となる。

よって，正解は肢3である。

正答 **3**

2024-2025年合格目標 公務員試験 本気で合格！過去問解きまくり！
①数的推理・資料解釈

SECTION 11 数的推理 速さ

実践 問題 70 基本レベル

問 三つの直線道路を３辺とする三角形のジョギングコースがあり，１周の長さは2500ｍである。Ａ～Ｃの３人は，この三角形のコースの互いに異なる頂点にあたる場所から，同時に一定の速さで時計回りの向きに走り，それぞれが初めて隣の頂点を通過したのは３人同時であった。１周して元の頂点に戻るまでの時間はＡが９分，Ｂが10分，Ｃが15分であったとすると，コースの三角形の最も長い辺と最も短い辺の長さの差はいくらか。　　　　　　（地上2018）

1：250ｍ
2：300ｍ
3：350ｍ
4：400ｍ
5：450ｍ

OUTPUT

チェック欄		
1回目	2回目	3回目

実践 問題 **70** の解説

〈速さと比〉

A，B，Cがジョギングコースを回るのにかかった時間はそれぞれ9分，10分，15分であったことから，移動距離が等しいとき，速さの比は，かかった時間の逆比（逆数の比）となるため，

$$Aの速さ：Bの速さ：Cの速さ = \frac{1}{9} : \frac{1}{10} : \frac{1}{15} = 10 : 9 : 6$$

となる。（9，10，15の最小公倍数90をかけるとよい。）

また，A，B，Cは同時にスタートし，初めの頂点を通過する時間も同じであったことから，それぞれが移動した距離の比は，速さの比と等しくなるため，

$$Aの移動距離：Bの移動距離：Cの移動距離 = 10 : 9 : 6 \quad \cdots\cdots①$$

となる。

スタートしてから初めの頂点を通過するまで，3人はそれぞれ三角形のジョギングコースの異なる1つの辺を走ったため，3人の移動距離の和は1周である2500mに等しい。したがって，①より比1あたりの距離をx（m）とすると，

$$10x + 9x + 6x = 2500$$
$$x = 100（m）$$

となる。したがって，コースの最も長い辺は，$10 \times 100 = 1000$mであり，最も短い辺は$6 \times 100 = 600$mとなるため，その差は400mである。

よって，正解は肢4である。

正答 4

問 坂の上のA地点を出発して坂の下のB地点との間を往復する。徒歩の場合，復路の速さは往路の速さの$\frac{2}{3}$倍であり，自転車の場合，復路の速さは往路の速さの$\frac{1}{2}$倍である。また，往路について，自転車の速さは徒歩の速さの4倍である。

徒歩で往路に要する時間がちょうど10分のとき，徒歩と自転車のそれぞれでAB間を一往復するのに要する<u>時間の差</u>として最も妥当なのはどれか。ただし，徒歩と自転車のそれぞれの速さは，往路及び復路のそれぞれにおいて一定であり，折り返しのための時間は考慮しないものとする。

（国税・財務・労基2013）

1 ：12分30秒
2 ：15分00秒
3 ：17分30秒
4 ：18分30秒
5 ：23分45秒

OUTPUT

実践 問題 **71** の解説

〈速さと比〉

第1章 数的推理

徒歩の往路, 徒歩の復路, また自転車の往路, 自転車の復路について, それぞれの速さの関係を考える。問題文の条件より, それぞれの速さについて,

徒歩の往路：徒歩の復路 ＝ 3：2　……①
自転車の往路：自転車の復路 ＝ 2：1　……②
徒歩の往路：自転車の往路 ＝ 1：4　……③

を満たすため, 往路, 復路における徒歩および自転車の速さに関する比は, ①〜③から,

徒歩の往路：徒歩の復路　　　　　　　　　　　　 ＝ 3：2
自転車の往路：自転車の復路 ＝　　　2：1
徒歩の往路：　　　　：自転車の往路 ＝ 1：　：4

徒歩の往路：徒歩の復路：自転車の往路：自転車の復路 ＝ 3：2：12：6 ……④

となる。

ここで, 同じ距離を移動する場合の移動時間は, 速さの逆比となることから, 往路と復路それぞれにかかった時間は, ④の速さの逆比で表すことができる。よって,

$$徒歩の往路：徒歩の復路：自転車の往路：自転車の復路 ＝ \frac{1}{3} : \frac{1}{2} : \frac{1}{12} : \frac{1}{6}$$

$$＝ 4：6：1：2$$

となる。問題文の条件より, 徒歩で往路に要する時間が10分であったことから, 上記の時間の比において, 左端の項の「4」が10分にあたる。

したがって, 時間の比の「1」あたり2.5分であることになるから,

徒歩の往路：徒歩の復路：自転車の往路：自転車の復路 ＝ 4：6：1：2

＝10分：15分：2.5分：5 分

以上より, 徒歩で往復した場合にかかる時間と自転車で往復した場合にかかる時間の差を求めると,

徒歩で往復： 10＋15＝25（分）
自転車で往復：2.5＋ 5 ＝7.5（分）
時間差＝25－7.5＝17.5（分）

となる。

よって, 正解は肢 3 である。

正答 3

問 A，B 2台の自動車が，1周5kmのコースを同一の地点から同じ向きに同時に走り出すとAは15分ごとにBを追い越し，逆向きに同時に走り出すとAとBは3分ごとにすれ違う。このときのAの速さはどれか。　（特別区2005）

1：0.8km／分
2：0.9km／分
3：1.0km／分
4：1.1km／分
5：1.2km／分

OUTPUT

実践 問題 **72** **の解説**

チェック欄		
1回目	2回目	3回目

〈速さ，相対速度〉

自動車A，Bの速さを a km／分，b km／分とする。

2台の車は1周5kmのコースを同時に走り出すと，AがBを15分ごとに追い越すから，

$$15(a - b) = 5$$
$$15a - 15b = 5$$
$$3a - 3b = 1 \quad \cdots\cdots①$$

である。

また，逆向きに走り出すと，AとBは3分ごとにすれ違うから，

$$3(a + b) = 5$$
$$3a + 3b = 5 \quad \cdots\cdots②$$

である。

①＋②より，

$$6a = 6$$
$$a = 1 (km／分)$$

となる。

よって，正解は肢3である。

正答 **3**

SECTION 11 速さ

実践 問題 73 基本レベル

問 A地点とB地点とを結ぶ道のり126mの一本道を，甲と乙の2人がそれぞれ一定の速さで走って繰り返し往復したときの状況は，次のア～ウのとおりであった。

ア　甲がA地点からB地点に向かって出発してから10秒後に，乙はB地点からA地点に向かって出発した。

イ　乙が出発してから27秒後に，甲と乙は初めてすれ違った。

ウ　甲はB地点を，乙はA地点をそれぞれ1回折り返した後，甲と乙が再びすれ違ったのは，2人が初めてすれ違ってから63秒後であった。

このとき，甲が走った速さとして，正しいのはどれか。　　　（大阪府2010）

1：1.4m／s
2：1.6m／s
3：1.8m／s
4：2.0m／s
5：2.2m／s

OUTPUT

実践 問題 **73** の解説

〈速さ，相対速度〉

状況ア，イ，ウを，それぞれ図Ⅰ，Ⅱ，Ⅲで表す。また，甲の速さを x (m／s)，乙の速さを y (m／s) とする。

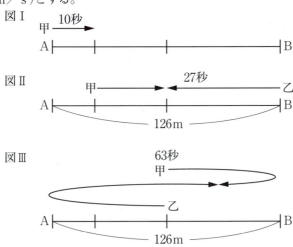

図Ⅲより，甲と乙が初めてすれ違った後，再びすれ違うまでに2人が進んだ距離の合計は，$126×2=252$ m であり，その間にかかった時間は63秒であったことから，甲と乙の速さの和は，

$x + y = 252 \text{(m)} \div 63 \text{(秒)}$
$ = 4 \text{(m／s)}$ ……①

となる。

図Ⅱより，スタートから甲と乙が初めてすれ違うまでの2人が進んだ距離の和について，

$37x + 27y = 126$ ……②

となる。

②－①×27より，$10x = 18$ となり，
$x = 1.8 \text{(m／s)}$

である。

よって，正解は肢3である。

正答 3

第1章 数的推理
SECTION 11 速さ

実践 問題74 基本レベル

問 1周6.4kmのサーキットを，Aがバイクで出発した。同じ地点から6分後にBがバイクで同方向に出発し，その3分後にBが初めてAを追い越した。Aが1周して出発した地点に戻るのと，Bが2周して出発した地点に戻るのが同時であったとすると，Aが1周するのに要した時間はどれか。ただし，AとBのバイクの速度は，それぞれ一定とする。　　　　　　　　　　（特別区2006）

1：16分
2：18分
3：20分
4：22分
5：24分

OUTPUT

実践 問題 **74** の解説

〈速さ〉

Aが9分間に走った距離は，Bが3分間に走った距離と等しいため，AとBの速さの比は，移動時間の比3：1の逆比になる。よって，

Aの速さ：Bの速さ＝1：3

となり，A，Bの速さをそれぞれx（km／分），$3x$（km／分）とおく。

ここで，Aがサーキットを1周するのに要した時間をy（分）とすると，Bはサーキットを2周するのに（$y-6$）分を要したことになり，次の式が成り立つ。

$$x \times y = 6.4 \quad \cdots\cdots ①$$
$$3x \times (y-6) = 6.4 \times 2 \quad \cdots\cdots ②$$

②は，

$$3xy - 18x = 12.8$$

となるから，①を上の式に代入して，

$$3 \times 6.4 - 18x = 12.8$$
$$18x = 6.4$$
$$x = \frac{16}{45}（km／分）$$
$$y = 18（分）$$

と求めることができる。

よって，正解は肢2である。

正答 2

第1章 SECTION 11 数的推理 速さ

実践 問題 75 基本レベル

頻出度　地上★★　国家一般職★　東京都★　特別区★
　　　　裁判所職員★　国税・財務・労基★　国家総合職★★

[問] 地点Pと地点Qは直線通路となっている。AはPから，BはQから同時にスタートした。同時にスタートしてから，2人が最初にすれ違うまでにかかった時間を x 分とすると，最初に2人がすれ違ったのは，PとQの中間地点のQ側に200m離れた位置であった。次に，2人が最初にすれ違ってから，Aは最初に移動した速さよりも毎分40m遅く動くことにした。すると，2回目に2人がすれ違ったのは，AとBがそれぞれQとPで折り返してから，PQの中間地点のP側に200m離れた位置であった。
このとき，x の値として妥当なのは次のどれか。　　　　　（地上2020）

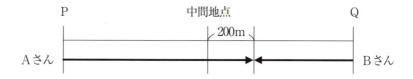

1： 8
2： 10
3： 12
4： 14
5： 16

OUTPUT

実践 問題 **75** **の解説**

〈速さ〉

　ＰＱ間の距離を２Ｌとする。また，最初に２人がすれ違った地点をＳとする。

　同時に歩き始めてから２人が最初にすれ違うまでの２人の移動時間は等しいから，Ｓで最初にすれ違うまでの速さをそれぞれ a，b とすると，

$ax = L + 200$　……①

$bx = L - 200$　……②

を満たす。

　次に，最初にすれ違ってから２回目にすれ違うまでを考える。その間のＡとＢの移動距離は，

Ａ：$(L - 200) + (L + 200) = 2L$

Ｂ：$(L + 200) + (L - 200) = 2L$

と等しく，さらにこの間の２人の移動時間も等しいため，この間の２人の速さは等しいとわかる。

　このことから，

$a = b + 40$，つまり $a - b = 40$　……③

を満たす。

　①－②より，辺々を引くと，

$(a - b)x = 400$　……④

となり，③を④に代入して，

$40x = 400$

を満たすため，$x = 10$ と求めることができる。

　よって，正解は肢２である。

【コメント】

　本問で問われているのは，④の式である。問題文を見ると，ＰＱ間の距離に関する条件がない。最初にすれ違ったＳが中間地点より200ｍだけＱ側にずれた地点であるという条件と，２回目にすれ違った地点をＴとすると，Ｔが中間地点より200ｍだけＰ側にずれた地点であるという条件から，④のように２人の相対距離に関する式を導くことができる。③のような２人の速さの差に関する条件がわかれば，移動時間である x がわかるということである。

正答 **2**

2024-2025年合格目標 公務員試験 本気で合格！過去問解きまくり！ 221
①数的推理・資料解釈

SECTION 11 数的推理 速さ

実践 問題 76 基本レベル

問　動く歩道が一基設置されている道路がある。この動く歩道の踏み面は，歩く速度より遅い速さで常に一定で動いており，これに乗って歩くと乗って立ち止まったときより2.5倍速く進んだ。つまり，歩く速度はこの踏み面の速度の1.5倍の速度ということになる。

いま，AとBが並んでこの道にさしかかり，Aは動く歩道に乗り，Bは並んで歩き始めた。Aは動く歩道に乗って立ち止まり，Bは一定速度で歩き続けた。AはBとの差が10m離れたところで歩き始め，動く歩道を降りたときに，ちょうど2人は並んだ。

このとき，動く歩道の距離として正しいのはどれか。

ただし，AとBは常に一定で同じ速度で歩いたものとする。　　（地上2016）

1：30m
2：45m
3：60m
4：75m
5：90m

OUTPUT

実践 問題 **76** の解説

〈速さと比〉

まず，Aが動く歩道に乗って立ち止まりながら移動した時間におけるAとBの移動距離および速度について考える。

Aは<u>Bと10mの差がついたところ</u>から歩き始めたため，Aが動く歩道に乗って立ち止まりながら移動した距離を x とすると，その間Bが<u>歩いて</u>移動した距離は $(x+10)$ mである。また，動く歩道に乗って立ち止まりながら移動する速度を1とすると，歩く速度は1.5である。

移動時間が等しいとき，移動距離の比は速度の比と等しくなるため，

$$x : x + 10 = 1 : 1.5$$
$$1.5x = x + 10$$
$$x = 20 \text{(m)}$$

となる。

次に，Aが動く歩道の上を歩き始めてから動く歩道を降りるまでの時間におけるAとBの移動距離および速度について考える。

Aが動く歩道の上を歩き出した地点から動く歩道を降りるまでの距離を y とすると，その間Bが歩いて移動した距離は $(y-10)$ mである。また，Aの速度は，<u>動く歩道に乗って立ち止まりながら移動した速度を1としたとき2.5</u>であり，Bは変わらず1.5の速度で歩き続けている。

移動時間が等しいとき，移動距離の比は速度の比と等しくなるため，

$$y : y - 10 = 2.5 : 1.5$$
$$2.5y - 25 = 1.5y$$
$$y = 25 \text{(m)}$$

となる。

したがって，動く歩道の距離は，

$$x + y = 20 + 25 = 45 \text{(m)}$$

となる。

よって，正解は肢2である。

正答 2

SECTION 11 数的推理 速さ

実践 問題77 基本レベル

問 A～Cの3人が，スタートから20km走ったところで折り返し，同じ道を戻ってゴールする40kmのロードレースを行った。今，レースの経過について，次のア～ウのことが分かっているとき，CがゴールしてからBがゴールするまでに要した時間はどれか。ただし，A～Cの3人は同時にスタートし，ゴールまでそれぞれ一定の速さで走ったものとする。

　ア　Aは，16km走ったところでCとすれ違った。
　イ　Bが8km走る間に，Cは24km走った。
　ウ　AとBは，スタートから3時間20分後にすれ違った。　　（特別区2014）

1：5時間20分
2：5時間40分
3：6時間
4：6時間20分
5：6時間40分

OUTPUT

実践 問題 77 の解説

〈速さ〉

A～Cの速さを，それぞれ a ～ c（km／時）とおく。

まず，条件アを考える。20kmで折り返すコースでAは16km走ったため，まだ折り返していない。そして，Cとすれ違ったことから，Cは20kmで折り返し4km走ってきており，合計24km走っている。ここで，AとCの走った時間は等しいから，2人の速さの比は距離の比に等しく，

$$a : c = 16 : 24 = 2 : 3 \quad \cdots\cdots①$$

となる。次に，条件イより，同じ時間においてBは8km，Cは24km走っている。BとCの走った時間は等しいから，2人の速さの比は距離の比に等しく，

$$b : c = 8 : 24 = 1 : 3 \quad \cdots\cdots②$$

となる。①と②より，3人の速さの比は，

$$a : b : c = 2 : 1 : 3$$

となるから，3人の速さをそれぞれ $a = 2v$，$b = v$，$c = 3v$ とおく。

これより，条件ウを考える。AのほうがBより速いため，Aが折り返してきてBとすれ違うことになる。Aが3時間20分走って，折り返し点から x（km）の地点でBとすれ違ったとすると，Aは20 + x（km）走っていることになり，Bは20 − x（km）走っていることになるから，A，Bについて，

$$2v \times 3\left(3 + \frac{20}{60}\right) = 20 + x \quad \cdots\cdots③$$

$$v \times 3\left(3 + \frac{20}{60}\right) = 20 - x \quad \cdots\cdots④$$

が成り立つ。③＋④より，

$$3v \times 3\left(3 + \frac{20}{60}\right) = 40$$

$$\therefore \quad v = 4 \text{（km／時）}$$

これより，$a = 8$（km／時），$b = 4$（km／時），$c = 12$（km／時）となる。

したがって，Cがゴールするまでに要した時間は $40 \div 12 = \dfrac{10}{3}$ 時間であり，Bのそれは $40 \div 4 = 10$ 時間であるから，その時間の差は，

$$10 - \frac{10}{3} = \frac{20}{3} \text{時間} = 6 \text{時間} 40 \text{分}$$

である。

よって，正解は肢5である。

正答 5

問 A，B，Cの3人が，X町からY町へ同じ道を通って行くことになった。Aが徒歩で7時20分に出発し，Bが自転車で7時50分に出発した。その後，CがバイクでⅢ発したところ，CはA，Bを同時に追い越した。Aの速さは時速6km，Bの速さは時速24km，Cの速さは時速60kmであったとき，Cが出発した時刻はどれか。ただし，3人の進む速さは，それぞれ一定とする。

（特別区2015）

1 : 7時48分
2 : 7時52分
3 : 7時56分
4 : 8時00分
5 : 8時04分

OUTPUT

実践 問題 **78** の解説 ────────────────

チェック欄

〈速さと比〉

第1章 数的推理

3人の速さの比は，6：24：60＝1：4：10である。

CがA，Bを同時に追い越したことより，3人ともX町から追いついた地点まで等距離を進んでいることになる。このときにかかった移動時間の比は，速さの逆比に等しいことより，

$$1 : \frac{1}{4} : \frac{1}{10} = 20 : 5 : 2$$

である。

Aは7時20分に出発し，Bは7時50分に出発したため，2人の時間の差は30分である。よって，時間の比における，20－5＝15が，30分にあたるため，比1あたりは2分である。

よって，Aは20の比にあたる40分後にCに追いつかれたのだから，CはAとBに，

7時20分＋40分＝8時

に追いついたことがわかる。

したがって，Cが出発したのは，2の比にあたる4分前の，

8時－4分＝7時56分

である。

よって，正解は肢3である。

正答 **3**

LEC東京リーガルマインド　2024-2025年合格目標 公務員試験 本気で合格！過去問解きまくり！　227
①数的推理・資料解釈

第1章 数的推理
SECTION 11 速さ

実践　問題 79　基本レベル

頻出度　地上★★★　国家一般職★★　東京都★★　特別区★★★
　　　　裁判所職員★★　国税・財務・労基★★★　国家総合職★★

[問] X区役所とY区役所を結ぶ道路がある。この道路を，Aは徒歩でX区役所からY区役所へ向かい，BはAの出発の10分後に自転車でY区役所を出発してX区役所へと向かった。2人が出会った時点から，Aは25分後にY区役所に到着し，Bは8分後にX区役所へ到着した。2人が出会ったのは，AがX区役所を出発した時点から何分後か。ただし，2人の速度は常に一定とする。

(特別区2011)

1：15分後
2：20分後
3：25分後
4：30分後
5：35分後

OUTPUT

実践 問題 **79** の解説

〈速さと比〉

Aが出発してからx分後にA，Bの2人が出会ったとする。
2人が出会った地点をP地点として問題文の状況を図にすると，次のようになる。

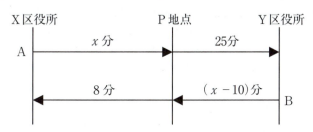

ここで，Aの速さをa(m／分)，Bの速さをb(m／分)とすると，X区役所〜P地点間の距離，Y区役所〜P地点間の距離について，2人の速さの比が移動時間の比の逆比になることを用いて，次のような式を立てることができる。

X区役所〜P地点間の距離
$a : b = 8 : x$ ……①
Y区役所〜P地点間の距離
$a : b = (x-10) : 25$ ……②

となる。
したがって，①，②より，

$$8 : x = (x-10) : 25$$
$$x(x-10) = 8 \times 25$$
$$x^2 - 10x = 200$$
$$x^2 - 10x - 200 = 0$$
$$(x-20)(x+10) = 0$$
$$\therefore \quad x = 20, \ -10$$

となるが，xは正の数であるから，2人が出会ったのは，Aが出発してから20分後と確定する。

よって，正解は肢2である。

正答 2

SECTION 11 数的推理 速さ

実践 問題80 基本レベル

頻出度 地上★★★ 国家一般職★★★ 東京都★★ 特別区★★★
裁判所職員★★ 国税・財務・労基★★★ 国家総合職★★

問 あるグループはX町からY町へ移動するのにタクシーを使おうとしたが、タクシーの定員を超えてしまっているため、まず、AとBのグループに分かれ、はじめAはタクシーで、Bは歩いて同時にY町へ出発した。Aは20km移動したところでタクシーを降り歩いてY町へ向かい、タクシーは引き返してBを乗せY町へ移動したところ同時にY町についた。X町からY町の距離はいくらか。ただし、AとBの歩く速さは等しく、タクシーと歩きの速さの比は9：1であったとする。

（国立大学法人2007）

1 ： 22km
2 ： 24km
3 ： 26km
4 ： 28km
5 ： 30km

実践 問題 80 の解説

〈速さ〉

まずは、「タクシーが出発して、AをおろしてBと出会う」までを検討する（下図ダイヤグラムの実線部）。

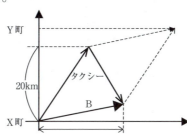

図より、この間においてタクシーとBが移動した時間は等しい。つまり、移動距離の比は、速さの比と同じ9：1となる。タクシーとBの合計の移動距離は40kmだから、Bが移動した距離は、

$$Bの距離 = \frac{1}{9+1} \times 40 = 4 \text{ (km)}$$

とわかる。

次に、「タクシーがAを降ろしてBと出会い、Y町でAに追いつく」までを検討する（下図ダイヤグラムの実線部）。

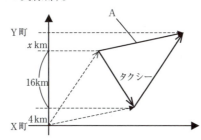

Aが歩いた距離を x kmとする。すると、タクシーの移動距離は図より、$16+16+x=32+x$ (km) となる。この間におけるタクシーとAが移動した時間は等しいから、先ほどと同様に距離の比は9：1になる。

タクシーの距離：Aの距離 $=(32+x):x=9:1$
$$\therefore x = 4 \text{ (km)}$$

したがって、XY間の距離は、$4+16+4=24$(km)となる。
よって、正解は肢2である。

正答 2

第1章 数的推理
SECTION 11 速さ

実践 問題 81　基本レベル

問　1周150mのジョギングコースがある。図のようにAはこのコース上のp地点から反時計回りに，Bはp地点と60m離れたq地点から時計回りに，それぞれ一定の速度で走り続ける。AとBが同時に出発して，両者が最初に出会う地点をxとすると，Aはxからqまで4秒，Bはxからpまで9秒，それぞれかかった。Aが走り始めてから両者が2度目にx地点で出会うときまでにAの走る距離はいくらか。

（国家総合職2015）

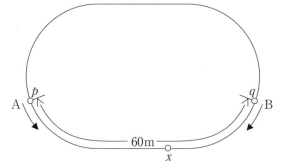

1 ： 336m
2 ： 345m
3 ： 486m
4 ： 495m
5 ： 645m

OUTPUT

実践 問題 **81** の解説 ───────────

〈すれ違い〉

AとBの速さをそれぞれ a（m／秒），b（m／秒）とする。また，AとBが同時に出発して，最初に2人がx地点で出会うまでにかかる時間をt（秒）とする。

まず，px間について，Aがt秒かかる道のりをBは9秒かかったという条件から，2人の速さの比は，移動時間の<u>逆比</u>と等しく，

   $a : b = 9 : t$ ……①

が成り立つ。同様に，xq間について，Bがt秒かかる道のりをAは4秒かかったという条件から，

   $a : b = t : 4$ ……②

が成り立つ。①と②は等しく，

   $9 : t = t : 4$

となり，$t = 6$（秒）が得られる。①に代入すると，

   $a : b = 3 : 2$ ……③

となる。また，旅人算の公式より，

   $(a + b) \times 6 = 60$ ……④

を満たすことから，③と④より，$a = 6$（m／秒），$b = 4$（m／秒）が得られる。

これにより，

   px間 $= 6 \times 6 = 36$（m）

   xq間 $= 6 \times 4 = 24$（m）

となる。

次に，最初にx地点で出会ってから，2回目に2人が出会うまでの2人の移動距離を考える。この場合，2人の移動時間は等しかったことから，2人の速さの比は移動距離の比と等しくなって，

   Aの移動距離：Bの移動距離 $= 6 : 4$

               $= 3 : 2$

となる。さらに，2人の移動距離の和は（1周の）150mとなることから，Aの移動距離は90mである。つまり，AはBと出会ってから，次にBと出会うまでに反時計回りに90m進んだことになる。

最後に，AはBと出会うごとに反時計回りに90mずつ進んだことになるが，再びx地点で2人が出会うときは，90の倍数と150の倍数が一致する地点とわかる。

これより，再びx地点で出会うためには，2数の最小公倍数である450m進めばよく，Aは最初に出会ってから$450 \div 90 = 5$回出会えば，2人は再びx地点で会うことになる。

以上より，Aが進んだ道のりは，

   $36 + 90 \times 5 = 486$（m）

となる。

よって，正解は肢3である。

正答 **3**

第1章 数的推理

SECTION 11 速さ

実践 問題 82　基本レベル

頻出度　地上★★★　国家一般職★★　東京都★★　特別区★★★
　　　　裁判所職員★★　国税・財務・労基★★★　国家総合職★★

問 ともに200mの長さである列車A，Bがすれ違うのに要した時間は8秒であった。Aの列車の速さがBの列車に比べて毎秒10m遅いとするとき，Aの列車の速さはどれか。ただし，列車A，Bのそれぞれの速さは一定とする。

（特別区2009）

1：時速　36km
2：時速　54km
3：時速　72km
4：時速　90km
5：時速108km

OUTPUT

実践 問題 **82** の解説

〈通過算〉

Aの列車の速さをV_A（m／秒），Bの列車の速さをV_B（m／秒），とする。

Aの列車，Bの列車ともに200mの長さであることから，Aの列車とBの列車がすれ違いを始めてから終えるまでに走る距離の合計は，

$200 + 200 = 400$（m）

である。また，Aの列車とBの列車の速さの和は，$V_A + V_B$で表されるが，Aの列車の速さがBの列車に比べ毎秒10m遅いという条件から，

$V_B = V_A + 10$

であるため，

$V_A + V_B = 2V_A + 10$

となる。

ここで，列車A，Bがすれ違うのに要した時間は8秒であったとの条件より，式を立てて，V_Aについて求めると，

$400 = (2V_A + 10) \times 8$

$400 = 16V_A + 80$

$16V_A = 320$

$V_A = 20$（m／秒）

となる。

したがって，単位をkm／時に変換すると，

$V_A = 20 \times 3600 \times \dfrac{1}{1000}$

$= 72$（km／時）

となる。

よって，正解は肢3である。

正答 3

第1章 数的推理

第1章 SECTION 11 数的推理 速さ

実践 問題 83 基本レベル

問 階段と時速1.8kmで動いている上りのエスカレーターが並んでいる通路で、エスカレーターに乗っている人が、階段を降りてきた5人の列とすれ違った。このとき、1人目から5人目まですれ違うのに5秒かかった。また、この5人の列は、時速720mで階段を降りている人を10秒かかって追い越したとすると、5人の列の長さはどれか。ただし、列の長さは一定とする。

（特別区2006）

1：3 m
2：5 m
3：7 m
4：9 m
5：11m

OUTPUT

実践 問題 **83** の解説

〈相対速度〉

5人の列の速さを x(m／秒)，5人の列の長さを y(m)とする。また，考えやすくするために，問題文中にある速さの単位をすべて(m／秒)にそろえることにする。

エスカレーターの速さ：1.8(km／時) $\Rightarrow \dfrac{1800}{3600}=0.5$(m／秒)

階段を降りている人の速さ：720(m／時) $\Rightarrow \dfrac{720}{3600}=0.2$(m／秒)

まず，エスカレーターに乗っている人が，階段を降りてくる5人の列とすれ違うのに5秒かかったという条件を考える。エスカレーターに乗っている人の速さを0と考えたとき，エスカレーターに乗っている人は，5人の列から見て固定されたある地点Pと考えることができる。そのとき，5人の列は相対速度0.5＋x(m／秒)でPを通過するとしてよい。その通過時間が5秒かかったことから，

$$y = 5(0.5 + x) \quad \cdots\cdots ①$$

を満たす。

次に，5人の列が0.2(m／秒)で階段を降りている人を追い越すのに10秒かかったという条件を考える。前の条件と同様に，0.2(m／秒)で階段を降りている人の速さを0と考えたとき，0.2(m／秒)で階段を降りている人を固定されたある地点Qとすると，5人の列は，相対速度 x－0.2(m／秒)でQを通過するとしてよい。その通過時間が10秒かかったことから，

$$y = 10(x - 0.2) \quad \cdots\cdots ②$$

を満たす。

①と②の連立方程式を解くと，

$$5(0.5 + x) = 10(x - 0.2)$$
$$2.5 + 5x = 10x - 2$$
$$5x = 4.5$$
$$x = 0.9(\text{m／秒})$$

となり，①に代入して $y = 7$(m)となって，5人の列の長さは7(m)である。

よって，正解は肢3である。

正答 **3**

第1章 数的推理
SECTION 11 速さ

実践 問題 84 基本レベル

頻出度	地上★★★	国家一般職★★	東京都★	特別区★★★
	裁判所職員★★	国税・財務・労基★★★	国家総合職★★	

問 車と電車が互いに反対方向に走っており，同時に鉄橋を渡り始めた。このとき，車は24秒で橋を渡りきり，電車は先頭の車両が橋を渡り始めてから最後の車両が橋を渡りきるまで64秒かかった。また，鉄橋の上で電車と車がすれ違うのに9秒かかった。車と電車の速さの比として正しいのはどれか。ただし，車の長さは考えなくてよい。　　　　　　　　　　　　　　　　　　　　　　　　　(地上2005)

1：6：5
2：5：4
3：4：3
4：3：2
5：5：3

OUTPUT

実践 問題 **84** の解説

〈通過算〉

車の速さをV_1(m／秒)，電車の速さをV_2(m／秒)，鉄橋の長さをX(m)，電車の長さをY(m)とする。

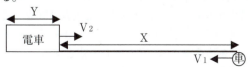

車は24秒で鉄橋を渡りきったとの条件より，車が24秒で走った距離と鉄橋の長さが等しいから，

 $24 \times V_1 = X$ ……①

という関係が成り立つ。

また，電車は先頭の車両が鉄橋を渡り始めてから最後の車両が鉄橋を渡りきるまで64秒かかったとの条件を図に表すと，以下のようになる。

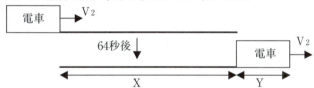

上図より，電車が64秒で走った距離と，鉄橋の長さと電車の長さの和が等しいため，

 $64 \times V_2 = X + Y$ ……②

という関係が成り立つ。

さらに，鉄橋の上で電車と車がすれ違うのに9秒かかったとの条件を図に表すと，右のようになる。

右図に通過算の公式を用いると，

 $(V_1 + V_2) \times 9 = Y$ ……③

となる。

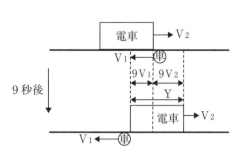

①と③を②へ代入し，V_1，V_2だけの式にすると，

 $33 V_1 = 55 V_2$

 ⇒ $V_1 : V_2 = 55 : 33 = 5 : 3$

となる。

よって，正解は肢5である。

正答 5

SECTION 11 速さ

実践 問題 85 基本レベル

問 ある川の上流に地点A，下流に地点Bがある。今，Xが地点Aを，Yが地点Bをボートで同時に出発してから，それぞれ地点AB間を1往復後，元の地点に戻り，次のア～オのことが分かっているとき，川を下る速さはどれか。ただし，川を上る速さ，川を下る速さは，それぞれ一定とする。　　　（特別区2018）

ア　X及びYが川を上る速さは，同じであった。
イ　X及びYが川を下る速さは，同じであった。
ウ　川を下る速さは，川を上る速さの2倍であった。
エ　XとYは，最初にすれ違ってから50分後に再びすれ違った。
オ　最初にすれ違った地点と，再びすれ違った地点の距離は，2kmであった。

1：10km／時
2：11km／時
3：12km／時
4：13km／時
5：14km／時

OUTPUT

実践 問題 85 の解説

〈すれ違い〉

　XとYが最初にすれ違った点をPとする。AからPまでの距離と、PからBまでの距離の比は、XとYがそれぞれ同時に出発しているため速さの比と等しく、また、川を下る速さと川を上る速さの比は2：1であるため、
　　AP：PB＝2：1
となる。このため、PBの距離をL（km）とすると、APの距離は2Lとなる。

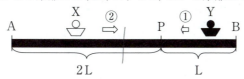

　次に、最初にPで2人がすれ違ってからのことを考える。
　XがBを通って再びPに戻ってくるのにかかる移動時間は、YがPからAまで進む移動時間より短い。
　これは、移動距離はどちらも2Lで等しいが、Yは上りのみであるのに対し、Xは下りも含まれるためである。
　このことと条件オから2人がすれ違った場所はPよりA側2kmの地点であるとわかる。

　最初にすれ違ってから、再びすれ違うまでに50分＝$\frac{50}{60}$時間かかり、Yは2Lの距離を上り、2L－2の距離を下っているため、川を上る速さをV（km／時）、川を下る速さを2V（km／時）として、方程式を立てると、
$$\frac{2L}{V} + \frac{2L-2}{2V} = \frac{50}{60} \quad \cdots\cdots ①$$
となる。同様に、XはLの距離を下り、L＋2の距離を上っていることから、次式が立てられる。
$$\frac{L}{2V} + \frac{L+2}{V} = \frac{50}{60} \quad \cdots\cdots ②$$

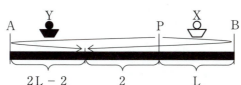

速さ

したがって、①左辺＝②左辺より、

$$\frac{2L}{V} + \frac{2L-2}{2V} = \frac{L}{2V} + \frac{L+2}{V}$$

$$\frac{2 \times 2L + 2L - 2}{2V} = \frac{L + 2 \times (L+2)}{2V}$$

$$L = 2$$

となる。これを①に代入してVについて解くと、

$$V = 6$$

となり、川を下る速さは、2V＝12(km／時)となる。

よって、正解は肢3である。

正答 3

memo

第1章　数的推理

243

SECTION 11 速さ

実践 問題 86 基本レベル

頻出度 地上★★★ 国家一般職★★ 東京都★ 特別区★★★
　　　　裁判所職員★★ 国税・財務・労基★★★ 国家総合職★★

[問] ある川の下流のP地点と上流のQ地点の間を航行する船A，Bがあり，AはPからQへ3時間，BはQからPへ1時間30分で到着する。今，AはPを，BはQを同時に出発したが，Aは出発の48分後にエンジンが停止し，川を流された。BがAに追いつくのは，Aのエンジンが停止してから何分後か。ただし，川の流れの速さは8km／時，静水時におけるAの速さはBの速さの1.5倍であり，川の流れ及び船の速さは一定とする。　　　　　　　　　　　　　　　　　　　　（特別区2020）

1 ： 24分
2 ： 26分
3 ： 28分
4 ： 30分
5 ： 32分

OUTPUT

実践 問題 **86** の解説

〈速さ〉

第1章 数的推理

静水時における船Bの速さを x (km／時)とすると，静水時における船Aのそれは $1.5x$ (km／時)である。また，速さ $1.5x-8$ (km／時)でPからQへ進むAの移動距離は，

$$3 \times (1.5x - 8)(km) \quad \cdots\cdots①$$

となる。一方，速さ $x+8$ (km／時)でQからPへ進むBについても同様に，

$$1.5 \times (x + 8)(km) \quad \cdots\cdots②$$

となる。この2つの道のりは等しく，方程式を立てて x について解くと，

$$3(1.5x - 8) = 1.5(x + 8)$$
$$x = 12$$

と求まり，AおよびBの静水時での速さはそれぞれ18(km／時)，12(km／時)とわかる。また，②に代入をしてPQ間の距離は $(12+8) \times 1.5 = 30$ (km)であることがわかる。

次に，出発からAのエンジン停止直前までAとBが進んだ道のりは，

船A：$10 \times \dfrac{48}{60} = 8$ (km) -8

船B：$20 \times \dfrac{48}{60} = 16$ (km) $+8$

となる。よって，Aのエンジンが停止したときのAとBの間の距離は，

$$30 - 8 - 16 = 6 (km)$$

とわかる。

最後に，Aのエンジンが停止してからBがAに追いつくまでを考え，その時間をT（時間）とする。

このとき，Aは川の流れの速さ8km／時で下流のP方向に流され，Bは20km／時でAに追いついたことから，相対速度で計算すると，

$$(20 - 8)T = 6$$
$$T = \dfrac{1}{2}(時間) = 30(分)$$

である。

よって，正解は肢4である。

正答 4

LEC東京リーガルマインド　2024-2025年合格目標 公務員試験 本気で合格！過去問解きまくり！　245
①数的推理・資料解釈

SECTION 11 数的推理 速さ

実践 問題 87 基本レベル

問 母親が2歩で歩く距離を，子どもは5歩で歩く。また，母親は1秒間に2歩歩き，子どもは1秒間に3歩歩く。今，母親と子どもが同じ場所に立ち，子どもがまっすぐに歩き始めた。子どもが歩き始めてから6秒後に母親が子どもの後を追って歩き始めたとき，母親が子どもに追いつくのは母親が歩き始めてから何秒後か。　　　　　　　　　　　　　　　　　　（地上2019）

1：3秒後
2：6秒後
3：9秒後
4：12秒後
5：15秒後

OUTPUT

実践 問題 **87** の解説

〈歩数算〉

まず，1歩あたりの進む距離を考える。母親が2歩で歩く距離が，子どもが5歩で歩く距離と等しいため，2人の1歩あたりに進む距離の比は，

母親：子ども＝5：2 ……①

である。

次に，1秒間あたりの歩数は，

母親：子ども＝2：3 ……②

である。

①と②より，母親と子どもの速さの比は，

母親：子ども＝5×2：2×3

＝10：6

＝5：3 ……③

である。

ここで，子どもが歩き始めてから6秒後に母親が歩き始めたことから，追いつくまでに2人が移動した距離は同じになるため，2人の移動時間の比は，③の逆比になって，

母親：子ども＝3：5

となる。これより，2人の比の差にあたる5－3＝2の比が6秒にあたることから，比の1は3秒にあたる。

したがって，母親が子どもに追いつく時間は，

3×3＝9（秒）

である。

よって，正解は肢3である。

正答 3

第1章 数的推理
SECTION 11 速さ

実践 問題 88 基本レベル

頻出度 地上★ 国家一般職★ 東京都★ 特別区★
裁判所職員★ 国税・財務・労基★ 国家総合職★

[問] 午前0時と正午に短針と長針とが正確に重なり，かつ，針がなめらかに回転し，誤差なく動いている時計がある。この時計が5時ちょうどをさした後，最初に短針と長針とが重なるのは何分後か。 （東京都2006）

1 ： $26+\dfrac{10}{11}$ 分後

2 ： 27分後

3 ： $27+\dfrac{1}{11}$ 分後

4 ： $27+\dfrac{2}{11}$ 分後

5 ： $27+\dfrac{3}{11}$ 分後

実践 問題 88 の解説

〈時計算〉

5時ちょうどの時点で，短針と長針の間は150°離れている。短針は1分間に0.5°，長針は1分間に6°進むため，最初に長針と短針が重なったのが5時 t 分とすると，下図より，次の等式が成り立つ。

$$150 + 0.5t = 6t$$

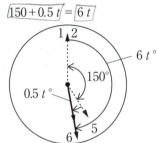

これを解くと，

$$t = \frac{150}{5.5}$$
$$= \frac{1500}{55}$$
$$= \frac{300}{11}$$
$$= 27\frac{3}{11}（分）$$

となる。

よって，正解は肢5である。

正答 5

SECTION 11 数的推理 速さ

実践 問題89 応用レベル

頻出度	地上★★	国家一般職★★	東京都★	特別区★★
	裁判所職員★★	国税・財務・労基★★	国家総合職★★	

問 あるフルマラソン大会が，下の図のような，7km地点から往復6kmの折り返しと，24km地点から往復12kmの折り返しを含むコースで開催された。今，招待選手Aが時速18kmで走り優勝し，Aから10分遅れてスタートした一般参加選手Bが，一度だけAとすれ違ってゴールしたとき，Bの走る速さとして有り得るのはどれか。ただし，AとBはスタートからゴールまで一定の速さで走ったものとする。

(特別区2009)

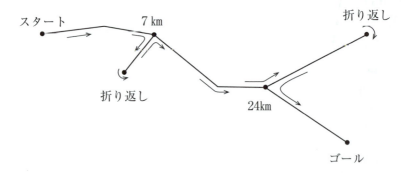

1： 11km／h
2： 12km／h
3： 13km／h
4： 14km／h
5： 15km／h

OUTPUT

実践 問題 **89** の解説 ──────────────

チェック欄		
1回目	2回目	3回目

〈速さ〉

Bの速さを時速 x km とする。前を行くAが後から追いかけるBと1度だけすれ違うという条件から，

(1)　7 kmから13kmにかけての7 km地点での折り返し部分

(2)　24kmから36kmにかけての24km地点での折り返し部分

のいずれかで2人がすれ違うことになる。

(1)　7 km地点の折り返し部分で2人がすれ違うとき

Bがスタートから7 km地点に到達するまでの移動時間をTとする。

まず，2人が7 km地点の折り返し部分で出会うことについて考えると，Bが7 km地点に着いたとき，Aは13km地点より先を走っていなければよく，

・$x\mathrm{T} = 7$　……①

・$18 \times \left(\mathrm{T} + \dfrac{1}{6} \right) \leq 13$　……②

の2つの式が成り立つ。②の両辺を x 倍すると，

$$18 \times \left(x\mathrm{T} + \frac{x}{6} \right) \leq 13x \quad ……③$$

になるので，①を③に代入して x について解くと次のようになる。

$$18 \times \left(7 + \frac{x}{6} \right) \leq 13x$$

$$126 + 3x \leq 13x$$

$$x \geq 12.6$$

(2)　24km地点の折り返し部分で2人がすれ違うとき

Bがスタートから24km地点(の折り返し部分)に到達するまでの移動時間をT′とする。そのとき，先を走るAが36kmより先を走っていなければよく，

・$x\mathrm{T}' = 24$　……④

・$18 \times \left(\mathrm{T}' + \dfrac{1}{6} \right) \leq 36$　両辺を18で割って，$\left(\mathrm{T}' + \dfrac{1}{6} \right) \leq 2$　……⑤

の2つの式が成り立つ。⑤の両辺を x 倍すると，

$$x\mathrm{T}' + \frac{1}{6}x \leq 2x$$

より④を代入して，x について不等式を解くと次のようになる。

$$24 + \frac{1}{6}x \leq 2x$$

$$x \geq \frac{144}{11} = 13.09\cdots\cdots$$

ここで，2人が出会う回数は1回という条件から，次の2つの場合を検討する。

- (1)が成立かつ(2)が不成立のとき，$12.6 \leq x < \frac{144}{11} \fallingdotseq 13.09$を満たす整数値として，$x = 13$が考えられる。つまり，7km地点の折り返し部分ですれ違うことは考えられる。

- (1)が不成立かつ(2)が成立するとき，$x < 12.6$かつ$x \geq \frac{144}{11}$を満たすxは存在しないため，不適である。つまり，24km地点の折り返し部分ですれ違うことは考えられない。

以上より，Bの速さとしてありえるのは，時速13kmである。

よって，正解は肢3である。

正答 3

memo

第1章　数的推理

253

第1章 数的推理
SECTION 11 速さ

実践　問題 90　応用レベル

[問] 線路沿いの道を一定の速度で歩いている人が，前方から来る電車に10分ごとに出会い，後方から来る電車に15分ごとに追い越された。いずれの向きの電車も，それぞれ，電車の長さは等しく，速度及び運転の間隔は等しく一定であるとき，電車の運転の間隔として，正しいのはどれか。　（東京都2005）

1：12分
2：12分15秒
3：12分30秒
4：12分45秒
5：13分

直前復習

OUTPUT

実践 問題 **90** の解説

〈相対速度〉

電車の速さを x（m／分），人間の速さを y（m／分）とおく。

まず，問題で与えられている3つの状況を考える。

①：一定速度で歩いている人が，前方から来る電車と10分ごとにすれ違う。

②：一定速度で歩いている人が，後方から来る電車に15分ごとに追い越される。

③：ある1つの地点を，電車がT分ごとに通過していく。

①と②は，人間の速さを0とした人間の速さに対する電車の相対速度を用いて考える。このとき人間は，電車が①および②の相対速度で通過するときの固定された地点Pと考えてよい。①の電車の相対速度は $x + y$（m／分），②のそれは $x - y$（m／分）である。そのとき，地点Pをある電車の先頭部が通過するとき，ちょうど次の電車の先頭部はPから見て，

　　2つの電車間の距離＋電車の長さ　……（☆）

後方にいることがわかる。条件より，電車の長さは等しく，速さと運転の間隔は等しいため，①と②の場合それぞれで（☆）は等しい。

これより，①と②の電車の相対速度は，電車の移動時間の逆比になることから，

　　$x + y : x - y = 15 : 10 = 3 : 2$

が成り立つ。上の式を整理すると，

　　$2(x + y) = 3(x - y)$

　　　　　$x = 5y$

が成り立ち，$x : y = 5 : 1$ となる。

ここで，本題である電車の運転の間隔Tについて考える。①と③の両方の場合で（☆）は等しい。これより，①の相対速度と③の電車の速さは，電車の移動時間の逆比となり，

　　$x + y : x = T : 10$

　　　$6 : 5 = T : 10$

　　　　　$60 = 5T$

　　　　　$T = 12$

となって，電車の運転間隔は12分である。

よって，正解は肢1である。

正答 **1**

第1章 数的推理

LEC 東京リーガルマインド　2024-2025年合格目標 公務員試験 本気で合格！過去問解きまくり！ ①数的推理・資料解釈　　255

SECTION 11 速さ

実践 問題 91 応用レベル

問 池のまわりのジョギングコースをA, Bは同じ速さで逆方向に走っていて, CはAと同じ方向に歩いている。
　AはCを12分ごとに追い越し, BはCと8分ごとにすれちがうとき, Aがこの池を1周するのにかかる時間はいくらか。　　　　　　　　　　（市役所2010）

1 ： 9分12秒
2 ： 9分36秒
3 ： 9分54秒
4 ：10分24秒
5 ：10分48秒

OUTPUT

実践 問題 **91** の解説

〈相対速度〉

AとBの速さを x，Cの速さを y とする。

①：AはCを12分ごとに追い越すという条件から，2人の道のりの差は，12分で池1周分の距離になる。また，Cに対するAの相対速度は，$x-y$ である。

②：BはCと8分ごとにすれ違うという条件から，2人の道のりは，8分で池1周分の距離になる。また，Cに対するBの相対速度は，$x+y$ である。

上の2つの相対距離は池1周の距離に等しく，それぞれの相対速度の比は移動時間の比の逆比で求められる関係にあるため，

$$x+y : x-y = 12 : 8$$
$$= 3 : 2$$

を満たすことから，

$$2(x+y) = 3(x-y)$$
$$x = 5y$$

とわかる。すなわち，$x : y = 5 : 1$ である。

最後に，Aが池を1周する時間をTとする。①の相対距離とAが進む道のりが池1周分の道のりのとき，それぞれの相対速度と通過時間は反比例の関係にあるため，

$$12 : T = x : x-y$$
$$= 5 : 4$$

より，T $= 9.6$（分），つまりAは9分36秒で池を1周することになる。

よって，正解は肢2である。

【コメント】

Cに対するAの相対速度とは，Cの速さを0にしたときのAの速さのことである。

また，池1周の道のりをLとして，AとC，そしてBとCに関する方程式，

AとCに関する方程式：L $= 12(x-y)$

BとCに関する方程式：L $= 8(x+y)$

をそれぞれ立てて，$x = \dfrac{5}{48}$ L，$y = \dfrac{1}{48}$ L と求める。最後に，Aに関する方程式，

L $= x$ T

について，T $=$ L $\div x =$ L $\div \dfrac{5}{48}$ L $= \dfrac{48}{5} = 9.6$（分）と求めてもよい。

正答 2

問 父親と2人の息子が家から公園まで行くことにした。最初、弟は分速200mで走る父の自転車の後ろに乗り、兄は分速50mで同時に歩いて出発した。父は途中で弟を降ろし、すぐに歩いている兄を迎えに戻った。弟は降りた場所から分速40mで歩いた。父は兄と出会ったところから自転車の後ろに乗せて公園に向かうと、3人は出発から25分後に同時に公園に着いた。家から公園までの距離は何kmか。

ただし、弟を降ろしたり、兄を乗せたりする時間は考えないものとする。

(国Ⅰ2008)

1 : 2.2km
2 : 2.6km
3 : 3.0km
4 : 3.4km
5 : 3.8km

実践 問題 92 の解説

〈速さ〉

兄が歩いた距離を a (m), 父が弟を降ろし兄に出会うまでの距離を b (m), 弟が自転車を降りてから歩いて公園まで移動した距離を c (m) とする。問題の状況をダイヤグラムで表すと次のようになる。

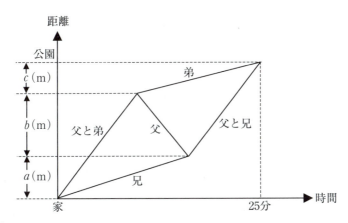

ここで,
① 父が家を出発して弟を降ろし, 兄に出会う
② 兄が家を出て, 父に出会う

という2つの状況を考える。これら2つの時間は等しいため, 移動距離の比は, 速さの比と等しくなる。状況を整理すると,

	距離	速さ
①	$a + 2b$	毎分200m
②	a	毎分50m

となるから, 以下の比例式が成り立つ。

$(a + 2b) : a = 4 : 1$

∴ $a : b = 2 : 3$

同様に,
③ 父が弟を降ろし, 兄に出会い, 公園まで移動する
④ 弟が自転車を降り, 公園まで移動する

という2つの状況を考えると,

$(2b + c) : c = 5 : 1$

∴ $b:c = 2:1$

となり、これより $a:b:c = 4:6:3$ を得る。ここで、$a = 4k$ (m)、$b = 6k$ (m)、$c = 3k$ (m) とおく（k は正の定数）。

条件「分速200mで走る父」「25分後に公園に着いた」より、父は全部で $200 \times 25 = 5000$ (m) 移動しているが、これを式で表すと、$a + 3b + c = 5000$ となる。

よって、$4k + 18k + 3k = 5000$ より、$k = 200$ となり、$a = 800$m、$b = 1200$m、$c = 600$m と決まる。

以上より、家から公園までの距離は、2.6kmである。

よって、正解は肢2である。

正答 2

memo

第1章　数的推理

261

第1章 数的推理
SECTION 11 速さ

実践 問題 93 応用レベル

頻出度 地上★★★ 国家一般職★★ 東京都★ 特別区★★★
　　　 裁判所職員★★ 国税・財務・労基★★★ 国家総合職★★

問 次の図のような，1周1.9kmのサイクリングコースがある。このコースは，スタート地点から反時計回りに150m離れた場所で池に300m接している。今，スタート地点から，Aは時計回りに，Bは反時計回りに同時に出発したとき，池に接した部分でAとBが最初に出会うまでにかかる時間に最も近いのはどれか。ただし，サイクリングコースを1周するのに，Aは4分30秒，Bは5分かかるものとし，それぞれの速度は一定とする。
（特別区2004）

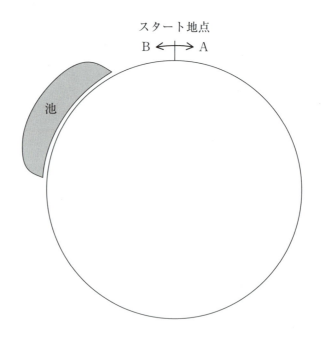

1 : 24分
2 : 26分
3 : 28分
4 : 30分
5 : 32分

OUTPUT

実践 問題 93 の解説

〈すれ違い〉

問題文の条件より，サイクリングコースを1周するのに，Aは4分30秒（＝270秒），Bは5分（＝300秒）かかる。このように2人の移動距離が同じ場合，速さの比は時間の逆比になることから，

　　Aの速さ：Bの速さ＝300：270
　　　　　　　　　　　＝10：9

となる。

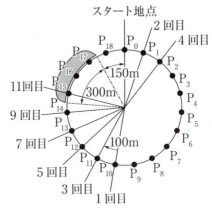

AとBが**出発してから最初に出会うまでにかかる時間は同じ**である。このように，2人の移動時間が同じ場合，移動距離の比は速さの比と一致することから，AとBは，**スタート地点（図のP₀地点）からみて，サイクリングコースを時計回りに10：9に分ける地点（図のP₁₀地点）で出会う**ことになる。

また，AとBが1回目に出会ってから2回目に出会うまでにかかる時間は同じであることから，AとBは，1回目に出会ったP₁₀地点からみて，サイクリングコースを時計回りに10：9に分ける地点（図のP₁地点）で出会うことになる。

同様に考えていくと，AとBは，3回目にP₁₁地点，4回目にP₂地点，5回目にP₁₂地点で出会うことになる。

ここで，サイクリングコース1周の距離は1.9km（1900m）であることから，図の各地点間の距離は，1900÷19＝100（m）である。そうすると，スタート地点から反時計回りに150m離れた場所からサイクリングコースに300m接している池は，図では，P₁₈とP₁₇の中間地点からP₁₅とP₁₄の中間地点まで接していることになる。したがって，AとBは，奇数回目に出会うごとに100mずつ池（P₁₅とP₁₄の中間地点）に近づいていることがわかる。

上記の規則性より，AとBは，5回目にP₁₂地点，7回目にP₁₃地点，9回目にP₁₄地点，11回目にP₁₅地点で出会うことから，池に接した部分でAとBが最初に出会うのは，11回目とわかる。

 ここで，AとBがスタートしてから最初に出会うまでにかかる時間は，
$$270 \times \frac{10}{19} = \frac{2700}{19} \quad (秒)$$
である。AとBがある地点で出会ってから次に出会うまでにかかる時間は毎回同じであることから，11回目に出会うまでにかかる時間は，
$$\frac{2700}{19} \times 11 = \frac{29700}{19} \quad (秒)$$
$$= \frac{495}{19} \quad (分)$$
$$= 26\frac{1}{19} \quad (分)$$
である。
 よって，正解は肢2である。

正答 2

memo

第1章 数的推理

265

SECTION 11 数的推理 速さ

実践 問題 94 応用レベル

頻出度	地上★★★	国家一般職★★	東京都★	特別区★★★
	裁判所職員★★	国税・財務・労基★★★	国家総合職★★★	

問 A，Bの2人が図のような一周200mの運動場のトラック上におり，Aの100m後方にBが位置している。この2人がトラック上をそれぞれ反時計回りの方向に同時に走り出した。2人が走る速さはそれぞれ一定で，Aは毎分125mの速さで，Bは毎分150mの速さであった。Aが何周か走ってスタート地点に到達して止まったとき，BはAより20m前方にいた。
考えられるAの周回数として最も少ないのはどれか。　　（国家一般職2013）

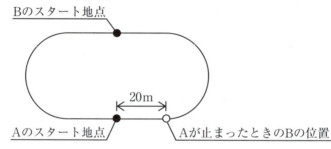

1：3周
2：5周
3：8周
4：10周
5：13周

OUTPUT

実践 問題 **94** の解説 ————————————————

〈速さ〉

Aは毎分125m，Bは毎分150mの速さであるから，それぞれの速さの比は，

　　Aの速さ：Bの速さ＝125：150＝5：6

となる。

　同じ時間走ったときに移動する距離の比は，速さの比と等しく，

　　Aの走る距離：Bの走る距離＝5：6

となる。

　したがって，Aがトラック1周（＝200m）走ったときにBの走る距離は，

　　200（m）：Bの走る距離＝5：6

　　　　5×Bの走る距離＝1200

　　　　　Bの走る距離＝240（m）

となる。これより，Aが1周するごとにBは40m余分に走っていることがわかる。

　以上より，問題の条件を満たす場合を考える。Aがトラックを何周かしてスタート地点に戻ってきた際に，スタート地点より20m先にBがいるから，BはAよりも，120m余分に走っていることになる。

　したがって，Bが120m余分に走ったときのAの周回数は，Aが1周するごとにBが40m余分に走ることを考えると，

$$\frac{120}{40} = 3 \text{（周）}$$

となる。

　よって，正解は肢1である。

正答 **1**

第1章 数的推理
SECTION 11 速さ

実践 問題 95 応用レベル

問 ある鉄道において，時速140kmの上りの特急列車は時速40kmの下りの普通列車と3分おきに出会った。このとき，時速80kmの上りの準急列車が下りの普通列車とすれ違い終わってから次の普通列車と出会うまでの時間として正しいのはどれか。

なお，上りの準急列車と下りの普通列車の長さはそれぞれ250mである。

(国税・労基2001)

1： 4分
2： 4分15秒
3： 4分30秒
4： 4分45秒
5： 5分

OUTPUT

実践 問題 **95** の解説

〈通過算〉

　まず，時速140kmの上りの特急列車が時速40kmの下りの普通列車と3分$\left(\dfrac{1}{20}\text{時間}\right)$おきに出会ったという条件から，先行の普通列車（図1のA）の先頭から後行の普通列車（図1のB）の先頭までの距離は，出会い算の公式より，

$$(140+40) \times \dfrac{3}{60} = 9 \text{ (km)}$$

である。

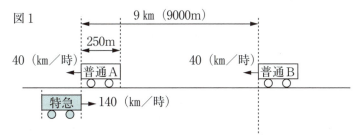

図1

　次に，準急列車の場合について考える。時速80kmの上りの準急列車が下りの先行の普通列車（図2のA）とすれ違い終わった時点の位置関係は，図2のようになる。

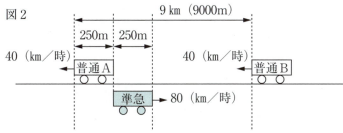

図2

　上図2より，準急列車の先頭から後行の普通列車（図2のB）の先頭までの距離は，
$$9000 - (250 + 250) = 8500 \text{(m)}$$
$$= 8.5 \text{(km)}$$

である。

したがって，準急列車が先行の普通列車とすれ違い終わってから後行の普通列車と出会うまでの時間は，出会い算の公式より，

$$8.5 \div (80 + 40) = \frac{17}{240} (時間)$$
$$= \frac{17}{240} \times 60 (分)$$
$$= 4\frac{1}{4} (分)$$
$$= 4分15秒$$

となる。
よって，正解は肢2である。

正答 2

memo

第 1 章　数的推理

271

SECTION 11 数的推理 速さ

実践 問題 96 応用レベル

問 静水での速度が同じ2隻の船があり，川の上流にあるA町と下流にあるB町の間を往復している。船は一定の速度で運航するが，川が上流から下流に向けて一定の速度で流れているため，B町からA町へ行くのに要する時間は，A町からB町へ行くのに要する時間の1.5倍になる。
いま，2隻の船が，それぞれA町，B町を同時に出発し，B町から12kmの地点ですれ違った。2隻の船はそれぞれA町，B町で同じ時間だけ停船してから，また出発した町に向けて復路運航を始めた。そして，A町を折り返した船は1時間，B町を折り返した船は2時間15分，それぞれ復路運航した後に，再び2隻はすれ違った。このとき，川の流れの速さはいくらであったか。

(国税・労基2011)

1：2km/h
2：3km/h
3：4km/h
4：5km/h
5：6km/h

OUTPUT

実践 問題96 の解説

〈速さ〉

下り，上りとも船が移動する距離は同じであるから，時間の比と速さの比は逆比となる。条件より，上りの時間は下りの1.5倍かかるから，その速さの比は，下り：上り＝3：2となる。

	下り	上り
時間	2	3
速さ	3	2

これを踏まえて問題文「2隻の船が，それぞれA町，B町を同時に出発し，B町から12kmの地点ですれ違った」を検討していく。

条件より，2隻の船が出発してからすれ違うまで移動した時間は等しいから，距離の比は速さの比と一致する。つまり，すれ違うまでの下りと上りの距離の比は，下り：上り＝3：2となる。上りの距離が12kmであるから，下りの距離は18kmとなる。

したがって，AB間の距離は18＋12＝30(km)とわかる。

次に，2隻の船が折り返してから再びすれ違うまでの状況を検討していく。条件より，

　　下りの船の移動距離＋上りの船の移動距離＝30km

という等式が成り立つ。ここで，下り，上りの速さをそれぞれ$3v$(km／h)，$2v$(km／h)とすると，次の方程式が成り立つ。

　　下りの船の移動距離＋上りの船の移動距離＝30km

$$\Rightarrow 3v \times 1 + 2v \times \frac{9}{4} = 30 \quad \left(2時間15分 = \frac{9}{4}時間\right)$$

$$\Rightarrow v = 4$$

したがって，下りの船の速さは$3v = 12$(km／h)，上りの船の速さは$2v = 8$(km／h)とわかる。

最後に，静水時の船の速さをx(km／h)，川の流れの速さをy(km／h)とおく。すると，下りの船の速さおよび上りの船の速さは次のようになる。

　　下りの船の速さ＝$x + y = 12$
　　上りの船の速さ＝$x - y = 8$

これを解くと，$y = 2$(km／h)が得られる。

よって，正解は肢1である。

正答 **1**

SECTION 11 数的推理 速さ

実践 問題 97 応用レベル

頻出度	地上★★★	国家一般職★★★	東京都★★★	特別区★★★
	裁判所職員★★	国税・財務・労基★★★		国家総合職★★

問 P地点からQ地点へ一定の速度で向かう1本の動く歩道がある。Aがこの動く歩道をP地点から歩きながら進むとちょうど15歩でQ地点に着き，Bが同じ歩道をP地点からAが歩く速さの2倍の速さで歩きながら進むとちょうど25歩でQ地点に着いた。動く歩道が停止しているとき，AがP地点からQ地点までこの歩道を歩くときの歩数として，正しいのはどれか。ただし，A，Bの歩幅は同じものとする。

(東京都2002)

1：55歩
2：60歩
3：65歩
4：70歩
5：75歩

OUTPUT

実践 問題 **97** の解説 ——————————

チェック欄		
1回目	2回目	3回目

〈歩数算〉

　AとBの歩幅が等しいため，動く歩道が止まっているとき，PQ間をAとBは同じ歩数で進むことになる。そこで，動く歩道が停止しているときのPQ間を進むのに要した歩数をx（歩）とする。

　まず，2人の移動距離を歩数で表すことにして，

　　　自分で歩いた道のり（歩）＋動く歩道によって移動できた道のり（歩）　……①

を考える。ここで，自分で歩いた道のりとは，動く歩道を用いないで移動できた道のりのことで，歩数を用いて表すことにする。

　まず，①を利用して，動く歩道を利用したときのAの15歩について考える。Aは，動く歩道を用いないで進んだ15歩と，動く歩道によって残り$(x-15)$歩の道のりを移動したと考えることができる。

　Bも同様に，動く歩道を利用しないで進んだ25歩と，動く歩道によって残り$(x-25)$歩の道のりを移動したと考えることができる。また，動く歩道を歩行中について，**自分で歩いた道のりを進む移動時間と，動く歩道により移動できた道のりを進む移動時間は等しい。**

	自分で歩いた道のり	動く歩道により移動できた道のり	移動時間
A	15歩	$x-15$歩	T_a
B	25歩	$x-25$歩	T_b

　次に，自分で歩いた道のりから，2人の移動時間に関する比を考える。歩数＝ピッチ×移動時間と，BのピッチはAの2倍であることを用いて，自分で歩いた道のりAが15歩とBが25歩移動するときの移動時間の比を求めると，

$$T_a : T_b = \frac{15}{1} : \frac{25}{2} = 6 : 5$$

となる。また，動く歩道の速さは一定であるから，この比と，動く歩道によりAとBが移動できた道のりの比は等しく，

　　　$x-15 : x-25 = 6 : 5$　……②

を満たす。

　以上より，②の方程式を解くと，$x=75$と求まり，2人の歩数にしてPQは75歩の道のりとなる。

　よって，正解は肢5である。

【コメント】

　　　速さ＝ピッチ×歩幅

となるため，2人の歩幅が等しければ速さはピッチと比例関係にある。

正答 **5**

第1章 数的推理
SECTION 11 速さ

実践 問題 98 応用レベル

頻出度 地上★★　国家一般職★★　東京都★★　特別区★★
　　　　裁判所職員★★　国税・財務・労基★★　国家総合職★

問 二つの振り子Ａ，Ｂについて，ある一定時間Ｔ〔秒〕の間に何回往復するか調べたところ，Ａは99回，Ｂは102回往復した。また，それぞれの振り子が10回往復するのに要する時間を調べたところ，その時間には0.30秒の差があった。Ｔはいくらか。

ただし，振り子が往復する時間は一定であるとする。

（国税・財務・労基2012）

1 ： 99.00秒
2 ： 99.51秒
3 ：100.00秒
4 ：100.49秒
5 ：100.98秒

OUTPUT

チェック欄		
1回目	2回目	3回目

実践 問題 **98** の解説 ────────────

〈速さ〉

第1章 数的推理

状況をわかりやすく説明するために，10回，99回，102回往復するための振り子A とBのそれぞれの所要時間とその差について表でまとめることにする。まず，表に わかる条件を埋めていく。

往復回数	Aの所要時間	Bの所要時間	所要時間の差
10回			0.3秒
99回	T秒		
102回		T秒	

まず，往復回数と2つの振り子の所要時間の差を考える。2つの振り子の速さが それぞれ一定であるから，往復回数と所要時間の差は比例関係となることから，往 復回数99回のときの所要時間の差について比例式を立てると，

$10 : 99 = 0.3 : $ 往復回数99回の所要時間の差

が成り立つ。よって，その差は，

$0.3 \times 99 \div 10 = 2.97$（秒）

となる。同様に，往復回数が102回のときの所要時間の差は，

$0.3 \times 102 \div 10 = 3.06$（秒）

となる。この結果を上の表に書くと次のようになる。Bのほうが所要時間は短い。

往復回数	Aの所要時間	Bの所要時間	所要時間の差
10回			0.3秒
99回	T秒	T−2.97秒	2.97秒
102回	T＋3.06秒	T秒	3.06秒

最後に，Aの振り子について考える。Aの速さは一定であるから，Aの往復回数 と所要時間が比例関係になっていることから，往復回数が99回と102回の場合で比 例式を立てると，

$99 : 102 = T : T + 3.06$

$\Rightarrow T : T + 3.06 = 33 : 34$

を満たす。上の式を解くと，

$34T = 33(T + 3.06)$

となって，$T = 33 \times 3.06 = 100.98$（秒）となる。

よって，正解は肢5である。

LEC東京リーガルマインド　　2024-2025年合格目標 公務員試験 本気で合格！過去問解きまくり！ 277
①数的推理・資料解釈

速さ

【別解】

振り子Aおよび振り子Bが1往復するのにかかる時間をそれぞれT_a(秒),T_b(秒)とおくと,

$$T_a = \frac{T}{99} \quad \cdots\cdots ①$$

$$T_b = \frac{T}{102} \quad \cdots\cdots ②$$

となる。問題文の条件より,それぞれの振り子が10回往復するのに要する時間には0.30秒の差があり,$T_a > T_b$であるから,

$$10T_a - 10T_b = 0.30 \quad \cdots\cdots ③$$

③に,①と②を代入して計算すると次のようになる。

$$10T_a - 10T_b = 0.30$$

$$10 \times \frac{T}{99} - 10 \times \frac{T}{102} = 0.30$$

$$\frac{10T}{3 \times 33} - \frac{10T}{3 \times 34} = 0.30$$

99と102の最小公倍数は$3 \times 33 \times 34 = 3366$であるから,これを両辺にかけると,

$$340T - 330T = 3366 \times 0.30$$

$$10T = 1009.8$$

$$T = 100.98 \text{(秒)}$$

となる。

正答 5

memo

第1章　数的推理

279

数的推理
覆面算・魔方陣

必修問題 セクションテーマを代表する問題に挑戦！

ここでは穴埋め問題の覆面算，魔方陣について学習していきます。

問 次の各アルファベットは 0 〜 7 のいずれかの数字を表しており，同じ文字は同じ数字である。L が 7 を表すとき，A が表す数字はいくらか。
(東京都2000)

```
  K O A L A
+   L I O N
  P A N D A
```

1 : 2
2 : 3
3 : 4
4 : 5
5 : 6

直前復習

Guidance ガイダンス 筆算の過程を埋めていく問題には覆面算，虫食い算がある。このタイプの問題には明確な解法パターンはなく，数の性質を用いて推理していくことになる。また，適当に数を当てはめてみて試行錯誤していく場合もある。
一方，魔方陣には一定の解法パターンがあるため，まずはそれを覚えるところから始めよう。また，3×3 の魔方陣は基本的に 1 パターンしかない（対称なものを除く）ため，覚えてしまうのもよいだろう。

頻出度	地上★　　　国家一般職★　　　東京都★　　　特別区★
	裁判所職員★　　国税・財務・労基★　　国家総合職★

必修問題の解説

チェック欄		
1回目	2回目	3回目

〈覆面算〉

第1章　数的推理

　まず，一の位に着目すると，A＋N＝Aであるから，N＝0であることがわかる。また，繰り上がりはない。

　次に，十の位と千の位に着目すると，どちらもL＋Oでありながら，10の位はD，千の位はAとなっている。どちらかで下の桁から繰り上がりがあるためと考えられるが，一の位は繰り上がりのないことがわかっているから，繰り上がっているのは百の位であり，また，これらよりAはDより1大きいことがわかる。

　ここまでで，Aは0または1でないことがわかるから，残る2～6の場合について，数字を当てはめてみる。

(1)　**A＝2のとき**

　　N＝0，D＝1，L＝7に着目すると，十の位の計算よりO＝4，百の位の計算ではI＝7となってしまうが，L＝7であるから，これは題意を満たさず，不適である。

(2)　**A＝3のとき**

　　D＝2より同様にして，O＝5，I＝6を得る。ここまでで右のようになるが，0～7の数で当てはまるK，Pがないため，これも不適である。

```
  K 5 3 7 3
+     7 6 5 0
-------------
  P 3 0 2 3
```

(3)　**A＝4のとき**

　　D＝3より同様にして，O＝6，I＝5を得る。このときK＝1，P＝2とすると題意を満たす。得られた計算結果は右のとおり。

```
  1 6 4 7 4
+     7 5 6 0
-------------
  2 4 0 3 4
```

(4)　**A＝5のとき**

　　D＝4より，O＝7を得るが，L＝7であるから不適である。

(5)　**A＝6のとき**

　　D＝5より，O＝8を得るが，O＜7であるから不適である。

　以上，(1)～(5)より，A＝4となる。

　よって，正解は肢3である。

正答　3

SECTION ⑫ 数的推理
第1章 覆面算・魔方陣

1 覆面算

覆面算とは，計算式の数字をアルファベットなどで置き換え，同じ文字は同じ数字を，異なる文字は異なる数字を表すようにしたものである。

一方，虫食い算とは，計算式の一部が虫に食われたように判読不能となっており，その部分は□などで表されている。

覆面算・虫食い算の一般的解法は次のとおりである。

① 手がかりの多い桁や文字から考える。覆面算の場合には，より多く登場している文字に着目するとよい。

② **繰り上がり，繰り下がりに注意する。**

③ 最上位の桁に注意する。最上位の桁には0は入らず，数字が限定されることが多い。

④ **桁数に注意する。**

⑤ 整数の性質(倍数，偶数・奇数)に着目する。

また，覆面算・虫食い算の問題は，場合分けをするなど判断推理の要素を多分に含む。判断推理の問題と同様に，**適当に当てはめて試行錯誤しながら進めていくことも1つの手段である。**

(例) 右の筆算の空欄部分を埋め，A〜Eの値を求めよ。

```
        4  6  A  1
   ×          B  C
      □  D  7  □
  □  E  6  8  □
  □  9  □  □  □  □
```

(解説)

まず，$4\,6\,A\,1 \times C$の計算を考える。

$C \times 1 = C$より，一の位から十の位への繰り上がりは起こらない。

したがって，$C \times A$の下1桁は7であるから，2数の積は奇数である。2数の積が奇数となるには，2数とも奇数でなければならないため，CもAも奇数である。

また，$4\,6\,A\,1 \times C$の計算は4桁になることから，Cは1か2のいずれかであるが，Cは奇数であるから，$C=1$である。このとき，$A=7$となる。

次に，$4\,6\,7\,1 \times B$の計算を考える。$B \times 1 = B$より，ここでは繰り上がりは起こらない。

したがって，$B \times 7$の下1桁は8であるから，$B=4$と決まる。

ここまでで，$A=7$，$B=4$，$C=1$と決まり，実際に計算すると，$D=6$，$E=8$とわかる。

```
        4  6  7  1
   ×          4  1
        4  6  7  1
  1  8  6  8  4
  1  9  1  5  1  1
```

INPUT

2 魔方陣

　魔方陣とは，3×3，4×4，5×5などの正方形のマス目の中に1つずつ異なる数字を入れ，縦，横，対角線の数字の和がすべて等しくなるようにしたものである。公務員試験では，単に，一定の条件の数字の和が一定になる問題を魔方陣と呼ぶこともある。
　次の例題を用いて，解法手順を確認していく。

(例) 1～16の数を図のようにマス目の中に入れ，縦，横，斜めのどの4個の数の和も等しくするとき，A，Bに入る数はいくつか。

13		12	1
2		7	
3		A	
	5	B	4

(解説)
① $n×n$の魔方陣では，1列の和を求めることからスタートするのが定石である。
　1～16までの連続した整数を魔方陣に入れる場合，全体の数字の和は，

$$1+2+3+\cdots\cdots+16=\frac{1}{2}×16×(16+1)=136$$

である。**横の列は4列あり，その和はすべて等しいから，各列の数の和は，136÷4＝34**となる。
　つまり，各列の和は，「全マスの数の合計を求める→合計を列数で割る」という手順で求めることになる。

② 1列の和が求められたら，魔方陣の空白のマス目を順次求めていく。各列の和から求められないときは，方程式を立てて求めることになる。方程式を立てる場合には，やみくもに立てるのではなく，式の組合せを工夫するとよい。

13		12	1
2		7	
3		A	
	5	B	4

13	8	12	1
2		7	
3		A	
16	5	B	4

$34-(13+12+1)=8$
$34-(13+2+3)=16$

13	8	12	1
2		7	
3		A	
16	5	9	4

$B=34-(16+5+4)=9$

⇨

13	8	12	1
2		7	
3		6	
16	5	9	4

$A=34-(12+7+9)=6$

これより，(A，B)＝(6，9)となる。

第1章 SECTION 12 数的推理
覆面算・魔方陣

実践 問題 99 基本レベル

頻出度 地上★★　国家一般職★　東京都★　特別区★
　　　　裁判所職員★　国税・財務・労基★　国家総合職★

問　下の計算式において，A〜Eには，それぞれ1〜9のいずれか1つの数字が入る。この計算式が成立するとき，A，B，Cに入る3つの数字の和として，正しいのはどれか。ただし，A，B，Cに入るのはそれぞれ異なる数字である。

$$\frac{\boxed{D}\,7\,7\,\boxed{E}}{\boxed{A}\,\boxed{B}\,\boxed{C}} = 77$$

（東京都2010）

1 : 8
2 : 9
3 : 10
4 : 11
5 : 12

OUTPUT

実践 ▶ 問題 **99** の解説 ————————————

〈覆面算〉

第1章 数的推理

問題文および式からわかる条件は次のとおりである。

D77E÷77の商が3桁で余り0より，D77Eは7700以上の自然数である。 ……①

①より，D＝7，8，9のいずれかが考えられる。さらに，D77Eは，

$$D \times 1000 + 770 + E = (1000D + E) + 77 \times 10$$

であるから，1000D＋Eが77の倍数であれば，D77Eは77で割り切ることができる。

(1) D＝7のとき

700Eが7で割り切れるためには，E＝7でなくてはならない。また，7007＝11×637より，7007は11で割り切れる。しかし，D77E＝7777であるが，7777÷77＝101より問題の条件に合わず，不適である。

(2) D＝8のとき

<u>800Eが7で割り切れるためには，E＝1あるいは8でなくてはならない。</u>また，8001は11で割り切ることはできないが，8008＝11×728であるから，8008は11で割り切れる。しかし，D77E＝8778であるが，8778÷77＝114より問題の条件に合わない。

(3) D＝9のとき

900Eが7で割り切れるためには，E＝2あるいは9でなくてはならない。また，9002は11で割り切ることはできないが，9009＝11×819であるから，9009は11で割り切れる。このとき，D77E＝9779で，9779÷77＝127より問題の条件に合う。

以上より，問題の条件に合うのは(3)のみで，A＝1，B＝2，C＝7，D＝E＝9と求めることができて，

$$A + B + C = 10$$

である。

よって，正解は肢3である。

```
      1 1 4 ?
  7 ) 8 0 0 E
      7
      1 0
        7
        3 0
        2 8
          2 E
```

【コメント】

下線部の800Eが7で割り切れるための条件を求めるには，実際に割り算をすればよい。一の位は不明だが，残りの位の数字は具体的にわかっているので，右の図のように，商にEを含まない形で計算ができる。この場合，E＝1あるいは8とわかる。

正答 3

LEC東京リーガルマインド 2024-2025年合格目標 公務員試験 本気で合格！過去問解きまくり！ 285
①数的推理・資料解釈

SECTION 12 覆面算・魔方陣

数的推理

実践 問題 100 基本レベル

[問] 以下の各アルファベットには,それぞれ0～9のいずれかの整数が対応し,次の5桁の数からなる計算式を満たす。ただし,異なるアルファベットには異なる整数が対応し,同じアルファベットには同じ整数が対応するものとする。

$$
\begin{array}{r}
\text{KYOTO} \\
+\ \text{OSAKA} \\
\hline
\text{TOKYO}
\end{array}
$$

このとき,次のアルファベットの関係式のうち正しいのはどれか。

(国Ⅰ 2008)

1 : S = Y + 1
2 : S = Y + 2
3 : S = Y + 3
4 : S = Y + 4
5 : S = Y + 5

OUTPUT

実践 問題 **100** の解説

〈覆面算〉

まず，一の位に着目すると，O＋A＝Oより，Aを足した結果が足す前と変わっていないので，A＝0とわかる。そして，百の位に着目すると，A＝0であり，O≠Kである。そのため，繰り上がったとわかり，

$$K = O + 1 \quad \cdots\cdots①$$

を満たす。さらに，百の位に1が繰り上がることから，

$$T + K = 10 + Y \quad \cdots\cdots②$$

を満たす。このとき，Y＜T，Y＜Kである。

次に，万の位に着目をすると，千の位からの繰り上がりがある可能性も考えると，

(1) $K + O = T$

(2) $K + O + 1 = T$

のいずれかを満たす。(1)および(2)について条件を満たすようなアルファベットと整数の関係を探す。

(1) K＋O＝Tのとき

このとき①より，T＝2O＋1で1桁の整数であるから，考えられるのはO＝1，2，3，4の4通りである。

O＝1，2のときはK＋Tが10を下回るため不適であり，O＝4のときはK＝5，T＝9から②よりY＝4になりY＝Oで不適である。

O＝3，K＝4，T＝7，Y＝1なら，千の位から，S＝2とすれば，すべてのアルファベットに異なる1桁の整数値を対応させることができる。

(2) K＋O＋1＝Tのとき

①からT＝2O＋2であり，考えられるOの値は1，2，3のいずれかである。Oが1，2のとき，K＋Tは10以上にはならず，不適である。O＝3のとき，K＝4，T＝8，Y＝2となるが，千の位で，

$$1 + S = 13$$

となる1桁の数Sは存在しない。

以上より，(1)のみ条件を満たすアルファベットと整数の対応があって，S＝2，Y＝1より，「S＝Y＋1」の関係にあることがわかる。

よって，正解は肢1である。

正答 1

覆面算・魔方陣

実践 問題 101 基本レベル

頻出度 地上★★　国家一般職★　東京都★　特別区★
　　　 裁判所職員★　国税・財務・労基★　国家総合職★★

問 下の図のA～Iに，1～9の異なった整数を一つずつ入れ，A～Iを頂点とする六つの正方形において，頂点に入る数の和がいずれも20となるようにする。Aに3が入るとき，2が入る場所を全て挙げているものとして，妥当なのはどれか。

（東京都2021）

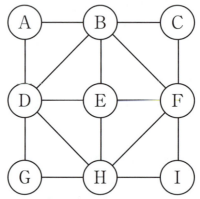

1：B，F，H
2：C，G
3：C，G，I
4：F，H
5：G，I

OUTPUT

実践 問題 **101** の解説

〈魔方陣〉

A～Iに入る数値をa～iとおく。

まず，1～9のすべての自然数の和は45であることを用いて，

$$a + b + c + d + e + f + g + h + i = 45$$

と式を立てる。上の式を，

$$(a + c + g + i) + (b + d + f + h) + e = 45$$

と変形すると，$(a + c + g + i) = (b + d + f + h) = 20$であるから，

$$e = 5$$

とわかる。正方形ABEDに着目すると，$a + b + d + e = 20$であるから，

$$b + d = 12 \quad \cdots\cdots①$$

を，さらに四角形BDHFに着目して，$b + d + h + f = 20$であるから，

$$h + f = 8 \quad \cdots\cdots②$$

を導くことができる。

ここで，正方形EHIFに着目をすると，②と$e = 5$を用いて，

$$e + f + h + i = 20$$
$$5 + i + 8 = 20$$

となるため，$i = 7$とわかる。

a以外ではeとi以外の文字を特定することができないが，3，5，7を除く1～9の6つの自然数から②の，

$$f + h = 8$$

となるfとhの自然数の組合せは，

$$(f, h) = (2, 6), (6, 2) \quad \cdots\cdots③$$

のいずれかになる。また，①の，

$$b + d = 12$$

となるbとdの組合せは，2，3，5，6，7以外の自然数では，

$$(b, d) = (4, 8), (8, 4) \quad \cdots\cdots④$$

が考えられる。したがって，残りのcとgについては，

$$(c, g) = (1, 9), (9, 1)$$

の2通り考えることができる。cとgの値について場合分けを行い，条件を整理していく。

(1) $(c, g) = (1, 9)$のとき

すべての条件を満たすように，③と④からb，d，f，およびhを決めると，

LEC東京リーガルマインド 2024-2025年合格目標 公務員試験 本気で合格！過去問解きまくり！ 289
①数的推理・資料解釈

$b = 8$, $d = 4$, $f = 6$, $h = 2$

と決まる(図1)。

(2) $(c, g) = (9, 1)$のとき

すべての条件を満たすように、③と④からb, d, f, およびhを決めると,
$b = 4$, $d = 8$, $f = 2$, $h = 6$

と決まる(図2)。

以上より、2が入る場所をすべて挙げているのはFとHの2箇所である。
よって、正解は肢4である。

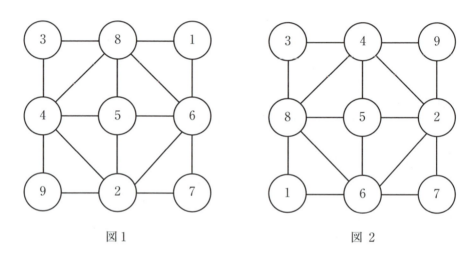

図1   図2

正答 4

memo

第1章 数的推理

291

第1章 SECTION 12 数的推理
覆面算・魔方陣

実践　問題 102　基本レベル

問　下の図のように，縦，横，斜めのいずれの四つの数字の和も同じになるようにした方陣がある。Xに入る数字として，正しいのはどれか。　（東京都2018）

	15	18	
22	A	B	13
21	C	D	X
	17	10	

1 ： 1
2 ： 2
3 ： 3
4 ： 4
5 ： 5

OUTPUT

実践 問題 102 の解説

〈魔方陣〉

魔方陣の四隅の空欄について、左上を a、右上を b、左下を c、右下を d とおく(下図)。

a	15	18	b
22	A	B	13
21	C	D	X
c	17	10	d

縦, 横, 斜めのラインの和の値をSとすると、
 S = a + 15 + 18 + b = a + b + 33 ……①
 S = a + 22 + 21 + c = a + c + 43 ……②
 S = c + 17 + 10 + d = c + d + 27 ……③
 S = b + 13 + X + d = b + d + 13 + X ……④
と表すことができる。
 ①－②＋③－④より、
 S － S ＋ S － S ＝ (a+b+33) －(a+c+43) ＋(c+d+27) －(b+d+13+X)
      0 ＝ 4 － X   ⇒   X ＝ 4
となる。
 よって、正解は肢4である。

【別解】

 4×4の魔方陣の性質として次のようなものがある。
 『Pエリアの4つのマス、Qエリアの4つのマス、真ん中のA〜Dの4つのマス、四隅の4つのマス、これら4エリア内の4マスの数の和は、すべて等しい値になる。』

	15	18	
22	A	B	13
21	C	D	X
	17	10	

Pエリア
Qエリア

 これを利用すると、PエリアおよびQエリアの4つの数の和はそれぞれ、
 Pエリア：21 ＋ 22 ＋ 13 ＋ X ＝ 56 ＋ X
 Qエリア：15 ＋ 18 ＋ 17 ＋ 10 ＝ 60
となるから、
 56 ＋ X ＝ 60 ⇒ X ＝ 4
と解くことができる。

正答 4

数的推理
文章題

第1章 13 SECTION

必修問題 セクションテーマを代表する問題に挑戦！

ここではその他の文章題について学習していきます。パターンごとの公式，解法を覚えましょう。

問 絶えず水が一定量流れ込む水槽がある。あるポンプを1つ利用して排水したとき，満水の水槽の水を空にするのに10分かかった。また，同じ性能のポンプを2つ使用して満水の水槽を空にするのに4分かかった。空の水槽をポンプで排水することなく，流れ込む水により満水にするとき，何分かかるか。ただし，ポンプは常に一定量の水を排出するものとする。 (地上2022)

1：12分
2：14分
3：16分
4：18分
5：20分

直前復習

Guidance ガイダンス 仕事算，ニュートン算などその他の文章題の中にも有名な解法，公式が存在する問題は多い。何度もいうが，丸暗記するのではなく，実際に使い，書きながら覚えていこう。
問題によっては，方程式を立てるより，比の性質を使って解いたほうが速い問題もある。パターン化されている問題もあるので覚えてしまおう。

必修問題の解説

〈ニュートン算〉

水槽の容積を a (L),流れ込む水の量を b (L／分),1台のポンプの排水量を c (L／分)とする。

まず,1台のポンプでは,10分で満水の水槽を空にできることから,

$a + 10b = 10c$ ……①

が成り立つ。同様に,2台のポンプでは4分で満水の水槽を空にできるため,

$a + 4b = 4 \times 2c$
$a + 4b = 8c$ ……②

が成り立つ。①－②より,

$6b = 2c$
$c = 3b$ ……③

が成り立つ。③を①に代入すると,

$a + 10b = 30b$
$a = 20b$ ……④

となる。

最後に,空の水槽に流れ込む水だけで満水にする時間を T(分)とすると,

$a = b\mathrm{T}$

が成り立ち,④よりTを求めると,

$\mathrm{T} = a \div b = 20$(分)

である。

よって,正解は肢5である。

正答 5

仕事算の全仕事量の考え方は複数ある。ニュートン算は,仕事算の応用であるが,立式の仕方から異なる単元と考えてよい。

第1章 SECTION 13 数的推理
文章題

1 仕事算

　仕事算とは，一定の期間に仕事をする速さや，仕事量について求める問題である。ほとんどの問題では，具体的な仕事量について書いていないため，具体的な仕事量について考えることはできない。そこで，仕事算の問題では仕事量を割合で表すことが多い。全体の仕事量は，100%という意味で1と表すことが多い。
　仕事量に関する関係式は次のとおりである。

　　仕事の所要時間＝全体の仕事量(1)÷単位時間あたりの仕事量

2 ニュートン算

　ある量について，一定のペースで減少しているのと同時に，増加もしている状況を考える問題をニュートン算という。
　ニュートン算では，もとの量(a)，増加する量(b)，減少する量(c)，時間(t)に着目して方程式を立てることになる。変化の途中を考えるとわかりづらいため，最終的な結果を考えていく。たとえば，水槽から水を抜く問題では，水槽に入る量と水槽から出て行く量が最終的には同量である，と考えればよい。

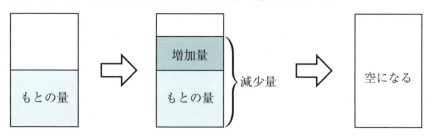

　図から，もとの量＋増加量＝減少量が成り立つ。これを次のように変形する。
　　もとの量＋単位時間あたりの増加量×時間＝単位時間あたりの減少量×時間
　　$a + bt = ct$

　なお，ニュートン算では排出口が複数あることもあるため，減少量はそのことも考慮して式を立てなくてはならない。

3 平均算

　平均に関する問題では，全体の平均や一部の平均などから，個々の数量を求めるような問題が出題される。
　平均に関する公式は，次のようになる。

　① 　平均＝$\dfrac{数量の総和}{全体の個数}$

② 数量の総和＝平均×全体の個数

③ 全体の個数＝$\dfrac{数量の総和}{平均}$

平均算の問題を方程式で解くときには，これらの公式を利用する。

4 集合算

集合算の問題では，基本的にはベン図やキャロル図を用いて条件を整理する。

(例) ある都市でＡ，Ｂ，Ｃ３紙の新聞の購読世帯数について調査を行ったところ，次のような結果が出た。

調査世帯数	……200世帯
Ａ紙を購読している世帯数	…… 80世帯
Ｂ紙だけを購読している世帯数	…… 33世帯
Ｃ紙を購読している世帯数	…… 70世帯
ＡとＣ紙だけを購読している世帯数	…… 10世帯
いずれも購読していない世帯数	…… 39世帯

以上のことから判断して，Ａ紙，Ｂ紙，Ｃ紙を３紙とも購読しているのは何世帯か。

(解説)

条件を次のようなベン図に整理する。

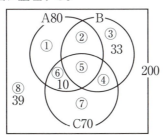

「Ｃ紙を購読している世帯数70世帯」より，Ｃ紙を購読していない世帯(上図①，②，③，⑧の領域)は200－70＝130世帯である。

するとベン図より，①＋②＋③＋⑧＝130　⇒　①＋②＝130－(33＋39)＝58(世帯)となる。

最後に，「Ａ紙を購読している世帯数80世帯」に注目する。ベン図の①，②，⑤，⑥の領域がそれにあたる。

これより，①＋②＋⑤＋⑥＝80　⇒　⑤＝80－(①＋②＋⑥)＝12(世帯)となる。

第1章 SECTION 13 数的推理 文章題

実践 問題103 基本レベル

頻出度	地上★★★	国家一般職★★★	東京都★★★	特別区★★★
	裁判所職員★★	国税・財務・労基★★★	国家総合職★★	

問 A，Bの2人では25分，B，Cの2人では30分で仕上がる仕事がある。この仕事をA，B，Cの3人で10分作業をした後，Bだけが22分作業をして仕上がった。この仕事をBが1人で仕上げるのに要する時間はどれか。（特別区2018）

1：44分
2：45分
3：46分
4：47分
5：48分

OUTPUT

チェック欄		
1回目	2回目	3回目

実践 問題 **103** の解説

〈仕事算〉

A，B，Cが1分間に行うことができる仕事の量をそれぞれa，b，cとする。全体の仕事量を，AとBの2人での仕事時間である25分と，BとCの2人での仕事時間である30分の最小公倍数である150とする。

まず，AとBが2人で仕事をすると25分かかるため，

$a + b = 150 \div 25 = 6$　……①

次に，BとCが2人で仕事をすると30分かかるため，

$b + c = 150 \div 30 = 5$　……②

となり，AとCが10分，Bが32分して仕上がったとき，

$10a + 32b + 10c = 150$　……③

を満たす。③を①と②の形で表せるように変形し，bを求めると，

$10(a + b) + 10(b + c) + 12b = 150$

$\Rightarrow 10 \times 6 + 10 \times 5 + 12b = 150$

$\Rightarrow 12b = 40$

$\Rightarrow b = \dfrac{10}{3}$

と求めることができる。以上より，Bが1人で仕上げるのに要する時間は，

$150 \div \dfrac{10}{3} = 150 \times \dfrac{3}{10} = 45（分）$

である。

よって，正解は肢2である。

正答 2

第1章 数的推理

LEC東京リーガルマインド　2024-2025年合格目標 公務員試験 本気で合格！過去問解きまくり！
①数的推理・資料解釈　299

第1章 SECTION 13 数的推理 文章題

実践 問題104 基本レベル

頻出度 地上★★★ 国家一般職★★★ 東京都★★★ 特別区★★★
裁判所職員★★ 国税・財務・労基★★★ 国家総合職★★

問 A～Dの4人がある作業をA，B，C，D，A，B…の順に10分交代で1人ずつ行ったところ，2巡目の最後にDが4分作業を行ったところで作業が全て終了した。
同じ作業を，B，C，D，A，B，C…の順に10分交代で1人ずつ行ったところ，Aから作業を始めたときに比べ，5分短い時間で作業が全て終了した。
同様に，C，D，A，B，C，D…の順に10分交代で1人ずつ行ったところ，Aから作業を始めたときに比べ，3分長い時間で作業が全て終了した。
この作業をCだけで行ったところ，Aから作業を始めたときに比べ，10分長い時間で作業が全て終了した。
このとき，AとDが同時にこの作業を行うと，作業が全て終了するのに要する時間はいくらか。なお，4人の時間当たり作業量はそれぞれ常に一定である。

（国家一般職2014）

1：44分
2：48分
3：52分
4：56分
5：60分

OUTPUT

実践 問題 **104** の解説 ―――――――――――――――

〈仕事算〉

A，B，C，Dの4人が1分あたりに行う作業量を，それぞれ a，b，c，d とする。

Aから作業を始めたときは，A，B，Cは $10 \times 2 = 20$ 分ずつ作業を行い，Dは $10 + 4 = 14$ 分作業を行っているから，全部で $20 \times 3 + 14 = 74$ 分作業を行い，その作業量は，

$$20a + 20b + 20c + 14d \quad \cdots\cdots ①$$

となる。Bから作業を始めたときは，$74 - 5 = 69$ 分で作業が終了しているから，2巡目のDが9分作業を行ったところで終了した。したがって，B，Cは $10 \times 2 = 20$ 分ずつ作業を行い，Dは $10 + 9 = 19$ 分，Aは10分作業を行っているから，その作業量は，

$$10a + 20b + 20c + 19d \quad \cdots\cdots ②$$

となる。Cから作業を始めたときは，$74 + 3 = 77$ 分で作業が終了しているから，2巡目のBが7分作業を行ったところで終了した。したがって，C，D，Aは $10 \times 2 = 20$ 分ずつ作業を行い，Bは $10 + 7 = 17$ 分作業を行っているから，その作業量は，

$$20a + 17b + 20c + 20d \quad \cdots\cdots ③$$

となる。この作業をCだけで行ったときは，$74 + 10 = 84$ 分で作業が終了しているから，その作業量は，

$$84c \quad \cdots\cdots ④$$

となる。①～④はすべて同じ作業量であるから，①＝②より，

$$20a + 20b + 20c + 14d = 10a + 20b + 20c + 19d \quad \Rightarrow \quad 10a = 5d$$
$$\therefore \quad 2a = d \quad \cdots\cdots ⑤$$

また，①＝③より，

$$20a + 20b + 20c + 14d = 20a + 17b + 20c + 20d \quad \Rightarrow \quad 3b = 6d$$
$$\therefore \quad b = 2d \quad \cdots\cdots ⑥$$

①＝④に，⑤，⑥を代入して，

$$20a + 20b + 20c + 14d = 84c \quad \Rightarrow \quad 20a + 20b + 14d = 64c$$
$$\Rightarrow \quad 10d + 40d + 14d = 64c$$
$$\therefore \quad d = c \quad \cdots\cdots ⑦$$

⑤～⑦より，

$$a : b : c : d = \frac{1}{2}d : 2d : d : d = 1 : 4 : 2 : 2$$

となるから，$a = w$，$b = 4w$，$c = d = 2w$ とおくことができる。このとき，AとDが同時に作業した場合の1分あたりの作業量は $a + d = w + 2w = 3w$ であり，全体の作業量は $84c = 168w$ であるから，作業がすべて終了するのに要する時間は，$168w \div 3w = 56$（分）である。

よって，正解は肢4である。

正答 4

2024-2025年合格目標 公務員試験 本気で合格！過去問解きまくり！ 301
①数的推理・資料解釈

第1章 SECTION 13 数的推理 文章題

実践 問題 105 基本レベル

頻出度 地上★★★ 国家一般職★★★ 東京都★★★ 特別区★★★
裁判所職員★★ 国税・財務・労基★★★ 国家総合職★★

問 Aは自宅が古くなったので，B及びCの2人を雇ってリフォームを行った。B及びCに支払う1日当たりの賃金はそれぞれ3万円と2万円で，2人に支払った賃金の合計は160万円になった。また，この仕事をBが1人ですべて行うと50日かかり，Cが1人ですべて行うと100日かかるという。この場合，Bの作業日数はCのそれの何倍であったか。　　　　　　　　　（国Ⅱ2004）

1 ： $\frac{3}{4}$ 倍

2 ： 1 倍

3 ： $\frac{4}{3}$ 倍

4 ： $\frac{3}{2}$ 倍

5 ： 2 倍

OUTPUT

実践 問題 **105** の解説 ─────────

チェック欄		
1回目	2回目	3回目

〈仕事算〉

　まず，BとCの作業日数をそれぞれ x 日，y 日とおく。BおよびCに1日あたり支払う賃金はそれぞれ3万円と2万円であり，2人に支払った賃金の合計は160万円であることから，次式が得られる。

$$3x + 2y = 160 \quad \cdots\cdots①$$

　また，全体の仕事量を1とすると，B，Cが1日あたりにする仕事の割合はそれぞれ $\dfrac{1}{50}$，$\dfrac{1}{100}$ だから，

$$\frac{x}{50} + \frac{y}{100} = 1 \quad \Rightarrow \quad 2x + y = 100 \quad \cdots\cdots②$$

となる。①，②式を連立して解くと，x 日，y 日の値は $x = 40$（日），$y = 20$（日）と求まる。したがって，Bの作業日数 x とCの作業日数 y の比は，

$$x : y = 40 : 20 = 2 : 1$$

となるため，Bの作業日数はCの2倍である。

　よって，正解は肢5である。

正答 **5**

第1章 SECTION 13 数的推理 文章題

実践 問題 106 基本レベル

[問] ある作業をA，B，Cの3名で行う。1日に行う仕事量の割合がA：B：C＝3：3：2であり，3名が休まず仕事をすると30日で終了することが分かっている。今，作業の終了までにAが5日，Bが3日，Cが4日休むとき，この作業に要する日数はどれか。　　　　　　　　　　　　　　　　（特別区2011）

1：33日
2：34日
3：35日
4：36日
5：37日

OUTPUT

実践 問題 **106** の解説 ─────────────────

〈仕事算〉

A，B，Cの３人が１日にする仕事量をＡ：３，Ｂ：３，Ｃ：２として考える。
また，３人が休んだことにより消化できなかった仕事量は，次のとおりである。

A：５日×３＝15
B：３日×３＝9
C：４日×２＝8

　これらを合計すると，32の仕事が未消化であることがわかる。３人そろって１日仕事をしたとき，その仕事量は３＋３＋２＝８であることから，30日経過時点で32の未消化の仕事を終わらせるためには，さらに32÷８＝４（日）必要である。したがって，30＋４＝34（日）要する。

　よって，正解は肢２である。

正答 **2**

SECTION 13 数的推理 文章題

実践 問題107 基本レベル

問 A，Bの2人で倉庫整理を行うと，ある日数で終了することが分かっている。この整理をAだけで行うと，2人で行うときの日数より4日多くかかり，Bだけで行うと9日多くかかる。今，初めの4日間は2人で整理を行い，残りはBだけで整理を終えたとき，この倉庫整理にかかった日数はどれか。ただし，A，Bそれぞれの1日当たりの仕事量は一定とする。　　　　（特別区2022）

1：7日
2：8日
3：9日
4：10日
5：11日

OUTPUT

実践 問題 107 の解説

〈仕事算〉

AとBの1日当たりの仕事量をそれぞれ，a，bとし，2人共同で倉庫整理をしたときの作業開始から終了するまでの仕事日数をx日とおく。次の図は，2人で共同作業したときのAとBの仕事量を線分図で表したものである。

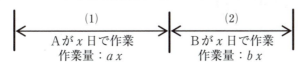

上の図の(1)はAが，(2)はBがx日で倉庫整理をした仕事量を線分図にしたものであり，この線分の長さが全仕事量になる。

まず，Aのみで作業した場合は，(2)のbxの仕事量がAの4日の仕事量と等しくなる。このことから，

$bx = 4a$ ……①

が成り立つ。

同様に，Bのみで作業した場合は，(1)のaxの仕事量がBの9日の仕事量と等しくなる。このことから，

$ax = 9b$ ……②

が成り立つ。

そこで，①と②の辺々を掛け合わせて，

$abx^2 = 36ab$

と両辺にaとbの積を作る。両辺をabで割って，

$x^2 = 36$

を満たすことになり，$x = 6$と求めることができる。さらに，①あるいは②にxの値を入れて整理すると，

$3b = 2a (a : b = 3 : 2)$ ……③

を満たし，用意された全仕事量は，

$6 \times \left(a + \dfrac{2}{3}a\right) = 10a$，あるいは，$6 \times \left(\dfrac{3}{2}b + b\right) = 15b$

とわかる。

次に，初めの4日間は2人で倉庫整理を行い，残りはBだけで行った場合について考える。Bだけで行った日数をyとして方程式を立てると，

$4(a + b) + by = 15b$

となり、③より $a = \dfrac{3}{2}b$ を前の式に代入して、

　　$6b + 4b + by = 15b$
　　$y = 5$

と求まる。

　以上より、この倉庫整理にかかった日数は、2人で作業した4日間と、Bのみで作業した5日間の、合計9日である。

　よって、正解は肢3である。

正答 3

memo

第1章　数的推理

SECTION 13 数的推理 文章題

実践 問題108 基本レベル

頻出度 地上★★★ 国家一般職★★★ 東京都★★★ 特別区★★★
裁判所職員★★ 国税・財務・労基★★★ 国家総合職★★

問 ある壁にペンキを塗る作業をAとBが行う。2人で塗り終えるのに要する時間は，Aが1人で塗り終えるのに要する時間よりも6時間15分短く，また，2人で1時間塗ると，壁全体の$\frac{4}{15}$の面積に塗ることができる。このとき，この壁をBが1人で塗り終えるのに要する時間はいくらか。なお，AとBの時間当たり作業量はそれぞれ常に一定である。　（国税・財務・労基2015）

1 : 4時間
2 : 4時間30分
3 : 5時間
4 : 5時間30分
5 : 6時間

OUTPUT

チェック欄		
1回目	2回目	3回目

実践 問題 **108** の解説

〈仕事算〉

2人が行うすべての仕事量を1とする。

2人の1時間あたりの仕事量が$\dfrac{4}{15}$という条件より，壁を塗り終えるのに要する2人の仕事時間は，$1 \div \dfrac{4}{15} = \dfrac{15}{4}$（時間）となる。

問題文より，Aのみで壁を塗り終えるのに要する時間は，2人の場合よりも6時間15分（$= 6 + \dfrac{1}{4}$時間）多くかかるという条件から，$\dfrac{15}{4} + 6 + \dfrac{1}{4} = 10$（時間）となる。このことから，Aの1時間あたりの仕事量は$1 \div 10 = \dfrac{1}{10}$となる。

ここで，AとB，Aのみ，Bのみで仕事をする場合の1時間あたりの仕事量と仕事を終えるまでの時間は以下のとおりとなる。

	1時間あたりの仕事量	仕事を終えるまでの時間
AとB	$\dfrac{4}{15}$	$\dfrac{15}{4}$（時間）
Aのみ	$\dfrac{1}{10}$	10（時間）

上の表より，Bの1時間あたりの仕事量が，

$$\dfrac{4}{15} - \dfrac{1}{10} = \dfrac{1}{6}$$

となることから，Bが1人で壁を塗り終えるのに要する時間は，

$$1 \div \dfrac{1}{6} = 6 \text{（時間）}$$

となる。

よって，正解は肢5である。

正答 5

第1章 SECTION 13 数的推理 文章題

実践 問題 109 基本レベル

[問] 映画館でチケットを売り始めたとき，既に行列ができており，発売開始後も毎分10人ずつ新たに行列に加わるものとする。窓口が1つのときは1時間で行列がなくなり，窓口が3つのときは15分で行列がなくなる。チケットを売り始めたときに並んでいた人数はどれか。ただし，どの窓口も1分間に同じ枚数を売るものとする。　　　　　　　　　　　　　　　　　　　　（特別区2013）

1：1200人
2：1300人
3：1400人
4：1500人
5：1600人

OUTPUT

チェック欄		
1回目	2回目	3回目

実践 ▶ 問題 **109** の解説 ─────────────

第1章 数的推理

〈ニュートン算〉

　求めたい最初に行列に並んでいた人数を a 人，1つの窓口が1分に処理する人数を b 人とする。

　まず，窓口が1つのときには1時間で行列がなくなったため，

$a + 10 \times 60 = 1 \times b \times 60$

$a + 600 = 60b$　……①

　次に，窓口が3つのときには15分で行列がなくなったため，

$a + 10 \times 15 = 3 \times b \times 15$

$a + 150 = 45b$　……②

と表される。①－②より，

$450 = 15b$

$b = 30$（人／（窓口数・分））

となり，この b の値を①に代入して，

$a + 600 = 60b$

$a + 600 = 60 \times 30$

$a = 1200$（人）

となる。

　よって，正解は肢1である。

正答 **1**

LEC東京リーガルマインド　2024-2025年合格目標 公務員試験 本気で合格！過去問解きまくり！　313
①数的推理・資料解釈

SECTION 13 数的推理 文章題

実践 問題 110 基本レベル

頻出度 地上★★★ 国家一般職★★ 東京都★★★ 特別区★★★
　　　 裁判所職員★★★ 国税・財務・労基★★★ 国家総合職★★★

問 ある施設に設置されたタンクには，常に一定の割合で地下水が流入しており，このタンクにポンプを設置して排水すると，3台同時に使用したときは21分，4台同時に使用したときは15分でそれぞれタンクが空となる。この場合，このタンクを7分で空にするために必要なポンプの台数として，正しいのはどれか。ただし，排水開始前にタンクに入っていた水量はいずれも等しく，ポンプの毎分の排水量はすべて等しくかつ一定である。　　　　　（東京都2011）

1：6台
2：7台
3：8台
4：9台
5：10台

OUTPUT

実践 問題 **110** の解説

〈ニュートン算〉

地下水が1分で流入してくる量を a, ポンプが1分で排出する量を b, 排水開始前にタンクに入っていた水量をSとする。

排出量＝もともと入っていた水量＋流入量

が成り立つことを用いて, 方程式を立てる。

3台使用し21分で排出したとき,

$21 \times 3b = S + 21a$

$63b = S + 21a$ ……①

4台使用し15分で排出したとき,

$15 \times 4b = S + 15a$

$60b = S + 15a$ ……②

①－②より,

$63b - 60b = 21a - 15a$

$3b = 6a$

$b = 2a$ ……③

となる。これを①に代入すると,

$63 \times 2a = S + 21a$

$S = 105a$ ……④

となる。

次に, 7分で排出する場合に必要なポンプの台数を x 台として方程式を立てると,

$7 \times x \times b = S + 7a$

となり, これに③, ④を代入すると,

$7 \times x \times 2a = 105a + 7a$

となる。両辺を a で割って整理すると,

$14x = 112$

$x = 8$ (台)

となる。

よって, 正解は肢3である。

正答 3

第1章 数的推理

第1章 SECTION 13 数的推理 文章題

実践 問題 111 　基本レベル

頻出度　地上★★★　国家一般職★★　東京都★★★　特別区★★★
　　　　裁判所職員★★★　国税・財務・労基★★★　国家総合職★★★

問 常に一定量の水が湧き出している貯水池からポンプを用いて水をすべて汲み出し、貯水池を一時的に空にする作業を行う。いま、同型のポンプが複数台用意されており、この作業に要する時間は、ポンプを3台用いた場合は30分、4台用いた場合は20分かかる。この作業を10分で終えるためには、ポンプは最低何台必要か。

なお、各作業開始時の水量は一定とする。　　　　　　　　　（国Ⅰ2010）

1：5台
2：6台
3：7台
4：8台
5：9台

OUTPUT

チェック欄		
1回目	2回目	3回目

実践 問題 **111** の解説 ————————————————

〈ニュートン算〉

第
1
章

数的推理

当初から貯水池にあった水の量，湧き出してくる水の量，ポンプによる排出量には次のような関係がある。

当初からあった水の量＋１分あたりに湧き出してくる水の量×時間(分)

＝ポンプ１台が１分あたりに排出する水の量×時間(分)×ポンプの台数

当初からあった水の量を a，１分あたりに湧き出してくる水の量を b，ポンプ１台が１分あたりに排出する水の量を c とおいて，ポンプを３台用いた場合，４台用いた場合，x 台用いて10分で終わらせた場合で式を立てる。

(1) ポンプが３台のとき

$a + b \times 30 = c \times 30 \times 3 \Rightarrow a + 30b = 90c$ ……①

(2) ポンプが４台のとき

$a + b \times 20 = c \times 20 \times 4 \Rightarrow a + 20b = 80c$ ……②

(3) ポンプが x 台で10分かかったとき

$a + b \times 10 = c \times 10 \times x \Rightarrow a + 10b = 10cx$ ……③

①－②より，

$10b = 10c \Rightarrow b = c$

これを①に代入すると，

$a + 30b = 90c \Rightarrow a = 60c$

これらを③に代入すると，

$60c + 10c = 10cx$

$x = 7（台）$

となる。

よって，正解は肢３である。

正答 **3**

LEC東京リーガルマインド 　2024-2025年合格目標 公務員試験 本気で合格！過去問解きまくり！　317
①数的推理・資料解釈

SECTION 13 数的推理 文章題

実践 問題 112 基本レベル

問 160Lの水が入る水槽を満水にするために，Aの蛇口だけで給水すると40分かかり，AとBの2つの蛇口で同時に給水すると16分かかる。今，AとBの2つの蛇口で同時に給水しているとき，水槽の栓が外れたため毎分8Lの水が流出し，満水になるのが30分遅れた。水槽の栓が外れたのは給水を始めてから何分後か。 （特別区2016）

1： 8.0分後
2： 8.5分後
3： 9.0分後
4： 9.5分後
5：10.0分後

OUTPUT

チェック欄		
1回目	2回目	3回目

実践 問題 **112** の解説 ────────────────────

〈ニュートン算〉

　AとBの2つの蛇口で同時に給水すると，水槽を満水にするのに16分かかることから，AとBの2つの蛇口から1分あたり，

　　$160 \div 16 = 10$（L／分）

給水することができる。

　ここで，給水開始からT分後に水槽の栓が外れたとする。T分後から46分後までは1分あたり，

　　$10 - 8 = 2$（L／分）

で給水することができる。

　以上より，式を立てて，Tについて解くと，

　　$10T + 2(46 - T) = 160$

　　$8T + 92 = 160$

　　$8T = 68$

　　$T = 8.5$

となるから，8.5分後に水槽の栓が外れたことになる。

　よって，正解は肢2である。

【別解】

　給水開始からT分後に水槽の栓が外れたとする。AとBの蛇口から，$10 \times 46 = 460$ L給水をしたが，栓が外れて，$8 \times (46 - T)$ L排水したことになる。この差が，満水の160 Lになると考えてもよい。

　すると，

　　$10 \times 46 - 8(46 - T) = 160$

　　$T = 8.5$

となる。

正答 **2**

第1章 SECTION 13 数的推理 文章題

実践 問題113 基本レベル

頻出度	地上★	国家一般職★	東京都★	特別区★
	裁判所職員★	国税・財務・労基★		国家総合職★

[問] 誕生日が同じAとBがおり，AはBより年下である。Aの年齢が現在のBの年齢に達したとき，Bの年齢はAの年齢の1.2倍になる。Bの年齢が現在のAの年齢だったときには，Aの年齢とBの年齢の和は42であった。Aの年齢とBの年齢の差はいくらか。 （地上2019）

1 ： 4
2 ： 6
3 ： 8
4 ： 10
5 ： 12

OUTPUT

実践 問題 **113** の解説 ──────────

チェック欄		
1回目	2回目	3回目

〈年齢算〉

現在のAの年齢を a，Bの年齢を b とおく。AはBより年下であることから，$a < b$ である。

$b - a$ 年後に，Aの年齢が現在のBの年齢に達するため，

Aの年齢：b

Bの年齢：$b + (b - a) = 2b - a$

となり，かつ，Bの年齢はAの年齢の1.2倍になることから，方程式を立てて整理すると，

$2b - a = 1.2b$

$\Rightarrow a = 0.8b$ ……①

を満たす。

また，$(b - a)$ 年前にはBの年齢が現在のAの年齢であったため，

Aの年齢：$a - (b - a) = 2a - b$

Bの年齢：a

となり，かつ，Aの年齢とBの年齢の和が42であったということから，

$(2a - b) + a = 42$

$\Rightarrow 3a - b = 42$ ……②

を満たす。

①と②より，$a = 24$，$b = 30$ となるから，Aの年齢とBの年齢の差は，

$30 - 24 = 6$

である。

よって，正解は肢2である。

正答 **2**

第1章 数的推理

LEC東京リーガルマインド　2024-2025年合格目標 公務員試験 本気で合格！過去問解きまくり！ 321
①数的推理・資料解釈

SECTION 13 数的推理 文章題

実践 問題 114 基本レベル

頻出度　地上★　国家一般職★　東京都★　特別区★
　　　　裁判所職員★　国税・財務・労基★　国家総合職★

問 ある2人の現在の年齢の積と1年後の年齢の積を比べると，その差は90であった。また，何年か前のこの2人の年齢の積は1000であった。この2人の現在の年齢の積はいくらか。 （国税・財務・労基2014）

1 ：1922
2 ：1924
3 ：1926
4 ：1928
5 ：1930

OUTPUT

チェック欄		
1回目	2回目	3回目

実践 問題 **114** の解説 ―――――――――――――――

〈年齢算〉

2人の現在の年齢をそれぞれ x 歳，y 歳とする。ただし，$x \geqq y$ とする。

現在の2人の年齢の積と1年後の2人の年齢の積の差が90であったから，

$(x+1)(y+1) - xy = 90$

$\Rightarrow \quad xy + x + y + 1 - xy = 90$

$\Rightarrow \quad x + y = 89 \cdots\cdots①$

となる。①より，x と y の偶奇性をみると，

$(x, y) = (偶数, 奇数), (奇数, 偶数)$

のいずれかになる。よって，2人の年齢の積が1000であった a 年前も，

$(x-a, y-a) = (偶数, 奇数), (奇数, 偶数)$

のいずれかになる。これより，a 年前にも，2人のうち1人の年齢が奇数であったことがわかる。

また，1000を素因数分解すると，

$1000 = 2^3 \times 5^3$

となるため，1000の約数のうち奇数は，1，5，25，125の4つである。このことから，2人の考えられる年齢は，

$(x-a, y-a) = (1000, 1), (200, 5), (40, 25), (125, 8)$

となる。しかし，$(x-a, y-a) = (1000, 1), (200, 5), (125, 8)$ は，a 年前の時点で2人の年齢の和が89を上回っており，不適である。このことから，

$x - a = 40, \quad y - a = 25 \quad \cdots\cdots②$

となる。ここで，②の2つの式の辺々を加えて①を代入すると，

$(x+y) - 2a = 65$

$\Rightarrow \quad 89 - 2a = 65$

$\Rightarrow \quad a = 12$

となり，12年前とわかる。

これより，現在の年齢は，$x = 52$ 歳，$y = 37$ 歳となって，その積は，

$52 \times 37 = 1924$

となる。

よって，正解は肢2である。

正答 **2**

SECTION 13 数的推理 文章題

実践 問題 115 　基本レベル

頻出度　地上★★★　国家一般職★★　東京都★★　特別区★★
　　　　裁判所職員★　国税・財務・労基★　国家総合職★

問　ある年にA国とB国を旅行した者の平均消費額を調査した。A国を旅行した者は800人，B国を旅行した者は1,000人であり，次のことが分かっているとき，A国とB国の両方を旅行した者は何人か。　　　　　　（国家一般職2020）

- ○　A国を旅行した者のA国の平均消費額は，9万円であった。
- ○　A国を旅行したがB国は旅行しなかった者のA国での平均消費額は，15万円であった。
- ○　B国を旅行した者のB国での平均消費額は，12万円であった。
- ○　B国を旅行したがA国を旅行しなかった者のB国での平均消費額は，18万円であった。
- ○　A国とB国の両方を旅行した者のA国での平均消費額とB国での平均消費額の合計は，15万円であった。

1 ： 200人
2 ： 300人
3 ： 400人
4 ： 500人
5 ： 600人

OUTPUT

チェック欄		
1回目	2回目	3回目

実践 問題 **115** の解説 ―――――

〈平均算〉

A国とB国の両方を旅行した者について，人数を x 人とする。また，5番目の条件を用いて両方の国を旅行した者のA国とB国での平均消費額をそれぞれ y 万円，$15-y$ 万円とする。

		B国 旅行者	B国を旅行 しなかった者	A国 旅行者全体
A国 旅行者	人数	x（人）	$800-x$（人）	800人
	平均消費額	A国：y（万円） B国：$15-y$（万円）	15（万円）	9万円
A国を旅行 しなかった者	人数	$1000-x$（人）		
	平均消費額	18（万）		
B国 旅行者全体	人数	1000（人）		
	平均消費額	12（万円）		

以下，消費額は「万円」を単位として考える。

消費額の合計＝平均消費額×人数

であるから，1番目と2番目の条件よりA国での総消費額に関して，両方の国を旅行した者は xy 万円，Aの国のみ旅行した者は $15×(800-x)$ 万円，A国旅行者全体については $800×9=7200$（万円）であるから，次の式を得る。

$7200=15×(800-x)+x×y$

$7200=12000-15x+xy$

$15x-xy=4800$ ……①

同様に，3番目と4番目の条件からB国での総消費額に関して，次の式を得る。

$12×1000=18×(1000-x)+x×(15-y)$

$12000=18000-18x+15x-xy$

$xy+3x=6000$ ……②

①，②の辺々を加えると，

$18x=10800$

$x=600$

が得られ，①に代入して，$y=7$ を得る。

よって，正解は肢5である。

正答 5

LEC東京リーガルマインド 2024-2025年合格目標 公務員試験 本気で合格！過去問解きまくり！ 325
①数的推理・資料解釈

SECTION 13 数的推理 文章題

実践 問題 116 基本レベル

問 ある学校でマラソン大会を実施した。今，生徒の完走時間について次のア〜オのことが分かっているとき，完走時間が1時間以上の生徒は何人か。

(特別区2021)

ア 全生徒の完走時間の平均は，71分であった。
イ 完走時間が45分未満の生徒は20人おり，その完走時間の平均は43分であった。
ウ 完走時間が45分以上1時間未満の生徒は全体の40％であり，その完走時間の平均は54分であった。
エ 完走時間が1時間以上1時間30分未満の生徒の完走時間の平均は，75分であった。
オ 完走時間が1時間30分以上の生徒は全体の20％であり，その完走時間の平均は105分であった。

1：100人
2：160人
3：220人
4：280人
5：340人

OUTPUT

チェック欄		
1回目	2回目	3回目
✕		

実践 問題 **116** の解説

〈平均算〉

第1章 数的推理

全生徒数を x（人）とおく。条件ウから完走時間が45分以上1時間未満の生徒の人数は$0.4x$（人），条件オから完走時間が1時間30分以上の生徒の人数は$0.2x$（人）であるため，条件イを加えると完走時間が1時間以上1時間30分未満の生徒の人数は，

$$x - 0.4x - 0.2x - 20 = 0.4x - 20（人）$$

となる。このときの，完走時間に応じてグループを4つに分け，平均と人数の関係を次の表にする。

完走時間	45分未満	45分以上 1時間未満	1時間以上 1時間30分未満	1時間30分以上	全体
完走時間の平均	43分	54分	75分	105分	71分
生徒数	20人	$0.4x$人	$0.4x - 20$人	$0.2x$人	x人

上の表から，各グループの完走時間の平均と生徒数の積の合計が，全体の完走時間の平均と全生徒数の積に等しいことから，方程式を立てて x について解くと，

$$43 \times 20 + 54 \times 0.4x + 75 \times (0.4x - 20) + 105 \times 0.2x = 71x$$
$$860 + 21.6x + 30x - 1500 + 21x = 71x$$
$$1.6x = 640$$
$$x = 400（人）$$

となる。

以上より，完走時間が1時間以上の生徒は，

$$0.4 \times 400 - 20 + 0.2 \times 400 = 160 - 20 + 80 = 220（人）$$

である。

よって，正解は肢3である。

正答 **3**

LEC東京リーガルマインド 2024-2025年合格目標 公務員試験 本気で合格！過去問解きまくり！ 327
①数的推理・資料解釈

第1章 SECTION 13 数的推理 文章題

実践 問題 117 基本レベル

頻出度	地上★★	国家一般職★★	東京都★★★	特別区★★
	裁判所職員★★★	国税・財務・労基★★★	国家総合職★★	

問 300人が100メートル走, ソフトボール投げ, 1500メートル走の3種目のスポーツテストに参加した。ソフトボール投げで合格した者は27人, 1500メートル走で合格した者は51人, ソフトボール投げと1500メートル走の2種目にのみ合格した者は6人であった。また, ソフトボール投げで合格した人数, 100メートル走にのみ合格した人数, どの種目においても合格しなかった人数の比は, 3：2：24であった。このとき, 3種目全てにおいて合格した者は何人か。なお, 全員が3種目全てを行ったものとする。　　　　　（国税・財務・労基2015）

1：5人
2：6人
3：7人
4：8人
5：9人

OUTPUT

実践 問題117 の解説

〈集合算〉

ソフトボール投げの合格人数：100m走のみの合格人数：すべて不合格の人数＝3：2：24であり，ソフトボール投げの合格人数は27人とわかっているから，

$$100\text{m走のみの合格人数} = 27 \times \frac{2}{3} = 18（人）$$

$$\text{すべて不合格の人数} = 27 \times \frac{24}{3} = 216（人）$$

となる。この人数を設問の条件も含めてベン図にまとめると，次のとおりとなる。

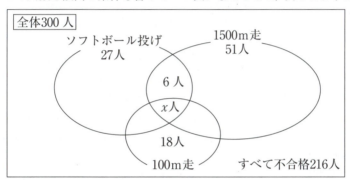

ここで，3種目のすべてに合格した人数を x（人）とすると，ソフトボール投げと1500m走の少なくとも1種目に合格した人数は，次の2通りで算出できる。

(1) 全体人数（300人）からすべて不合格の人数（216人）と100m走のみの合格人数（18人）を引いた数
(2) ソフトボール投げ合格人数と1500m走合格人数の和から両種目とも合格した人数を引いた数

これを数式で表すと，

$$300 - (216 + 18) = 27 + 51 - (x + 6)$$

となる。

これを解くと，

$$66 = 72 - x$$
$$x = 6（人）$$

となる。

よって，正解は肢2である。

正答 2

SECTION 13 数的推理 文章題

実践 問題118 基本レベル

問 あるリゾートホテルの宿泊客400人について，早朝ヨガ，ハイキング，ナイトサファリの3つのオプショナルツアーへの参加状況について調べたところ，次のことが分かった。

A 早朝ヨガに参加していない宿泊客の人数は262人であった。
B 2つ以上のオプショナルツアーに参加した宿泊客のうち，少なくとも早朝ヨガとハイキングの両方に参加した宿泊客の人数は30人であり，少なくとも早朝ヨガとナイトサファリの両方に参加した宿泊客の人数は34人であった。
C ナイトサファリだけに参加した宿泊客の人数は36人であった。
D ハイキングだけに参加した宿泊客の人数は，ハイキングとナイトサファリの2つだけに参加した宿泊客の人数の5倍であった。
E 3つのオプショナルツアー全てに参加した宿泊客の人数は16人であり，3つのオプショナルツアーのいずれにも参加していない宿泊客の人数は166人であった。

以上から判断して，早朝ヨガだけに参加した宿泊客の人数として，正しいのはどれか。

(東京都2022)

1：70人
2：75人
3：80人
4：85人
5：90人

OUTPUT

実践 問題118 の解説

〈集合算〉

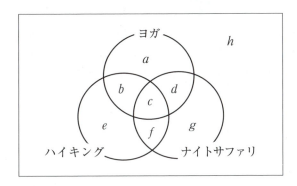

はじめに、上図のように、各項目の人数を a から h の文字で割り当てる。次に、各条件から判明することを、数式で表現する。

条件A： $a + b + c + d = 138$ ……①, $\quad e + f + g + h = 262$ ……②
条件B： $b + c = 30$ ……③, $\quad c + d = 34$ ……④
条件C： $g = 36$ ……⑤
条件D： $e = 5f$ ……⑥
条件E： $c = 16$ ……⑦, $\quad h = 166$ ……⑧

③, ④, ⑦より、$b = 14$, $d = 18$ であることがわかる。これと①を組み合わせることにより、早朝ヨガだけに参加した宿泊客の人数、つまり a の値は、

$a + 14 + 16 + 18 = 138$
$\qquad a = 90$（人）

である。

よって、正解は肢5である。

【コメント】
残りの文字 e と f は、②, ⑤, ⑥, ⑧を組み合わせて、
$\quad 5f + f + 36 + 166 = 262$
$\quad f = 10$（人）
$\quad e = 5f = 50$（人）
となる。

正答 5

SECTION 13 数的推理 文章題

実践　問題 119　基本レベル

頻出度　地上★★　国家一般職★★　東京都★★★　特別区★★★
　　　　裁判所職員★★　国税・財務・労基★★★　国家総合職★

問　ある会場で行われたボクシングの試合の観客1,221人に、応援する選手及び同行者の有無について調査した。今、次のA〜Dのことが分かっているとき、同行者と応援に来た観客の人数はどれか。ただし、会場の観客席には、指定席と自由席しかないものとする。　　　　　　　　　　　　（特別区2023）

　A　観客はチャンピオン又は挑戦者のどちらかの応援に来ており、挑戦者の応援に来た観客は246人だった。
　B　チャンピオンの応援に来た自由席の観客は402人で、挑戦者の応援に来た指定席の観客より258人多かった。
　C　チャンピオンの応援にひとりで来た指定席の観客は63人で、挑戦者の応援に同行者と来た自由席の観客より27人少なかった。
　D　チャンピオンの応援に同行者と来た自由席の観客は357人で、挑戦者の応援に同行者と来た指定席の観客より231人多かった。

1：　867人
2：　957人
3：　993人
4：1,083人
5：1,146人

OUTPUT

チェック欄		
1回目	2回目	3回目

実践 問題 **119** の解説

〈集合算〉

第1章 数的推理

　全観客1221人を,

　　・チャンピオンの応援か挑戦者の応援か

　　・指定席か自由席か

　　・同行者と来たかひとりで来たか

で分けていることから,キャロル図を用いて考える。

　条件Aより,挑戦者の応援に来た観客は246人,チャンピオンの応援に来た観客は975人である。

　条件Cより,挑戦者の応援に同行者と来た自由席の観客は,チャンピオンの応援にひとりで来た指定席の観客63人より27人多い90人である。

　条件Dより,挑戦者の応援に同行者と来た指定席の観客は,チャンピオンの応援に同行者と来た自由席の観客357人より231人少ない126人である。

　最後に図の太枠部分について考える。条件Bより太枠部分の人数は,

　　$975 - 402 = 573$人

である。よって,チャンピオンの応援に同行者と来た指定席の観客を x 人とすると,

　　$x = 573 - 63 = 510$（人）

である。

　以上より,同行者と来た観客の人数は,着色した4つの領域の人数の和で,

　　$510 + 126 + 90 + 357 = 1083$（人）

である。

　よって,正解は肢4である。

正答 **4**

LEC東京リーガルマインド　2024-2025年合格目標 公務員試験 本気で合格！過去問解きまくり！　333
①数的推理・資料解釈

SECTION 13 数的推理 文章題

実践 問題 120 基本レベル

問 ある地域における世帯の年収と住居の状況について次のことが分かっているとき、確実にいえるのはどれか。 (国家一般職2014)

- ○ 年収が500万円以上である世帯数は82世帯、500万円未満である世帯数は56世帯である。
- ○ 住居の広さが70平米以上である世帯数は70世帯、70平米未満である世帯数は68世帯である。
- ○ 年収が500万円未満で住居の広さが70平米未満である世帯のうち、持家である世帯数は、持家でない世帯数より3世帯多い。
- ○ 年収500万円未満の持家でない世帯で住居の広さが70平米以上である世帯数は12世帯である。
- ○ 年収が500万円未満で持家である世帯数は25世帯である。
- ○ 年収500万円以上の持家でない世帯のうち、住居の広さが70平米未満である世帯数は17世帯で、70平米以上である世帯数より9世帯少ない。

1：持家である世帯数と持家でない世帯数の差は、6世帯である。
2：住居の広さが70平米以上で年収500万円以上の持家でない世帯数は29世帯である。
3：住居の広さが70平米以上で年収500万円未満の持家である世帯数は12世帯である。
4：住居の広さが70平米以上の世帯のうち、年収500万円未満で持家である世帯数は、年収500万円以上で持家である世帯数のちょうど10分の1である。
5：年収500万円以上で持家である世帯のうち、住居の広さが70平米以上の世帯数は、70平米未満の世帯数より19世帯多い。

OUTPUT

実践 問題 120 の解説

〈集合算〉

138世帯を
・年収が500万円以上か，500万円未満か
・住居の広さが70平米以上か，70平米未満か
・持ち家であるか，持ち家でないか

という3つの条件で分けられている。このような場合には，キャロル図を使って解くとよい。

1番目，2番目，4番目，5番目，6番目の条件をキャロル図に整理すると，次のようになる。

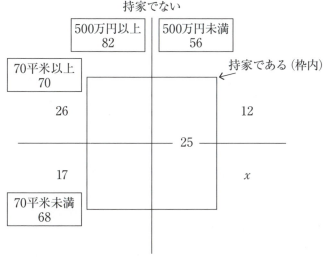

まず，年収500万円未満の世帯に着目する。「500万円未満で70平米未満の持家でない世帯数」を x 世帯とおく。すると，1番目の条件より「年収が500万円未満である世帯数」は56世帯であるから，

$56 = 25 + 12 + x$

$x = 19$（世帯）

となる。これと3番目の条件より「500万円未満で70平米未満の持家である世帯数」は $19 + 3 = 22$ 世帯となる。また，5番目の条件より「年収が500万円未満で持家である世帯数」は25世帯であるから，そのうち「住居の広さが70平米以上の世帯数」は $25 - 22 = 3$ 世帯となる。

次に，住居の広さごとにみていく。2番目の条件より「住居の広さが70平米以上である世帯数」は70世帯であるから，「500万円以上で70平米以上の持家である世帯数」は70－26－3－12＝29世帯となる。同様に，「500万円以上で70平米未満の持家である世帯数」は68－17－22－19＝10世帯となる。

これらをキャロル図に書き込むと次のようになる。

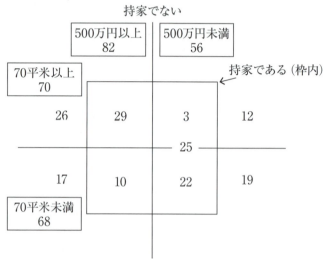

1 ✗ 持家である世帯数は29＋3＋10＋22＝64世帯，持家でない世帯数は26＋12＋17＋19＝74世帯であるから，世帯数の差は10世帯であるため，誤りである。

2 ✗ 住居の広さが70平米以上で年収500万円以上の持家でない世帯数は26世帯であるため，誤りである。

3 ✗ 住居の広さが70平米以上で年収500万円未満の持家である世帯数は3世帯であるため，誤りである。

4 ✗ 住居の広さが70平米以上の世帯のうち，年収500万円未満で持家である世帯数は3世帯であり，年収500万円以上で持家である世帯数は29世帯であるから，誤りである。

5 ◯ 年収500万円以上で持家である世帯のうち，住居の広さが70平米以上の世帯数は29世帯であり，70平米未満の世帯数10より19世帯多いので，正しい。

正答 5

memo

第1章 数的推理

337

SECTION 13 数的推理 文章題

第1章

実践 問題 121 基本レベル

頻出度	地上★★★	国家一般職★★★	東京都★★	特別区★★
	裁判所職員★★	国税·財務·労基★★★	国家総合職★★	

問 ある会場に椅子が並べられており，そのうちの1割に人が座っている。今，1分あたり5脚の椅子を並べ，1分あたり7人が椅子に座るとき，10分経過後，会場内の椅子の6割に人が座っていた。ここから，会場内のすべての椅子に人が座るまでの時間として，妥当なのはどれか。 (地上2011)

1：14分

2：18分

3：22分

4：26分

5：30分

直前復習

OUTPUT

実践 問題 **121** の解説

チェック欄
1回目	2回目	3回目

〈文章題〉

はじめに並べられている椅子の数を x 脚とする。すると条件より，はじめに座っている人数は0.1 x 人である。

10分後の椅子の数は x +50脚，座っている人数は0.1 x +70人になるため，

$0.1 x + 70 = 0.6(x + 50)$

が成り立つ。これを解いて，

$x = 80$（脚）

となり，はじめの椅子の数が80脚，座っていた人数が 8 人とわかる。

1 分あたり 5 脚の椅子を並べ，7 人が椅子に座ると 1 分間に 2 脚ずつ椅子が埋まっていくので，すべての椅子が埋まる時間は，

$(80 - 8) \div 2 = 36$（分）

となる。10分後の時点から考えると，残りの時間は26分である。

よって，正解は肢 4 である。

正答 **4**

SECTION 13 数的推理 文章題

実践 問題122 応用レベル

問 ある映画館は満員で、何人か立ち見の観客がいた。映画が終わった後すぐに、映画が面白かったかアンケートを行った。「面白かった人は立ってください」というアナウンスに、多くの人が立った。アンケートのために立った人と立ち見の人を合せると、立っている人の方が座っている人よりも多く、その人数の差は立っている人の$\frac{2}{5}$相当であった。

さらに、出口でもともと立ち見していた人に改めてアンケートを行った結果、そのうち26人が面白くないと言った。このため最終的に、面白くなかった人の方が、面白かった人よりも、最初のアンケートの際に座っていた人の$\frac{1}{5}$に相当する人数だけ多いことがわかった。映画館の客数はいくらか。

(地上2004)

1:130人
2:160人
3:190人
4:210人
5:240人

OUTPUT

実践 問題 **122** の解説

〈文章題〉

この映画を座って見ていた観客のうちアンケートの後も座っていた観客を x (人)，アンケートによって立った観客を y (人)とする。さらに，もともと立ち見をしていた客を z (人)とすると，アンケートの後に立っている人が座っている人よりも多く，その差は立っている人の $\frac{2}{5}$ であったという条件から，

$$(y + z) - x = \frac{2}{5}(y + z)$$

$$3(y + z) = 5x \quad \cdots\cdots①$$

という式が成り立つ。

また出口でのアンケートで，もともと立ち見をしていた人のうち26人が面白くなかったと答えたから，面白くなかった人は $(x + 26)$ 人，面白かった人は $(y + z - 26)$ 人となり，この差が最初のアンケートの際に座っていた人の $\frac{1}{5}$ であることから，次の式を立てることができる。

$$x + 26 - (y + z - 26) = \frac{1}{5}x$$

$$4x - 5(y + z) + 260 = 0 \quad \cdots\cdots②$$

①，②を x および $(y + z)$ という2つの変数の連立方程式として解くと，

$$x = 60$$

$$y + z = 100$$

となる。これより，この映画館に来ていた客数は，

$$x + y + z = 160(人)$$

である。

よって，正解は肢2である。

正答 **2**

第1章 SECTION 13 数的推理 文章題

実践 問題 123 応用レベル

問 T大学のテニス部の練習が終わり、ボール全てをボール収納用のバッグに入れようとしたところ、次のことが分かった。

ア 全てのバッグにボールを40個ずつ入れるには、ボールが100個足りない。

イ 全てのバッグにボールを20個ずつ入れると、ボールは280個より多く残る。

ウ 半数のバッグにボールを40個ずつ入れ、残りのバッグにボールを20個ずつ入れてもボールは残り、その数は110個未満である。

以上から判断して、ボールの個数として、正しいのはどれか。　（東京都2023）

1：700個
2：740個
3：780個
4：820個
5：860個

OUTPUT

実践 問題 **123** の解説 ────────────

チェック欄
1回目	2回目	3回目

〈文章題〉

第1章 数的推理

バッグの総数を x（個），ボールの総数を y（個）とする。各条件を数式で表現すると，次のようになる。

ア： $y = 40x - 100$　……①

イ： $y > 20x + 280$　……②

ウ： $y < \dfrac{x}{2} \times 40 + \dfrac{x}{2} \times 20 + 110 = 30x + 110$（$x$ は偶数）　……③

①と②より，

$40x - 100 > 20x + 280$

$\Rightarrow 20x > 380$

より，

$\therefore x > 19$　……④

となる。続けて，①と③より，

$40x - 100 < 30x + 110$

$\Rightarrow 10x < 210$

より，

$\therefore x < 21$　……⑤

となる。④と⑤を満たす整数 x は20のみであり，これを①に代入すると $y = 700$ となることがわかる。

よって，正解は肢1である。

正答 **1**

第1章 SECTION 13 数的推理 文章題

実践 問題124 応用レベル

頻出度	地上★★★	国家一般職★★★	東京都★★★	特別区★★★
	裁判所職員★★	国税・財務・労基★★★	国家総合職★★	

問 ある工場では，2種類の製品A，Bを製造しており，その製造に要する時間は，それぞれ1個当たり，常に次のとおりである。

$$製品A：4 + \frac{20}{製品Aの製造を担当している作業員の人数}（分）$$

$$製品B：6 + \frac{30}{製品Bの製造を担当している作業員の人数}（分）$$

ある日，この工場では，合計60人の作業員を製品A，Bのいずれか一方の製造の担当に振り分けて同時に製造を開始したところ，4時間後の時点で，この日に製品Bを製造した個数がちょうど35個となり，製造を一時停止した。製品Aの製造を担当する作業員を新たに何人か追加して製造を再開したところ，再開して2時間20分後に，この日に製品Aを製造した個数がちょうど80個となり製造を終了した。この日，製品Aの製造を担当する作業員を新たに追加した後，製品Aの製造を行っていた作業員の人数は何人か。

ただし，作業員は，担当となった種類の製品の製造のみを行うものとする。

（国家一般職2018）

1：28人
2：30人
3：32人
4：34人
5：36人

OUTPUT

	チェック欄	
1回目	2回目	3回目

実践 問題 **124** の解説 ─────────────────

〈仕事算〉

第1章 数的推理

はじめの4時間, つまり240分の製造で製品Aの製造に割り振られた人数を a（人）とすると, 製品Bには $60-a$（人）が割り振られている。

製造時間は, 製造個数と1個あたりの製造時間をかけた値に等しいため,

$$240 = 35 \times \left(6 + \frac{30}{60-a} \right)$$

$$240 = 210 + \frac{1050}{60-a}$$

$$30 = \frac{1050}{60-a}$$

$$30(60-a) = 1050$$

$$1800 - 30a = 1050$$

$$30a = 750$$

$$a = 25 （人）$$

となる。これより, はじめの4時間で製造された製品Aの個数を x とすると,

$$240 = x \times \left(4 + \frac{20}{25} \right)$$

$$x = 50 （個）$$

となる。製品Aは全部で80個製造されたため, 製造を再開してから製造された製品Aの個数は,

$$80 - 50 = 30 （個）$$

である。これより, 新たに追加された後の製品Aの製造を行う作業員の人数を b とすると,

$$140 = 30 \times \left(4 + \frac{20}{b} \right)$$

$$140 = 120 + \frac{600}{b}$$

$$20 = \frac{600}{b}$$

$$20b = 600$$

$$b = 30 （人）$$

となる。

よって, 正解は肢2である。

正答 2

第1章 SECTION 13 数的推理 文章題

実践 問題125 応用レベル

頻出度	地上★★★ 国家一般職★★★ 東京都★★★ 特別区★★★
	裁判所職員★★ 国税・財務・労基★★★ 国家総合職★★

問 12℃の水が出る給水栓と，一定の温度の湯が出る給湯栓が，それぞれ1個付いた浴槽がある。給湯栓を閉じて給水栓を全開にすると，空の状態から21分で浴槽が一杯になる。また，給水栓と給湯栓の両方を同時に全開にすると，14分で一杯になり，そのときの浴槽の水温は，32℃になる。給水栓と給湯栓を同時に開けて42℃の水温になるように最短時間で浴槽を一杯にする方法はどれか。

(特別区2012)

1：給水栓を全開にし，給湯栓の水量を全開時の $\frac{1}{2}$ にする。

2：給水栓を全開にし，給湯栓の水量を全開時の $\frac{2}{3}$ にする。

3：給湯栓を全開にし，給水栓の水量を全開時の $\frac{1}{2}$ にする。

4：給湯栓を全開にし，給水栓の水量を全開時の $\frac{2}{3}$ にする。

5：給湯栓を全開にし，給水栓の水量を全開時の $\frac{3}{4}$ にする。

OUTPUT

チェック欄		
1回目	2回目	3回目

実践 問題 **125** の解説

〈仕事算〉

第1章 数的推理

この浴槽の容積をL，全開時の給湯栓から1分間に出すことができる湯の量をx，湯の温度をTとする。

まず，給水栓を全開にすると浴槽が空の状態から21分で浴槽を一杯にできるという条件から，給水栓は，1分間に，

$$L \div 21 = \frac{1}{21}L$$

の水を給水することができる。

次に，給水栓と給湯栓の両方を全開にすると14分間で浴槽が一杯になるという条件について考える。全開の給水栓からは14分間で，

$$\frac{1}{21}L \times 14 = \frac{2}{3}L$$

の水を供給することから，残り$\frac{1}{3}$Lの湯を全開の給湯栓から供給することになり，次の式を満たす。

$$x \times 14 = \frac{1}{3}L$$

上の式をxについて解くと，$x = \frac{1}{42}L$となる。よって，14分間で全開時の給水栓と給湯栓から水と湯を供給する速さの比は，

全開時の給水の速さ：全開時の給湯の速さ$= \frac{1}{21}L : \frac{1}{42}L = 2 : 1$　……①

である。

この14分間で，体積$\frac{2}{3}$Lの12℃の水と体積$\frac{1}{3}$LのT℃の湯で，体積Lの32℃の水が一杯になっていると考えることができる。このとき，水温32℃というのは，12℃の水とT℃の湯の2種類を混合してできる平均の温度と考えることができて，次の方程式が成り立つ。ただし，湯の温度は水の温度より高いものとする。

混合後の水の温度$= \dfrac{(水の体積) \times 水の温度 + (湯の体積) \times 湯の温度}{混合後の水の体積}$

上の式を変形すると，

(水の体積)×水の温度＋(湯の体積)×湯の温度

＝(混合後の水の体積)×混合後の水の温度　……②

となる。②を用いて方程式を立てて，Tについて解くと次のようになる。

LEC東京リーガルマインド　2024-2025年合格目標 公務員試験 本気で合格！過去問解きまくり！　347
①数的推理・資料解釈

SECTION 13 数的推理 文章題

$$\frac{2}{3}L \times 12 + \frac{1}{3}L \times T = L \times 32 \quad \Rightarrow \quad T = 72℃$$

最後に，給水栓と給湯栓を用いて水温を42℃にする方法を考える。2つの栓を同時に全開にしたときに14分で32℃になったのだから，42℃と温度を上げるには，給湯栓は全開のままで給水栓から出る水の量を少なくすればよいとわかる。

ここで，浴槽を一杯にする42℃の水ができるときの給水栓から供給される水の体積をA，給湯栓から供給される湯の体積をBとすると，次の2つの式が成り立つ。

$A + B = L$ ……③

$A \times 12 + B \times 72 = L \times 42$ ……④（②を用いた）

③と④について連立方程式を解くと，

$A = B = \frac{1}{2}L$

である。上の結果より，同じ供給時間で42℃の水温にするには，同じ時間で給水と給湯の量を等しくすればよいとわかり，

給水の速さ：給湯の速さ＝1：1 ……⑤

でよい。

①と⑤より，42℃にするには全開時の給水の速さを半分に，つまり給水栓の水量を全開時の半分にすればよいことになる。

よって，正解は肢3である。

【コメント】

ここでいう給水の速さとは，

給水の速さ＝全開時の給水の速さ×開栓率

と考えればよい。開栓率100％とは全開であり，流量を半分にするには開栓率を50％にすればよい。

正答 3

memo

第1章

数的推理

SECTION 13 数的推理 文章題

実践 問題126 応用レベル

頻出度	地上★★★	国家一般職★★	東京都★★	特別区★★★
	裁判所職員★★★	国税・財務・労基★★★		国家総合職★★★

問 ある量だけ水が入った容器に，毎分一定量の水が流入している。今，管2本を用いて容器の水を排出してゆくものとする。管Aのみを2本用いて水を排出すると，3分後の水の高さは排出前の$\frac{9}{10}$になった。また，管Aと管Bを一本ずつ用いると，5分後の水の高さは排出前の$\frac{11}{12}$になった。毎分の管Aと管Bの水の排出量の比が3：2のとき，毎分における容器の水の流入量と管Bの排出量の比はいくらか。

(地上2002)

1 ：1 ：1
2 ：1 ：2
3 ：3 ：2
4 ：2 ：1
5 ：2 ：3

OUTPUT

実践 問題 **126** の解説 ─────────────

チェック欄		
1回目	2回目	3回目

〈ニュートン算〉

排出前の水の体積を 1，管A，Bの排出量を毎分 $3a$，$2a$，水の流入量を毎分 x とすると，「管Aのみを2本用いたとき」と「管A，Bを1本ずつ用いたとき」について，以下の方程式が成立する。

(1) 管Aのみを2本用いたとき

$$1 - (3a + 3a - x) \times 3 = \frac{9}{10}$$

$$18a - 3x = \frac{1}{10} \quad \cdots\cdots ①$$

(2) 管A，Bを1本ずつ用いたとき

$$1 - (3a + 2a - x) \times 5 = \frac{11}{12}$$

$$25a - 5x = \frac{1}{12} \quad \cdots\cdots ②$$

ここで，①×10−②×12より，$x = 4a$ となる。したがって，水の流入量とBの排出量の比は，

$$x : 2a = 4a : 2a = 2 : 1$$

である。

よって，正解は肢4である。

正答 **4**

SECTION 13 数的推理 文章題

実践 問題127 応用レベル

頻出度 地上★★★ 国家一般職★★ 東京都★★ 特別区★★★
　　　 裁判所職員★★★ 国税・財務・労基★★★ 国家総合職★★★

問 1つの搬入用の扉と，多数の搬出用の扉が設置された物流システムの貯蔵室がある。この物流システムでは1回の動作で，搬入用の扉から一定数の荷物が貯蔵室に運び込まれ，搬出用の扉から「全開」と「半開」という2段階の開け方に応じて，それぞれ一定数の荷物が運び出される。貯蔵室に672個の荷物がある状態で，搬出用の扉のうち，3枚の扉を「全開」に，8枚の扉を「半開」にして動作を開始したところ168回目で貯蔵室は空になった。また，6枚を「全開」に4枚を「半開」にすると21回目で，8枚を「全開」に9枚を「半開」にすると6回目で，それぞれ空になった。搬出用の扉は，これらの動作中に「全開」と「半開」の状態は変わらず，他の扉はすべて閉じられている。同じ条件で「全開」と「半開」の搬出用の扉の枚数をそれぞれ14枚と1枚と設定すると，貯蔵室が空になる動作回数は何回か。　　　　　　　　（裁事2010）

1：1回
2：2回
3：3回
4：4回
5：5回

OUTPUT

実践 ▶ 問題 **127** の解説 ————————————————

〈ニュートン算〉

1回の動作で搬入扉から運び込まれる荷物数を x 個，「全開」の扉から搬出される荷物数を y 個，「半開」の扉から搬出される荷物数を z 個とする。搬出用の扉のうち，3枚の扉を「全開」に，8枚の扉を「半開」にすると，168回で貯蔵室は空になったため，

$$168(3y + 8z) = 672 + 168x$$
$$3y + 8z = 4 + x \quad \cdots\cdots①$$

6枚を「全開」に，4枚を「半開」にすると，21回で貯蔵室は空になったため，

$$21(6y + 4z) = 672 + 21x$$
$$6y + 4z = 32 + x \quad \cdots\cdots②$$

8枚を「全開」に，9枚を「半開」にすると，6回で空になったため，

$$6(8y + 9z) = 672 + 6x$$
$$8y + 9z = 112 + x \quad \cdots\cdots③$$

となる。

ここで，②－①より，

$$3y - 4z = 28 \quad \cdots\cdots④$$

また，③－①より，

$$5y + z = 108 \quad \cdots\cdots⑤$$

さらに，④＋⑤×4より，

$$23y = 460$$
$$y = 20$$

となる。

これを代入して x ，z を求めると，$x = 120$，$z = 8$ を得る。

ここで，搬出用の扉の枚数を「全開」14枚，「半開」1枚としたときに，貯蔵室の荷物が空になる回数を w 回とすると，

$$w(14 \times 20 + 1 \times 8) = 672 + 120 \times w$$
$$288w = 672 + 120w$$

となり，これを解くと，$w = 4$ となる。

よって，正解は肢4である。

正答 4

第1章 数的推理

第1章 SECTION 13 数的推理 文章題

実践 問題 128 応用レベル

頻出度 地上★★★ 国家一般職★★ 東京都★★★ 特別区★★★
裁判所職員★★ 国税・財務・労基★★ 国家総合職★★

[問] ある催し物の出席者用に7人掛けの長椅子と5人掛けの長椅子を合わせて30脚用意した。7人掛けの長椅子だけを使って7人ずつ着席させると、85人以上の出席者が着席できなかった。7人掛けの長椅子に4人ずつ着席させ、5人掛けの長椅子に3人ずつ着席させると、67人以上の出席者が着席できなかった。また、7人掛けの長椅子に7人ずつ着席させ、5人掛けの長椅子に5人ずつ着席させると、出席者全員が着席でき、1人も着席していない5人掛けの長椅子が1脚余った。このとき、出席者の人数として、正しいのはどれか。

(特別区2022)

1：169人
2：171人
3：173人
4：175人
5：177人

OUTPUT

実践 問題 **128** の解説 ─────────────

チェック欄		
1回目	2回目	3回目

第1章 数的推理

〈文章題〉

7人掛けの長椅子の個数を x 脚，5人掛けの長椅子の個数を y 脚とし，出席者の人数をA人とする。

まず，2種類の長椅子を合わせて30脚用意したことから，

$x + y = 30$ ……①

を満たす。

次に，「7人掛けの長椅子だけを使って7人ずつ着席させると，85人以上の出席者が着席できなかった」は，出席者の人数から座ることができた $7x$ 人を引いた人数が85人以上ということであるから，

$A - 7x \geq 85 \Rightarrow A \geq 7x + 85$ ……②

を満たす。

同様に，「7人掛けの長椅子に4人ずつ着席させ，5人掛けの長椅子に3人ずつ着席させると，67人以上の出席者が着席できなかった」も，

$A - (4x + 3y) \geq 67$ ①から，$A \geq 4x + 3y + 67 = x + 157$ ……③

を満たす。

また，「7人掛けの長椅子に7人ずつ着席させ，5人掛けの長椅子に5人ずつ着席させると，出席者全員が着席でき，1人も着席していない5人掛けの長椅子が1脚余った」ことから，出席者全員が7人掛けの長椅子 x 脚と，5人掛けの長椅子 $y - 1$ 脚を使って座ることができたことから，

$A = \{7x + 5(y - 1)\}$ ①から，$A = 2x + 145$ ……④

を満たす。

②と④より，

$7x + 85 \leq 2x + 145$ より，$x \leq 12$ ……⑤

③と④より，

$x + 157 \leq 2x + 145$ より，$x \geq 12$ ……⑥

となる。⑤と⑥を両方満たす x は $x = 12$ のみである。$x = 12$ のとき，$A = 169$ になる。

よって，正解は肢1である。

正答 **1**

2024-2025年合格目標 公務員試験 本気で合格！過去問解きまくり！ 355
①数的推理・資料解釈

SECTION 13 数的推理 文章題

実践 問題 129 応用レベル

頻出度	地上★	国家一般職★	東京都★	特別区★
	裁判所職員★	国税・財務・労基★		国家総合職★

[問] ある店舗では，ある一定の期間における来客数の統計を取っており，この期間における1日当たりの来客数は180.0人であったが，快晴であった5日間を除く当該期間の1日当たりの来客数は167.5人であった。一方，雨であった5日間を除く当該期間の1日当たりの来客数は190.0人であった。

快晴であった5日間の1日当たりの来客数が，雨であった5日間の1日当たりの来客数の2.8倍であったとき，当該期間の日数は何日か。

(国家一般職2018)

1：35日
2：40日
3：45日
4：50日
5：55日

OUTPUT

チェック欄		
1回目	2回目	3回目

実践 問題 **129** の解説

〈平均算〉

第1章 数的推理

当該期間の日数から，快晴であった5日間と雨であった5日間を除いた日数を x とする。

快晴であった5日間とそれ以外の x 日間の来客数は，

$190(5 + x)$（人）

雨であった5日間とそれ以外の x 日間の来客数は，

$167.5(5 + x)$（人）

当該期間の来客数は，

$180(10 + x)$（人）

である。快晴であった5日間の来客数および，雨であった5日間の来客数をそれぞれア，イとすると，来客数に関する次の表が得られる。

快晴であった5日間	それ以外の日（ x 日）	雨であった5日間
$190(5 + x)$ 人		イ
ア	$167.5(5 + x)$ 人	
$180(10 + x)$ 人		

すると，快晴であった5日間の来客数（ア）は，

$180(10 + x) - 167.5(5 + x) = 12.5x + 962.5$（人）

となり，雨であった5日間の来客数（イ）は，

$180(10 + x) - 190(5 + x) = 850 - 10x$（人）

となる。

最後に，アの人数はイの2.8倍という条件から，方程式を立てて x について解くと，

$12.5x + 962.5 = 2.8(850 - 10x)$

$x = 35$

となる。

以上より，当該期間は $35 + 10 = 45$ 日間である。

よって，正解は肢3である。

正答 3

LEC東京リーガルマインド　2024-2025年合格目標 公務員試験 本気で合格！過去問解きまくり！　357
①数的推理・資料解釈

第1章 SECTION 13 数的推理 文章題

実践 問題 130 応用レベル

問 白いカードを12枚用意し，それぞれに赤，青，黄色を1色以上塗る。以下のことがわかっているとき，2色のみ塗られたカードは何枚あるか。 （地上2008）

- 赤，青，黄色を塗ったのはそれぞれ8枚，7枚，9枚である。
- 2色のみ塗られたカードの色の組合せは赤と青，青と黄色，黄色と赤の3種類のうち2種類である。
- 1色のみ塗られているカードは赤である。

1 ： 4枚
2 ： 5枚
3 ： 6枚
4 ： 7枚
5 ： 8枚

実践 問題130 の解説

〈集合算〉

条件「1色のみ塗られているカードは赤である」より、赤1色のみ塗られているカードをx枚として次のようなベン図に整理する。

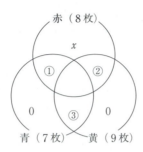

ここで、ベン図より2色のみ塗られているカード(①〜③)の枚数を表すと次のようになる。

① (赤, 青): $12-(9+0+x)=3-x$ (枚)
② (赤, 黄): $12-(7+0+x)=5-x$ (枚)
③ (青, 黄): $12-(8+0+0)=4$ (枚)

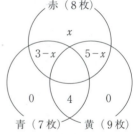

ここで、条件「2色のみ塗られたカードの色の組合せは赤と青、青と黄色、黄色と赤の3種類のうち2種類である」より、(赤, 青)の$3-x$枚か(赤, 黄)の$5-x$枚のいずれかが0枚である。しかし、$5-x=0$と仮定すると、$x=5$が得られ$3-x=-2$となってしまうため、不適である。したがって、(赤, 青)の$3-x$枚が0であることがわかる。これより、$x=3$(枚)が得られる。

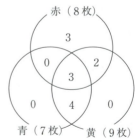

以上より、2色のみ塗られたカードは$2+4=6$(枚)である。

よって、正解は肢3である。

正答 3

問 ある学校の食堂で，学生にカレーライス，サラダ及びラーメンの3品の料理について，食べたい料理をたずねたところ，次のA～Eのことがわかった。

A　カレーライスを食べたいと答えた学生の人数と，サラダを食べたいと答えた学生の人数との比は，3：1であり，サラダを食べたいと答えた学生の人数と，ラーメンを食べたいと答えた学生の人数との比は，2：5であった。

B　カレーライスとサラダの2品の料理のうち，1品以上の料理を食べたいと答えた学生の人数は，ラーメンを食べたいと答えた学生の人数より11人多かった。

C　カレーライスとサラダの両方を食べたいと答えた学生の人数は，ラーメンのみを食べたいと答えた学生の人数と同数であり，サラダとラーメンの両方を食べたいと答えた学生の人数の2倍であった。

D　カレーライスとラーメンの両方を食べたいと答えた学生の人数は，カレーライスのみを食べたいと答えた学生の人数と，ラーメンのみを食べたいと答えた学生の人数の和よりも，2人多かった。

E　カレーライス，サラダ及びラーメンの3品とも食べたいと答えた学生の人数は，4人であった。

以上から判断して，カレーライスのみを食べたいと答えた学生の人数として，正しいのはどれか。
（東京都2007）

1：11人
2：12人
3：13人
4：14人
5：15人

OUTPUT

実践 問題131 の解説

〈集合算〉

条件Aより，カレーライス：サラダ＝3：1，サラダ：ラーメン＝2：5であるから，
　　カレーライス：サラダ：ラーメン＝6：2：5
となる。

したがって，カレーライスを食べたいと答えた学生の人数を$6a$人，サラダを食べたいと答えた学生の人数を$2a$人，ラーメンを食べたいと答えた学生の人数を$5a$人とする。

これを図Ⅰのベン図に表して考えていく。

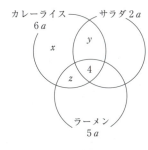

図Ⅰ

条件Eより，3品とも食べたいと答えた人数は4人である。また，求めるカレーライスのみを食べたいと答えた人数をx人とし，カレーライスとサラダの2品のみを食べたいと答えた人数をy人，カレーライスとラーメンの2品のみを食べたいと答えた人数をz人とする。図Ⅰより，
　　$x + y + z + 4 = 6a$　……①
である。

まず，条件Bについて考える。
カレーライスまたはサラダを食べたいと答えた人数は，カレーライスを食べたいと答えた$6a$人とサラダを食べたいと答えた$2a$人の和から，重複している2品とも食べたいと答えた$(y + 4)$人を引けば求められるから，
　　$6a + 2a - (y + 4) = 5a + 11$
　　∴　$y = 3a - 15$　……②

次に，条件Cについて考える。

図Ⅱのように，サラダとラーメンの2品のみを食べたいと答えた人数を w 人とする。ラーメンのみを食べたいと答えた人数は，カレーライスとサラダの両方を食べたいと答えた人数と同数であるから，$y + 4 = (3a - 15) + 4 = (3a - 11)$ 人であり，これが，サラダとラーメンの両方を食べたいと答えた人数（$w + 4$）人の2倍であるから，

$$y + 4 = 2(w + 4) \Rightarrow 3a - 11 = 2(w + 4)$$

$$\therefore w = \frac{3a - 19}{2}$$

となる。

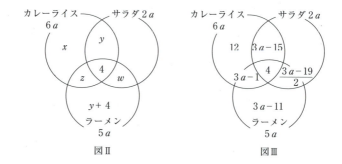

図Ⅱ　　　　　図Ⅲ

さらに，条件Dについて考える。

カレーライスとラーメンの両方を食べたいと答えた人数は，カレーライスのみを食べたいと答えた人数とラーメンのみを食べたいと答えた人数の和よりも2人多かったから，

$$z + 4 = x + (y + 4) + 2 \Rightarrow z = x + y + 2 \quad \cdots\cdots ③$$

となり，②を，③に代入して，

$$z = x + (3a - 15) + 2 = x + 3a - 13$$

これと②を，①に代入すると，

$$x + (3a - 15) + (x + 3a - 13) + 4 = 6a \Rightarrow 2x + 6a - 24 = 6a$$

$$\therefore x = 12 (人)$$

となる。以上を整理すると，図Ⅲのようになる。

よって，正解は肢2である。

正答 2

memo

第1章　数的推理

363

SECTION 13 数的推理 文章題

実践 問題 132 応用レベル

問 小学生50人に習い事のアンケート調査を行ったところ，ピアノを習っている児童は39人，水泳を習っている児童は30人，そろばんを習っている児童は22人，パソコンを習っている児童は11人，習い事を一つもしていない児童は6人という結果が得られた。これから確実にいえるのはどれか。

（国税・労基2005）

1：ピアノと水泳の二つを習っている児童が，全体の過半数を占めている。
2：ピアノ・水泳・そろばんの三つを習っている児童が，少なくとも3人いる。
3：ピアノ・水泳・パソコンの三つを習っている児童が，少なくとも1人いる。
4：パソコンを習っている児童は，ピアノ又は水泳の少なくともどちらか一つは習っている。
5：ピアノ・水泳・そろばん・パソコンの四つを習っている児童はいない。

OUTPUT

実践 問題 132 の解説

〈集合算〉

　習い事をしていない児童が6人であるから，習い事をしている児童は44人である。この44人に関して線分図を考える。なお，数直線の実線は習い事をしている児童を，破線は習い事をしていない児童を表す。

1 × 肢2の図のように，ピアノと水泳の両方を習っている児童がなるべく少なくなるように描くと，両方を習っている児童は25人となり，過半数の26人に満たないので確実にはいえない。

2 ○ ピアノ，水泳，そろばんの3つを習っている児童がなるべく少なくなるように考えるには，下図のようにピアノを習っていない5人と水泳を習っていない14人がそろばんを習っているとすればよい。しかしこのとき，そろばんを習っている児童のうちの3人が，ピアノ，水泳も習っていることになる。よって，3つを習っている生徒は少なくとも3人いる。

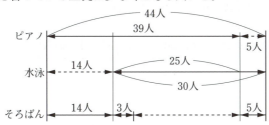

3 × 下図のように，パソコンを習っている11人全員が水泳を習っていない可能性もある。

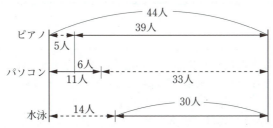

4 × 肢3の図のように，パソコンを習っている児童の中にピアノも水泳も習っていない児童がいる可能性もある。

5 × パソコンを習っている11人の中にピアノ，水泳，そろばんを習っている児童がいる可能性はある。

正答 **2**

第1章 14	数的推理
SECTION	場合の数

必修問題 セクションテーマを代表する問題に挑戦!

ここでは場合の数の数え方について学習していきます。公式一辺倒にならないようにしましょう。

問 A〜Jの10人が飛行機に乗り, 次のような3人掛け・4人掛け・3人掛けの横一列の席に座ることになった。

窓 □□□ 通路 □□□□ 通路 □□□ 窓

この10人の座り方について, 次のようにするとき, 座り方の組合せはいくつあるか。　　　　　　　　　　　　　　（国税・労基2011）
○　A, B, Cの3人は, まとまった席にする。
○　DとEは席を隣どうしにしない。
○　AとFは窓際の席にする。
なお, 通路を挟んだ席は隣どうしの席ではないものとする。

1：1122通り
2：1212通り
3：1221通り
4：2112通り
5：2211通り

直前復習

Guidance ガイダンス　場合の数で大事なのは,問題文のような状況とは一体どういうことなのか,問題文から読み取ることができる読解力である。また,もれがないように,重複しないように数え上げることが大切である。
よく,公式だけ覚えておけば大丈夫と考える人がいるが,おすすめはしない。問題文を注意深く読み,推理することによって適切な公式,数え方を選択できるようになってほしい。
なお,最短経路,物の配り方などはある程度決まった解法があるため,そういった問題は解法パターンとして覚えてしまってもいいだろう。

頻出度	地上★★	国家一般職★★	東京都★	特別区★★
	裁判所職員★★★	国税・財務・労基★★★		国家総合職★★★

必修問題の解説

チェック欄
1回目	2回目	3回目

第1章 数的推理

〈場合の数〉

下図に示すように座席を①〜⑩とする。

```
      ①  ②  ③      ④  ⑤  ⑥  ⑦      ⑧  ⑨  ⑩
  窓 [      ] 通路 [          ] 通路 [      ] 窓
```

まず，3番目の条件より，A，Fの座り方は$(A, F) = (①, ⑩), (⑩, ①)$の**2通り**がある。以降，仮にAを①に座らせて考えていく。

次に，1番目の条件より，B，Cの座り方は$(B, C) = (②, ③), (③, ②)$の**2通り**がある。一例を下図に示す。

```
      ①  ②  ③      ④  ⑤  ⑥  ⑦      ⑧  ⑨  ⑩
  窓 [A  B  C] 通路 [          ] 通路 [      F] 窓
```

そして，2番目の条件を考える。上図より，④〜⑨にD，Eを配置すればよいから，その数は$_6P_2 = 6 \times 5 = 30$（通り）ある。しかし，D，Eは隣り合ってはならないため，隣り合う座り方$(④, ⑤), (⑤, ④), (⑤, ⑥), (⑥, ⑤), (⑥, ⑦), (⑦, ⑥), (⑧, ⑨), (⑨, ⑧)$の8通りを除外した$30 - 8 = $**22（通り）**となる。

最後に，残ったG，H，I，Jの4人の配置を考えればよい。その数は$4! = $**24（通り）**である。

したがって，求める場合の数は，

$$2 \times 2 \times 22 \times 24 = 2112（通り）$$

である。

よって，正解は肢4である。

【コメント】

A，B，C，F以外の6人について，6人の並び方は$6!$通り，DとEが隣り合わせになるような6人の並び方は$8 \times 4!$通りある。以上より，

$$2 \times 2 \times (6! - 8 \times 4!) = 2112（通り）$$

と求めることもできる。

正答 4

Step ステップ　D，Eの配置は，順列の公式を使わずに，樹形図等を使って実際に書いてみてもよいだろう。場合の数の学習では，公式を使うこと以上に，泥臭くても自力で数え上げることのほうが重要である。

LEC東京リーガルマインド　2024-2025年合格目標 公務員試験 本気で合格！過去問解きまくり！
①数的推理・資料解釈

SECTION 14 数的推理
第1章
場合の数

1 場合の数の基本法則

(1) 和の法則

2つの事柄A，Bがあって，これらは同時に起こり得ないとする（このことを「A，Bは互いに排反である」という）。このとき，Aの起こり方が m 通り，Bの起こり方が n 通りであるとすると，AまたはBのいずれかが起こる場合の数は，$(m＋n)$ 通りである。

(2) 積の法則

2つの事柄A，Bがあって，Aの起こり方が m 通りあり，その各々の起こり方に対してBの起こり方が n 通りあるとすれば，Aに続いてBの起こる場合の数は，$(m×n)$ 通りである。

（例）1個のサイコロを2回振って，奇数，偶数が1回ずつ出る場合は何通りあるか。

（解説）

奇数，偶数が1回ずつ出るとは，（1回目，2回目）＝①（偶数，奇数），②（奇数，偶数）の2つの場合が考えられる。

①の場合は1回目に偶数が出るのは2，4，6の3通り，2回目に奇数が出るのは1，3，5の3通りであるから，積の法則より $3×3＝9$ 通りの場合がある。②の場合も同じように考えれば9通りあるため，和の法則より①＋②＝18通りが考えられる。

2 順列

(1) 順列

n 個の異なるものから r 個をとって1列に並べる並べ方を「n 個から r 個とる順列」といい，そのすべての順列の数を $_nP_r$ で表す。このとき，次の等式が成り立つ。

$$_nP_r＝n(n-1)(n-2)……(n-r+1)＝\frac{n！}{(n-r)！} \quad （ただし，n≧r）$$

$$_nP_n＝n(n-1)(n-2)・……・3・2・1＝n！$$

「$n！$」を n の階乗といい，$0！＝1$ と定める。

（例）1，2，3，4，5の5つの数字から異なるものを3つ選んで3桁の整数を作るとき，いくつの整数ができるか。

（解説）

5つの異なるものから3つを選んで並べているため，順列の公式を適用する。したがって，$_5P_3＝\dfrac{5！}{(5-3)！}＝\dfrac{5×4×3×2×1}{2×1}＝5×4×3＝60$（通り）となる。

INPUT

(2) 円順列

n 個の異なるものを円形に並べる場合, すなわち, 回転して同じものができる場合の順列の数は,

$$(n-1)!$$

で表され, これを円順列という。

特に, 裏返しができる場合, すなわち, まわり方を区別しないときは,

$$\frac{(n-1)!}{2} \ (n \geqq 3)$$

で表され, これを数珠順列という。

(3) 同じものを含む順列

n 個のものの中に, p 個の同じもの, q 個の他の同じもの, r 個のさらに他の同じもの, ……があるとき, これらの n 個のものを 1 列に並べる順列の数は,

$$\frac{n!}{p! \, q! \, r! \cdots\cdots} \quad (ただし, \ p+q+r+\cdots\cdots = n)$$

で表される。

(例) J, I, N, J, I, I, Nという 7 つの文字を並び替えようとしたとき, 何通りの並べ方があるか。

(解説)

「J」2つ, 「I」3つ, 「N」2つについては区別がつかないため, $\dfrac{7!}{2! \times 3! \times 2!}$ $=210$(通り)となる。

3 組合せ

n 個の異なるものから r 個を取り出す選び方を「n 個から r 個とる組合せ」といい, そのすべての組合せの数を$_n\mathrm{C}_r$で表す。このとき, 次の等式が成り立つ。

$$_n\mathrm{C}_r = \frac{_n\mathrm{P}_r}{r!} = \frac{n(n-1)\cdots\cdots(n-r+1)}{r!} = \frac{n!}{(n-r)! \cdot r!} \ (n \geqq r)$$

(例) 30人いる生徒から 2 人の美化委員を選ぶとき, 何通りの選び方があるか。

(解説)

選んだ生徒の位置や順序は問題ではなく, 単に 2 人を選んでいるだけであるから, 順列ではなく組合せとなる。したがって, $_{30}\mathrm{C}_2 = \dfrac{30 \times 29}{2 \times 1} = 435$(通り)となる。

問 赤色のカードが3枚，青色のカードが2枚，黄色のカードが1枚ある。隣り合うカードの色が異なるように，これらのカードを机の上に横一列に並べるとき，このようなカードの並べ方は全部で何通りあるか。
ただし，左右を入れ替えて同じ並びになるものは2通りとは数えないものとする。また，同じ色のカードは互いに区別できないものとする。 (国Ⅱ2006)

1 : 5通り
2 : 6通り
3 : 10通り
4 : 12通り
5 : 30通り

OUTPUT

実践 問題133 の解説

〈場合の数〉

まず,赤色のカードについて,並べ方を考える。

問題文の条件から,赤色のカードどうしは隣り合わないため,以下のような2通りの並べ方になる。なお,左右を入れ替えた並べ方は区別しないため,赤色のカードが①,④,⑥の場合は(1)と,②,④,⑥の場合は(2)と同じ並びとしてよい。

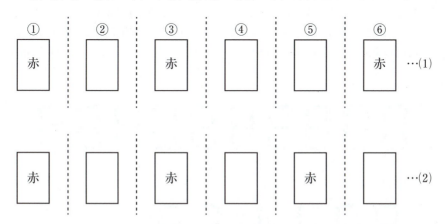

以下,(1),(2)の各場合について,青色,黄色のカードの並べ方を考える。

(1)の並べ方の場合
②に黄色のカードを置いてしまうと,青色のカードが④,⑤に置かれる結果,隣り合ってしまうため,条件を満たさない。したがって,黄色のカードは④,⑤のいずれかに置かれなければならず,この場合のカードの並べ方は2通りとなる。

(2)の並べ方の場合
黄色のカードを②,④,⑥のいずれに置いても,隣り合うカードの色はすべて異なるため,条件を満たす。したがって,この場合のカードの並べ方は3通りとなる。

以上より,条件を満たすカードの並べ方は,全部で3 + 2 = 5(通り)となる。
よって,正解は肢1である。

正答 1

SECTION 14 数的推理 場合の数

第1章

実践 問題 134 基本レベル

頻出度	地上★★	国家一般職★★	東京都★	特別区★★
	裁判所職員★★★	国税·財務·労基★★★		国家総合職★★★

問 図Ⅰのような字体の数字を用いて3桁の数を表示できる透明な電光掲示板がある。この電光掲示板に3桁の整数が表示されているとき，横方向に裏返しても3桁の整数として成立する場合は何通りあるか。ただし，0で始まる数の場合，0は桁数に含めないものとする（099は2桁，009は1桁と数える）。

また，図Ⅱの場合，821を横方向に裏返すと「1」の表示が図Ⅰと異なるため，3桁の整数としては成立しない。 (国Ⅱ2009)

図Ⅰ

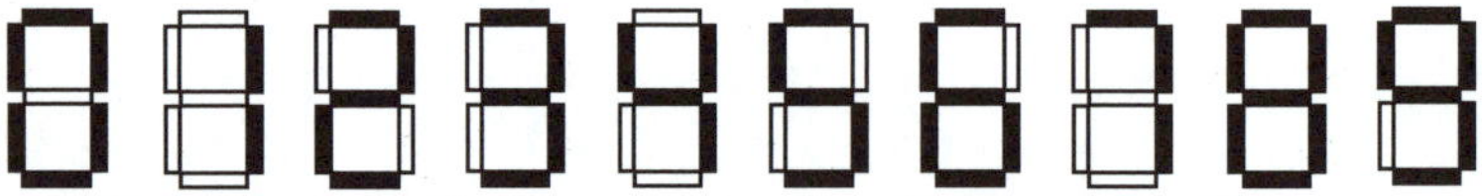

図Ⅱ

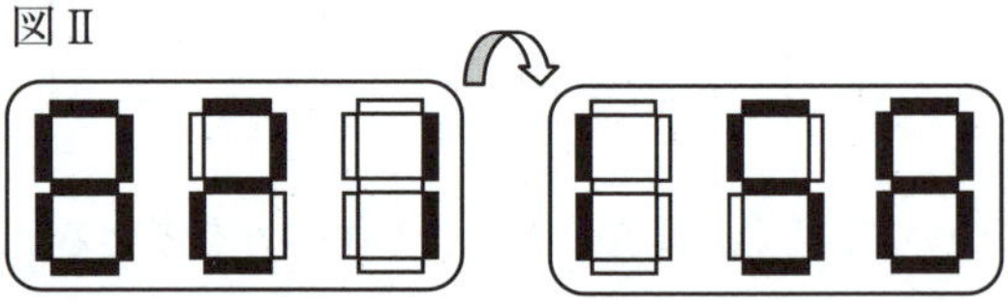

1 ： 16通り
2 ： 24通り
3 ： 36通り
4 ： 48通り
5 ： 64通り

OUTPUT

実践 問題 **134** の解説

チェック欄
1回目	2回目	3回目

〈場合の数〉

　図Ⅰより，裏返しても数字として成立するのは，10個の数字のうち「8」「2」「5」「0」の4つのみである。

　そのため，これらの数字以外の数字が入っている場合，題意を満たす3桁の整数を作ることはできない。

　そこで，これらの数字を使ってできる3桁の整数について検討する。

　このとき，258，582，802などは裏返した場合に3桁の整数として成立するが，025，058などは3桁の整数ではないため，250，820などは裏返した後に3桁の整数ができない。

　以上より，各桁について取りうる数字を検討すると次のようになる。

　　百の位：「2」，「5」，「8」
　　十の位：「0」，「2」，「5」，「8」
　　一の位：「2」，「5」，「8」

　これより，3桁の整数として成立する場合は，

　　$3 \times 4 \times 3 = 36$（通り）

となる。

　よって，正解は肢3である。

正答 **3**

SECTION 14 数的推理 場合の数

実践 問題 135 基本レベル

問 1の位, 10の位, 100の位が, いずれも1から5までの数である3桁の数で, 3の倍数となるのは全部でいくつあるか。 　（裁事・家裁2009）

1 : 39個
2 : 40個
3 : 41個
4 : 42個
5 : 43個

直前復習

OUTPUT

チェック欄		
1回目	2回目	3回目

実践 問題 **135** の解説 ───────────

〈場合の数〉

第1章 数的推理

３の倍数であれば，各位の数字の和が３の倍数になる。以降，

(1) ３桁とも同じ数字のとき

(2) ２桁が同じ数字のとき

(3) ３桁とも数字が違うとき

の３つの状況で場合分けをする。

(1) ３桁とも同じ数字のとき

「１１１」「２２２」「３３３」「４４４」「５５５」の５個がある。

(2) ２桁が同じ数字のとき

「１１４」「２２５」「４４１」「５５２」の組合せが考えられる。ここで，どの数字がどの位になるのかを考える必要があるが，たとえば「１１４」では，

「１１４」「１４１」「４１１」

の３通りが考えられ，残りの３つに関しても同じことがいえる。したがって，全部で，

$4 \times 3 = 12$（個）

がある。

(3) ３桁とも数字が違うとき

「１２３」「２３４」「３４５」「１３５」の組合せが考えられる。ここで，どの数字がどの位になるのかを考える必要があるが，たとえば「１２３」では，

$3! = 6$（通り）

がある。残りの３つに関しても同じことがいえるため，全部で，

$4 \times 6 = 24$（個）

がある。

したがって，(1)〜(3)の全部で $5 + 12 + 24 = 41$（個）ある。

よって，正解は肢３である。

正答 3

LEC東京リーガルマインド　2024-2025年合格目標 公務員試験 本気で合格！過去問解きまくり！　375
①数的推理・資料解釈

SECTION 14 場合の数

実践　問題136　基本レベル

問 合同な二等辺三角形16個をはり合わせて図のような立体を作った。このとき，頂点Aから辺を通って最短距離でBへ行き，同じ辺を通らずに最短距離で頂点Aに戻る道筋は何通りあるか。　　　　　　　　　　　　（地上2003）

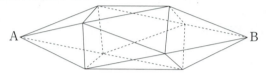

1：32通り
2：36通り
3：38通り
4：40通り
5：44通り

実践 問題 136 の解説

〈場合の数〉

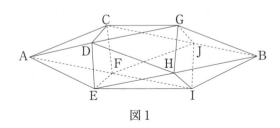

図1

点C〜Jを図1のように置く。AからBまでのすべての道筋を表したのが図2である。

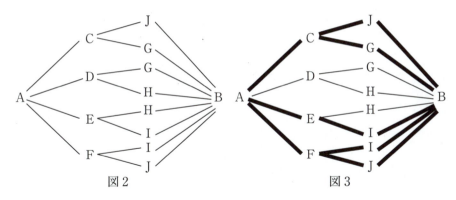

図2　　　　　　　　　　図3

まず、AからBへ行く道筋の場合の数は、図2より8通りあることがわかる。

次に、BからAに戻るときを考える。戻るときの道筋は行きの道筋を通ることができないため、具体的にAからBへ行く道筋がA→D→H→Bであったとして考える。

このとき、BからDとHを通らずAに戻る道筋の場合の数は、上の図3の太線で示した5通りとわかる。

また、AからBへ行く道筋がA→C→G→Bの場合も、BからCとGを通らずにAに戻る道筋の場合の数も5通りとなる。

このため、AからBへ行くすべての道筋において、BからAに戻る際に3通りの通ることができない道筋があることから、

AからBへ行く8通りの道筋すべてにおいて、BからAに戻る道筋は、

8 − 3 = 5（通り）

あるとわかる。

以上より，求めたい場合の数は，

（AからBへ行く道筋の数）×（BからAに戻る道筋の数）

で求めることができ，

8 × 5 ＝ 40（通り）

である。

よって，正解は肢 4 である。

正答 4

memo

第1章　数的推理

379

SECTION 14 場合の数

数的推理

実践 問題 137 基本レベル

頻出度 地上★★ 国家一般職★ 東京都★ 特別区★
裁判所職員★ 国税・財務・労基★ 国家総合職★★

[問] 下の図のように，五本の平行な線 $a \sim e$ が，他の六本の平行な線 $p \sim u$ と交差しており，a，e，q，s，t は細線，b，c，d，p，r，u は太線である。これらの平行な線を組み合わせてできる平行四辺形のうち，少なくとも一辺が細線である平行四辺形の総数として，正しいのはどれか。　（東京都2021）

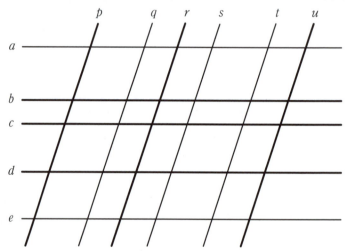

1： 141
2： 142
3： 143
4： 144
5： 145

実践 問題137 の解説

〈積の法則〉

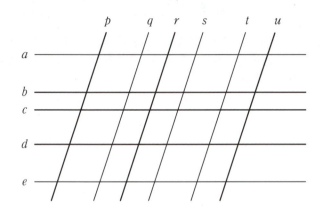

　少なくとも一辺が細線である平行四辺形の総数を求めるには、これらの平行な線を組み合わせてできる平行四辺形の総数から、すべての辺が太線からなる平行四辺形を引けばよい。

　平行四辺形の総数は、5本の横線から2本、6本の斜線から2本選ぶ組合せの総数に一致することから、

　　$_5C_2 \times _6C_2 = 10 \times 15 = 150$（個）

である。

　そのうち、すべての辺が太線からなる平行四辺形の総数は、

　　$_3C_2 \times _3C_2 = 3 \times 3 = 9$（個）

である。

　以上より、少なくとも一辺が細線である平行四辺形の総数は、

　　$150 - 9 = 141$（個）

である。

　よって、正解は肢1である。

正答 1

SECTION 14 数的推理 場合の数

実践 問題138 基本レベル

問 祖母，両親，子ども2人の5人で暮らしている家族が，買い物に外出する場合，外出のしかたは何通りあるか。ただし，子どもだけでは外出あるいは留守番はできないものとする。　　　　　　　　　　　　　　　　（特別区2014）

1：22通り
2：25通り
3：28通り
4：31通り
5：34通り

OUTPUT

実践 問題 **138** の解説 ─────────────────

〈場合の数〉

この家族が，祖母，父，母，子どもA，子どもBで構成されているとする。

外出する人数は，1人～5人の5つの場合があり，それぞれ場合分けをして考える。

(1) 外出人数が1人のとき

子どもA，Bは1人だけでは外出できないため，祖母，父，母の3人から外出する1人を選ぶ。よって，3通りの場合が考えられる。

(2) 外出人数が2人のとき

5人から2人を選ぶため，その場合の数は，

$$_5C_2 = \frac{5 \times 4}{2 \times 1} = 10（通り）$$

であるが，このうち，子どもA，Bの2人だけでは外出できないため，その場合を引いた，10 − 1 = 9通りの場合が考えられる。

(3) 外出人数が3人のとき

5人から2人留守番を選べばよいから，(2)の場合と同様に考えることができる。子どもA，Bの2人だけでは留守番をできないため，10 − 1 = 9通りの場合が考えられる。

(4) 外出人数が4人のとき

5人から1人留守番を選べばよいから，(1)の場合と同様に考えることができる。子どもA，Bは1人だけでは留守番できないため，祖母，父，母の3人から留守番する1人を選ぶ。よって，3通りの場合が考えられる。

(5) 外出人数が5人のとき

全員が外出するため，1通りが考えられる。

以上より，求める場合の数は，(1)～(5)の和をとって，

3 + 9 + 9 + 3 + 1 = 25（通り）

となる。

よって，正解は肢2である。

正答 **2**

SECTION 14 数的推理 場合の数

実践　問題 139　基本レベル

問　下の図のように、縦方向と横方向に平行な道路が、土地を直角に区画しているとき、最短ルートで、地点Aから地点Xを通って地点Bまで行く経路は何通りあるか。　（東京都2022）

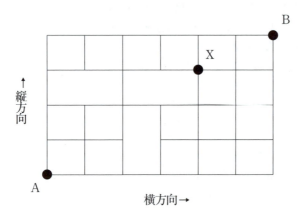

1 : 48通り
2 : 49通り
3 : 50通り
4 : 51通り
5 : 52通り

OUTPUT

実践 問題 **139** の解説

〈最短経路〉

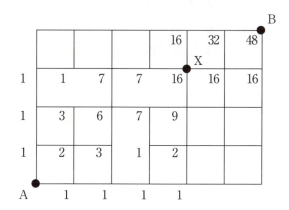

　地点Aから出発して各地点を通る場合の数を記入すると，上図のようになる。地点Xを通らなければならないことに注意する。これによると，地点Aから地点Xを通って地点Bまで行く最短ルートは，全部で48通りある。
　よって，正解は肢1である。

正答 **1**

SECTION 14 数的推理 場合の数

実践 問題 140 基本レベル

頻出度	地上★	国家一般職★	東京都★	特別区★
	裁判所職員★	国税・財務・労基★		国家総合職★

問 8個のキャラメルをＡ，Ｂ，Ｃの３人で分けるとき，その分け方は何通りあるか。ただし，３人とも１個以上受け取るものとする。　　　　（特別区2005）

1：15通り
2：18通り
3：21通り
4：24通り
5：27通り

直前復習

OUTPUT

チェック欄		
1回目	2回目	3回目

実践 問題 **140** の解説

〈重複組合せ〉

第1章 数的推理

区別がない8個のキャラメルを並べると,

○　○　○　○　○　○　○　○

この間に仕切りを2つ入れると, 仕切りの左側がA, 仕切りの間がB, 仕切りの右側がCのキャラメルとなるように考えることができる。

たとえば, Aが2個, Bが3個, Cが3個だと,

○　○|○　○　○|○　○　○

となる。

3人とも1個以上受け取るから, 両端に仕切りがくることはなく, 8個の○の間に仕切りがくることになる。したがって, 8個のキャラメルのすき間は7つであるから, この仕切りを入れる組合せは,

$$_7C_2 = \frac{7 \times 6}{2 \times 1} = 21（通り）$$

ある。

よって, 正解は肢3である。

【コメント】

8個のキャラメルを3人に分けるとき, もらえない人がいてもよいものという条件を付した場合の数は次のようになる。

「○」で表すキャラメル8個と, 「|」で表す仕切り3－1＝2個の合計10個を左から1列に並べたときの場合の数に等しく,

○○||○○○○○○

と $_{10}C_2 = 45$（通り）となる。この条件では, キャラメルどうしのすき間に仕切りを入れないといけないということではなく, 上の図のようにどの順番に並べても構わない。

なお, 以下の文章は, 得意な方のみでよい。

重複組合せの公式を用いた表し方は, 3人が重複を許して8個のキャラメルを取り出す場合の数であり,

$$_3H_8 = {}_{3+8-1}C_8 = {}_{10}C_8 = {}_{10}C_2$$

より45通りと求めることができる。

正答 3

SECTION 14 数的推理 場合の数

実践 問題141 基本レベル

[問] 黄，赤，青，緑，白色の5個の玉を次の条件で横一列に並べるとき，並べ方は何通りあるか。 (国税・財務・労基2013)

- 黄色の玉は端に置く。
- 赤色の玉と青色の玉は隣り合うように置く。
- 緑色の玉は中央(左右それぞれの端から三つ目)に置かない。

1 : 16
2 : 20
3 : 24
4 : 28
5 : 32

OUTPUT

実践 問題 **141** の解説

〈場合の数〉

1番目の条件から，黄色の玉は端に置くため，右端または左端に固定して，残り4個の玉の並べ方について考える。

また，2番目の条件から，赤色の玉と青色の玉は隣り合うように置くため，この2つを1つのまとまりとして扱う。

すると，左端に黄色の玉を置くとき，残りの玉は，赤と青が1つになったものと，白，緑の3個である。3種類のものを並べる場合の数は，順列となるため，

$3! = 3 \times 2 \times 1 = 6$（通り）

となる。

さらに，赤と青の玉の並び方は，青赤の場合と赤青の場合の2通りあるから，赤と青の並びを考慮すると，左端に黄色の玉を置くとき，全体の並べ方は，

$6 \times 2 = 12$（通り）

となる。次に，右端に黄色の玉を置くときを考えるが，これは，左端に黄色の玉を置いたときの左右逆になったものであるから，並べ方は，同じく，12通りとなる。

これより，1番目と2番目の条件を満たすような全体の並べ方は，

$12 + 12 = 24$（通り）　……①

あることになる。

ここで，3番目の条件より，緑色の玉は中央に置かないことより，全体の並べ方から，

黄 ○ 緑 ○ ○　　　○ ○ 緑 ○ 黄

となる並べ方の場合の数を①から引けばよい。

いま，赤と青が隣り合うように考えているから，○ ○と2つ並ぶのは青と赤である。

したがって，残りが白となり，

黄 白 緑 赤 青　　　黄 白 緑 青 赤

赤 青 緑 白 黄　　　青 赤 緑 白 黄

の4通りが該当する。

したがって，求める場合の数は，

$24 - 4 = 20$（通り）

となる。

よって，正解は肢2である。

正答 **2**

SECTION 14 場合の数

実践 問題142 基本レベル

問 赤, 青, 黄の色鉛筆を合計10本買うことにした。どの色も最低1本は買い, また青鉛筆よりも赤鉛筆を多く買う場合, その買い方は何通りあるか。

（裁判所職員2016）

1：16通り
2：17通り
3：18通り
4：19通り
5：20通り

OUTPUT

実践 ▶ 問題 **142** ▶ の解説

チェック欄		
1回目	2回目	3回目

〈場合の数〉

　最初に赤，青，黄の色鉛筆を1本ずつ買っているものとして，残りの7本の買い方について考える。

　このとき，青鉛筆を買う本数で整理していくと次のようになる。

(1) **青を0本**

　　(赤, 青, 黄) = (1, 0, 6), (2, 0, 5), (3, 0, 4), (4, 0, 3),
　　　　　　　　(5, 0, 2), (6, 0, 1), (7, 0, 0)

　の7通りある。

(2) **青を1本**

　　(赤, 青, 黄) = (2, 1, 4), (3, 1, 3), (4, 1, 2), (5, 1, 1),
　　　　　　　　(6, 1, 0)

　の5通りある。

(3) **青を2本**

　　(赤, 青, 黄) = (3, 2, 2), (4, 2, 1), (5, 2, 0)

　の3通りある。

(4) **青を3本**

　　(赤, 青, 黄) = (4, 3, 0)

　の1通りある。

　青を4本以上買うと赤よりも必ず多くなってしまうために，条件を満たすことができない。

　したがって，求める場合の数は，(1)～(4)の和をとって，

　　$7 + 5 + 3 + 1 = 16$（通り）

である。

　よって，正解は肢1である。

正答 **1**

SECTION 14 数的推理 場合の数

実践 問題 143 応用レベル

問 図のような，道路により5×5のマス目状に区切られた町がある。マス目の各辺は道路を表しており，長さは1である。また，●は道路が交差する地点にあるポストを表している。
いま，マス目の頂点にある★の地点を配達人が出発し，道路のみを通って移動する場合，移動した距離が6となったときにちょうど到達し得るポストの数は，全部でいくつか。
ただし，配達人は距離1ずつ移動し，道路が交差する地点以外で進む向きを変えることはなく，★の地点にポストはないものとする。　（国家一般職 2023）

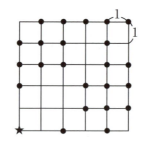

1：9個
2：10個
3：11個
4：12個
5：13個

OUTPUT

実践 問題 143 の解説

〈場合の数〉

はじめに、★から最短距離が7以上の地点は、距離6で進むことができない。★から距離6で進むことができる地点は、★からの最短距離が6以下の点とわかる。そこで、★からの最短距離の値で場合分けをして、距離6で進める地点を考えていく。

・**★から最短距離6で行くことができるポスト**
　★の位置からの最短距離が6のポストを次の図の○で示す。○で囲ったポストには距離6で行くことができる。

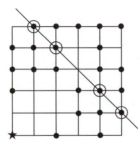

最短距離：6

・**★から最短距離5で行くことができるポスト**
　★の位置からの最短距離が5のポストを次の図の○で表す。しかし、これらの格子点上の点へは★の位置から距離6で進むことはできない。

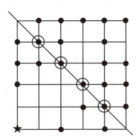

最短距離：5

第1章 数的推理
SECTION 14 場合の数

- ★から最短距離4で行くことができるポスト

　★の位置からの最短距離が4のポストを次の図の○で表す。○の隣のある点に移動して，○に戻ることができる。したがって，★の位置から距離6で進むことができる。

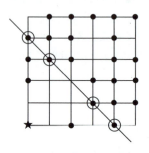

最短距離：4

　最後に，★の位置から最短距離3で行くことができるポストには，★の位置から距離6で進むことができない。また，★の位置から最短距離2で行くことができるポストには，★の位置から距離6で進むことができる。

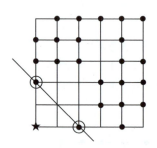

最短距離：2

　以上より，条件を満たすポストは★からの最短距離が2，4，6の位置にある10個である。
　よって，正解は肢2である。

正答 2

memo

第1章　数的推理

SECTION 14 場合の数

実践 問題144 応用レベル

問 ある人が第1ホールから順にゴルフをプレイして回ったところ，いずれのホールの成績もボギー（＋1），ダブルボギー（＋2）又はトリプルボギー（＋3）であり，あるホールを終えてスコアがちょうど「＋7」となった時点で雨のため中断した。このとき，各ホールの成績の並びの組合せは何通りあるか。

なお，ボギー，ダブルボギー，トリプルボギーとは，基準打数よりもそれぞれ1打，2打，3打多く打った成績を指しており，基準打数よりも多く打った打数の総和がスコアである。例えば，第1ホールからの成績の並びがトリプルボギー，ダブルボギー，ボギーであった場合，スコアは（＋3）＋（＋2）＋（＋1）で「＋6」である。

(国Ⅰ2010)

1：24通り
2：36通り
3：44通り
4：52通り
5：68通り

OUTPUT

チェック欄		
1回目	2回目	3回目

実践 問題 **144** の解説 ————————————————

〈重複順列〉

スコアが「＋7」という条件のもとで，回ったホール数が7〜3の場合が考えられるため，場合分けをして考える。

(1) 7ホールのとき

7ホールすべてボギーしかないため1通りである。

(2) 6ホールのとき

5ホールがボギーで，1ホールがダブルボギーである。第1〜第6ホールのいずれかがダブルボギーだったため，6通りである。

(3) 5ホールのとき

次の2つの組合せのパターンが考えられる。

	①	②	③	④	⑤
i	＋1	＋1	＋1	＋1	＋3
ii	＋1	＋1	＋1	＋2	＋2

iのときは，第1〜第5ホールのいずれかがトリプルボギーだったため，5通りが考えられる。

iiのときは，「＋1」3つ，「＋2」2つの並び替えとみなせばよいから，

$$\frac{5!}{3! \times 2!} = 10（通り）$$

である。

(4) 4ホールのとき

次の2つの組合せのパターンが考えられる。

	①	②	③	④
iii	＋1	＋1	＋2	＋3
iv	＋1	＋2	＋2	＋2

iiiのときは，「＋1」2つ，「＋2」「＋3」が1つずつの並び替えとみなせばよいから，

$$\frac{4!}{2!} = 12（通り）$$

である。

ivのときは，第1〜第4ホールのいずれかがボギーだったため，4通りである。

LEC東京リーガルマインド　2024-2025年合格目標 公務員試験 本気で合格！過去問解きまくり！　397
①数的推理・資料解釈

数的推理 場合の数

(5) 3ホールのとき

次の2つの組合せのパターンが考えられる。

	①	②	③
v	+1	+3	+3
vi	+2	+2	+3

　v，viの場合ともいずれも，第1～第3ホールのいずれかがボギーもしくはトリプルボギーだったため，それぞれ3通りずつである。

　以上より，場合の数は，
　1 + 6 + 5 + 10 + 12 + 4 + 3 + 3 = 44（通り）
である。
　よって，正解は肢3である。

正答 3

memo

第1章　数的推理

399

SECTION 14 場合の数

数的推理

実践 問題 145 応用レベル

頻出度	地上★★	国家一般職★★	東京都★	特別区★
	裁判所職員★★★	国税・財務・労基★★★		国家総合職★★

問 下の図のような街路がある。このとき，S地点から出発しG地点に到達する道順は何通りあるか。ただし，遠回りはしてもよいが，同じ道や同じ交差点を通ることは許されないものとする。　　　　　　　　　　　（裁判所職員2022）

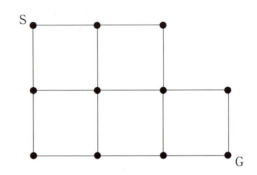

1：21通り
2：22通り
3：23通り
4：24通り
5：25通り

OUTPUT

実践 問題 **145** の解説

〈場合の数〉

AとBの地点を，右の図のように定める。条件より，SからAに行く道順とSからBに行く道順の場合の数の合計が，SからGへ行く道順の場合の数に等しい。

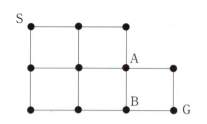

ここで，SからA，あるいはSからBへ行く道順を考える際に通る辺の本数を長さと呼ぶことにする。この長さを決めて，SからA，あるいはSからBへ行く道順を考えていくことにする。

(1) **長さが3のとき**
　通る辺の本数が3のとき，考えられるのはSからAへ行く道順のうち，最短経路となるものである。その場合の数は，$_3C_1 = 3$ 通りである。このとき，SからBへ行く道順は存在しない。

(2) **長さが4のとき**
　通る辺の本数が4のとき，考えられるのはSからBへ行く道順のうち，最短経路となるものである。その場合の数は，$_4C_2 = 6$ 通りである。このとき，SからAへ行く道順は存在しない。

(3) **長さが5のとき**
　考えられる道順としては次の5通りある。また，SからBへ行く道筋は存在しない。

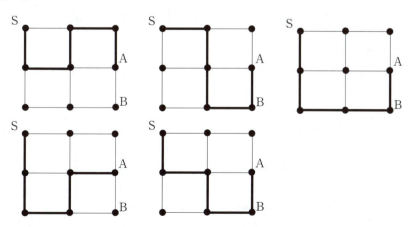

数的推理
場合の数

(4) 長さが6のとき
考えられる道順としては次の4通りある。また，SからAへ行く道筋は存在しない。

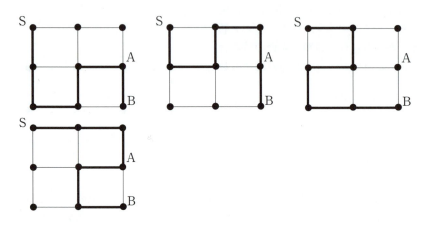

(5) 長さが7のとき
考えられる道順としては次の2通りある。また，SからBへ行く道筋は存在しない。

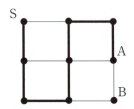

(6) 長さが8のとき
考えられる道順としては次の2通りある。また，SからAへ行く道筋は存在しない。

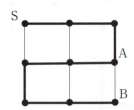
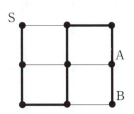

OUTPUT

以上より，考えられる道順は全部で，

$3 + 6 + 5 + 4 + 2 + 2 = 22$（通り）

ある。

よって，正解は肢2である。

第1章　数的推理

正答 2

第1章 ⑭ 数的推理 場合の数

実践 問題 146 応用レベル

問 ある美術館の受付窓口の前に，500円の入場チケットを求めて，8人が一列に並んでいる。8人のうち500円硬貨1枚で払う人が4人，千円札1枚で払う人が4人いる。受付の者は，お釣りとして500円硬貨を1枚しか用意していない。このとき，受付の者が，千円札で払ったすべての人に500円硬貨でお釣りを返すことができる並び方は何通りあるか。　　　　　（裁判所職員2022）

1：42通り
2：49通り
3：56通り
4：63通り
5：70通り

OUTPUT

実践 問題 146 の解説

〈場合の数〉

今回は，樹形図を用いて場合の数を考えることにする。

(1) 最初の人が500円硬貨で支払ったとき

受付には２枚の500円硬貨がある。さらに，２人目の人が支払った方法によって場合分けをし，場合の数を計算していく。

a) ２人目の人が500円硬貨で支払ったとき

受付の手元には３枚の500円硬貨がある。そこから，樹形図を描いていくと，次の図になる。樹形図内のかっこの数は，受付終了時の500円硬貨の枚数である。また，樹形図の①〜④は，

① ： ４人目以降の受付で，千円札４人，500円硬貨１人，合計５人の受付をする場合

② ： ５人目以降の受付で，千円札３人，500円硬貨１人，合計４人の受付をする場合

③ ： ６人目以降の受付で，千円札２人，500円硬貨１人，合計３人の受付をする場合

④ ： ６人目以降の受付で，千円札１人，500円硬貨２人，合計３人の受付をする場合

を表すものとする。

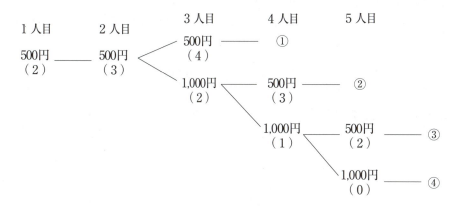

場合の数

①は $_5C_1 = 5$ 通り, ②は $_4C_1 = 4$ 通り, ③は $_3C_1 = 3$ 通り, ④は6人目に1,000円支払いはできないため, $_3C_1 - 1 = 2$ 通りである。

この場合は, 全部で, ①+②+③+④ = 5 + 4 + 3 + 2 = 14 (通り) である。

b) 2人目の人が千円札で支払ったとき

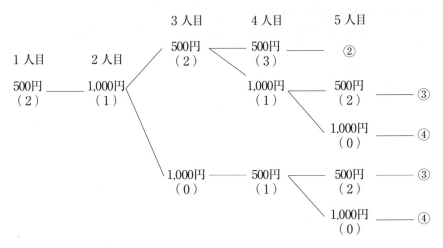

この場合,
　②+③+④+③+④ = 4 + 3 + 2 + 3 + 2 = 14 (通り)
である。

(2) 最初の人が1000円札で支払ったとき

2人目の人は, 1000円札で支払うことはできず, 500円硬貨で支払ったとわかる。

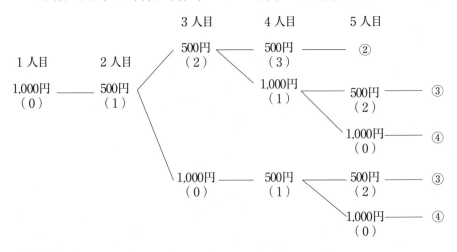

OUTPUT

この場合,

②＋③＋④＋③＋④＝ 4 ＋ 3 ＋ 2 ＋ 3 ＋ 2 ＝14（通り）

である。

以上より, 求めたい場合の数は,

14＋14＋14＝42（通り）

である。

よって, 正解は肢1である。

正答 1

SECTION 14 場合の数

数的推理

実践 問題 147 応用レベル

問 フラワー・ショップに花束を発注したい。1本が600円, 700円, 1,500円, 1,900円の4種類の花から2種類を計7本選ぶとき, 代金の合計が8,100円となる選び方は全部で何通りあるか。　　　　　　　　　　　　　　　　（裁判所職員2013）

1：1通り
2：2通り
3：3通り
4：4通り
5：5通り

OUTPUT

実践 問題 **147** の解説

チェック欄		
1回目	2回目	3回目

〈場合の数〉

　問題文の条件より，4種類の花から2種類を計7本選ぶことになるから，その組合せの数は$_4C_2 = 6$通りである。

　ここで，600円と700円の組合せでは，高いほうの700円の花を7本選んでも8,100円に届かず，一方，1,500円と1,900円の組合せでは，安いほうの1,500円の花を7本選んでも8,100円を超えてしまう。したがって，1,500円と1,900円のどちらか1種類と，600円と700円のどちらか1種類をそれぞれ選ぶことになる。

　そこで，1,500円と1,900円の花について場合分けをして考える。

(1)　**1,500円の花を選んだ場合**

　　この花を7本購入すると，

　　　$1500 \times 7 = 10500$（円）

　となり，8,100円を，

　　　$10500 - 8100 = 2400$（円）

　超えてしまう。ここで，1,500円の花のうち1本を，600円または700円の花1本へ変更した場合に，変わる金額を計算すると，

　　　600円の花：$1500 - 600 = 900$（円）

　　　700円の花：$1500 - 700 = 800$（円）

　購入金額が安くなる。したがって，1,500円の花から変更しなければならない花の本数は，

　　　600円の花：$\dfrac{2400}{900} \fallingdotseq 2.7$（本）　　　　700円の花：$\dfrac{2400}{800} = 3$（本）

　となる。花の数は整数となるため，1,500円の花4本と700円の花3本を選ぶことになる。

(2)　**1,900円の花を選んだ場合**

　　(1)と同様に，この花を7本購入したとすると，

　　　$1900 \times 7 = 13300$（円）

　となり，8,100円を，

　　　$13300 - 8100 = 5200$（円）

　超えてしまう。1,900円の花1本と600円，700円の花1本との金額差は，

　　　600円の花：$1900 - 600 = 1300$（円）

　　　700円の花：$1900 - 700 = 1200$（円）

　であるから，1,900円の花から変更しなければならない花の本数は，

2024-2025年合格目標 公務員試験 本気で合格！過去問解きまくり！ ①数的推理・資料解釈　409

600円の花：$\frac{5200}{1300} = 4$（本）　　　700円の花：$\frac{5200}{1200} ≒ 4.3$（本）

となる。花の数は整数となるため，1,900円の花3本と600円の花4本を選ぶことになる。

以上，(1), (2)より，代金の合計が8,100円となる選び方は全部で2通りある。
よって，正解は肢2である。

正答 2

memo

第1章　数的推理

第1章 15 数的推理
SECTION 確率

必修問題 セクションテーマを代表する問題に挑戦！

確率について学習します。確率は場合の数の知識が必須になってきますので、まずはそちらを学習しましょう。

問 袋の中に6枚のカードがあり、そのうち3枚は両面とも白色、2枚は表面が白色で裏面が赤色、1枚は両面とも赤色である。この袋の中からカードを同時に2枚取り出して机の上に置いたとき、2枚とも白色の面が現れる確率はいくらか。

なお、カードの各面が現れる確率はそれぞれ等しいものとする。

（国税・労基2011）

1 ： $\dfrac{2}{3}$

2 ： $\dfrac{4}{9}$

3 ： $\dfrac{5}{12}$

4 ： $\dfrac{1}{3}$

5 ： $\dfrac{7}{24}$

直前復習

Guidance ガイダンス

確率は、場合の数で学習したことを、より具体的に掘り下げていくことが重要になってくる。

また、確率では、「余事象」「独立試行」「条件付き」などの応用問題がある。これらの問題は公式や解法があるため覚えてしまいたいが、丸暗記にはならないようにしたい。

412 LEC東京リーガルマインド　2024-2025年合格目標 公務員試験 本気で合格！過去問解きまくり！
①数的推理・資料解釈

頻出度	地上★	国家一般職★★★	東京都★★★	特別区★★
	裁判所職員★★★	国税・財務・労基★★★	国家総合職★★★	

チェック欄

1回目	2回目	3回目

必修問題の解説

〈確率〉

6枚のカードを次のように①〜⑥として区別をつける。

	①	②	③	④	⑤	⑥
表	白	白	白	白	白	赤
裏	白	白	白	赤	赤	赤

6枚のカードから2枚を取り出して机の上に置いたとき，考えられうるすべての場合の数を求める。6枚から2枚を選んで，選んだ2枚それぞれについて表か裏の場合を考えればよいから，

$$_6C_2 \times 2 \times 2 = 60 (通り)$$

となる。

次に，2枚とも白色の面が現れる場合を検討していく。これを満たす場合は，次のような3通りに分けることができる。

(1) ①〜③から2枚取り出す場合

(2) ①〜③から1枚，④，⑤から1枚取り出し，④，⑤については表を見せる場合

(3) ④，⑤を取り出し，表を見せる場合

(1)のとき

①〜③の3枚から2枚を選んで，選んだ2枚それぞれについて表か裏の場合を考えればよいから，

$$_3C_2 \times 2 \times 2 = 12 (通り)$$

となる。

(2)のとき

①〜③の3枚から1枚を選び，④，⑤のうちから1枚を選ぶ。さらに①〜③に関しては表か裏かを考えなくてはならないため（④，⑤に関しては表しかないため1通りに決まる），その場合の数は，

$$(_3C_1 \times 2) \times _2C_1 = 12 (通り)$$

となる。

(3)のとき

④，⑤を選び，それぞれ表を見せる1通りしか考えられない。

以上より，題意を満たす場合の数は$12 + 12 + 1 = 25 (通り)$が考えられる。

したがって，求める確率は，$\dfrac{25}{60} = \dfrac{5}{12}$となる。

よって，正解は肢3である。

正答 3

S ECTION 第1章 ⑮ 数的推理
確率

1 確率の定義

一定の条件のもとで，ある実験や観測を行うことを「試行」といい，試行の結果として起こる事柄を「事象」という。

ある試行において，起こりうるすべての場合が N 通りあり，これらの事象はどの2つも同時に起こることはなく，どの事象が起こることも「同様に確からしい」(どの場合も同程度に起こる)場合，そのうち事象Aが起こる場合の数が a 通りであるとき，$\dfrac{a \text{通り}}{N \text{通り}}$ を「事象Aの起こる確率」といい，P(A)で表す。

(例) サイコロを2回振って出た目の和が10になる確率を求めよ。

(解説)

サイコロを2回振って出うる目の組合せは $6 \times 6 = 36$(通り)ある。そのうち出た目の和が10となるのは(1回目, 2回目) = (4, 6), (5, 5), (6, 4)の3通りであるから，その確率は $\dfrac{3 \text{通り}}{36 \text{通り}} = \dfrac{1}{12}$ となる。

2 確率の基本定理

(1) 加法定理

ある試行によって起こる事象A，Bがあって，AとBが同時には起こらないとき，A，Bは排反であるといい，互いに排反である事象を排反事象という。たとえば，サイコロを1回振って偶数が出る場合と，奇数が出る場合は同時に起こらないため互いに排反である。

A，Bが排反事象であるとき，**AまたはBの起こる確率**について，次の加法定理が成り立つ。

$$P(A \cup B) = P(A) + P(B)$$

(2) 乗法定理

① 試行が独立の場合

2つの試行SとTについて，SとTが互いに影響を及ぼさないとき，SとTは独立であるという。SとTが独立のとき，Sで事象Aが，Tで事象Bが起こる確率について以下が成り立つ。

$$P(A \cap B) = P(A) \times P(B)$$

② 試行が従属の場合

SとTが独立でない場合(従属である場合)，Aが起きたときのBの起こる確率を $P_A(B)$ とすると，A，Bともに起こる確率について，次の乗法公式が成り立つ。

$$P(A \cap B) = P(A) \times P_A(B)$$

たとえば，くじを2回引く場合を考える。1回目に引いたくじを元に戻して2回目を

INPUT

引く場合は，1回目と2回目は互いに影響を及ぼさないため，この場合は独立である。

　一方，1回目に引いたくじを戻さずに2回目のくじを引く場合は，2回目は1回目の影響を受けているため（くじの本数が減っている），この場合は従属である。

3　余事象の確率

　事象Aに対して，Aでない事象を$\overline{A}$とするとき，Aが起こる確率$P(A)$は，

$$P(A)=1-P(\overline{A})$$

と求めることもできる。

4　反復試行の確率

　1回の試行で事象Aの起こる確率をpとする。これら試行が独立で，n回繰り返した場合，事象Aがn回中r回起こる確率P_rは，

$$P_r={}_nC_r\,p^r\,q^{n-r}$$

と表される。ただし，qはAの余事象$\overline{A}$の確率で，$q=1-p$である。

5　原因の確率

　ある事象が起こったという結果に対して，その結果をもたらした原因がどの事象であるかの確率を考えるとき，この確率を原因の確率という。

　たとえば，「ある地区のその日の降水確率は30％であった。雨なら10％の確率で，雨でなかったら20％の確率で満車になる駐車場がある。その日の駐車場が満車になったとき，その日が雨であった確率を求めよ」とあったとき，「駐車場が満車になった」という結果を引き起こした原因が「雨」であった確率を求める問題ということになる。

　このような確率は，原因A，B（この場合Aを「雨」，Bを「雨でない」とする）のどれかから，結果として事象E（この場合Eは「満車」とする）が起こったとき，Eが起こった原因がAである確率$P_E(A)$は，$P_E(A)=\dfrac{P(A)P_A(E)}{P(A)P_A(E)+P(B)P_B(E)}$

となる。したがって，上の場合の確率は，$\dfrac{0.3\times0.1}{0.3\times0.1+0.7\times0.2}=\dfrac{3}{17}$となる。

6　期待値

　期待値（お金の場合は期待金額という）とは，ある試行に対して得られる見込み量を表したものである。平均と同じ意味で使われることもある。

　ある変数（x_1，x_2，x_3，……，x_n）に対して（変数は賞金等の金額であることが多い），これらの値をとる確率をそれぞれ（p_1，p_2，p_3，……，p_n）とする。このとき期待値は，

$$x_1p_1+x_2p_2+x_3p_3+\cdots\cdots+x_np_n$$

となる。

第1章 SECTION 15 数的推理 確率

実践 問題 148 基本レベル

頻出度 地上★ 国家一般職★★★ 東京都★★★ 特別区★★
裁判所職員★★★ 国税・財務・労基★★★ 国家総合職★★★

問 各面に1～12の異なる数字が一つずつ書かれた正十二面体のサイコロがある。いま，このサイコロを2回振った場合に，出た目の和が素数となる確率はいくらか。
(国家一般職2015)

1 : $\dfrac{25}{144}$

2 : $\dfrac{25}{72}$

3 : $\dfrac{17}{48}$

4 : $\dfrac{13}{36}$

5 : $\dfrac{5}{12}$

OUTPUT

実践 問題 **148** の解説 ————————————

〈確率〉

正十二面体のサイコロを 2 回振ったときに出た目の和の最小値は 1 ＋ 1 ＝ 2，最大値は 12 ＋ 12 ＝ 24 である。したがって，出た目の和が素数となるのは，

2，3，5，7，11，13，17，19，23

となるときである。これを表にまとめると次のようになる。

		\ 2回目の数											計
		1	2	3	4	5	6	7	8	9	10	11	12	
1回目の数	1	○	○		○		○				○		○	6
	2	○		○		○				○		○		5
	3		○		○				○		○			4
	4	○		○				○		○				4
	5		○				○		○				○	4
	6	○				○		○				○		4
	7				○		○				○		○	4
	8			○		○				○		○		4
	9		○		○				○		○			4
	10	○		○				○		○				4
	11		○				○		○				○	4
	12	○				○		○				○		4
												合計		51

したがって，出た目の和が素数となるときは，全部で 51 通りである。

サイコロの目の出方は，

12 × 12 ＝ 144（通り）

ある。したがって，求める確率は，

$$\frac{51}{144} = \frac{17}{48}$$

である。

よって，正解は肢 3 である。

【コメント】

サイコロの目の和などの確率については，表を書いて可視化することにより，効率よく求めることができる。

正答 **3**

問 1個のサイコロを6回振ったとき，3の倍数が5回以上出る確率はどれか。

(特別区2023)

1 ： $\dfrac{1}{3}$

2 ： $\dfrac{4}{243}$

3 ： $\dfrac{1}{729}$

4 ： $\dfrac{13}{729}$

5 ： $\dfrac{5}{972}$

OUTPUT

実践 ▶ 問題 **149** の解説

〈確率〉

サイコロを6回振ったときの全事象の場合の数は，6^6通りである。

3の倍数が5回以上出るのだから，5回出るときと6回出るときに分けて考える。

まず，3の倍数が6回出るときの場合の数は，1回目〜6回目まで出る目は3と6に限定されるから，

2^6（通り）　……①

である。

次に，3の倍数が5回出るときの場合の数は，1回目〜6回目のうち1回は3の倍数以外の目が出ることになるため，

・3の倍数の目が5回出る　……$2^5 = 32$通り

・3の倍数でない目が1回出る　……4通り

・3の倍数でない目が1〜6回目のうちどれかで起こる　……6通り

の積に等しく，

$32 \times 4 \times 6 = 2^8 \times 3$（通り）　……②

である。①と②の和は，

$2^6 + 2^8 \times 3 = 2^6 \times (1 + 2^2 \times 3) = 13 \times 2^6$

で，$6^6 = 2^6 \times 3^6$であるから，求めたい確率は，

$$\frac{13 \times 2^6}{6^6} = \frac{13 \times 2^6}{2^6 \times 3^6} = \frac{13}{729}$$

である。

よって，正解は肢4である。

正答 4

SECTION 15 数的推理 確率

実践 問題 150 基本レベル

頻出度	地上★	国家一般職★★★	東京都★★★	特別区★★
	裁判所職員★★★	国税・財務・労基★★★	国家総合職★★	

[問] 下図のすごろくにおいて、「スタート」の位置から、立方体のサイコロ一つを振って出た目の数だけコマを進ませ、3回目でちょうど「ゴール」の位置に止まる確率として、正しいのはどれか。ただし、「スタートに戻る」の位置に止まったときは、「スタート」の位置に戻る。　　　　（東京都2015）

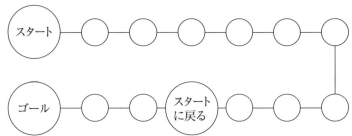

1 : $\dfrac{1}{72}$

2 : $\dfrac{1}{12}$

3 : $\dfrac{7}{72}$

4 : $\dfrac{7}{36}$

5 : $\dfrac{7}{12}$

OUTPUT

実践 ▶ 問題 **150** の解説

〈確率〉

　サイコロを 3 回振って出た目の和が13となればよいが，1 回目と 2 回目の出た目の和が10となってしまうと，スタートに戻ることになるから，サイコロを 3 回振ってちょうど「ゴール」の位置に止まる組合せは，次の18通りである。

CaseNo.	1	2	3	4	5	6	7	8	9	10	11	12
1 回目	6	6	6	6	6	5	5	5	5	4	4	4
2 回目	6	5	3	2	1	6	4	3	2	5	4	3
3 回目	1	2	4	5	6	2	4	5	6	4	5	6

CaseNo.	13	14	15	16	17	18
1 回目	3	3	3	2	2	1
2 回目	6	5	4	6	5	6
3 回目	4	5	6	5	6	6

　サイコロを 3 回振ったときのすべての目の出方は，

$$6 \times 6 \times 6 = 216（通り）$$

であるから，3 回目でちょうど「ゴール」の位置に止まる確率は，

$$\frac{18}{216} = \frac{1}{12}$$

となる。

　よって，正解は肢 2 である。

正答 **2**

第1章 SECTION 15 数的推理 確率

実践 問題 151 基本レベル

頻出度　地上★★　国家一般職★★★　東京都★★★　特別区★★
　　　　裁判所職員★★★　国税・財務・労基★★★　国家総合職★★★

問 外から中身の見えない箱A，Bがあり，箱Aには赤いボール2個と青いボール1個，箱Bには赤いボール1個と青いボール2個が入っている。それぞれの箱から無作為に1個ずつボールを取り出して交換する操作を1回の試行とする。2回の試行の後に，それぞれの箱にある3個のボールがすべて同じ色である確率として正しいものはどれか。なお，1回目の試行でボールの色が揃った場合も2回目の試行を行うものとする。　　　　（裁判所職員2022）

1 : $\dfrac{8}{81}$

2 : $\dfrac{1}{9}$

3 : $\dfrac{4}{27}$

4 : $\dfrac{5}{27}$

5 : $\dfrac{2}{9}$

OUTPUT

チェック欄		
1回目	2回目	3回目

実践 問題 **151** の解説 ————————————

〈確率の乗法公式〉

まず，1回目にAから青，Bから赤を1個引いて交換すると，それぞれのボールの色が揃ってしまうが，このとき必ず2回目終了後にはAにある3つのボールの色も，Bにある3つのボールの色も揃うことはない。

しかし，1回目の前述の引き方以外は考える必要があるため，場合分けをして調べていくことにする。

(1) **1回目に箱Aと箱Bから赤のボールをそれぞれ1個引くとき**

Aは$\frac{2}{3}$の確率で赤を引き，Bは$\frac{1}{3}$の確率で赤を引くから，この確率は，

$$\frac{2}{3} \times \frac{1}{3} = \frac{2}{9}$$

である。このとき，1回目終了後も箱Aと箱Bに入っているボールの色の内訳は，開始前と同じである。2回目の操作で各箱に入っているボールの色が揃うためには，箱Aから青を1個，箱Bから赤を1個取り出して交換すればよく，その確率は

$$\frac{1}{3} \times \frac{1}{3} = \frac{1}{9}$$

となる。ゆえに，この場合の求めたい確率は，

$$\frac{2}{9} \times \frac{1}{9} = \frac{2}{81}$$

である。

(2) **1回目に箱Aと箱Bから青のボールをそれぞれ1個引くとき**

その確率は，

$$\frac{1}{3} \times \frac{2}{3} = \frac{2}{9}$$

であり，1回目終了後も箱Aと箱Bに入っているボールの色の内訳は，開始前と同じである。2回目の操作で各箱に入っているボールの色が揃うためには，箱Aから青を1個，箱Bから赤を1個取り出して交換すればよく，その確率は

$$\frac{1}{3} \times \frac{1}{3} = \frac{1}{9}$$

となるので，この場合の求めたい確率は，

$$\frac{2}{9} \times \frac{1}{9} = \frac{2}{81}$$

である。

LEC 東京リーガルマインド　2024-2025年合格目標 公務員試験 本気で合格！過去問解きまくり！　423
①数的推理・資料解釈

(3) １回目に箱Ａから赤のボールを１個，箱Ｂから青のボールを１個引くとき

その確率は，

$$\frac{2}{3} \times \frac{2}{3} = \frac{4}{9}$$

であり，１回目終了後は箱Ａには赤ボール１個と青ボール２個，箱Ｂには赤ボール２個と青ボール１個が入っている。２回目の操作で各箱に入っているボールの色が揃うためには，箱Ａから赤を１個，箱Ｂから青を１個取り出して交換すればよく，その確率は

$$\frac{1}{3} \times \frac{1}{3} = \frac{1}{9}$$

となるため，この場合の求めたい確率は，

$$\frac{4}{9} \times \frac{1}{9} = \frac{4}{81}$$

である。

以上より，求めたい確率は，

$$\frac{2}{81} + \frac{2}{81} + \frac{4}{81} = \frac{8}{81}$$

である。

よって，正解は肢１である。

正答 **1**

memo

第1章 数的推理

SECTION 15 確率

第1章 数的推理

実践　問題 152　基本レベル

頻出度
地上★　国家一般職★★★　東京都★★★　特別区★★
裁判所職員★★★　国税・財務・労基★★★　国家総合職★★

問　Aが持っている袋には，缶飲料が5本入っていて，その内訳は，コーヒーが3本，りんごジュースが2本である。また，Bが持っている袋には，缶飲料が4本入っていて，その内訳は，りんごジュースが2本，紅茶が2本である。

いま，Aが持っている袋の中から3本を取り出し，Bが持っている袋に入れて混ぜた後，Bが持っている袋から2本を取り出したとき，取り出した2本が同じ種類の缶飲料である確率はいくらか。

ただし，缶飲料の外側から種類は分からないものとし，どの缶飲料を取る確率も同じとする。

（国税・財務・労基2023）

1 ： $\dfrac{1}{15}$

2 ： $\dfrac{2}{15}$

3 ： $\dfrac{1}{5}$

4 ： $\dfrac{4}{15}$

5 ： $\dfrac{1}{3}$

OUTPUT

チェック欄		
1回目	2回目	3回目

実践 問題 **152** の解説

第1章 数的推理

〈確率の乗法公式〉

5本の缶飲料が入っているAの袋から取り出す3本の缶飲料の組合せは全部で $_5C_3$ 通り，その後に7本の缶飲料が入っているBの袋から取り出す2本の缶飲料の組合せは全部で $_7C_2$ 通りであることは，以下で断りなしに利用する。まず，Aの袋から3本の缶飲料を取り出す場合の事象として，

(1)　Aの袋からコーヒーを3本取り出す

(2)　Aの袋からコーヒー2本，りんごジュース1本を取り出す

(3)　Aの袋からコーヒー1本，りんごジュース2本を取り出す

の3通りが考えられる。そこで，Aの袋から取り出す3本の缶飲料の組合せに応じて場合分けをする。

(1)　**Aの袋からコーヒー3本を取り出すとき**

(1)の事象の確率は，$\dfrac{_3C_3}{_5C_3}=\dfrac{1}{10}$ である。

次に，Bの袋には，りんごジュース2本，紅茶2本，コーヒー3本が入っている。ここから同じ種類の2本の缶飲料を取り出す事象として，

・りんごジュース2本を取り出す組合せ：$_2C_2$（通り）

・紅茶を2本取り出す組合せ：$_2C_2$（通り）

・コーヒー2本を取り出す組合せ：$_3C_2$（通り）

が考えられる。したがって，その確率は，

$$\dfrac{_2C_2+{_2C_2}+{_3C_2}}{_7C_2}=\dfrac{5}{21}$$

である。よって，(1)が起こったときの同じ種類の缶飲料を2本引く確率は，

$$\dfrac{1}{10}\times\dfrac{5}{21}=\dfrac{1}{42}\quad\cdots\cdots①$$

である。

(2)　**Aの袋からコーヒー2本，りんごジュース1本を取り出すとき**

その場合の数は $_3C_2\times{_2C_1}$ 通りであるから，(2)の事象の確率は，

$$\dfrac{_3C_2\times{_2C_1}}{_5C_3}=\dfrac{3}{5}$$

である。

次に，Bの袋には，りんごジュース3本，紅茶2本，コーヒー2本が入っている。ここから同じ種類の2本の缶飲料を取り出す事象として，

・りんごジュース2本を取り出す組合せ：$_3C_2$（通り）

LEC東京リーガルマインド　2024-2025年合格目標 公務員試験 本気で合格！過去問解きまくり！　427
①数的推理・資料解釈

- 紅茶を2本取り出す組合せ：${}_2C_2$（通り）
- コーヒー2本を取り出す組合せ：${}_2C_2$（通り）

が考えられる。したがって、その確率は、

$$\frac{{}_3C_2 + {}_2C_2 + {}_2C_2}{{}_7C_2} = \frac{5}{21}$$

である。よって、(2)が起こったときの同じ種類の缶飲料を2本引く確率は、

$$\frac{3}{5} \times \frac{5}{21} = \frac{1}{7} \quad \cdots\cdots ②$$

である。

(3) Aの袋からコーヒー1本、りんごジュース2本を取り出すとき

その場合の数は${}_3C_1 \times {}_2C_2$通りであるから、(3)の事象の確率は、

$$\frac{{}_3C_1 \times {}_2C_2}{{}_5C_3} = \frac{3}{10}$$

である。

次に、Bの袋には、りんごジュース4本、紅茶2本、コーヒー1本が入っている。ここから同じ種類の2本の缶飲料を取り出す事象として、

- りんごジュース2本を取り出す組合せ：${}_4C_2$（通り）
- 紅茶を2本取り出す組合せ：${}_2C_2$（通り）

が考えられる。したがって、その確率は、

$$\frac{{}_4C_2 + {}_2C_2}{{}_7C_2} = \frac{1}{3}$$

である。よって、(3)が起こったときの同じ種類の缶飲料を2本引く確率は、

$$\frac{3}{10} \times \frac{1}{3} = \frac{1}{10} \quad \cdots\cdots ③$$

である。

求めたい確率は、①～③の確率の合計であり、

$$\frac{1}{42} + \frac{1}{7} + \frac{1}{10} = \frac{4}{15}$$

である。

よって、正解は肢4である。

正答 4

memo

第1章　数的推理

429

SECTION 15 数的推理 確率

実践 問題153 基本レベル

問 サービスエリアがＡ，Ｂ，Ｃ，Ｄの順にある高速道路を利用するとき、「ＡＢ間で渋滞に巻き込まれる確率」は0.2、「ＢＣ間で渋滞に巻き込まれる確率」は0.1、「ＣＤ間で渋滞に巻き込まれる確率」は0.3である。この高速道路をＡからＤまで走るとき、少なくともＡＢ間、ＢＣ間、ＣＤ間のいずれかで渋滞に巻き込まれる確率として、正しいのはどれか。　　　　　　　　　　（東京都2021）

1 ： 0.418
2 ： 0.442
3 ： 0.496
4 ： 0.504
5 ： 0.507

OUTPUT

実践 問題 **153** の解説

〈余事象〉

「少なくともＡＢ間，ＢＣ間，ＣＤ間のいずれかで渋滞に巻き込まれる確率」とあるため，その余事象に相当する「ＡＢ間，ＢＣ間，ＣＤ間のいずれでも渋滞に巻き込まれない確率」を求め，これを利用する。

ＡＢ間で渋滞に巻き込まれる確率は0.2であるから，ＡＢ間で渋滞に巻き込まれない確率は1－0.2＝0.8である。

同様に，ＢＣ間で渋滞に巻き込まれる確率は0.1であるから，ＢＣ間で渋滞に巻き込まれない確率は1－0.1＝0.9である。

さらに，ＣＤ間で渋滞に巻き込まれる確率は0.3であるから，ＣＤ間で渋滞に巻き込まれない確率は1－0.3＝0.7である。

ここから，「ＡＢ間，ＢＣ間，ＣＤ間のいずれでも渋滞に巻き込まれない確率」は，これらの確率の積であり，

$$0.8 \times 0.9 \times 0.7 = 0.504$$

であるとわかる。

以上より，「少なくともＡＢ間，ＢＣ間，ＣＤ間のいずれかで渋滞に巻き込まれる確率」は，

$$1 - 0.504 = 0.496$$

である。

よって，正解は肢3である。

【コメント】

「少なくとも」という言葉が問題文にあるときは，その余事象の活用を試みるとよい。

正答 3

SECTION 15 確率

実践 問題 154 基本レベル

問 1，2，3，4，5，6のいずれかの数字が1つずつ書かれている6枚のカードがある。これらをよく切り，左から右に一列に並べ，カードに書かれた数字を左から順に a，b，c，d，e，f とする。このとき，$a+b+c=d+f$ となる確率として正しいものはどれか。

(裁判所職員2021)

1： $\dfrac{1}{15}$

2： $\dfrac{1}{20}$

3： $\dfrac{1}{30}$

4： $\dfrac{1}{40}$

5： $\dfrac{1}{60}$

OUTPUT

実践 問題 **154** の解説

〈確率〉

6枚のカードの数字を全部足すと，$1 + 2 + 3 + 4 + 5 + 6 = 21$である。これより，$a + b + c = d + f$となるとき，

$$a + b + c + d + e + f = 2(a + b + c) + e = 21$$

となり，$2(a + b + c)$が偶数であるから，eは奇数でなければならない。したがって，eが1，3，5の場合を考える。

(1) **$e = 1$のとき**

このとき，$a + b + c = d + f = (21 - 1) \div 2 = 10$であり，2〜6を用いると，

$$2 + 3 + 5 = 4 + 6 = 10$$

の組合せが考えられる。したがって，

$$(a, b, c) = (2, 3, 5), (2, 5, 3), (3, 2, 5), (3, 5, 2),$$
$$(5, 2, 3), (5, 3, 2)$$

の6通り，

$$(d, f) = (4, 6), (6, 4)$$

の2通りが考えられ，全部で$6 \times 2 = 12$通りである。

(2) **$e = 3$のとき**

このとき，$a + b + c = d + f = (21 - 3) \div 2 = 9$であり，1，2，4〜6を用いると，

$$1 + 2 + 6 = 4 + 5 = 9$$

の組合せが考えられる。したがって，

$$(a, b, c) = (1, 2, 6), (1, 6, 2), (2, 1, 6), (2, 6, 1),$$
$$(6, 1, 2), (6, 2, 1)$$

の6通り，

$$(d, f) = (4, 5), (5, 4)$$

の2通りが考えられ，全部で$6 \times 2 = 12$通りである。

(3) **$e = 5$のとき**

このとき，$a + b + c = d + f = (21 - 5) \div 2 = 8$であり，1〜4，6を用いると，

$$1 + 3 + 4 = 2 + 6 = 8$$

の組合せが考えられる。したがって，

$$(a, b, c) = (1, 3, 4), (1, 4, 3), (3, 1, 4), (3, 4, 1),$$
$$(4, 1, 3), (4, 3, 1)$$

の6通り，
　　$(d, f) = (2, 6), (6, 2)$
の2通りが考えられ，全部で $6 × 2 = 12$ 通りである。

これより，$a + b + c = d + f$ となる場合の数は，
　　$12 + 12 + 12 = 36$（通り）
であり，6枚のカードを一列に並べる場合の数は，
　　$6 × 5 × 4 × 3 × 2 × 1$（通り）
である。したがって，求める確率は，
$$\frac{36}{6 × 5 × 4 × 3 × 2 × 1} = \frac{1}{5 × 4} = \frac{1}{20}$$
となる。
　よって，正解は肢2である。

正答 2

memo

第1章　数的推理

435

第1章 SECTION 15 数的推理 確率

実践 問題 155 基本レベル

問 1000から9999までの4桁の整数の中から、1つの整数を無作為に選んだとき、選んだ整数の各位の数字の中に同じ数字が2つ以上含まれる確率として、正しいのはどれか。

(東京都2016)

1 : $\dfrac{9}{25}$

2 : $\dfrac{62}{125}$

3 : $\dfrac{692}{1375}$

4 : $\dfrac{683}{1250}$

5 : $\dfrac{83}{125}$

OUTPUT

実践 問題 **155** の解説

〈余事象〉

1000～9999までの4桁の整数は,

9999 − 1000 + 1 ＝9000（個）

ある。

各位の数字の中に同じ数字が2つ以上含まれる確率を考えるために, 余事象となる各位の数字がすべて異なる場合を考える。

4桁の整数で各位の数字がすべて異なる場合の数は, 千の位は0を除いた1～9の9通り, 百の位は0～9のうち千の位の数字を除いた9通り, 十の位は0～9のうち千と百の位の数字を除いた8通り, 一の位は0～9のうち千と百と十の位の数字を除いた7通りが考えられることから, その確率は,

$$\frac{9 \times 9 \times 8 \times 7}{9000} = \frac{63}{125}$$

である。

以上より, 求める確率は,

$$1 - \frac{63}{125} = \frac{62}{125}$$

となる。

よって, 正解は肢2である。

正答 2

第1章 SECTION 15 数的推理 確率

実践 問題 156 基本レベル

頻出度	地上★	国家一般職★★★	東京都★★★	特別区★★
	裁判所職員★★★	国税・財務・労基★★★	国家総合職★★★	

[問] 30本のくじの中に，1等の当たりくじが1本，2等の当たりくじが2本，3等の当たりくじが7本入っている。ここから同時に4本を引いたとき，1等，2等及び3等の当たりくじがそれぞれ1本のみ含まれている確率として，正しいのはどれか。

(東京都2014)

1 ： $\dfrac{2}{3915}$

2 ： $\dfrac{4}{3915}$

3 ： $\dfrac{8}{3915}$

4 ： $\dfrac{2}{783}$

5 ： $\dfrac{8}{783}$

OUTPUT

実践 問題 **156** の解説 ─────────────────

〈確率〉

　1等から3等の当たりくじをそれぞれ1本引くから，残りの1本ははずれくじとなる。

　このときのくじの引き方は，1等は1本から1本，2等は2本から1本，3等は7本から1本，はずれは20本から1本引くことになるから，

$$_1C_1 \times {}_2C_1 \times {}_7C_1 \times {}_{20}C_1 = 1 \times 2 \times 7 \times 20 = 280（通り）$$

となる。

　また，30本のくじから4本引く場合の数は，$_{30}C_4$であるから，求める確率は，

$$\frac{280}{_{30}C_4} = \frac{280}{\dfrac{30 \times 29 \times 28 \times 27}{4 \times 3 \times 2 \times 1}} = \frac{280 \times 4 \times 3 \times 2 \times 1}{30 \times 29 \times 28 \times 27} = \frac{8}{783}$$

となる。

　よって，正解は肢5である。

正答 **5**

SECTION 15 数的推理 確率

実践 問題 157 基本レベル

頻出度 地上★　国家一般職★★★　東京都★★★　特別区★★
　　　裁判所職員★★★　国税・財務・労基★★★　国家総合職★★★

問 A〜Gの七つのバレーボールチームがある。Aは，B〜Gの六つのチームと1試合ずつ対戦することとなっているが，過去の対戦成績から，Bに勝つ確率は $\frac{1}{3}$ であり，その他のチームに勝つ確率はいずれも $\frac{1}{2}$ であることが分かっている。このとき，Aが4勝以上する確率はいくらか。
ただし，試合には引き分けはないものとする。　　　　（国家一般職2017）

1 ： $\frac{7}{24}$

2 ： $\frac{3}{8}$

3 ： $\frac{11}{24}$

4 ： $\frac{13}{24}$

5 ： $\frac{5}{8}$

OUTPUT

チェック欄		
1回目	2回目	3回目

実践 問題 **157** の解説 ——————————

〈反復試行の確率〉

Aの勝利数ならびにBに勝つか，負けるかについて場合分けを行い，それぞれ確率を計算する。

⑴ **Aが6勝する**

$$\frac{1}{3} \times \left(\frac{1}{2}\right)^5 \quad \cdots\cdots ①$$

⑵ **Aが5勝する**

ⅰ）Bに勝ち，他の5チームには4勝1敗する

$$\frac{1}{3} \times {}_5C_4 \times \left(\frac{1}{2}\right)^4 \times \left(\frac{1}{2}\right)^1 \quad \cdots\cdots ②$$

ⅱ）Bに負け，他の5チームにはすべて勝つ

$$\frac{2}{3} \times \left(\frac{1}{2}\right)^5 \quad \cdots\cdots ③$$

⑶ **Aが4勝する**

ⅰ）Bに勝ち，他の5チームには3勝2敗する

$$\frac{1}{3} \times {}_5C_3 \times \left(\frac{1}{2}\right)^3 \times \left(\frac{1}{2}\right)^2 \quad \cdots\cdots ④$$

ⅱ）Bに負け，他の5チームのうちいずれかに1敗する

$$\frac{2}{3} \times {}_5C_4 \times \left(\frac{1}{2}\right)^4 \times \left(\frac{1}{2}\right)^1 \quad \cdots\cdots ⑤$$

これらの事象は互いに排反事象であるため，確率に対しての和の公式が成立する。したがって，求める確率は，①～⑤のすべての和をとって，

$$\frac{1}{3} \times \left(\frac{1}{2}\right)^5 + \frac{1}{3} \times {}_5C_4 \times \left(\frac{1}{2}\right)^4 \times \left(\frac{1}{2}\right)^1 + \frac{2}{3} \times \left(\frac{1}{2}\right)^5$$

$$+ \frac{1}{3} \times {}_5C_3 \times \left(\frac{1}{2}\right)^3 \times \left(\frac{1}{2}\right)^2 + \frac{2}{3} \times {}_5C_4 \times \left(\frac{1}{2}\right)^4 \times \left(\frac{1}{2}\right)^1$$

$$= \frac{1}{3} \times \left(\frac{1}{2}\right)^5 \times (1 + {}_5C_4 + 2 + {}_5C_3 + 2 \times {}_5C_4)$$

$$= \frac{1}{96} \times 28 = \frac{7}{24}$$

となる。

よって，正解は肢1である。

正答 **1**

第1章 数的推理
SECTION 15 確率

実践 問題 158 基本レベル

頻出度	地上★	国家一般職★★★	東京都★★★	特別区★★
	裁判所職員★★★	国税・財務・労基★★★	国家総合職★★★	

問 A，B，Cの袋があり，Aの袋には白球が4個，黒球が2個，Bの袋には白球が2個，黒球が2個，Cの袋には白球が1個，黒球が2個入っている。いま，Aから1個球を取り出しBに入れ，Bから1個球を取り出しCに入れる。このときCから1個取り出した球が白である確率はいくらか。ただし，どの袋からも球を取り出す確率は全て等しいとする。　　　（地上2005）

1 : $\dfrac{19}{60}$

2 : $\dfrac{7}{20}$

3 : $\dfrac{23}{60}$

4 : $\dfrac{5}{12}$

5 : $\dfrac{9}{26}$

OUTPUT

実践 問題 **158** の解説

〈確率の乗法公式〉

問題の確率は，次のような場合が考えられる。

(1) Aから白球を取り出し，Bから白球を取り出し，Cから白球を取り出す。
(2) Aから白球を取り出し，Bから黒球を取り出し，Cから白球を取り出す。
(3) Aから黒球を取り出し，Bから白球を取り出し，Cから白球を取り出す。
(4) Aから黒球を取り出し，Bから黒球を取り出し，Cから白球を取り出す。

(1)のとき

Bの袋には白球3個，黒球2個が入っていて，そこから白球を取り出し，Cには白球2個，黒球2個が入っていて，そこから白球を取り出す確率は，

$$\frac{2}{3} \times \frac{3}{5} \times \frac{1}{2} = \frac{1}{5}$$

となる。

(2)のとき

Bの袋には白球3個，黒球2個が入っていて，そこから黒球を取り出し，Cには白球1個，黒球3個が入っていて，そこから白球を取り出す確率は，

$$\frac{2}{3} \times \frac{2}{5} \times \frac{1}{4} = \frac{1}{15}$$

となる。

(3)のとき

Bの袋には白球2個，黒球3個が入っていて，そこから白球を取り出し，Cには白球2個，黒球2個が入っていて，そこから白球を取り出す確率は，

$$\frac{1}{3} \times \frac{2}{5} \times \frac{1}{2} = \frac{1}{15}$$

となる。

(4)のとき

Bの袋には白球2個，黒球3個が入っていて，そこから黒球を取り出し，Cには白球1個，黒球3個が入っていて，そこから白球を取り出す確率は，

$$\frac{1}{3} \times \frac{3}{5} \times \frac{1}{4} = \frac{1}{20}$$

となる。

以上より，求める確率は，

$$\frac{1}{5} + \frac{1}{15} + \frac{1}{15} + \frac{1}{20} = \frac{23}{60}$$

となる。

よって，正解は肢3である。

正答 3

SECTION 15 数的推理 確率

実践 問題 159 基本レベル

頻出度	地上★	国家一般職★★★	東京都★★★	特別区★★
	裁判所職員★★★	国税・財務・労基★★★	国家総合職★★★	

問 A～Eの5人が，図のようなトーナメント方式でじゃんけんを行った。このとき，トーナメント全体で，あいこを含めてちょうど5回のじゃんけんで優勝者が決定する確率はいくらか。

ただし，A～Eの参加者は全て同じ確率でグー，チョキ，パーを出すものとする。

（国家一般職2021）

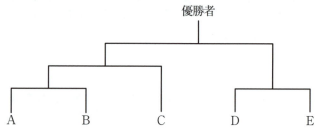

1 ： $\dfrac{16}{81}$

2 ： $\dfrac{32}{243}$

3 ： $\dfrac{64}{243}$

4 ： $\dfrac{128}{729}$

5 ： $\dfrac{160}{729}$

OUTPUT

実践 問題 159 の解説

〈確率〉

　トーナメント戦は、全部で4試合行われる。そして、5回のじゃんけんで優勝者を決定するためには、4試合のうちの1試合は2回のじゃんけん(最初にあいこ、次に決着)が行われ、残りの3試合は1回のじゃんけんで決着がつかなければならない。なお、あいこになる確率は$\frac{1}{3}$、決着がつく確率は$\frac{2}{3}$である。上記のような場合の数は、**4試合の中からあいこを含むための1試合を選ぶ方法に等しく**、4通りである。以上を踏まえて、求める確率は、

$$\left(\frac{1}{3} \times \frac{2}{3}\right) \times \frac{2}{3} \times \frac{2}{3} \times \frac{2}{3} \times 4 = \frac{64}{243}$$

となる。

　よって、正解は肢3である。

正答 3

SECTION 15 確率

実践 問題160 基本レベル

頻出度	地上★	国家一般職★★★	東京都★★★	特別区★★
	裁判所職員★★★	国税・財務・労基★★★	国家総合職★★★	

問 右図のような，1つの面がグレー，その他の面が白に塗られた正四面体がある。この正四面体を投げて白い面が下になれば継続して投げ，グレーの面が下になれば投げるのを終える。この正四面体を投げはじめてから3回以内で投げ終える確率を求めよ。ただし，正四面体を投げたとき，どの面も等しい確率で下になるものとする。

（地上2018）

1 ： $\dfrac{1}{4}$

2 ： $\dfrac{21}{64}$

3 ： $\dfrac{7}{16}$

4 ： $\dfrac{37}{64}$

5 ： $\dfrac{3}{4}$

直前復習

OUTPUT

実践 ▶ 問題 **160** の解説

〈余事象〉

3回以内に投げ終えることに対する余事象は、3回投げても投げ終わらないこと、つまり3回投げて3回とも白い面が下にくることである。

白い面は正四面体の4つの面のうち3つあるため、1回投げたときに白い面が下になる確率は$\frac{3}{4}$である。このため、3回続けて白い面が下になる確率は、

$$\frac{3}{4} \times \frac{3}{4} \times \frac{3}{4} = \frac{27}{64}$$

となる。これが余事象が起こる確率であるため、求める確率は、

$$1 - \frac{27}{64} = \frac{37}{64}$$

となる。

よって、正解は肢4である。

正答 4

SECTION 15 確率

数的推理

実践 問題 161 基本レベル

頻出度 地上★ 国家一般職★★★ 東京都★★★ 特別区★★
      裁判所職員★★★ 国税・財務・労基★★★ 国家総合職★★★

[問] 立方体のサイコロがある。各面には1から9までのうち，異なる数が1つ書かれている。このサイコロを1回振って5以下の目が出る確率は$\frac{1}{2}$である。また，2回振って出た目の合計が9となる確率は$\frac{1}{6}$である。サイコロの面に書かれている数だけからなる組合せはどれか。　　　　　　　　（裁判所職員2015）

1 ： 1, 2
2 ： 3, 5
3 ： 4, 5
4 ： 4, 7
5 ： 8, 9

OUTPUT

実践 問題 **161** の解説 ————————

チェック欄

1回目	2回目	3回目

〈確率〉

第1章

数的推理

1番目の条件「サイコロを1回振って5以下の目が出る確率は$\frac{1}{2}$である」という

条件から，サイコロを1回振って6以上の目が出る確率も$\frac{1}{2}$であり，

　　6面のうち3面が5以下の自然数，3面が6以上の自然数　……①
であるとわかる。

　次に，2番目の条件である「2回振って出た目の合計が9となる確率は$\frac{1}{6}$である」

について考える。1から9のうち2つの数の和が9になるような，1回目と2回目
の出し方は，

　　（1回目，2回目）＝（1，8），（8，1），（2，7），（7，2），（3，6），（6，3），
　　　　　　　　　　（4，5），（5，4）　……②

の8通り考えられる。$\frac{1}{6} = \frac{6}{36}$であるから，②が6通りとなるようにサイコロの6つ

の目を決める。

　まず，サイコロの目に9は含まれていないとわかる。もし，9が含まれていれば，
①よりサイコロの目に6以上の自然数は2個含まれていることになる。しかし，②
は4通りとなってしまい，条件に合わない。

　さらに，サイコロの目に4と5の両方が含まれているとすると，①よりサイコロ
の目に1〜3の自然数が1個含まれることになる。しかし，②は4通りとなってし
まい，条件に合わない。また，サイコロの目に4の目が含まれており，5の目が含ま
れていないとしても，①よりサイコロの目に1〜3の自然数が2個含まれているこ
とになるが，②は4通りとなってしまい，条件に合わない。サイコロの目に5の目
が含まれており，4の目が含まれていない場合も同様である。

　以上より，4，5，9はサイコロの面に含まれていないことがわかり，6つの面に
書かれている数字は，

　　1，2，3，6，7，8
である。

　よって，正解は肢1である。

正答 **1**

LEC東京リーガルマインド　2024-2025年合格目標 公務員試験 本気で合格！過去問解きまくり！　449
①数的推理・資料解釈

第1章 SECTION 15 数的推理 確率

実践 問題 162 基本レベル

頻出度	地上★	国家一般職★★	東京都★	特別区★
	裁判所職員★★	国税・財務・労基★★		国家総合職★★

[問] X国で販売予定の宝くじ（1口当たり200ドル）について，出現確率と賞金が次のように示されている。

	1 等	2 等	3 等	4 等	はずれ
出現確率(%)	0.01	0.19	0.8	19.0	80.0
賞金（ドル）		20,000	4,000	100	0

この宝くじの賞金の期待値が1口当たり価格の8割(160ドル)となるための1等賞金はいくらか。 （国税・労基2010）

1：71万ドル
2：72万ドル
3：73万ドル
4：74万ドル
5：75万ドル

OUTPUT

実践 問題 **162** の解説

〈期待値〉

1等の賞金を x ドルとおく。条件より，宝くじの賞金の期待値が1口当たり価格の8割（160ドル）となるのだから，

$0.0001x + 0.0019 \times 20000 + 0.008 \times 4000 + 0.19 \times 100 + 0.80 \times 0 = 160$

$0.0001x + 38 + 32 + 19 = 160$

$0.0001x = 71$

$x = 710000$（ドル）

となる。

よって，正解は肢1である。

【補足（期待値）】

ある値に対して，その値と，その値をとる確率との積の総和を期待値という。

たとえば，

賞金1,000円の確率　……60%

賞金10,000円の確率　……30%

賞金100,000円の確率　……10%

としたとき，獲得できる賞金の期待値は，

$1000 \times 0.6 + 10000 \times 0.3 + 100000 \times 0.1 = 13600$（円）

となる。

正答 **1**

SECTION 15 数的推理 確率

実践 問題 163 基本レベル

[問] 次の文の ア , イ , ウ に入るものの組合せとして最も妥当なのはどれか。
(国Ⅱ2010)

あるクイズ番組の優勝者には、次の方法により賞金を獲得するチャンスが与えられる。

① まず、優勝者は、次のAとBのどちらかを選択する。
　A　100％の確率で100万円の賞金を得ることができる。
　B　50％の確率で300万円の賞金を得ることができるが50％の確率で何も得られない。

② 次に、くじを引き、くじが当たりであれば①であらかじめ選んだAあるいはBの権利を行使できるが、はずれならば何も得ることができない。
　ただし、くじに当たる確率は20％である。

この場合、これからくじを引こうという段階においては、Bを選んだ人にとっては「 ア の確率で300万円を得ることができるが イ の確率で何も得られない」という状況にあるといえる。この状況を、これからくじを引こうという段階でAを選んだ人の状況と比較すると、Bを選んだ人の所得の期待値は、Aを選んだ人の所得の期待値より ウ 大きい。

	ア	イ	ウ
1	5％	95％	20万円
2	10％	90％	5万円
3	10％	90％	10万円
4	20％	80％	10万円
5	20％	80％	20万円

OUTPUT

実践 問題 **163** の解説 ―――――――――――――――

〈期待値〉

空欄 ア , イ の確率から検討する。

Bにおいては，くじに20%の確率で当たった場合，50%の確率で300万円がもらえるから，その確率は，

$0.2 \times 0.5 = 0.1 = 10(\%)$ …… ア

である。したがって，300万円がもらえない確率は，

$1 - 0.1 = 0.9 = 90(\%)$ …… イ

である。

次に，空欄 ウ の期待値について検討する。

Aにおいて，賞金100万円をもらえる確率は②より20%であるから，その期待値は，

A：$100 \times 0.2 = 20$(万円)

であり，Bの期待値は，

B：$300 \times 0.1 = 30$(万円)

である。

したがって，期待値はBのほうが10万円多い。 …… ウ

よって，正解は肢3である。

正答 3

SECTION 15 確率

数的推理

実践 問題 164 応用レベル

問 9枚のカードがあり，互いに異なる1～9の数字が一つずつ書かれている。この9枚のカードから無作為に3枚選び，それらを一列に並べて3桁の整数を作ったとき，その整数が3の倍数になる確率はいくらか。

(国税・労基2005)

1 ： $\dfrac{2}{7}$

2 ： $\dfrac{1}{3}$

3 ： $\dfrac{5}{14}$

4 ： $\dfrac{8}{21}$

5 ： $\dfrac{11}{28}$

OUTPUT

チェック欄		
1回目	2回目	3回目

実践 ▶ 問題 **164** の解説

〈確率〉

1～9を次の3つのグループに分ける。

グループ①：3で割り切れる数……3，6，9

グループ②：3で割ると1余る数……1，4，7

グループ③：3で割ると2余る数……2，5，8

ここで，3桁の整数が3の倍数，すなわち各桁の3つの数字の和が3の倍数のときとは，次の2通りが考えられる。

⑴ 3で割ったときの余りが同一のものを加えたとき

⑵ 3で割ったときの余りがすべて異なるものを加えたとき

⑴のとき，余りが0，1，2となる数字がそれぞれ3個ずつあるため，それぞれ加えればよいから，3通りある。

⑵のとき，3種類の余りのうちグループ①から1つ，グループ②から1つ，グループ③から1つ選べばよいから，

$$3 \times 3 \times 3 = 27（通り）$$

である。それぞれ選んだ数字で3桁の整数を作る（ここまでの3通りと27通りは単に3個の数字を選んだだけであり，3桁の整数はこれら3個の数字を並べなくてはならない）から，

$$(3 + 27) \times 3！= 180（通り）$$

である。3桁の整数は全体で，

$$_9\mathrm{P}_3 = 504（通り）$$

あるから，求める確率は，

$$\frac{180}{504} = \frac{5}{14}$$

である。

よって，正解は肢3である。

第1章 数的推理

正答 **3**

第1章 数的推理
SECTION 15 確率

実践 問題 165 応用レベル

頻出度 地上★ 国家一般職★★★ 東京都★★★ 特別区★★
裁判所職員★★★ 国税・財務・労基★★★ 国家総合職★★★

問 あるロボットは，直径が20cmの円形をしており，秒速0.2mで直進し，1m進むごとに，進行方向の選択を行う。選択時にロボットが壁に接していない場合には，それまでの進行方向に対して，図Ⅰのようにそのままの方向，左，右のいずれかの進行方向をそれぞれ$\frac{1}{3}$の確率で選択する。選択時にロボットが壁に接している場合には，それまでの進行方向に対して図Ⅱのような確率で進行方向を選択する。いま，図Ⅲのように，壁に囲まれた3m20cm×2m20cmの部屋の隅Aから，このロボットが壁に接しながら矢印の方向に進み始めた。この場合，進み始めてから25秒後にロボットが反対側の隅Bに到着する確率はいくらか。
ただし，部屋には障害物はなく，進行方向の選択は瞬時に行われるものとする。

（国家総合職2013）

図Ⅰ

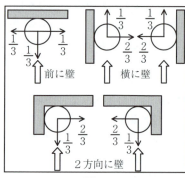
図Ⅱ

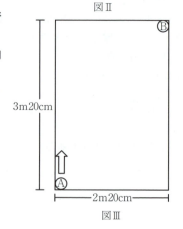
図Ⅲ

1 ： $\frac{4}{81}$

2 ： $\frac{2}{27}$

3 ： $\frac{1}{9}$

4 ： $\frac{10}{81}$

5 ： $\frac{4}{27}$

OUTPUT

実践　問題 **165** の解説

〈確率〉

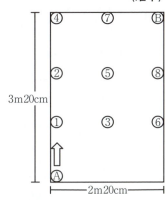

　ロボットは，秒速0.2mで直進し，1m進むごとに進行方向の選択を行うのであるから，5秒ごとに進行方向の選択が行われることになる。

　したがって，ロボットが25秒進む場合には，途中4回の進行方向の選択が行われ，0.2×25＝5m進むことがわかる。すると，4回の選択で隅Bに到着するためには，最短の経路を通っていかなければならない。

　ここで，ロボットが進行方向の選択を行う地点を右図のように①～⑧で表す。最初，ロボットは，隅Aから矢印の方向に進んでいるのであるから，最初の選択は①において行われる。

　最短経路を通る場合，ロボットは，①からは②か③へ進み，②ならば④か⑤へ，③ならば⑤か⑥へ進む。そして，④からは⑦へ，⑤からは⑦か⑧へ，⑥からは⑧へ進む。最後に，⑦と⑧から隅Bへと到着する。

　以上を下のような表に整理して，それぞれの経路が選択される確率を記入する。

　ここで，注意しなければいけないのは，たとえば，同じ⑤から⑦へ向かうのでも，②から来て⑦へ向かう場合には図Ⅰにおいて左に曲がる場合にあたり，③から来て⑦へ向かう場合には図Ⅰにおいて直進する場合にあたるから，それぞれ適用する確率が異なることがありうるため，表のうえでは一応区別しておかなければならない。

①	②	④	⑦	B
		⑤	⑦	
			⑧	
	③	⑤	⑦	
			⑧	
		⑥	⑧	

確率

それぞれの経路が選択される確率を記入するため，図Ⅰ，図Ⅱを参照すると，確率が $\frac{2}{3}$ となるのは，①⇒③，②⇒⑤，④⇒⑦の3つの場合だけで，残りの確率はすべて $\frac{1}{3}$ である。そこで，これらを書き込み，右端の欄にその経路が選択される確率を計算して入れるとすべて $\left(\frac{1}{3}\right)^3 \times \frac{2}{3} = \frac{2}{81}$ となる。

①	$\frac{1}{3}$	②		$\frac{1}{3}$	④	$\frac{2}{3}$	⑦	$\frac{1}{3}$	$\frac{2}{81}$
			$\frac{2}{3}$	⑤	$\frac{1}{3}$	⑦	$\frac{1}{3}$	$\frac{2}{81}$
					$\frac{1}{3}$	⑧	$\frac{1}{3}$	$\frac{2}{81}$
	$\frac{2}{3}$	③	$\frac{1}{3}$	⑤	$\frac{1}{3}$	⑦	$\frac{1}{3}$	B	$\frac{2}{81}$
					$\frac{1}{3}$	⑧	$\frac{1}{3}$	$\frac{2}{81}$
			$\frac{1}{3}$	⑥	$\frac{1}{3}$	⑧	$\frac{1}{3}$	$\frac{2}{81}$

上の6つの経路は排反である（いずれも同時に選択されることはない）から，和の法則より，25秒後にロボットが反対側の隅Bに到着する確率は，

$$\frac{2}{81} + \frac{2}{81} + \frac{2}{81} + \frac{2}{81} + \frac{2}{81} + \frac{2}{81} = \frac{12}{81} = \frac{4}{27}$$

となる。
　よって，正解は肢5である。

正答 5

memo

第1章　数的推理

459

SECTION 15 数的推理 確率

実践 問題 166 応用レベル

頻出度： 地上★　国家一般職★★★　東京都★★★　特別区★★
　　　　 裁判所職員★★★　国税·財務·労基★★★　国家総合職★★★

問 ある地域においては，ある日の天気と次の日の天気との関係が図のような確率遷移となることが知られている。例えば，図において，ある日の天気が晴れであったとき，次の日も晴れとなる確率は$\frac{7}{10}$である。

ここで，この地域のある日の天気が晴れであったとき，その後の3日間で2日以上が雨となる確率はいくらか。

ただし，1日の天気は，晴れ，曇り，雨のいずれか一つに決まるものとする。

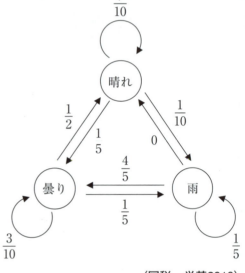

（国税・労基2010）

1： $\frac{2}{125}$

2： $\frac{7}{250}$

3： $\frac{21}{500}$

4： $\frac{29}{500}$

5： $\frac{19}{250}$

OUTPUT

実践 問題 **166** の解説

〈遷移図〉

ある日の天気が晴れで，その後の３日間で２日以上雨となる場合は，次の５通り
あるから，それぞれについて，確率を求めていく。

(1) **晴れ⇒雨⇒雨⇒曇りのとき**

$$\frac{1}{10} \times \frac{1}{5} \times \frac{4}{5} = \frac{4}{250}$$

(2) **晴れ⇒晴れ⇒雨⇒雨のとき**

$$\frac{7}{10} \times \frac{1}{10} \times \frac{1}{5} = \frac{7}{500}$$

(3) **晴れ⇒曇り⇒雨⇒雨のとき**

$$\frac{1}{5} \times \frac{1}{5} \times \frac{1}{5} = \frac{1}{125}$$

(4) **晴れ⇒雨⇒曇り⇒雨のとき**

$$\frac{1}{10} \times \frac{4}{5} \times \frac{1}{5} = \frac{4}{250}$$

(5) **晴れ⇒雨⇒雨⇒雨のとき**

$$\frac{1}{10} \times \frac{1}{5} \times \frac{1}{5} = \frac{1}{250}$$

(1)～(5)までを加えて求める確率は，

$$\frac{4}{250} + \frac{7}{500} + \frac{1}{125} + \frac{4}{250} + \frac{1}{250} = \frac{29}{500}$$

となる。

よって，正解は肢４である。

正答 4

SECTION 15 数的推理 確率

実践 問題 167 応用レベル

問 ある格付け会社は企業をＡ，Ｂ，Ｃ，Ｄ（ランク外）の４段階で格付けしている。表は，この格付け会社によってＡ，Ｂ，Ｃに格付けされた企業が１年後にどのような格付けになるかの確率を示したものである。これによれば，現在Ａに格付けされている企業が４年以内にＤ（ランク外）の格付けになる確率はいくらか。ただし，いったんＤ（ランク外）の格付けになった企業が再びＡ，Ｂ，Ｃの格付けを得ることはないものとする。　（国家一般職2013）

１年後の格付け 現在の格付け	Ａ	Ｂ	Ｃ	Ｄ （ランク外）
Ａ	90％	10％	0％	0％
Ｂ	10％	80％	10％	0％
Ｃ	5％	10％	80％	5％

1： 0.1％
2： 0.125％
3： 0.15％
4： 0.175％
5： 0.2％

OUTPUT

実践 問題 **167** の解説

〈確率〉

格付けの表を見ると，AからBを飛ばしてCになることはなく，BからCを飛ばしてDになることもないことに注意して，場合分けをして考える。

(1) **A ⇒ B ⇒ C ⇒ D となるとき**

3年後にDとなる場合であるから，

$$0.1 \times 0.1 \times 0.05 = 0.0005$$
$$= 0.05(\%)$$

(2) **A ⇒ A ⇒ B ⇒ C ⇒ D となるとき**

1年目はAにとどまって，4年後にDとなる場合であるから，

$$0.9 \times 0.1 \times 0.1 \times 0.05 = 0.00045$$
$$= 0.045(\%)$$

(3) **A ⇒ B ⇒ B ⇒ C ⇒ D となるとき**

1年目にAからBとなった後，2年目はBにとどまって，4年後にDとなる場合であるから，

$$0.1 \times 0.8 \times 0.1 \times 0.05 = 0.0004$$
$$= 0.04(\%)$$

(4) **A ⇒ B ⇒ C ⇒ C ⇒ D となるとき**

1年目にAからB，2年目にBからCとなった後，3年目にCにとどまって，4年後にDとなる場合であるから，

$$0.1 \times 0.1 \times 0.8 \times 0.05 = 0.0004$$
$$= 0.04(\%)$$

以上より，(1)～(4)の和をとって，

$$0.05 + 0.045 + 0.04 + 0.04 = 0.175(\%)$$

となる。

よって，正解は肢4である。

正答 4

SECTION 15 数的推理 確率

実践 問題 168 応用レベル

頻出度 地上★ 国家一般職★★★ 東京都★★★ 特別区★★
裁判所職員★★★ 国税・財務・労基★★★ 国家総合職★★★

問 5個のサイコロを同時に1回投げるとき、3個以上のサイコロが、同じ目を出す確率として、正しいのはどれか。 （東京都2007）

1 ： $\dfrac{13}{648}$

2 ： $\dfrac{25}{162}$

3 ： $\dfrac{113}{648}$

4 ： $\dfrac{125}{648}$

5 ： $\dfrac{23}{108}$

OUTPUT

チェック欄		
1回目	2回目	3回目

実践 問題 **168** の解説 ―――――――――――――――

〈確率〉

第1章 数的推理

　5個のサイコロを投げて3個以上の目が同じであるとは，同じ目のサイコロが3個，4個，5個のときがあるため，場合分けをして考える。

(1)　**3個の目が同じとき**

　　5個のサイコロをA～Eと区別する。同じ目をxとすると，**5個中3個xが出る場合の数は，${}_5\mathrm{C}_3$通り**である。

　　1つのサイコロにおいてxの目が出る確率は$\dfrac{1}{6}$で，x以外の目が出る確率は$\dfrac{5}{6}$である。たとえば，

$$(A,\ B,\ C,\ D,\ E)=(x,\ x,\ x,\ \bar{x},\ \bar{x})$$

の確率は，$\left(\dfrac{1}{6}\right)^3\times\left(\dfrac{5}{6}\right)^2$であるが，これが${}_5\mathrm{C}_3$通りあり，そして$x$は$1\sim6$の6通りあるから，求める確率は，

$$\left(\frac{1}{6}\right)^3\times\left(\frac{5}{6}\right)^2\times{}_5\mathrm{C}_3\times6=\frac{25\times10}{1296}\quad\cdots\cdots①$$

となる。（ただし，$\bar{x}$はxの目でないことを表す。）

(2)　**4個の目が同じとき**

　　(1)の場合と同様に考えると，A～Eの目の出かたは${}_5\mathrm{C}_4$通りあるから，その確率は，

$$\left(\frac{1}{6}\right)^4\times\left(\frac{5}{6}\right)^1\times{}_5\mathrm{C}_4\times6=\frac{5\times5}{1296}\quad\cdots\cdots②$$

となる。

(3)　**5個の目が同じとき**

　　(1)の場合と同様に考えると，A～Eの目の出かたは1通りであるから，その確率は，

$$\left(\frac{1}{6}\right)^5\times6=\frac{1}{1296}\quad\cdots\cdots③$$

となる。

　したがって，求める確率は①＋②＋③より，

$$\frac{1}{1296}\times(25\times10+5\times5+1)=\frac{23}{108}$$

である。

　よって，正解は肢5である。

正答 **5**

第1章 数的推理 ⑮ 確率

実践 問題 169 応用レベル

頻出度	地上★	国家一般職★★★	東京都★★★	特別区★★
	裁判所職員★★★	国税・財務・労基★★★	国家総合職★★★	

[問] 数直線上の原点にPがある。サイコロを投げ，1または2の目が出たら点Pは正の方向へ1動き，3または4の目が出たら点Pは負の方向へ1動き，5または6の目が出たら点Pは動かないものとする。3回サイコロを投げたとき，点Pが＋1の点で止まる確率として正しいものはどれか。（裁判所職員2020）

1 ： $\dfrac{1}{27}$

2 ： $\dfrac{2}{27}$

3 ： $\dfrac{1}{9}$

4 ： $\dfrac{2}{9}$

5 ： $\dfrac{1}{3}$

OUTPUT

実践 問題 **169** の解説

〈反復試行の確率〉

サイコロを3回投げたとき，＋1になるのは，

(1) 正の方向に1進むのが2回，負の方向に1進むのが1回

(2) 正の方向に1進むのが1回，動かないのが2回

の2通りある。また，1回の試行で，正の方向に進む確率，負の方向に進む確率，動かない確率はすべて，$\dfrac{2}{6} = \dfrac{1}{3}$である。

(1)の場合，3回の試行のうち正の方向に進む2回を決める場合の数は$_3C_2$通りである。この場合の確率は，

$$_3C_2 \times \left(\frac{1}{3}\right)^2 \times \left(\frac{1}{3}\right)^1 = \frac{1}{9}$$

となる。

(2)の場合，3回の試行のうち正の方向に進む1回を決める場合の数は$_3C_1$通りである。この場合の確率は，

$$_3C_1 \times \left(\frac{1}{3}\right)^1 \times \left(\frac{1}{3}\right)^2 = \frac{1}{9}$$

となる。

(1)と(2)は排反事象であるため，求めたい確率は，

$$\frac{1}{9} + \frac{1}{9} = \frac{2}{9}$$

である。

よって，正解は肢4である。

【コメント】

多項分布を知っていれば次のように計算をすることができる。ただし，$0! = 1$である。

正の方向に2回，負の方向に1回動くときの確率は，

$$\frac{3!}{2! \times 1! \times 0!} \times \left(\frac{1}{3}\right)^2 \times \left(\frac{1}{3}\right)^1 \times \left(\frac{1}{3}\right)^0 = \frac{1}{9}$$

となり，正の方向に1回，動かない事象2回が起こる確率は，

$$\frac{3!}{1! \times 0! \times 2!} \times \left(\frac{1}{3}\right)^1 \times \left(\frac{1}{3}\right)^0 \times \left(\frac{1}{3}\right)^2 = \frac{1}{9}$$

となる。これらの和をとると，$\dfrac{2}{9}$である。

正答 4

第1章 数的推理
SECTION 15 確率

実践 問題 170 応用レベル

頻出度 地上★ 国家一般職★★★ 東京都★★★ 特別区★★
　　　裁判所職員★★★ 国税・財務・労基★★★ 国家総合職★★★

[問] 自動車の故障を診断できる装置（「故障している」又は「故障していない」だけ表示される。）があり，これを故障している自動車に使用すると，99％の確率で「故障している」という正しい診断結果が出て，また，故障していない自動車に使用すると，1％の確率で「故障している」という誤った診断結果が出る。いま，自動車1万台のうち100台が故障していることが分かっている。この1万台の自動車の中から無作為に1台を選び，同装置を使用したところ，「故障している」という診断結果が出た。このとき，この自動車が実際に故障している確率はいくらか。
(国家一般職2015)

1 : 10％
2 : 33％
3 : 50％
4 : 90％
5 : 99％

OUTPUT

実践 ▶ 問題 **170** ▶ **の解説**

〈条件付確率〉

　自動車10000台のうち100台が故障していることがわかっていて，故障している自動車を装置で診断させると99％の確率で「故障している」と表示されることから，99台が「故障している」と表示され，1台が「故障していない」と表示されることになる。

　このとき，10000－100＝9900（台）が故障していないことになり，故障していない自動車を装置で診断させると1％の確率で「故障している」と表示されるため，

$$9900 \times \frac{1}{100} = 99（台）$$

の自動車が，実際は故障していないのに，「故障している」と表示されることになる。

　これを表にまとめると，次のとおりになる。

		実　　際		計
		故障している	故障していない	
装置での表示	故障している	99	99	198
	故障していない	1	9,801	9,802
計		100	9,900	10,000

　したがって，「故障している」と診断結果が出たときに，実際に故障している確率は，

$$\frac{99}{99+99} \times 100 = 50（\%）$$

である。

　よって，正解は肢3である。

正答 **3**

SECTION 15 数的推理 確率

実践 問題171 応用レベル

頻出度　地上★　国家一般職★★★　東京都★★★　特別区★★
　　　　裁判所職員★★★　国税・財務・労基★★★　国家総合職★★★

問　同じ形の3つの缶A，B，Cがある。缶Aには赤玉2個と白玉3個が，缶Bには赤玉3個と白玉7個が，缶Cには赤玉4個と白玉2個が入っており，玉はすべて同じ大きさであるとする。
　ある人が目隠しをして，1つの缶を選び，その缶の中から1個取り出した玉が赤玉であったとき，この人の選んだ缶がAである確率に最も近いのはどれか。

(裁事・家裁2009)

1：0.30
2：0.32
3：0.34
4：0.36
5：0.38

OUTPUT

実践 問題 **171** の解説

〈条件付確率〉

この問題で起こりうる状況は，以下の6通りである。

(1) 缶Aを選んで赤玉を取る
(2) 缶Aを選んで白玉を取る
(3) 缶Bを選んで赤玉を取る
(4) 缶Bを選んで白玉を取る
(5) 缶Cを選んで赤玉を取る
(6) 缶Cを選んで白玉を取る

条件「取り出した1個が赤玉であったとき」より，(2)，(4)，(6)の場合は考えなくてよい。つまり，この問題は**条件付き確率**だということがわかる。

条件付き確率の場合，「**(1)，(3)，(5)が起こる確率**」に占める「**(1)が起こる確率**」**の割合**を求めることになる。

ここで，(1)，(3)，(5)の確率は，それぞれ次のようになる。

(1)の確率：$\dfrac{1}{3} \times \dfrac{2}{5} = \dfrac{2}{15}$

(3)の確率：$\dfrac{1}{3} \times \dfrac{3}{10} = \dfrac{1}{10}$

(5)の確率：$\dfrac{1}{3} \times \dfrac{4}{6} = \dfrac{2}{9}$

これより，「(1)，(3)，(5)の起こる確率」に占める「(1)が起こる確率」の割合は，次のようになる。

$$\frac{2}{15} \div \left(\frac{2}{15} + \frac{1}{10} + \frac{2}{9} \right) = \frac{2}{15} \div \frac{41}{90} = \frac{2}{15} \times \frac{90}{41} = \frac{12}{41} \fallingdotseq 0.29$$

よって，正解は肢1である。

正答 **1**

memo

LEC公務員

❸ 復習に活用！「一問一答」　公務員試験で出題される科目を○×解答！

●一問一答実力試し！

公務員試験で出題される科目を○×解答！復習等で活用いただける学習コンテンツです。人文科学・社会科学・憲法・行政法・行政学が利用可能です！今後様々な機能を追加予定！復習時にお役立ていただけます。

《問題例》

※画像はイメージです。仕様が変更になる場合がございます。

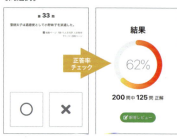

★解答レビューで問題ごとの解答時間・正誤確認やランキングを見ることもできます！

❹ LINE限定配信！学習動画　公務員試験対策に役立つ動画をLINE限定配信!!

●スマホで公務員S式入門講座

まずは基礎を固めよう！
有料講座「スマホで公務員S式入門講座」コンテンツの一部を無料配信します。

●民間就職にも役立つSPI対策

SPIの非言語分野を学習できる動画です。LINE限定でテーマ別に解説します。

●公務員試験時事対策動画

公務員試験に出題されやすいトピックを15分でざっくりと解説します。

LEC東京リーガルマインド

第2章

資料解釈

SECTION

① 資料解釈（実数・構成比）
② 資料解釈（指数・増減率）

第2章 資料解釈

出題傾向の分析と対策

試験名	地上			国家一般職(旧国Ⅱ)			東京都			特別区			裁判所職員			国税・財務・労基			国家総合職(旧国Ⅰ)		
年 度	15-17	18-20	21-23	15-17	18-20	21-23	15-17	18-20	21-23	15-17	18-20	21-23	15-17	18-20	21-23	15-17	18-20	21-23	15-17	18-20	21-23
出題数 セクション	3	3	3	9	9	9	12	9	10	12	12	12	3	3	3	9	6	6	6	6	6
資料解釈(実数・構成比)	★★★	★★★	★★★	★★×	★×6	×9	★★×	★★×	×6	★★★	★★×10	★★×9	★★★	★★★	★★★	★★×	★★×8	★×9 ×5	★×5	★★×6	×6
資料解釈(指数・増減率)							★★★	★★×6	★★×4	★★	★★★	★★★				★			★★	★	

(注) 1つの問題において複数の分野が出題されることがあるため，星の数の合計と出題数とが一致しないことがあります。

　資料解釈は，試験種によって出題数が大きく異なることから，対策にかける時間は人によって異なるだろう。東京都や特別区を受ける人は，特に重点的に学習してほしい。

　資料解釈の問題は，①「計算をさせる問題」と②「図表から推理させる問題」に大別できる。

　東京都や特別区は①の傾向が強く，県庁や市役所は②の傾向が強い(国家一般職はその中間にある)。試験種によって形式に特徴があるため，受験する試験種の過去問を集中して解くのも試験対策としてよいだろう。

地方上級

　おおむね1題程度の出題である。計算量も多くはなく，大小比較の選択肢も多い上に，計算値が条件値よりゆるいことが多い。それゆえ，とりかかりやすい。

国家一般職（旧国家Ⅱ種）

　例年3題出題されている。東京都や特別区と違ってさまざまな形式で出題される。素早く解答するためには，数に関する性質に長けていることが必要である。

東京都

　例年4題出題されている。①「実数(実際の数値)」，②「増加率」，③「構成比」，④「増加率を中心とした複数の図表の問題」と出題形式がほぼ固まっている。選択肢での問い方もある程度パターン化されているため，東京都が第一志望ならば，その過去問だけをひたすら解き続けてもよいだろう。東京都の資料解釈は基本的に難しくないが，2022年度は数値条件と計算結果が近い問題が多く，少し難易度が増した。また，2023年度は標準的なレベルになった。

特別区

例年4題出題されている。特別区も出題形式と選択肢での問い方が固まっているため，ひたすらその過去問を解くとよいだろう。また，特別区の資料解釈は計算量が多く，条件となる数値とあまり差がないことが多い。しかし，時間をかけ，計算さえできれば全問正解することもできる。もし，数的処理の他の科目が苦手で得点を見込めないのであれば，その時間を資料解釈に費やし，4題正解を狙うのも1つの戦略である。

裁判所職員

例年1題出題されている。昔の問題は，図表の量が他の試験種と比べ多く，見ただけで敬遠したくなる問題が多かった。しかし，近年は，標準的な問題が多く，正誤の個数問題も出題されている。

国税専門官・財務専門官・労働基準監督官

例年3題出題されている。国家一般職(旧国Ⅱ)と同様にさまざまな形式の出題が見られるが，独特な出題形式が多い(英語の資料解釈が出題されたときもある)。

国家総合職（旧国家Ⅰ種）

例年2題出題されている。国家総合職(旧国Ⅰ)の資料解釈は，地上レベルには見られない独特なものとパターン化されていない問題が多かった。しかし，近年ではほかの職種と同じ計算量であり，標準的な問題が多くなったのが特徴である。

Advice アドバイス 学習と対策

資料解釈の問題は，いかに短時間で解くかが重要なテーマとなる。そもそも資料解釈を解答する時間とは，
- ①選択肢で問われている内容を素早く数式にする
- ②計算する

の2つに大別できる。

①の時間を短縮するには，資料に書かれていることを素早く把握すること，選択肢での問い方に対する数式の表し方を覚えておくことが大事である。

②に関しては，比較を素早く済ませるテクニックが多くある。

また，問われていることの多くが大小比較なため，厳密な計算ではなく大まかな計算で正誤を判定できる場合がほとんどである。

そして①，②に共通していえることだが，結局は算数の知識が必須となる。テクニックなどは数の性質を活用しているから，算数の基礎的な知識を確実にしておくことが大切である。

第2章 SECTION 1 資料解釈
資料解釈（実数・構成比）

ここからは資料解釈について学習していきます。実数・構成比ではいかに短時間で計算するかが大切です。

問 表は，ある市の自動車による交通事故に関するデータを示したものであるが，この表から確実にいえるのはどれか。 （国Ⅱ2007）

	交通事故件数（件）	死者数（人）	負傷者数（人）	自動車1万台当たりの死者数（人）	人口10万人当たりの負傷者数（人）
1985年	3,502	30	5,061	7.3	1,025
1990年	4,215	45	5,621	5.3	968
1995年	4,521	41	5,245	5.2	915
2000年	4,203	38	4,805	4.2	862
2005年	4,305	36	4,715	3.9	725

1：1990年の自動車台数は，1985年より減少している。
2：2005年の人口は，2000年より増加している。
3：人口は1985年には50万人以上であったが，1990年には50万人以下となった。
4：交通事故件数の5年ごとの増減についてみると，その差が最も大きいのは1985年から1990年にかけてであり，最も小さいのは1990年から1995年にかけてである。
5：交通事故1件当たりの死者数が最も多いのは2005年であり，交通事故1件当たりの負傷者数が最も多いのは1995年である。

頻出度　地上★★★　国家一般職★★★　東京都★★★　特別区★★★
　　　　裁判所職員★★★　国税・財務・労基★★★　国家総合職★★★

〈実数〉

1 ×　「自動車台数＝死者数÷自動車1万台当たりの死者数」で求めることができるから，1990年と1985年のそれを求める。
　　1990年：$45 \div 5.3 \fallingdotseq 8.5$（万台）
　　1985年：$30 \div 7.3 \fallingdotseq 4.1$（万台）
　　よって，1990年のそれは，1985年のそれより増加している。

2 ○　「人口＝負傷者数÷人口10万人当たりの負傷者数」で求めることができるから，2005年の人口と2000年の人口を求める。
　　2005年：$4715 \div 725 \times 10 \fallingdotseq 65.0$（万人）
　　2000年：$4805 \div 862 \times 10 \fallingdotseq 55.7$（万人）
　　よって，2005年の人口は2000年の人口より増加している。

3 ×　肢2と同様にして，1985年の人口と1990年の人口を求める。
　　1985年：$5061 \div 1025 \times 10 \fallingdotseq 49.4$（万人）
　　1990年：$5621 \div 968 \times 10 \fallingdotseq 58.1$（万人）
　　よって，1985年の人口は50万人未満で，1990年の人口は50万人を超えている。

4 ×　5年ごとの交通事故件数の増減を求める。
　　1985～1990年：$4215 - 3502 = 713$（件）
　　1990～1995年：$4521 - 4215 = 306$（件）
　　1995～2000年：$4203 - 4521 = -318$（件）
　　2000～2005年：$4305 - 4203 = 102$（件）
　　よって，最も小さいのは，2000年から2005年にかけてである。

5 ×　交通事故1件当たりの死者数と交通事故1件当たりの負傷者数を5年ごとに求める。

　　交通事故1件当たりの死者数　　　交通事故1件当たりの負傷者数
　　1985年：$30 \div 3502 \fallingdotseq 0.0086$（人）　　$5061 \div 3502 \fallingdotseq 1.4$（人）
　　1990年：$45 \div 4215 \fallingdotseq 0.0107$（人）　　$5621 \div 4215 \fallingdotseq 1.3$（人）
　　1995年：$41 \div 4521 \fallingdotseq 0.0091$（人）　　$5245 \div 4521 \fallingdotseq 1.2$（人）
　　2000年：$38 \div 4203 \fallingdotseq 0.0090$（人）　　$4805 \div 4203 \fallingdotseq 1.1$（人）
　　2005年：$36 \div 4305 \fallingdotseq 0.0084$（人）　　$4715 \div 4305 \fallingdotseq 1.1$（人）
　　よって，交通事故1件当たりの死者数が最も多いのは1990年であり，負傷者数が最も多いのは1985年である。

正答 2

第2章
SECTION ① 資料解釈
資料解釈（実数・構成比）

1 資料解釈の解法の技術

　資料解釈は，選択肢の内容が与えられた表やグラフから数値的・論理的に正しいと導き出せる内容であるかどうかを判断する問題であり，特別な解法を覚えておかなければ解けないという問題は少ない。しかし，まともにやると計算に時間がかかる場合が多いため，できる限り計算量を減らし，短時間で解答するためのさまざまな工夫が必要となる。

① 　まず，**表やグラフの意味，そこに書かれている数字が何を意味しているのかを把握する**。それが把握できないうちに選択肢の計算を始めても，よくわからずにかえって時間がかかったり，間違えたりすることが多い。

② 　問題の表やグラフなどの資料から求めることができないことを述べている選択肢を見抜く。**自分の憶測や社会常識で選択肢の内容を判断してはならない**。あくまで問題文の条件・表・グラフから数値的・論理的に確実にいえる内容が書いてある選択肢を選ばなければならない。

③ 　選択肢を検討する順番を考える。たとえば，計算時間のかかる選択肢を後回しにし，計算が簡単な選択肢から検討することである。たとえ直接正解肢がわからないとしても，**4つの選択肢が誤りであることがわかれば，残る1つの選択肢が正解である**といえる。

④ 　表やグラフから，計算せずに直接判断できないかを考える。その際，表やグラフに手を加えると判断しやすくなる場合もある。また，**選択肢の内容が誤りと判断する場合**には，反例を見つければよいため，すべての計算を行わなくとも，**特徴的な一部の計算を行うのみで判断できる**ことが比較的多い。

⑤ 　計算を簡単に行う工夫をする。正誤が判断できる限りで，なるべく簡単な計算をすることである。たとえば，加減乗除の順に計算は複雑になるといえるから，除法を乗法に直して計算できないかなどを考えてみる。また，概数計算をする方法もある。しかし，概数計算をしたため結果が変わる場合もありうるため，計算結果が微妙な場合は，概数にせずにもう一度計算するほうがよい。

2 概算の方法

① 　分数の性質を利用する。

（例）$\dfrac{29}{120}$ と $\dfrac{33}{101}$ の大小を比較せよ。

（解説）

　分数は，**分子の値が大きければ大きいほど，分母の数が小さければ小さいほど大きくなる**。$\dfrac{33}{101}$ は $\dfrac{29}{120}$ と比べて分子が大きく（33＞29），分母が小さい（101＜120）

INPUT

ため, 計算するまでもなく, $\frac{33}{101}$のほうが大きいことがわかる。

(例) $\frac{4}{7}$と$\frac{24}{35}$の大小を比較せよ。

(解説)

$\frac{24}{35}$は$\frac{4}{7} \times \frac{6}{5}$と表すことができる。ここで重要なのは$\frac{6}{5}$という数が**分母より分子のほうが大きい, つまり1より大きい数**だということである。$\frac{4}{7}$に1より大きい数をかければ当然それより大きい数になるから, $\frac{4}{7} \times \frac{6}{5} = \frac{24}{35}$は$\frac{4}{7}$より大きいことがわかる。

② 基準となる値を介して比較する。

(例) $\frac{132}{1230}$と$\frac{3}{43}$の大小を比較せよ。

(解説)

$\frac{132}{1230} > \frac{123}{1230} = 0.1, \frac{3}{43} < \frac{4.3}{43} = 0.1$より, $\frac{132}{1230} > \frac{3}{43}$とわかる。このように, 2つの数を直接計算するのではなく, **第3の数値を介して比較をする**と比較が速く済む場合がある。

3 実数の表やグラフ

「実数」とは, 実際の数値をそのまま表記したものである。実数の表・グラフから求める数値としては, 構成比, 指数, 増加率など, さまざまなものが考えられる。

4 構成比(シェア)

構成比とは, 百分率でいえば全体を100%としたときに, その全体を構成している各部分がそれぞれ何%を占めているかを表す数字である。式で表すと,

当該項目の構成比$=\dfrac{当該項目の値}{全体の値}$

当該項目の値$=$全体の値$\times$当該項目の構成比

全体の値$=\dfrac{当該項目の値}{当該項目の構成比}$

となる。

同じものを分母とした構成比が与えられた場合には, 当該項目の値の大小や比などは, 構成比の大小や比と等しくなる。計算を行う際には, 全体を100とすると, 計算が楽である。

第2章 SECTION 1 資料解釈
資料解釈（実数・構成比）

実践　問題 172　基本レベル

頻出度
地上★★　国家一般職★　東京都★　特別区★
裁判所職員★　国税・財務・労基★　国家総合職★★

問　次の表から確実にいえるのはどれか。

（特別区2022）

国産木材の素材生産量の推移

（単位　千m³）

区分	平成27年	28	29	30	令和元年
あかまつ・くろまつ	779	678	641	628	601
すぎ	11,226	11,848	12,276	12,532	12,736
ひのき	2,364	2,460	2,762	2,771	2,966
からまつ	2,299	2,312	2,290	2,252	2,217
えぞまつ・とどまつ	969	1,013	1,090	1,114	1,188

1：平成29年の「あかまつ・くろまつ」の素材生産量の対前年減少率は，令和元年のそれより小さい。
2：平成27年の「すぎ」の素材生産量を100としたときの令和元年のそれの指数は，115を上回っている。
3：平成27年から令和元年までの5年における「ひのき」の素材生産量の1年当たりの平均は，2,650千m³を上回っている。
4：表中の各年とも，「からまつ」の素材生産量は，「えぞまつ・とどまつ」の素材生産量の1.9倍を上回っている。
5：令和元年の「えぞまつ・とどまつ」の素材生産量の対前年増加量は，平成29年のそれを上回っている。

OUTPUT

実践 問題 **172** の解説 ────────────────

チェック欄
1回目	2回目	3回目

〈実数〉

1 × 平成29年と令和元年の「あかまつ・くろまつ」の素材生産量の対前年減少率を式で表すと次のようになる。

平成29年：$\left(1-\dfrac{641}{678}\right)\times100（\%）$　　令和元年：$\left(1-\dfrac{601}{628}\right)\times100（\%）$

$\dfrac{641}{678}≒0.945$, $\dfrac{601}{628}≒0.957$より，対前年減少率は平成29年のほうが大きいため，誤りである。

2 × 本肢について比を立てて計算すると，次のようになる。求めたい令和元年の「すぎ」の素材生産量の指数を x とする。

$100：x＝11226：12736$

$x＝\dfrac{12736}{11226}\times100≒113.45$

より x は115を下回るため，誤りである。

3 ○ 本肢は，平成27年から令和元年の5年における「ひのき」の素材生産量の合計が，$2650\times5＝13250（千m^3）$を上回るかを確かめればよい。その合計は，

$2364＋2460＋2762＋2771＋2966＝13323（千m^3）$

となるため，本肢は正しい。

4 × 令和元年の「からまつ」と「えぞまつ・とどまつ」の素材生産量はそれぞれ，$2217（千m^3）$, $1188（千m^3）$である。2217は$1188\times1.9＝2257.2$を下回っているから，本肢のようなことはいえない。

5 × 平成29年と令和元年の「えぞまつ・とどまつ」の素材生産量の対前年増加量は次のとおりである。

平成29年：$1090－1013＝77（千m^3）$

令和元年：$1188－1114＝74（千m^3）$

令和元年の対前年増加量が，平成29年のそれを下回っており，誤りである。

正答 **3**

第2章 SECTION 1 資料解釈
資料解釈（実数・構成比）

実践 問題 173 基本レベル

頻出度 地上★★★ 国家一般職★★★ 東京都★★★ 特別区★★★
　　　　裁判所職員★★★ 国税・財務・労基★★★ 国家総合職★★★

問 次の図から確実にいえるのはどれか。 （特別区2023）

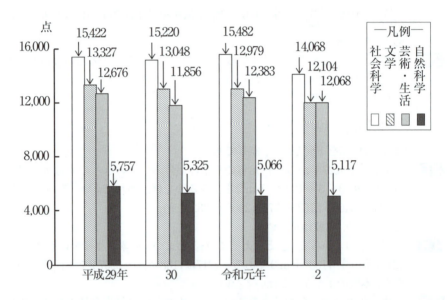

書籍新刊点数の推移

1：平成29年から令和2年までの4年における「自然科学」の書籍新刊点数の1年当たりの平均は、5,300点を下回っている。
2：「社会科学」の書籍新刊点数の平成29年に対する令和2年の減少率は、8％を下回っている。
3：平成30年において、「芸術・生活」の書籍新刊点数の対前年減少量は、「文学」のそれの2.5倍を上回っている。
4：平成30年の「文学」の書籍新刊点数を100としたときの令和2年のそれの指数は、95を上回っている。
5：令和元年において、図中の書籍新刊点数の合計に占める「芸術・生活」のそれの割合は、30％を超えている。

OUTPUT

実践 問題 **173** の解説 ————————————————————

チェック欄		
1回目	2回目	3回目

〈実数〉

1 ✕ 平成29年から令和2年までの4年において,「自然科学」の書籍新刊点数から条件である5300を引いた値は次のようになる。

「自然科学」の書籍新刊点数－5300

平成29年：$5757 - 5300 = 457$

平成30年：$5325 - 5300 = 25$

令和元年：$5066 - 5300 = -234$

令和2年：$5117 - 5300 = -183$

この差の合計は,

$457 + 25 - 234 - 183 = 65$（点）

と正の値をとる。したがって,平成29年から令和2年までの4年における「自然科学」の書籍新刊点数の1年あたりの平均は5300点を超えることがわかる。

2 ✕ 「社会科学」の書籍新刊点数の平成29年に対する令和2年の減少量は,

$15422 - 14068 = 1354$（点）　……①

である。平成29年の「社会科学」の書籍新刊点数の8％は,

$15422 \times 0.08 \fallingdotseq 1234$（点）

であり,①の減少量のほうが大きい。よって,本肢は誤りである。

3 ○ 平成30年において,「芸術・生活」の書籍新刊点数の対前年比減少量と,「文学」の書籍新刊点数のそれの2.5倍をそれぞれ計算すると,

芸術・生活：$12676 - 11856 = 820$（点）

文学の2.5倍：$(13327 - 13048) \times 2.5 = 279 \times 2.5$（点）

である。820は300の2.5倍である750より大きいことから,279の2.5倍よりも大きい。したがって,本肢は正しい。

4 ✕ 令和2年の「文学」の書籍新刊点数を,平成30年を100とした指数で表した値をxとすると,

$x : 100 = :12104 : 13048$

を満たし,xについて解くと,

$x = 12104 \times 100 \div 13048 \fallingdotseq 93$

となり,95を下回る。よって,本肢は誤りである。

5 ✕ 令和元年における「芸術・生活」の12383点は,同年の書籍新刊点数の合計の30％である,

$(15482 + 12979 + 12383 + 5066) \times 0.3 = 45910 \times 0.3 = 13773$（点）

を下回る。よって,本肢は誤りである。

正答 **3**

第2章 SECTION 1 資料解釈
資料解釈（実数・構成比）

実践 問題 174 基本レベル

頻出度	地上★★★	国家一般職★★★	東京都★★★	特別区★★★
	裁判所職員★★★	国税・財務・労基★★★		国家総合職★★★

問 次の図から確実にいえるのはどれか。 （特別区2021）

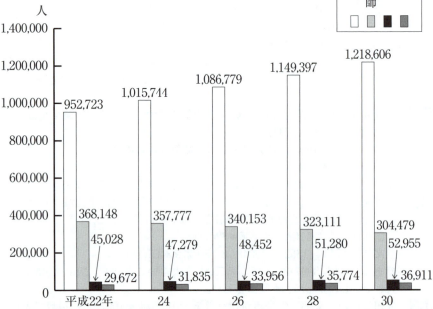

就業保健師等の年次推移

1：助産師の人数の平成24年に対する平成26年の増加人数は，保健師の人数のそれの2倍を上回っている。
2：平成26年の准看護師の人数を100としたときの平成30年のそれの指数は，90を上回っている。
3：准看護師の人数の平成28年に対する平成30年の減少率は，6％を上回っている。
4：平成22年において，図中の就業保健師等の人数の合計に占める看護師のそれの割合は，70％を超えている。
5：図中の各年のうち，保健師における人数と助産師における人数との差が最も小さいのは，平成26年である。

OUTPUT

実践 問題 **174** の解説

〈実数〉

1 ✕ 助産師および保健師の平成24年に対する平成26年の増加人数は次のように
なる。

助産師：33956－31835＝2121（人）

保健師：48452－47279＝1173（人）

よって，助産師の増加人数は，保健師の増加人数の2倍より大きいとはいえ
ないため，誤りである。

2 ✕ 平成26年の准看護師の人数を100としたときの平成30年のそれの指数を x と
すると，

$100 : x = 340153 : 304479$

となるため，x は，

$$x = \frac{304479 \times 100}{340153} \fallingdotseq 89.5$$

であり，90を下回っている。よって，本肢は誤りである。

3 ✕ 准看護師の人数の平成28年に対する平成30年の減少率は，

$$\left(1 - \frac{304479}{323111}\right) \times 100 \fallingdotseq 5.8(\%)$$

であるため，6％を上回っていない。よって，本肢は誤りである。

4 ✕ 平成22年における，就業保健師等の人数の合計に占める看護師のそれの割
合は，

$$\frac{952723}{952723 + 368148 + 45028 + 29672} \times 100 = \frac{952723}{1395571} \times 100 \fallingdotseq 68.3(\%)$$

であるため，70％は超えていない。よって，本肢は誤りである。

5 ◯ グラフから，各年で保健師における人数と助産師における人数の差につい
てみると次のようになる。

平成22年：45028－29672＝15356（人）

平成24年：47279－31835＝15444（人）

平成26年：48452－33956＝14496（人）

平成28年：51280－35774＝15506（人）

平成30年：52955－36911＝16044（人）

よって，最も差が小さくなるのは平成26年であり，本肢は正しい。

正答 **5**

第2章 資料解釈

第2章 SECTION 1 資料解釈
資料解釈（実数・構成比）

実践　問題 175　基本レベル

頻出度　地上★★★　国家一般職★★★　東京都★★★　特別区★★★
　　　　裁判所職員★★★　国税・財務・労基★★★　国家総合職★★

問　表Ⅰは，我が国における木材需要量を，表Ⅱは，我が国における用材部門別需要量を示したものである。これらから確実にいえることとして最も妥当なのはどれか。
ただし，自給率は，総需要量に占める国内生産の割合である。
なお，四捨五入の関係により，合計が一致しない場合がある。

（国税・財務・労基2022）

表Ⅰ　木材需要量（丸太換算）　　　　　　　（単位：千m³）

	2000年	2009年	2018年
用材	99,263	63,210	73,184
燃料材（薪炭材）	940	1,047	9,020
しいたけ原木	803	543	274
合計	101,006	64,799	82,478

表Ⅱ　用材部門別需要量（丸太換算）　　　　（単位：自給率以外は千m³）

		2000年	2009年	2018年
製材用	総需要量	40,946	23,513	25,708
	国内生産	12,798	10,243	12,563
	輸入	28,148	13,270	13,145
パルプ・チップ用	総需要量	42,186	29,006	32,009
	国内生産	4,749	5,025	5,089
	輸入	37,437	23,981	26,920
合板用	総需要量	13,825	8,163	11,003
	国内生産	138	1,979	4,492
	輸入	13,687	6,184	6,511
その他用	総需要量	2,306	2,528	4,465
	国内生産	337	340	1,536
	輸入	1,969	2,188	2,930

OUTPUT

		2000年	2009年	2018年
合計	総需要量	99,263	63,210	73,184
	国内生産	18,022	17,587	23,680
	輸入	81,241	45,622	49,505
	自給率	18.2%	27.8%	32.4%

1：2000年，2009年，2018年のうち，木材需要量の合計に占める用材の割合が最も低いのは2009年である。

2：2010～2018年の燃料材（薪炭材）の需要量の対前年増加率の9年間の平均は，100%を超えている。

3：用材のうち，パルプ・チップ用とその他用を合わせた総需要量をみると，2000年に対する2009年の減少率の絶対値は，2009年に対する2018年の増加率の絶対値より小さい。

4：用材のうち，製材用と合板用を合わせた自給率をみると，2000年，2009年，2018年の中で，4割を超えている年がある。

5：2000年と2018年の自給率を用材部門別にみると，四つの部門のうち，2018年の方が自給率が低い部門がある。

第2章 SECTION 1 資料解釈
資料解釈（実数・構成比）

実践 問題 175 の解説

〈実数〉

1 × 2009年と2018年の，木材需要量の合計に占める用材の割合を比較すると，

$$2009年：\frac{63210}{64799} ≒ 0.98 \quad 2018年：\frac{73184}{82478} ≒ 0.89$$

であり，2009年が最も低いとはいえず，誤りである。

2 × 2010年以降，平均100％のペースで増加した場合，2018年の燃料材（薪炭材）の需要量は

$$1047 × 2^9 （千m^3）$$

となるはずが，実際の値はこれより小さいため，本肢の記述は誤りである。

3 × パルプ・チップ用とその他用を合わせた総需要量について，2000年に対する2009年の減少率は，

$$\left(1 - \frac{29006 + 2528}{42186 + 2306}\right) × 100 = \left(1 - \frac{31534}{44492}\right) × 100 ≒ 29（％）$$

である。一方，2009年に対する2018年の増加率は，

$$\left(\frac{32009 + 4465}{29006 + 2528} - 1\right) × 100 = \left(\frac{36474}{31534} - 1\right) × 100 ≒ 16（％）$$

である。2000年に対する2009年の減少率の絶対値は2009年に対する2018年の増加率の絶対値より大きいため，誤りである。

4 ○ 2018年における，製材用と合板用の総需要量の4割にあたる量は，

製材用：$25708 × 0.4 ≒ 10283（千m^3）$
合板用：$11003 × 0.4 ≒ 4401（千m^3）$

である。また，2018年の製材用と合板用の各国内生産量は上の値よりも大きいため，2018年における製材用と合板用を合わせた自給率は，4割を超えているといえる。よって，本肢の記述は正しい。

5 × 製材用，パルプ・チップ用，合板用，その他用の順に，2000年と2018年での自給率を列記する。

・製材用：2000年については分母の値は分子の値の3倍より大きいが，2018年については分母の値は分子の値の3倍より小さい。よって，2018年のほうが大きい。

$$\frac{12798}{40946}（2000年）< \frac{12563}{25708}（2018年）$$

・パルプ・チップ用：分子の値が大きく，分母の値が小さい2018年のほうが

OUTPUT

大きい。

$$\frac{4749}{42186}（2000年）<\frac{5089}{32009}（2018年）$$

・合板用：分子の値が大きく，分母の値が小さい2018年のほうが大きい。

$$\frac{138}{13825}（2000年）<\frac{4492}{11003}（2018年）$$

・その他用：2000年については分母の値は分子の値の３倍より大きいが，2018年については分母の値は分子の値の３倍より小さい。よって，2018年のほうが大きい。

$$\frac{337}{2306}（2000年）<\frac{1536}{4465}（2018年）$$

以上より，すべての部門において，2018年のほうが自給率が高い。よって，本肢の記述は誤りである。

正答 4

第2章 SECTION 1 資料解釈
資料解釈（実数・構成比）

実践　問題176　基本レベル

頻出度	地上★★★	国家一般職★★★	東京都★	特別区★
	裁判所職員★★	国税・財務・労基★★★		国家総合職★★★

問　次の表と図は，我が国の熱中症による救急搬送人員の年別推移とその年齢区分を示したものである。表は各年の6～9月の結果を，図は2014年以前については6～9月の，2015年以降については5～9月の結果をそれぞれ示している。これらからいえることとして最も妥当なのはどれか。
ただし，各年の4月以前，10月以降の熱中症による救急搬送人員は考えないものとする。

（国家一般職2021）

表　熱中症による救急搬送人員の年別推移（6～9月）

（単位：人）

2012年	45,701
2013年	58,729
2014年	40,048
2015年	52,948
2016年	47,624
2017年	49,583
2018年	92,710

直前復習

OUTPUT

図 熱中症による救急搬送人員の年齢区分
（2014年以前は 6 〜 9 月, 2015年以降は 5 〜 9 月）

第2章 資料解釈

年				各年の合計
2012	0.9 (417 人)　14.2 (6,467 人)	39.8 (18,192 人)	45.1 (20,625 人)	45,701 人
2013	0.8 (472 人)　12.5 (7,367 人)	39.3 (23,062 人)	47.4 (27,828 人)	58,729 人
2014	0.9 (363 人)　14.0 (5,622 人)	38.9 (15,595 人)	46.1 (18,468 人)	40,048 人
2015	0.9 (505 人)　13.1 (7,333 人)	35.8 (19,998 人)	50.2 (28,016 人)	55,852 人
2016	1.0 (486 人)　13.0 (6,548 人)	36.0 (18,150 人)	50.0 (25,228 人)	50,412 人
2017	0.9 (490 人)　14.5 (7,685 人)	35.6 (18,879 人)	48.9 (25,930 人)	52,984 人
2018	1.0 (975 人)　13.9 (13,192 人)	37.0 (35,189 人)	48.1 (45,781 人)	95,137 人

■ 新生児・乳幼児（7 歳未満）　　■ 少年（7 歳以上 18 歳未満）
□ 成人（18 歳以上 65 歳未満）　　□ 高齢者（65 歳以上）

（注）四捨五入の関係により，割合の合計が 100％にならない場合がある。

1：2015年以降の 5 月の救急搬送人員が最も少ない年は，2017年である。

2：2018年の 6 〜 9 月の救急搬送人員に占める少年の割合は，1 割を超えている。

3：2012〜2018年についてみると，新生児・乳幼児の救急搬送人員の合計は，4,000 人を超えている。

4：2018年の高齢者の救急搬送人員は，2013年の高齢者以外の救急搬送人員の合計よりも少ない。

5：2016年以降の救急搬送人員のうち，高齢者の対前年増加率をみると，2017年が最も大きい。

第2章 SECTION 1 資料解釈
資料解釈（実数・構成比）

実践 問題 176 の解説

〈実数〉

1 ✗ 表と図の合計の差が，2015年から2018年までの5月の救急搬送人員に相当する。これを計算すると，以下のようになる。
　2015年：55852 − 52948 = 2904（人）
　2016年：50412 − 47624 = 2788（人）
　2017年：52984 − 49583 = 3401（人）
　2018年：95137 − 92710 = 2427（人）
したがって，2017年が最も少ないとはいえないため，誤りである。

2 ○ 2018年の5月での救急搬送人員は，肢1より2,427人である。このすべてが少年に相当すると仮定した場合の6月から9月における少年の救急搬送人員は，
　13192 − 2427 = 10765（人）
である。これは，同年の6月から9月の救急搬送人員92,710人の1割を超える。
したがって，2018年の6月から9月における少年の救急搬送人員は不明であるが，同年の6月から9月の救急搬送人員の1割を超えることは確実にいえる。本肢の記述は正しい。

3 ✗ 図から2014年までの6月〜9月までの新生児・乳幼児と2015年以降の5月〜9月までの新生児・乳幼児の緊急搬送人員の合計を計算すると，
　417 + 472 + 363 + 505 + 486 + 490 + 975 = 3708（人）
であり，4,000人を下回る。よって，2012年から2018年の新生児・乳幼児の緊急搬送人員の合計は4,000を超えているとは，この表と図からは確実にはいえない。

4 ✗ 2013年の6月から9月までの高齢者以外の救急輸送人員の合計は58729 − 27828 = 30901人である。このため，2013年の高齢者以外の救急輸送人員の合計は30,901人以上といえる。しかし，2018年の高齢者の救急輸送人員は45,781人以上で前者と大小比較は不可能であり，確実にはいえない。

5 ✗ 2016年の高齢者の救急搬送人員数は前年よりも少ない。2017年と2018年の高齢者の救急搬送人員数の対前年増加率をみると（×100は省略），
　2017年：$\dfrac{25930}{25228} - 1 = \dfrac{702}{25228} < \dfrac{1}{10}$，　2018年：$\dfrac{45781}{25930} - 1 = \dfrac{19851}{25930} > \dfrac{1}{10}$
であるから，2016年以降では，2018年の高齢者に対する緊急搬送人員の対前年増加率が最も大きくなるため，誤りである。

正答 2

memo

第2章 資料解釈

第2章 SECTION 1 資料解釈
資料解釈（実数・構成比）

実践 問題 177 基本レベル

頻出度	地上 ★★★	国家一般職 ★★★	東京都 ★	特別区 ★
	裁判所職員 ★★	国税・財務・労基 ★★★	国家総合職 ★★★	

問 表は，国内向け鉄道車両（新造）生産の両数及び金額の推移を示したものである。これから確実にいえるのはどれか。

ただし，新幹線の金額については，平成20年度を除き空欄としている。

（国税・財務・労基2016）

（金額単位：百万円）

年度	合計 両数	合計 金額	JR 両数	JR 金額	うち新幹線 両数	うち新幹線 金額	うち新幹線 前年度比(%)	JR以外の民鉄 両数	JR以外の民鉄 金額
平成18	1,948	132,785	1,173	90,027	32		37.6	775	42,759
19	2,198	173,055	1,374	123,316	352		1,106.7	824	49,739
20	1,741	152,704	999	104,106	345	52,508	109.9	742	48,598
21	1,883	183,431	1,165	132,045	407		117.4	718	51,386
22	1,794	192,498	1,350	160,381	521		135.2	444	32,117
23	1,763	171,242	1,201	129,864	390		75.6	562	41,378
24	1,477	149,873	1,056	117,876	290		88.0	421	31,997
25	1,498	154,200	1,017	117,943	342		114.7	481	36,257

（注）四捨五入のため金額の合計が一致しない場合がある。

1：JR以外の民鉄の金額が合計の金額に占める割合についてみると，平成18～25年度のうち，最も高い年度は，平成18年度である。
2：平成18年度の新幹線1両当たりの金額は，同年度のJR以外の民鉄1両当たりの金額の3倍を超えている。
3：平成25年度の新幹線の金額は，平成20年度の新幹線の金額よりも少ない。
4：新幹線の両数がJRの両数に占める割合についてみると，平成18～25年度のうち，最も高い年度は，平成20年度である。
5：平成19～25年度の間に，合計の両数が前年度から2割以上減少した年度は，2回ある。

OUTPUT

チェック欄		
1回目	2回目	3回目

実践 ▶ 問題 **177** ▶ の解説

〈実数〉

1 ○ 求める割合は, $\dfrac{民鉄の金額}{合計の金額}$ で求められる。平成18年度の民鉄の金額は42,759百万円で, 合計の金額は132,785百万円である。一方, 平成22年度以降は, 分子となる民鉄の金額が平成18年度よりも小さく, 合計の金額が大きい。したがって, 平成22年度以降は平成18年度よりも割合が小さいことがわかる。

平成18年度〜平成21年度について割合を計算すると, 次のようになる。

平成18年度：$\dfrac{42759}{132785} \fallingdotseq 0.322$

平成19年度：$\dfrac{49739}{173055} \fallingdotseq 0.287$

平成20年度：$\dfrac{48598}{152704} \fallingdotseq 0.318$

平成21年度：$\dfrac{51386}{183431} \fallingdotseq 0.280$

したがって, 平成18年度の割合が最も高いことは確実にいえるから, 正しい。

2 × 平成18年度の民鉄1両当たりの金額は,

$$\dfrac{42759}{775} \fallingdotseq 55（百万円）$$

であり, この3倍は165百万円となる。

したがって, 新幹線1両当たりの金額が民鉄1両当たりの金額の3倍を超えているとすると, 新幹線の金額は,

$$165 \times 32 = 5280（百万円）$$

を超えていることになる。

新幹線の金額を見ると, 平成19年度は18年度のおよそ11倍, 平成20年度は19年度のおよそ1.1倍となっていることから, 平成18年度の金額は平成20年度の金額のおよそ12分の1である。平成20年度の金額は52,508百万円であるから, これの12分の1は明らかに5,280百万円よりも小さくなるため, 新幹線1両当たりの金額が民鉄1両当たりの金額の3倍を超えているとはいえず, 誤りである。

3 × 平成21年度から平成25年度までの対前年度比から, 平成20年度と平成25年度の新幹線の金額について,

平成25年度 = 1.147 × 0.88 × 0.756 × 1.352 × 1.174 × 平成20年度……①

資料解釈
資料解釈（実数・構成比）

が成り立つ。①の式の最も数値が大きい1.352と最も数値が小さい0.756の積を考えると，1.352×0.756≒1.022と1を超える。また，2番目に数値が大きい1.174と2番目に数値が小さい0.88の積も，1.174×0.88≒1.033と1を超える。

①の式の5つの小数の積は，

  1.147×0.88×0.756×1.352×1.174＝(1.352×0.756)×(1.174×0.88)×1.147
  ＞1.147

と1.147より大きいため，平成25年度のほうが大きくなり，誤りである。

4 ✗ 平成20年度の割合を考えると，新幹線は345両，ＪＲは999両であるから，割合は50％未満である。平成20年度と平成22年度を比較すると，平成22年度の新幹線は176両増加しているのに対して，ＪＲは351両の増加であり，増加した両数に対する新幹線の両数の割合が50％を超えている。したがって，平成22年度は平成20年度よりも新幹線の両数がＪＲの両数に占める割合が高くなるため，最も高い年度は平成20年度とはいえず，誤りである。

5 ✗ 大きく減少している年度は，平成20年度と，平成24年度であるが，平成24年度は減少数が286両であるため，平成23年度の1,763両に対する減少の割合は明らかに2割よりも小さい。したがって，2割以上減少した年度は，2回あるとはいえないため，誤りである。

正答 **1**

memo

第2章　資料解釈

SECTION 1 資料解釈（実数・構成比）

資料解釈

実践 問題 178 基本レベル

問 表は，全国及び全国を10地域に分けたうちの1地域である北海道における，平成26年の生乳の用途別処理量について示したものである。これから確実にいえるのはどれか。

(国家一般職2016)

地域	処理内訳			実数(千トン)	用途別割合(%)	対前年比(%)
全国	生乳処理量　　　　　計			7,334	100.0	97.7
	牛乳等向け			3,911	53.3	98.4
		うち業務用向け		305	4.2	99.6
	乳製品向け			3,364	45.9	96.8
		うち	チーズ向け	498	6.8	102.5
			クリーム等向け	1,320	18.0	103.0
	その他向け			59	0.8	102.8
北海道	生乳処理量　　　　　計			3,488	100.0	98.1
	牛乳等向け			541	15.5	102.2
		うち業務用向け		66	1.9	97.5
	乳製品向け			2,917	83.6	97.2
		うち	チーズ向け	491	14.1	102.4
			クリーム等向け	1,213	34.8	103.0
	その他向け			31	0.9	107.6

(注)四捨五入の関係により生乳処理量の合計が計に一致しない場合がある。

1：平成25年の「チーズ向け」処理量が2千トン以上の地域は，全国の10地域のうち5地域以上ある。
2：北海道の「乳製品向け」処理量の用途別割合は，平成26年の方が平成25年よりも大きい。
3：北海道以外の9地域における「牛乳等向け」処理量の合計は，平成26年の方が平成25年よりも多い。
4：平成26年の「クリーム等向け」処理量は，北海道で全国の95％を占めており，北海道以外ではその処理量が0トンの地域もある。
5：平成26年の「牛乳等向け」処理量の用途別割合が80％を超えている地域は，全国の10地域のうち1地域以上ある。

OUTPUT

実践 問題 **178** の解説

チェック欄		
1回目	2回目	3回目

〈実数・構成比〉

1 ✕ 表より,「チーズ向け」の全国処理量が498千トンであり, 北海道の「チーズ向け」処理量が491千トンであるから, 北海道以外の地域で処理されたものは7千トンとなる。2千トン以上の地域が4地域あるとすると, 北海道以外の地域で少なくとも8千トンは処理している必要があるが, 実際はこれを下回っているため, 誤りである。なお, 各地域の処理量もこの表だけでは読み取ることができないため, 何地域あるかはいうことができない。

2 ✕ 北海道の平成26年の「生乳処理量」の対前年比は98.1%と減少し, また,「乳製品向け」の対前年比は97.2%と減少している。減少の割合は「乳製品向け」のほうが大きく, 平成26年の構成比よりも平成25年の構成比のほうが大きいことになるため, 誤りである。

3 ✕ 全国と北海道の「牛乳等向け」の処理量の対前年比をみると, 北海道は102.2%と増加しているのに対して, 全国は98.4%と減少している。したがって, 北海道以外の9地域の合計は減少していることになるから, 平成25年のほうが処理量は多くなるため, 誤りである。

4 ✕ 北海道以外の地域で0トンの地域があるかどうかは, 表からはわからない。また, 全国に対する北海道の「クリーム等向け」の処理量は,

$$\frac{1213}{1320} \times 100 \fallingdotseq 91.8(\%)$$

と, およそ92%であるため, 95%を占めているという点も誤りである。

5 ○ 北海道以外の地域の「生乳処理量」と「牛乳等向け」処理量は,

生乳処理量:7334 − 3488 = 3846(千トン)

牛乳等向け:3911 − 541 = 3370(千トン)

である。これより, 他の9地域の「牛乳等向け」の用途別割合の平均は,

$$\frac{3370}{3846} \times 100 \fallingdotseq 87.6(\%)$$

と80%を超えているため, 少なくとも1地域は80%を超えていることがわかり, 正しい。

正答 5

資料解釈（実数・構成比）

実践 問題179 基本レベル

頻出度	地上★★	国家一般職★★★	東京都★	特別区★
	裁判所職員★	国税・財務・労基★★★		国家総合職★★

問 図Ⅰは，A～E国の出生率と死亡率の推移を示したものであり，図Ⅱは，X国の地域別の人口の推移を示したものである。これらから確実にいえることとして最も妥当なのはどれか。

なお，自然増加率＝出生率－死亡率である。　　　　（国家総合職2023）

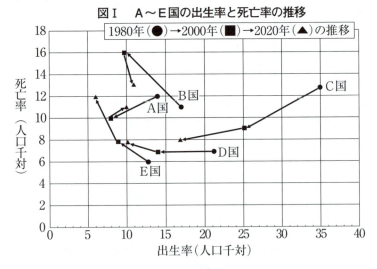

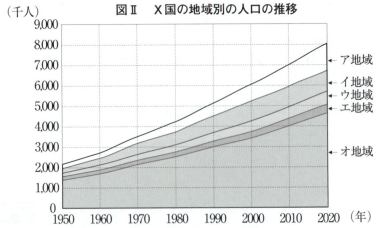

OUTPUT

1：1980年と2000年を比較すると，A～E国のうち，出生率の差の絶対値はC国が最も大きく，また，死亡率の差の絶対値もC国が最も大きい。

2：A～E国の1980年の自然増加率と2020年のそれを比較すると，いずれの国も2020年の方が低下しており，また，2020年の自然増加率がマイナスとなっている国も複数ある。

3：X国の2010年に対する2020年の人口の増加率は，同国の1980年に対する1990年のそれよりも高い。

4：X国の人口に占めるイ地域の人口の割合は，2020年に最も高くなっている。

5：X国のア～オの各地域における1950年に対する2020年の人口の増加率をみると，オ地域が最も高く，エ地域が最も低い。

第2章 資料解釈

第2章 SECTION 1 資料解釈
資料解釈（実数・構成比）

実践 問題 179 の解説

〈実数〉

1 × 1980年と2000年のC国およびB国の死亡率の差の絶対値を考える。
まず，C国の1980年の死亡率は12～13％の間であり，2000年のそれは約9％である。その差の絶対値は，｜9－12.5｜＝3.5％と，4％より小さい。一方で，B国の1980年の死亡率は約11％，2000年のそれは約16％である。その差の絶対値は，｜16－11｜＝5％となることから，死亡率の差の絶対値については，C国が最も大きいとはいえない。

2 ○ 1980年と2020年の各国の自然増加率を概算すると，次のとおりである。

国名	1980年	2020年
A国	14－12＝2（％）	10－11＝－1（％）
B国	17－11＝6（％）	11－13＝－2（％）
C国	35－12.5＝22.5（％）	17－8＝9（％）
D国	21.5－7＝14.5（％）	10.5－8＝2.5（％）
E国	13－6＝7（％）	6－12＝－6（％）

いずれの国も2020年の自然増加率のほうが低下しており，さらに，A，B，Eの3つの国では，2020年の自然増加率はマイナスとなっているため，本肢は正しい。

3 × 2010年から2020年にかけて，および1980年から1990年にかけてのX国全体での人口増加数は，およそ一定である。これは，1980年以降のグラフの形状が直線に近いことから判断できる。したがって人口増加率は，より人口の少ない1990年のほうが2020年よりも高いといえる。

4 × 2000年以後，X国の人口は増加する一方で，イ地域の人口はほぼ一定である。したがって，X国の人口に占めるイ地域の人口の割合は2000年以降減少しているといえ，2020年に最も高くなっているとはいえない。

5 × 1950年に対する2020年の人口の変化をア地域とオ地域で比較する。
　　ア地域：約250千人から約1300千人へ，5倍を超える増加
　　オ地域：約1300千人から4600千人へ，4倍未満の増加
したがって，オ地域の人口の増加率が最も高いとはいえない。

正答 2

memo

第2章

資料解釈

503

第2章 SECTION 1 資料解釈
資料解釈（実数・構成比）

実践 問題180 基本レベル

頻出度	地上★★	国家一般職★	東京都★	特別区★
	裁判所職員★	国税・財務・労基★		国家総合職★★

問 図は，1996年〜2016年のオリンピック競技大会における，男女別の我が国のメダル獲得数及び男女それぞれの獲得したメダルに占める金メダルの割合を示したものであり，表は，これらの大会における我が国のメダル獲得数を種類別に示したものである。これらから確実にいえるのはどれか。
なお，これらの大会において，男女混合種目ではメダルを獲得していない。

(国家一般職2020)

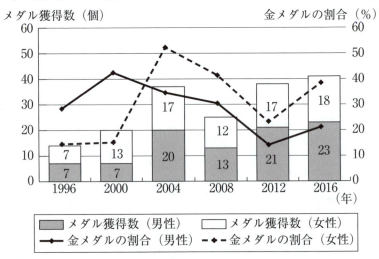

図　男女別メダル獲得数及び獲得したメダルに占める金メダルの割合

表　種類別メダル獲得数
（単位：個）

	1996年	2000年	2004年	2008年	2012年	2016年
金メダル	3	5	16	9	7	12
銀メダル	6	8	9	8	14	8
銅メダル	5	7	12	8	17	21

OUTPUT

1：1996～2016年について金メダルの獲得数を男女別に比較すると，1996年は男性のほうが多かったが，2000年以降は一貫して女性のほうが多かった。

2：1996～2016年についてみると，獲得したメダルに占める銀メダルの割合が最も低かったのは1996年で，最も高かったのが2012年である。

3：1996～2016年について金メダルの獲得数を男女別にみると，最も多かったのは男性も女性も2016年である。

4：2000年の女性のメダル獲得数についてみると，銀メダルと銅メダルをそれぞれ少なくとも3個以上獲得している。

5：2012年の男性のメダル獲得数についてみると，銀メダルと銅メダルをそれぞれ少なくとも5個以上獲得している。

第2章 資料解釈

資料解釈（実数・構成比）

実践 問題 180 の解説

〈実数・構成比〉

1 × 2000年の金メダル獲得状況を整理する。
　　女性：13 × 0.15 = 1.95 ≒ 2（個）
　　男性：5 − 2 = 3（個）
2000年においても、男性のほうが女性よりも金メダルの獲得数が多く、誤りである。

2 × 各年の、メダル総獲得数に対する銀メダルの割合を計算する。

1996年：$\frac{6}{3+6+5} \times 100 ≒ 42.9$（％）　2000年：$\frac{8}{5+8+7} \times 100 = 40.0$（％）

2004年：$\frac{9}{16+9+12} \times 100 ≒ 24.3$（％）　2008年：$\frac{8}{9+8+8} \times 100 = 32.0$（％）

2012年：$\frac{14}{7+14+17} \times 100 ≒ 36.8$（％）　2016年：$\frac{8}{12+8+21} \times 100 ≒ 19.5$（％）

以上より、1996年が最も高く、2016年が最も低くなるため、誤りである。

3 × 2016年の男女別の金メダル獲得状況は、
　　2016年の女性：18 × 0.39 = 7.02 ≒ 7（個）
　　2016年の男性：12 − 7 = 5（個）
である。2004年のそれは、
　　2004年の女性：17 × 0.53 = 9.01 ≒ 9（個）
　　2004年の男性：16 − 9 = 7（個）
となり、男女ともに2016年より2004年の金メダル獲得数が多く、誤りである。

4 ○ 肢1より、2000年での男性の金メダル獲得数は3個であり、銀と銅メダルの合計は7 − 3 = 4（個）である。
2000年の男性が獲得したこの4個のメダルがすべて銀メダルのみからなると仮定すると、2000年の女子の銀メダルと銅メダルの獲得数は、それぞれ銀は8 − 4 = 4個、銅は7個である。また、この4個がすべて銅メダルのみからなると仮定すると、2000年の女子の銀メダルと銅メダルの獲得数は、それぞれ銀は8個、銅は7 − 4 = 3個となる。いずれにせよ、2000年に女性は銀メダルと銅メダルをそれぞれ少なくとも3個獲得しているため、本肢は正しい。

5 × 肢4と同様に考えていけばよい。
2012年の女性の金メダル獲得数は、17 × 0.22 ≒ 3.7個である。したがって、同

OUTPUT

年の女性の銀メダルと銅メダルの獲得数の合計は，17 − 3.7 = 13.3個，四捨五入をして約13個である。

この約13個のメダルが，すべて銀メダルと仮定すると，同年の男子の銀メダルと銅メダルの獲得数は，銀メダルが14 − 約13 = 1個，銅メダルが17個となる。以上より，2012年に男性が銀メダルと銅メダルをそれぞれ少なくとも5個以上獲得しているとは確実にはいえない。

第2章

資料解釈

正答 4

資料解釈（実数・構成比）

実践 問題 181 基本レベル

頻出度	地上★★	国家一般職★★	東京都★★★	特別区★★★
	裁判所職員★	国税・財務・労基★★		国家総合職★★

問 次の図から確実にいえるのはどれか。 （特別区2022）

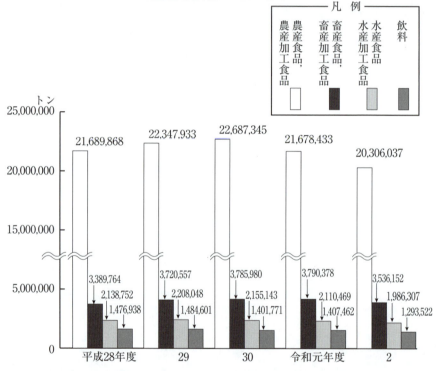

品目分類別輸入重量の推移

1：平成29年度から令和2年度までの各年度のうち，「農産食品，農産加工食品」の輸入重量の対前年度増加量が最も大きいのは，平成30年度である。

2：平成29年度の「農産食品，農産加工食品」の輸入重量を100としたときの令和2年度のそれの指数は，90を下回っている。

3：令和2年度における「飲料」の輸入重量の対前年度減少率は，8％を下回っている。

4：図中の各年度のうち，「畜産食品，畜産加工食品」の輸入重量と「水産食品，水産加工食品」の輸入重量との差が最も大きいのは，令和元年度である。

5：平成28年度から令和2年度までの5年度における「水産食品，水産加工食品」の輸入重量の1年度当たりの平均は，210万トンを下回っている。

OUTPUT

実践 問題 **181** の解説 ――――――

〈実数〉

1 ✕ 平成30年度の「農産食品, 農産加工食品」の輸入重量の対前年度増加量と, 前年度より増加している平成29年度のそれをみると次のとおりである。

平成29年度：$22347933 - 21689868 = 658065$（トン）

平成30年度：$22687345 - 22347933 = 339412$（トン）

したがって, 平成30年度のそれが最も大きいとはいえないため, 誤りである。

2 ✕ 平成29年度の「農産食品, 農産加工食品」の輸入重量を100としたときの, 令和2年度のそれの指数を x とすると, 次の比例式が成り立つ。

$100 : x = 22347933 : 20306037$

$x = \dfrac{20306037}{22347933} \times 100 ≒ 90.9$

令和2年度のそれの指数は90を上回っているため, 誤りである。

3 ✕ 令和2年度における「飲料」の輸入重量の対前年度減少率は,

$\left(1 - \dfrac{1293522}{1407462} \right) \times 100 ≒ 100 - 91.9 = 8.1 (\%)$

より, 8%を上回っているため, 誤りである。

4 ◯ 令和元年度の「畜産食品, 畜産加工食品」の輸入重量と「水産食品, 水産加工食品」の輸入重量の差を計算すると,

$3790378 - 2110469 = 1679909$（トン）

である。平成30年度のその差は,

$3785980 - 2155143 = 1630837$（トン）

である。平成28年度, 平成29年度, および令和2年度については,「水産食品, 水産加工食品」の輸入重量に160（万トン）を加えると,「畜産食品, 畜産加工食品」の輸入重量を超えてしまう。したがって, その3年度については, その差は160（万トン）未満と考えることができるため, 本肢は正しい。

5 ✕ 本肢は, 平成28年度から令和2年度までの5年度の「水産食品, 水産加工食品」の輸入重量の合計（トン）と, $210 \times 5 = 1050$（万トン）の大小をみればよい。5年度分のその合計は,

$2138752 + 2208048 + 2155143 + 2110469 + 1986307 = 10598719$（トン）

であり, 1050万トンを上回っている。よって, 本肢は誤りである。

正答 4

LEC東京リーガルマインド 2024-2025年合格目標 公務員試験 本気で合格！過去問解きまくり！ 509
①数的推理・資料解釈

SECTION 1 資料解釈
資料解釈（実数・構成比）

実践　問題182　基本レベル

頻出度	地上 ★★★	国家一般職 ★★★	東京都 ★★★	特別区 ★★★
	裁判所職員 ★★★	国税・財務・労基 ★★★	国家総合職 ★★★	

問　次の図から確実にいえるのはどれか。　　　　　　　　　　　　　　（特別区2021）

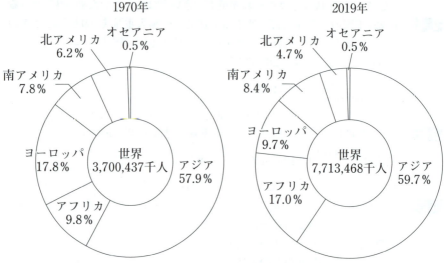

世界人口の構成比の推移

1：アフリカの人口の1970年に対する2019年の増加率は、ヨーロッパの人口のそれの18倍より大きい。
2：2019年の北アメリカの人口は、1970年のそれの1.7倍を上回っている。
3：1970年のアジアの人口を100としたときの2019年のそれの指数は、210を下回っている。
4：世界人口の合計の1970年に対する2019年の増加人数に占める南アメリカのそれの割合は、10％を超えている。
5：1970年におけるヨーロッパの人口に対するオセアニアの人口の比率は、2019年におけるそれを上回っている。

OUTPUT

チェック欄		
1回目	2回目	3回目

実践 問題 **182** の解説 ────────────────

〈構成比〉

1 ○ アフリカの人口の1970年に対する2019年の増加率は,

$$\left(\frac{7713468 \times 0.170}{3700437 \times 0.098} - 1\right) \times 100 \fallingdotseq 361.6 - 100 = 261.6\,(\%) \quad \cdots\cdots ①$$

であり, ヨーロッパの人口の1970年に対する2019年の増加率は,

$$\left(\frac{7713468 \times 0.097}{3700437 \times 0.178} - 1\right) \times 100 \fallingdotseq 113.6 - 100 = 13.6\,(\%) \quad \cdots\cdots ②$$

となる。①は②の,

$$261.6 \div 13.6 \fallingdotseq 19.235\,(倍)$$

であり, 18倍を上回っているため, 本肢は正しい。

2 × 2019年の北アメリカの人口は, 7713468×0.047(人)であり, 1970年の北アメリカの人口3700437×0.062(人)の,

$$\frac{7713468 \times 0.047}{3700437 \times 0.062} \fallingdotseq 1.580$$

と約1.58倍であるため, 1.7倍を下回る。よって, 本肢は誤りである。

3 × 1970年のアジアの人口を100としたときの2019年のそれの指数をxとすると,

$$100 : x = 3700437 \times 0.579 : 7713468 \times 0.597$$

となり, xは,

$$x = \frac{7713468 \times 0.597}{3700437 \times 0.579} \times 100 \fallingdotseq 214.928$$

と210を上回っているため, 本肢は誤りである。

4 × 世界人口の合計の1970年に対する2019年の増加人数は,

$$7713468 - 3700437 = 4013031\,(人) \quad \cdots\cdots ③$$

であり, 南アメリカの1970年に対する2019年の増加人数は,

$$7713468 \times 0.084 - 3700437 \times 0.078 \fallingdotseq 359297\,(人) \quad \cdots\cdots ④$$

であり, ④÷③を計算すると,

$$\frac{359297}{4013031} \times 100 \fallingdotseq 8.95\,(\%)$$

と, ③に占める④の割合は約8.95%であり, 10%を下回る。よって, 本肢は誤りである。

5 × 1970年と2019年のヨーロッパの人口に対するオセアニアの人口の比率は, 同じ年での人口比率をみることから, 構成比の比率でよく,

第2章 資料解釈

LEC東京リーガルマインド 2024-2025年合格目標 公務員試験 本気で合格!過去問解きまくり! 511
①数的推理・資料解釈

1970年：$\dfrac{0.005}{0.178}$ 2019年：$\dfrac{0.005}{0.097}$

となる。この比率は、分母が小さい2019年のほうが上回っているため、誤りである。

正答 1

memo

第2章　資料解釈

513

第2章 SECTION 1 資料解釈
資料解釈(実数・構成比)

実践 問題183 基本レベル

頻出度	地上★★	国家一般職★	東京都★★★	特別区★★★
	裁判所職員★	国税・財務・労基★		国家総合職★

問 次の図から正しくいえるのはどれか。　　　　　　　　　　　　　(東京都2022)

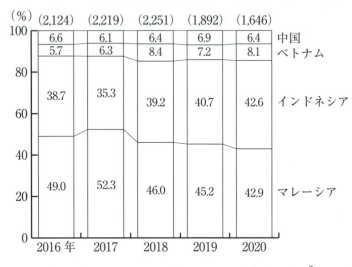

日本における4か国からの合板輸入量の構成比の推移

(注)( )内の数値は、4か国からの合板輸入量の合計(単位:千m³)を示す。

1：2016年から2019年までのうち、インドネシアからの合板輸入量が最も多いのは2018年であり、最も少ないのは2017年である。
2：2016年における中国からの合板輸入量を100としたとき、2020年における中国からの合板輸入量の指数は、70を下回っている。
3：2017年についてみると、マレーシアからの合板輸入量の対前年増加率は、ベトナムからの合板輸入量の対前年増加率を上回っている。
4：2017年から2019年までの各年についてみると、ベトナムからの合板輸入量は中国からの合板輸入量を、いずれの年も6千m³以上、上回っている。
5：2018年から2020年までの3か年におけるマレーシアからの合板輸入量の年平均は、870千m³を下回っている。

OUTPUT

実践 ▶ 問題 **183** の解説 ————————

チェック欄		
1回目	2回目	3回目

〈実数・構成比〉

1 ✕ インドネシアからの2017年と2019年の輸入量を計算する。

2017年：$2219 \times \dfrac{35.3}{100} \fallingdotseq 783$（千m³）

2019年：$1892 \times \dfrac{40.7}{100} \fallingdotseq 770$（千m³）

したがって，最も少ないのは2017年ではないため，誤りである。

2 ✕ 中国からの2016年の輸入量の70％と，2020年の輸入量を計算する。

2016年の70％：$2124 \times \dfrac{6.6}{100} \times \dfrac{70}{100} \fallingdotseq 98$（千m³）

2020年：$1646 \times \dfrac{6.4}{100} \fallingdotseq 105$（千m³）

上の2つを比べると，2020年の指数は70を上回っており，誤りである。

3 ✕ 2017年のマレーシアからとベトナムからの合板輸入量の対前年増加率の分数部分を計算する。

マレーシア：$\left(\dfrac{2219 \times 0.523}{2124 \times 0.490} - 1\right) \times 100 \fallingdotseq \left(\dfrac{1161}{1041} - 1\right) \times 100 = \dfrac{120}{1041} \times 100$（％）

ベトナム：$\left(\dfrac{2219 \times 0.063}{2124 \times 0.057} - 1\right) \times 100 \fallingdotseq \left(\dfrac{140}{121} - 1\right) \times 100 = \dfrac{19}{121} \times 100$（％）

120は19の7倍未満であるが，1041は121の7倍を超える。よって，マレーシアからの合板輸入量の対前年増加率はベトナムのそれを下回っているため，誤りである。

4 ✕ 2017年のベトナムからと中国からの合板輸入量の差を計算すると，

$2219 \times \dfrac{6.3 - 6.1}{100} = 2219 \times 0.002 \fallingdotseq 4.4$（千m³）

となるから，6千m³を下回っており，誤りである。

5 ○ まず，2018年から2020年のマレーシアからの合板輸入量を計算する。

2018年：$2251 \times \dfrac{46.0}{100} \fallingdotseq 1035$（千m³）

2019年：$1892 \times \dfrac{45.2}{100} \fallingdotseq 855$（千m³）

2020年：$1646 \times \dfrac{42.9}{100} \fallingdotseq 706$（千m³）

これより，3か年の平均を計算すると，

$(1035 + 855 + 706) \div 3 = 2596 \div 3 \fallingdotseq 865.3$（千m³）

となるから，870千m³を下回っているため，正しい。

正答 **5**

SECTION 1 資料解釈
資料解釈（実数・構成比）

実践 問題 184 基本レベル

頻出度	地上★★★	国家一般職★★★	東京都★	特別区★
	裁判所職員★★★	国税・財務・労基★★★		国家総合職★★★

問 図は，ある地域におけるスーパーの売場面積と売上高の前年比を示したものである。この図に関する記述のうち，妥当なのはどれか。 （地上2020）

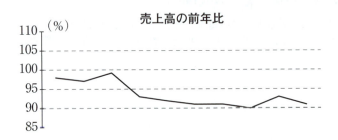

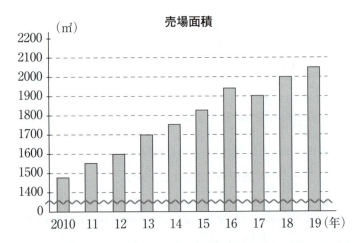

1：2011年から2016年までの毎年，売場面積は前年に比べて増加しており，売場面積の対前年増加率も前年を上回っている。
2：2010年から2019年までの10年間のうちで，売上高が最も高いのは2012年，最も低いのは2017年である。
3：2011年から2019年までの毎年，単位売場面積当たり売上高は前年に比べて減っている。
4：売場面積について，2010年から2014年までの平均値と，2015年から2019年まで

OUTPUT

の平均値を比べると，後者は前者の1.5倍を超えている。

5：2011年から2019年までの9年間のうちで，売場面積の対前年増加幅（増加面積）が最も大きい年と，売上高の対前年低下幅（低下金額）が最も小さい年は一致する。

第2章 SECTION 1 資料解釈
資料解釈（実数・構成比）

実践 問題 184 の解説

〈構成比〉

1 × 2011年から2016年まで毎年，売場面積は増加している。2013年の売場面積の対前年増加率は，

$$\left(\frac{1700}{1600} - 1\right) \times 100 \fallingdotseq 6.3(\%)$$

となる。2014年のそれは，

$$\left(\frac{1750}{1700} - 1\right) \times 100 \fallingdotseq 2.9(\%)$$

となるから，対前年増加率は前年を上回っていない年もあるため，誤りである。

2 × 売上高は，すべての年で前年比100%を下回っていることから，前年よりも減少している。これより，最も高いのは2010年，最も低いのは2019年であるため，誤りである。

3 ○ 売上高は毎年単調に減少している。売場面積は，2016年まで単調に増加した後，2017年に一度減少し，その後単調に増加している。これより，2016年と2017年の単位売場面積当たりの大小を比較すればよい。2016年の売上高を100とすると，2017年のそれは90となる。2016年の単位売場面積当たりの売上高は，

$$\frac{100}{1940} \fallingdotseq 0.052$$

となる。2017年のそれは，

$$\frac{90}{1900} \fallingdotseq 0.047$$

となって，2016年より小さい。以上より，単位売場面積当たりの売上高は，毎年減少しているといえる。

4 × 2010年から2014年の売場面積の平均値は，

$(1480+1550+1600+1700+1750) \div 5 = 1616(m^2)$

となる。2015年から2019年の売場面積の平均値は，

$(1830+1940+1900+2000+2050) \div 5 = 1944(m^2)$

となる。前者の1.5倍は1616×1.5＝2424となるから，後者は前者の1.5倍を超えているとはいえないため，誤りである。

5 × 売場面積の対前年増加幅（増加面積）が最も大きい年は2016年であり，

OUTPUT

$1940 - 1830 = 110$

である。売上高はグラフ上のすべての年で減少しているが，その対前年低下幅（低下金額）が最も小さい年は，100％に近い2012年であるため，誤りである。

正答 3

第2章 資料解釈

SECTION ① 資料解釈（実数・構成比）

実践 問題 **185** 基本レベル

頻出度	地上★★★　国家一般職★★★　東京都★　　特別区★
	裁判所職員★★★　国税・財務・労基★★★　国家総合職★★

問　下の表は，令和4（2022）年10月1日現在の海外在留邦人数の内訳を，国別に上位15位まで，都市別に上位10位まで表したものである。この表からいえることとして最も妥当なものはどれか。なお，各国内シェアとは，その国の在留邦人数のうち，その都市の在留邦人数が占める割合を示している。

(裁判所職員2023)

直前復習

国（地域）別在留邦人数推計

	国（地域）	人数（人）
1	米国	418,842
2	中国	102,066
3	オーストラリア	94,942
4	タイ	78,431
5	カナダ	74,362
6	英国	65,023
7	ブラジル	47,472
8	ドイツ	42,266
9	韓国	41,717
10	フランス	36,104
11	シンガポール	32,743
12	マレーシア	24,545
13	ベトナム	21,819
14	台湾	20,345
15	ニュージーランド	19,730
⋮	⋮	⋮
	総数	1,308,515

都市別在留邦人数推計

	都市	国	各国内シェア
1	ロサンゼルス都市圏	米国	15.5%
2	バンコク	タイ	71.7%
3	ニューヨーク都市圏	米国	9.1%
4	上海	中国	35.9%
5	大ロンドン市	英国	50.7%
6	シンガポール	シンガポール	100.0%
7	シドニー都市圏	オーストラリア	30.4%
8	バンクーバー都市圏	カナダ	37.9%
9	ホノルル	米国	5.6%
10	香港	中国	22.7%

（「海外在留邦人数調査統計」（外務省領事局）を加工して作成 ）

OUTPUT

1：米国の在留邦人数は，オーストラリア・カナダ・英国の在留邦人数の合計の2倍を超えている。

2：バンコクの在留邦人数は，シンガポールの在留邦人数より3万人以上多い。

3：韓国の在留邦人数が海外在留邦人数総数に占める割合は，3.0％未満である。

4：台湾の在留邦人数は，ホノルルと香港のそれぞれの在留邦人数より少ない。

5：ロサンゼルス都市圏の在留邦人数は，ニューヨーク都市圏の在留邦人数の1.6倍より少ない。

資料解釈（実数・構成比）

実践 問題 185 の解説

〈実数・構成比〉

1 × オーストラリア・カナダ・英国の在留邦人数の合計の2倍は，
　　(94942 + 74362 + 65023) × 2 = 468654（人）
で，米国の在留邦人数418842人は上の値を下回る。

2 × バンコクの在留邦人数は，
　　78431 × 0.717（人）
であり，80000 × 0.75 = 60000人より少ないため，シンガポールのその人数32743人より3万人以上多いとはいえない。

3 × 海外在留邦人の総数の3.0%は，
　　1308515 × 0.03（人）
であり，1310000 × 0.03 = 39300（人）より少ない。よって，韓国の在留邦人数41717人はこの値を上回る。

4 ○ ホノルルの在留邦人数は，
　　418842 × 0.056（人）
で418000 × 0.05 = 20900人より多く，台湾の在留邦人数20345人よりも多い。したがって，本肢は誤りである。

5 × ロサンゼルス都市圏の在留邦人数と，ニューヨーク都市圏の在留邦人数の1.6倍を式で表すと，次のとおりである。
　　ロサンゼルス：418842 × 0.155（人）
　　ニューヨークの1.6倍：418842 × 0.091 × 1.6（人）
0.091 × 1.6 ≒ 0.146 < 0.155である。したがって，ロサンゼルス都市圏の在留邦人数は，ニューヨークの1.6倍より多い。

正答 **4**

memo

第2章 資料解釈

SECTION 1 資料解釈（実数・構成比）

実践 問題 186 基本レベル

頻出度	地上★★	国家一般職★★	東京都★★★	特別区★★★
	裁判所職員★★★	国税・財務・労基★★★	国家総合職★★	

問 図は、2009年度及び2019年度における、我が国の魚介類の生産・消費構造の変化を示したものである。これから確実にいえることとして最も妥当なのはどれか。
なお、四捨五入の関係により、合計が一致しない場合がある。

（国税・財務・労基2022）

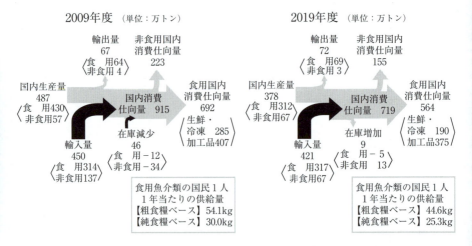

1：2009年度についてみると、国内消費仕向量に占める食用国内消費仕向量の割合は、80％を超えており、2019年度のそれより10ポイント以上高い。
2：2019年度についてみると、食用国内消費仕向量に占める加工品の割合は、50％を超えており、2009年度のそれより5ポイント以上高い。
3：2009年度に対する2019年度の食用魚介類の国民1人1年当たり供給量の減少率をみると、純食料ベースの方が粗食料ベースより大きいが、減少率は共に20％台（20％以上30％未満）である。
4：2009年度と2019年度とを比較すると、国内生産量に占める非食用の割合は、2009年度の方が大きいが、国内消費仕向量に占める非食用の割合は、2019年度の方が大きい。
5：2009年度と2019年度とを比較すると、国内生産量、輸入量、在庫の量はいずれも2019年度の方が少なく、また、2019年度の輸入量のうち80％以上を食用が占めている。

OUTPUT

実践 問題 **186** **の解説**

チェック欄		
1回目	2回目	3回目

〈実数〉

1× 2009年度での国内消費仕向量の70％および80％に相当する量は，

$915 \times 0.7 \fallingdotseq 641$（万トン），$915 \times 0.8 = 732$（万トン）

であるため，同年度の食用国内消費仕向量692万トンはこれの70％より大きく80％未満であることがわかる。

また，2019年度においても同様の計算をすると，

$719 \times 0.7 \fallingdotseq 503$（万トン），$719 \times 0.8 \fallingdotseq 575$（万トン）

であるため，同年度の食用国内消費仕向量564万トンはこれの70％より大きく80％未満であることがわかる。

したがって，2009年度と2019年度での，国内消費仕向量に対する食用国内消費仕向量の割合の差が10ポイント未満と考えられる。よって，本肢は誤りである。

2○ 2009年度と2019年度での，食用国内消費仕向量に占める加工品の割合は，

2009年度：$\dfrac{407}{692} \times 100 \fallingdotseq 59$（％）　　2019年度：$\dfrac{375}{564} \times 100 \fallingdotseq 66$（％）

である。これより，2019年度での加工品の割合は50％を超え，かつ2009年度よりも5ポイント以上高いといえるため，本肢は正しい。

3× 2009年度における，食用魚介類の国民1人1年当たりの供給量について，粗食料ベースと純食料ベースの80％に相当する量は，

粗食料ベース：$54.1 \times 0.8 \fallingdotseq 43.3$（kg）

純食料ベース：$30.0 \times 0.8 = 24.0$（kg）

であるが，2019年度での供給量は，いずれもこれらより多い。したがって，2009年度に対する2019年度の減少率は，どちらも20％を下回ることがいえる。実際，各々の減少率は，

粗食料ベース：$\left(1 - \dfrac{44.6}{54.1}\right) \times 100 \fallingdotseq 17.6$（％）

純食料ベース：$\left(1 - \dfrac{25.3}{30.0}\right) \times 100 \fallingdotseq 15.7$（％）

と，純食料ベースのほうが粗食料ベースよりも少ない。したがって，本肢は誤りである。

4× 国内生産量に占める非食用の割合は，

2009年度：$\dfrac{57}{487}$　　2019年度：$\dfrac{67}{378}$

第2章 資料解釈

LEC東京リーガルマインド　2024-2025年合格目標 公務員試験 本気で合格！過去問解きまくり！　525
①数的推理・資料解釈

第2章 資料解釈
SECTION 1 資料解釈（実数・構成比）

である。両者を比較すると，分子が大きく，分母が小さい2019年度の値のほうが2009年度の値よりも大きい。また，国内消費仕向量に占める非食用の割合は，

2009年度：$\frac{223}{915} ≒ 0.244$　　2019年度：$\frac{155}{719} ≒ 0.216$

であり，2009年度のほうが大きい。したがって，本肢は誤りである。

5 × 2009年度と2019年度を比較すると，国内生産量と輸入量は2019年度のほうが少ないことがわかる。一方，表からは在庫の増減がわかるのみで，在庫量の比較をすることはできない。また，2019年度の輸入量の80%にあたる量は，

　$421 × 0.8 ≒ 337$（万トン）

であり，食用はこれよりも小さいため，輸入量に占める食用の割合は80%未満といえる。したがって，本肢は誤りである。

正答 **2**

memo

第2章　資料解釈

第2章 SECTION 1 資料解釈
資料解釈（実数・構成比）

実践 問題 187 基本レベル

頻出度	地上★★★	国家一般職★★★	東京都★	特別区★
	裁判所職員★★	国税・財務・労基★★★	国家総合職★★	

問　三角グラフは，三つの構成要素の比率を表すのに用いられ，第1次・第2次・第3次産業の人口率を表す産業別人口構成のように，合計値が100％になるようなデータの表現に適している。例えば，ある国Ｘの産業別人口構成が，第1次産業人口率20％，第2次産業人口率30％，第3次産業人口率50％である場合，図Ⅰの三角グラフを用いると，●の位置に示される。

図Ⅱは，A～Jの10か国について産業別人口構成を示したものである。図Ⅱから確実にいえることとして最も妥当なのはどれか。　（国家一般職2023）

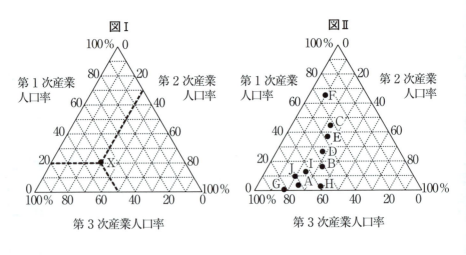

1：第1次産業人口率が30％を上回っている国は5か国である。
2：第1次産業人口率と第2次産業人口率を合わせた人口率が50％を下回っている国は4か国である。
3：第1次産業人口率と第2次産業人口率の差が5ポイント以内である国はCのみである。
4：第1次産業人口率と第3次産業人口率を合わせた人口率が最も高い国はGである。
5：第2次産業人口率と第3次産業人口率を比較すると，全ての国において後者が前者を上回っている。

OUTPUT

実践 問題 **187** の解説

〈構成比〉

1 × 第1次産業人口率が30%を上回っている国は，C，E，Fの3か国である。

2 × 第1次産業人口率と第2次産業人口率を合わせた人口率が50%を下回ることは，第3次産業人口率が50%を上回ることに等しい。この条件を満たす国は，A，B，G，H，I，Jの6か国である。

3 × Cの第1次産業人口率と第2次参産業人口率はそれぞれ，約45%と約25%である。その差は約20%であるから，本肢は妥当とはいえない。ちなみに本肢の条件を満たす国はDのみである。

4 × 第1次産業人口率と第3次産業人口率を合わせた人口率が高くなるということは，第2次産業人口率が低くなるということと等しい。Gの第2次産業人口率が20%であるのに対し，Fのそれは10%である。よって，本肢は誤りである。

5 ○ 下図のとおりに直線 m を引くと，黒点●の位置が直線より左側にある場合は，第3次産業人口率のほうが第2次産業のそれを上回り，右側の場合は大小関係が逆となり，直線上にある場合は等しくなる。これに従って判断すると，すべての国について，第3次産業人口率は第2次産業人口率を上回る。よって，本肢は正しい。

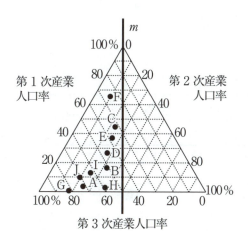

正答 5

第2章 SECTION 1 資料解釈
資料解釈（実数・構成比）

実践　問題188　基本レベル

頻出度	地上★★★	国家一般職★★	東京都★	特別区★
	裁判所職員★★★	国税・財務・労基★★★	国家総合職★★★	

問　図Ⅰ，Ⅱ，Ⅲは，我が国における外国人労働者数及び国籍別割合の推移，外国人労働者数の産業別割合，外国人労働者数の産業別・国籍別割合をそれぞれ示したものである。これらからいえることとして最も妥当なのはどれか。
ただし，国籍別割合で示されている「その他」に含まれる国の国籍については，考えないものとする。また，図において，四捨五入の関係により，割合の合計が100％にならない場合がある。　　　　　　　　　　　　（国家一般職2021）

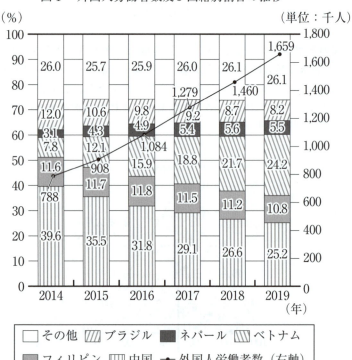

図Ⅰ　外国人労働者数及び国籍別割合の推移

OUTPUT

図Ⅱ 2019年における外国人労働者数の産業別割合

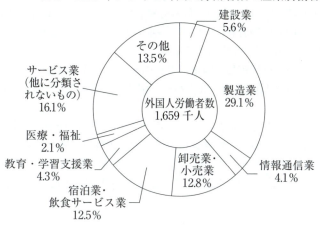

図Ⅲ 2019年における外国人労働者数の産業別・国籍別割合

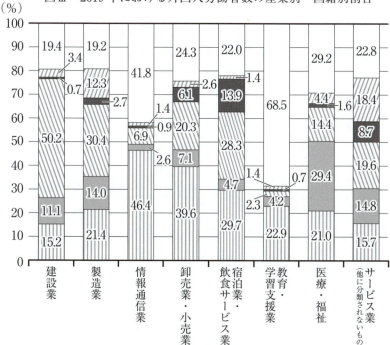

第2章 SECTION 1 資料解釈
資料解釈（実数・構成比）

1 ：2015年から2019年にかけて、外国人労働者数に占める中国国籍の労働者数の割合は低下し続けており、中国国籍の労働者数は全ての年で前年を下回った。
2 ：国籍別の外国人労働者数について、各年の上位3国籍の労働者数の合計をみると、2019年は2014年の5倍以上である。
3 ：2014年と2018年を比較して国籍別の外国人労働者数の増加率をみると、ベトナム国籍の労働者数の増加率はネパール国籍の労働者数の増加率の5倍以上である。
4 ：2019年における医療・福祉に従事するフィリピン国籍の労働者数は、同年の卸売業・小売業に従事するブラジル国籍の労働者数の半分より少ない。
5 ：2019年において、建設業ではベトナム国籍の労働者数が占める割合が最も高いが、ベトナム国籍の労働者数のうち建設業に従事する労働者数の割合は2割に満たない。

memo

第2章 資料解釈

SECTION 1 資料解釈
資料解釈（実数・構成比）

実践 問題 188 の解説

〈実数・構成比〉

1 ✗ 2015年から2019年にかけて，外国人労働者に占める中国国籍の労働者数の割合は年々低下していることは正しい。しかし，2018年と2019年の中国国籍の労働者数の割合の差は少ないことから，この２つの年の中国国籍の労働者数は，

　2018年：1460×0.266＝388.36（千人）
　2019年：1659×0.252≒418.07（千人）

となり，すべての年で中国国籍の労働者数は前年を下回っていない。よって，本肢は誤りである。

2 ✗ 2014年の外国人労働者数の上位３国籍は，中国，フィリピンとブラジルである。この３国籍の労働者数の合計は，

　788×(0.396＋0.116＋0.120)＝788×0.632（千人）

である。一方，2019年の外国人労働者数の上位３国籍は，中国，フィリピンとベトナムである。この３国籍の労働者の合計は，

　1659×(0.252＋0.108＋0.242)＝1659×0.602（千人）

である。1659は788の２倍を越え，0.632は0.602の1.5倍未満であるため，2019年の上位３国籍の労働者数の合計は2014年のそれの５倍未満である。よって，本肢は誤りである。

3 ✗ 2014年と2018年におけるベトナム国籍の労働者数は，

　2014年：788×0.078≒61.46（千人）　　2018年：1460×0.217≒316.82（千人）

である。2014年に対する2018年のベトナム国籍の労働者数の増加率は，

$$\left(\frac{316.82}{61.46} - 1\right) \times 100 = \frac{255.36}{61.46} \times 100 (\%)$$

である。一方で，2014年と2018年におけるネパール国籍の労働者数は，

　2014年：788×0.031≒24.43（千人）　　2018年：1460×0.056≒81.76（千人）

である。2014年に対する2018年のネパール国籍の労働者数の増加率は，

$$\left(\frac{81.76}{24.43} - 1\right) \times 100 = \frac{57.33}{24.43} \times 100 (\%)$$

である。$\frac{255.36}{61.46}$は５を下回り，$\frac{24.43}{57.33}$は１を下回るため，

$$\frac{255.36}{61.46} \div \frac{57.33}{24.43} = \frac{255.36}{61.46} \times \frac{24.43}{57.33} < 5$$

OUTPUT

となるため，2014年に対する2018年のベトナム国籍の労働者数の増加率は，2014年に対する2018年のネパール国籍の労働者数の増加率の5倍を下回る。よって，本肢は誤りである。

4 × 2019年における医療・福祉に従事するフィリピン国籍の労働者数は，

$$1659 \times 0.021 \times 0.294（千人）\quad\cdots\cdots①$$

である。一方，同年の卸売業・小売業に従事するブラジル国籍の労働者数は，

$$1659 \times 0.128 \times 0.026（千人）\quad\cdots\cdots②$$

である。したがって，②に対する①の割合は，

$$\frac{0.021 \times 0.294}{0.128 \times 0.026} = \frac{0.294}{0.128} \times \frac{0.021}{0.026} \quad\cdots\cdots③$$

であり，$\frac{0.294}{0.128} > 2$，$\frac{0.021}{0.026} > \frac{1}{2}$であるから，③は明らかに1を超えている。

よって，①の人数は②の人数より多く，②の半分より少ないことはない。よって，本肢は誤りである。

5 ○ 2019年でのベトナム国籍の労働者数は，

$$1659 \times 0.242（千人）\quad\cdots\cdots④$$

である。このうち，建設業に従事する労働者数は，

$$1659 \times 0.056 \times 0.502（千人）\quad\cdots\cdots⑤$$

である。④に対する⑤の割合は，

$$\frac{0.056 \times 0.502}{0.242} \fallingdotseq 0.11$$

であるから2割に届いていない。よって，本肢は正しい。

正答 **5**

第2章 SECTION 1 資料解釈
資料解釈（実数・構成比）

実践 問題189 応用レベル

頻出度　地上★★　国家一般職★★　東京都★　特別区★
　　　　裁判所職員★★★　国税・財務・労基★★★　国家総合職★★★

問　表は，企業を対象に行った，電子商取引（インターネットを利用した調達・販売）の実施状況に関する産業別調査の結果（複数回答）である。これから確実にいえるのはどれか。

（国税・財務・労基2015）

産　業	回答企業数（社）	a.企業からの調達（％）	b.企業への販売（％）	c.消費者への販売（％）	a, b, cのいずれかの電子商取引を実施（％）
サービス業	5000	35.7	5.8	14.2	45.0
製造業	3800	31.6	11.8	14.6	46.6
運輸業	3580	30.9	3.0	5.7	36.4
建設業	3490	33.5	3.9	3.7	37.2
卸売・小売業	3420	38.9	14.9	30.0	64.6
金融・保険業	1950	24.5	14.1	46.8	60.6

1：いずれの電子商取引も実施していない企業数は，「建設業」で最も多く，「金融・保険業」で最も少ない。
2：「サービス業」では，a，b，cのいずれかの電子商取引を実施している企業のうち，半数以上が「企業からの調達」においてのみ電子商取引を実施している。
3：「運輸業」では，a，b，cのいずれかの電子商取引を実施している企業は，「企業からの調達」又は「消費者への販売」のうち少なくとも一方において電子商取引を実施している。
4：「卸売・小売業」では，「企業からの調達」，「企業への販売」及び「消費者への販売」の三つ全てにおいて電子商取引を実施している企業がある。
5：「金融・保険業」では，a，b，cのいずれかの電子商取引を実施している企業のうち，半数以上が二つ以上の形態で電子商取引を実施している。

OUTPUT

実践 問題189 の解説

〈実数・構成比〉

1 × いずれの電子商取引も実施していない企業数は，次のとおり，「建設業」より「サービス業」のほうが多い。

　サービス業： 5000×(1−0.450)＝2750(社)
　建設業　　： 3490×(1−0.372)≒2192(社)

2 ○ 「サービス業」について，「企業からの調達 a 」のみ電子商取引を実施している企業数が最も少なくなる場合の線分図を描くと，次のとおりである。したがって，「企業からの調達 a 」のみ実施している企業数(25.0%)は，いずれかの電子商取引を実施している企業数(45.0%)の半数以上である。

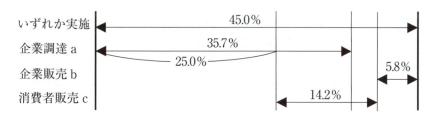

3 × 「運輸業」について，「企業からの調達 a 」と「消費者への販売 c 」の少なくとも一方の電子商取引を実施している企業数が最も少なくなる場合の線分図を描くと，次のとおりである。したがって，いずれかの電子商取引を実施している企業のうち，「企業からの調達 a 」と「消費者への販売 c 」のどちらも実施していない企業が存在しうる。

資料解釈
資料解釈（実数・構成比）

4 × 「卸売・小売業」について，「企業からの調達 a」，「企業への販売 b」および「消費者への販売 c」の3つすべてにおいて電子商取引を実施している企業が存在しない場合を想定して線分図を描くと，次のとおり描くことができる。したがって，3つすべてを実施している企業が存在していない場合がありうる。

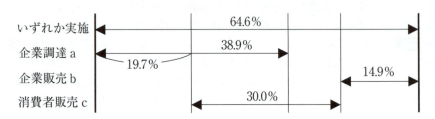

5 × 「金融・保険業」について，2つ以上の形態で電子商取引を実施している企業数が最も少なくなる場合の線分図を描くと，次のとおりである。したがって，2つ以上の電子商取引を実施している企業数が14.1％で，いずれかの電子商取引をしている企業数60.6％の半数以下になることがありうる。

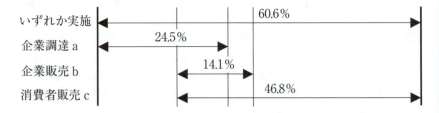

正答 2

memo

第2章 資料解釈

第2章 SECTION 1 資料解釈
資料解釈（実数・構成比）

実践　問題 190　応用レベル

頻出度	地上 ★	国家一般職 ★	東京都 ★	特別区 ★
	裁判所職員 ★★★	国税・財務・労基 ★★★		国家総合職 ★★

問 下の表Ⅰ～Ⅲは，世帯における収入と支出の調査結果を表したものである。次のA～Eの記述のうち，これらの表から確実に言えることはいくつあるか。

（裁事・家裁2010）

A 単身世帯の消費支出のうち，2006年と2007年を比較した場合，食料費の占める割合は，勤労者世帯，高齢無職世帯ともに増加している。

B 2006年の勤労者世帯における一人当たりの食料の消費支出は，単身世帯が二人以上世帯の2倍を超えている。

C 二人以上世帯（全世帯）及び単身世帯（全世帯）の消費支出のうち，保健医療費の占める割合について，2006年と2007年を比較した場合，二人以上世帯，単身世帯ともに増加している。

D 可処分所得に対する黒字の割合を黒字率とした場合，二人以上世帯における2005年から2007年までの黒字率は，年々増加している。

E 消費支出に占める食料費の割合をエンゲル係数とした場合，二人以上世帯（勤労者世帯）におけるエンゲル係数は，いずれの年においても20％を超えている。

【表Ⅰ】勤労者世帯の収入と支出（全国，各年1か月平均）

	二人以上世帯			単身世帯	総世帯
	2005年	2006年	2007年	2007年	2007年
集計世帯数	4381	4289	4249	254	4503
平均世帯人員（人）	3.46	3.43	3.45	1.00	2.82
平均有業人員（人）	1.66	1.67	1.66	1.00	1.49
世帯主の年齢（歳）	46.9	47.0	47.4	39.5	45.4
実収入（円。以下に同じ）	524585	525719	528762	337470	480074
うち世帯主定期収入	360004	359216	358289	269212	335580
実収入以外の受取	399061	390622	402779	197176	350345
実支出	412928	404502	409716	245249	367779
消費支出	329499	320231	323459	191545	289821
非消費支出	83429	84271	86257	53704	77958
実支出以外の支払	513814	514604	525971	294118	466933
手取り（可処分所得）	441156	441448	442504	283766	402116
黒字	111657	121217	119046	92221	112294

OUTPUT

【表Ⅱ】 二人以上世帯の消費支出の内訳（1世帯あたり，各年1か月平均）

	全世帯			勤労者世帯		
	1990年	2006年	2007年	1990年	2006年	2007年
消費支出(円。以下同じ)	311174	294943	297782	331595	320231	323459
食料	78956	68111	68536	79993	69403	70352
外食	12349	11434	11636	13365	13688	14063
住居	14814	18115	17934	16475	20292	20207
光熱・水道	17147	22278	21768	16797	21998	21555
家事用品	12396	9734	9706	13103	9954	9914
被服・履物	22967	12776	12933	23902	14430	14846
保健医療	8866	12787	13107	8670	11463	11697
交通・通信	29469	37864	38075	38075	33499	46259
教育	14471	12650	12748	16827	18713	19090
教養娯楽	30122	30040	30976	31761	31421	33166
交際費	29830	25749	27050	28630	22489	23546

【表Ⅲ】 単身世帯の消費支出の内訳（1世帯あたり，各年1か月平均）

	全世帯		勤労者世帯		高齢無職世帯	
	2006年	2007年	2006年	2007年	2006年	2007年
消費支出(円。以下同じ)	163699	169153	184054	191545	139837	142742
食料	37422	38114	42620	43595	30955	31344
外食	13211	13065	20214	19627	4893	5184
住居	23153	22733	28696	27980	16970	17296
光熱・水道	10267	10245	8635	8479	11910	11626
家事用品	4044	4745	2941	3945	5117	5384
被服・履物	7901	7440	9327	9350	5423	5308
保健医療	5668	5774	4282	4842	7353	7051
交通・通信	20587	21936	29063	30983	10958	10894
教育	8	26	13	23	4	2
教養娯楽	20565	21734	26008	26388	14964	16602
交際費	18268	20062	15214	17005	21824	23811

（財団法人矢野恒太記念会『日本国勢図会』より）

1：1個
2：2個
3：3個
4：4個
5：5個

〈実数〉

A × 単身世帯の2006年と2007年の消費支出に占める食料費の割合を勤労者世帯と高齢無職世帯について求めると，次のようになる。
　2006年
　　勤労者世帯：42620÷184054≒0.232
　　高齢無職世帯：30955÷139837≒0.221
　2007年
　　勤労者世帯：43595÷191545≒0.228
　　高齢無職世帯：31344÷142742≒0.220
したがって，増加しているとはいえない。

B ○ 2006年の勤労者世帯における二人以上世帯の平均世帯人員は3.43人であることから，単身世帯，二人以上世帯それぞれ一人当たりの食料の消費支出を求めると次のようになる。
　単身世帯：42620(円)÷1.00(人)＝42620(円)
　二人以上世帯：69403(円)÷3.43(人)≒20234(円)
　42620÷20234≒2.11(倍)
したがって，2倍を超えているといえる。

C × 二人以上世帯および単身世帯の消費支出に占める保健医療費の割合を2006年と2007年について求めると次のようになる。
　2006年
　　二人以上世帯：12787÷294943≒0.043
　　単身世帯：5668÷163699≒0.035
　2007年
　　二人以上世帯：13107÷297782≒0.044
　　単身世帯：5774÷169153≒0.034
したがって，増加しているとはいえない。

D × 2005年から2007年までの二人以上世帯の黒字率を求めると次のようになる。
　2005年：111657÷441156≒0.253
　2006年：121217÷441448≒0.275
　2007年：119046÷442504≒0.269
したがって，年々増加しているとはいえない。

OUTPUT

EO 各年における二人以上世帯（勤労者世帯）のエンゲル係数を求めると次のようになる。

1990年：$79993 \div 331595 \times 100 \fallingdotseq 24.1(\%)$

2006年：$69403 \div 320231 \times 100 \fallingdotseq 21.7(\%)$

2007年：$70352 \div 323459 \times 100 \fallingdotseq 21.7(\%)$

したがって，いずれの年も20％を超えているといえる。

以上より，確実にいえることは2個である。

よって，正解は肢2である。

第2章　資料解釈

正答 **2**

第2章 SECTION 1 資料解釈
資料解釈(実数・構成比)

実践 問題 191 応用レベル

問 下のグラフは、昭和39年度、平成元年度、平成25年度時における10歳の握力、50m走、ボール投げ、反復横とびを取り上げ、三世代間の体力・運動能力を表したものである。このグラフに関する次のA〜Cの記述の正誤の組合せとして最も適当なものはどれか。

(裁判所職員2015)

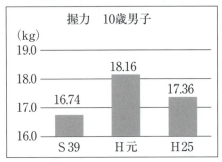
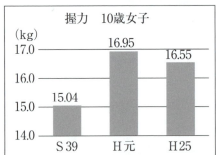
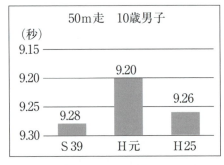
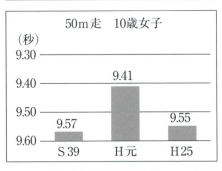
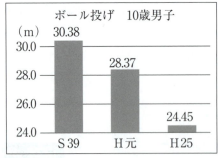
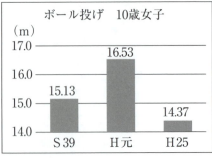

OUTPUT

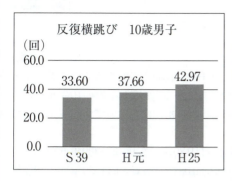

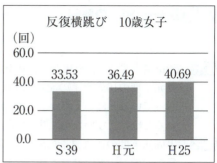

（文部科学省『平成25年度体力・運動能力調査結果』より作成）

A：平成元年度の10歳女子は，ボール投げを除いて，昭和39年度の10歳男子の記録を全て上回っている。

B：平成元年度の10歳男子と昭和39年度の10歳男子が50m走を行った場合，平成元年度の10歳男子がゴールしたとき，昭和39年度の10歳男子はゴールの0.44m以上手前にいる。ただし，両者とも50mを一定のペースで走るものとする。

C：昭和39年度における反復横とびの10歳男子と10歳女子の間の比は，男子を100としたとき，女子は99.5を超える。

	A	B	C
1	正	正	誤
2	正	誤	正
3	誤	正	正
4	誤	誤	正
5	誤	誤	誤

資料解釈（実数・構成比）

実践 問題 191 の解説

〈実数〉

A ✗ 50m走を見ると，昭和39年度の10歳男子の記録は9.28秒であるのに対して平成元年度の10歳女子の記録は9.41秒であるから，平成元年度の10歳女子が上回っているとはいえない。したがって，ボール投げを除いてすべて上回っているとはいえないため，誤りである。

B ✗ 平成元年度の10歳男子の50m走の記録は9.20秒であり，昭和39年度の10歳男子の記録は9.28秒であるから，その差は0.08秒である。昭和39年度の10歳男子が0.08秒間に走る距離は，

$$50 \times \frac{0.08}{9.28} ≒ 0.43 \text{(m)}$$

である。したがって，平成元年度の10歳男子がゴールしたとき，昭和39年度の10歳男子はゴールの0.44m以上手前にいるとはいえないため，誤りである。

C ◯ 昭和39年度の10歳男子と10歳女子の反復横とびの記録はそれぞれ33.60回，33.53回である。したがって，男子を100としたときの女子の指数は，

$$100 \times \frac{33.53}{33.6} ≒ 99.8$$

となり，女子の指数が99.5を超えるため，正しい。

以上より，A：誤，B：誤，C：正が正しい組合せとなる。

よって，正解は肢4である。

正答 4

memo

第2章

資料解釈

547

第2章 SECTION 1 資料解釈
資料解釈（実数・構成比）

実践 問題 192 応用レベル

頻出度	地上★★	国家一般職★★★	東京都★	特別区★
	裁判所職員★★★	国税・財務・労基★★★	国家総合職★★★	

問 表は，20歳以上の者が，冷房が効きすぎていると感じたことのある場所に関する調査の結果を示したものである。これから確実にいえるのはどれか。なお，この調査の回答は，複数の場所を選択することも，一つも選択しないことも可能であった。また，表の □ の数値は明らかにされていない。

(国家一般職2015)

回答者層	回答者数(人)	冷房が効きすぎていると感じたことのある場所（選択率：%）				
		スーパーマーケット	百貨店	飲食店	コンビニエンスストア	映画館・劇場
男女合計	2,054	45.3	25.7	21.7	18.3	18.0
男性合計	□	36.3	23.2	17.5	18.5	11.9
うち20〜29歳	□	34.4	17.8	23.3	36.7	14.4
うち30〜39歳	153	42.5	26.1	30.7	28.1	13.7
うち40〜49歳	164	44.5	29.9	15.9	27.4	14.0
うち50〜59歳	160	35.6	26.3	18.8	10.0	15.6
うち60〜69歳	213	36.2	21.6	14.6	12.2	10.8
うち70歳以上	172	25.0	16.3	7.0	7.6	4.7
女性合計	□	53.1	27.8	25.3	18.1	23.2
うち20〜29歳	114	59.6	31.6	45.6	26.3	25.4
うち30〜39歳	176	58.0	31.3	29.5	24.4	33.0
うち40〜49歳	205	63.4	26.3	36.1	19.5	31.7
うち50〜59歳	210	56.2	31.4	24.3	21.9	30.0
うち60〜69歳	□	48.6	26.8	16.8	11.8	13.2
うち70歳以上	177	33.9	20.3	7.3	7.9	6.8

1：コンビニエンスストアを選択した回答者数を比べると，男性の30〜39歳の層の人数の方が，女性の50〜59歳の層の人数より多い。

2：40〜49歳の層の回答者(男女合計)についてみると，映画館・劇場を選択した人数よりも，コンビニエンスストアを選択した人数の方が多い。

OUTPUT

3：男女合計(全年齢層)についてみると，スーパーマーケット及びコンビニエンスストアの二つのみを選択した人数の方が，百貨店及び飲食店の二つのみを選択した人数より多い。

4：回答者が選択した場所の数を1人当たりの平均(小数第2位を四捨五入した値)で比べると，男性合計よりも女性合計の方が多い。

5：男性合計の回答者数は，女性合計の回答者数より多い。

SECTION 1 資料解釈（実数・構成比）

〈実数〉

1 × コンビニエンスストアを選択した回答者数は，

男性の30〜39歳の層：$153 \times \dfrac{28.1}{100} \fallingdotseq 43$（人）

女性の50〜59歳の層：$210 \times \dfrac{21.9}{100} \fallingdotseq 46$（人）

であるから，男性の30〜39歳の層の人数のほうが，女性の50〜59歳の層の人数より少ない。

2 × 40〜49歳の層の選択した人数の男女合計は，

映画館・劇場：$164 \times \dfrac{14.0}{100} + 205 \times \dfrac{31.7}{100} \fallingdotseq 23 + 65 = 88$（人）

コンビニエンスストア：$164 \times \dfrac{27.4}{100} + 205 \times \dfrac{19.5}{100} \fallingdotseq 45 + 40 = 85$（人）

であるから，映画館・劇場を選択した人数よりも，コンビニエンスストアを選択した人数のほうが少ない。

3 × この資料からは，各回答者が何項目選択したかは不明であるため，判断できない。

4 ○ 回答者が選択した場所の数の1人あたりの平均の比較は，各場所の選択率の合計から比較することができる。

男性：$\dfrac{36.3 + 23.2 + 17.5 + 18.5 + 11.9}{100} = 1.074 \fallingdotseq 1.1$

女性：$\dfrac{53.1 + 27.8 + 25.3 + 18.1 + 23.2}{100} = 1.475 \fallingdotseq 1.5$

よって，回答者が選択した場所の数を1人あたりの平均で比べると，男性合計よりも女性合計のほうが多い。

5 × 男性合計を x 人，女性合計を y 人として，男女それぞれと男女の合計に占める飲食店の人数について式を作ると，次のようになる。

　$0.175\,x + 0.253\,y = 0.217\,(x + y)$

両辺を1000倍して整理すると，

　$36\,y = 42\,x$

　$x : y = 6 : 7$

となり，男性合計の回答者数は女性合計の回答者数よりも少ないため，誤りである。

正答 **4**

memo

第2章

資料解釈

第2章
SECTION 1 資料解釈
資料解釈(実数・構成比)

実践 問題 193 応用レベル

頻出度	地上★★	国家一般職★★	東京都★	特別区★
	裁判所職員★	国税・財務・労基★		国家総合職★★

問 次の図から確実にいえるのはどれか。　　　　　　　　　　（特別区2020）

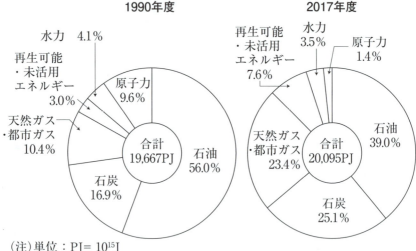

エネルギー源別一次エネルギー国内供給の構成比の推移

(注)単位：PJ= 10^{15} J

1：一次エネルギー国内供給の合計の1990年度に対する2017年度の増加量に占める「再生可能・未活用エネルギー」のそれの割合は，250%を超えている。
2：1990年度及び2017年度の両年度とも，「天然ガス・都市ガス」の一次エネルギーの国内供給は，「水力」のそれの3倍を上回っている。
3：1990年度の「石炭」の一次エネルギー国内供給を100としたときの2017年度のそれの指数は，150を下回っている。
4：「原子力」の一次エネルギー国内供給の1990年度に対する2017年度の減少率は，「石油」の一次エネルギー国内供給のそれの3倍より小さい。
5：2017年度の「天然ガス・都市ガス」の一次エネルギー国内供給は，1990年度のそれの240%を超えている。

OUTPUT

チェック欄		
1回目	2回目	3回目

実践 問題 **193** の解説 ───────────────

〈実数・構成比〉

1 ✕ 一次エネルギー国内供給の合計の1990年度に対する2017年度の増加量は,

$20095 - 19667 = 428$

である。また,「再生可能・未活用エネルギー」の1990年度に対する2017年度の増加量は,

$20095 \times 0.076 - 19667 \times 0.030 ≒ 1527 - 590 = 937$

である。ここで, 合計の増加量の250％にあたるのは,

$428 \times 2.5 = 1070$

となり,「再生可能・未活用エネルギー」の増加量はこれを下回っており, 250％を超えていないことがわかるため, 本肢は誤りである。

2 ✕ 同一年度内での比較であるから, 構成比で比較することができる。1990年度の「水力」の構成比の3倍は,

$4.1 \times 3 = 12.3$

であり,「天然ガス・都市ガス」の構成比10.4がこれを下回っていることから, 1990年度の「天然ガス・都市ガス」は「水力」の3倍を上回っていないため, 誤りである。

3 ✕ 1990年度の「石炭」を100としたときの2017年度の指数を計算すると,

$$100 \times \frac{20095 \times 0.251}{19667 \times 0.169} ≒ 100 \times \frac{5044}{3324} ≒ 151.7$$

となり, 150を上回っているため, 誤りである。

4 ○ 「原子力」の1990年度に対する2017年度の減少率は,

$$\frac{19667 \times 0.096 - 20095 \times 0.014}{19667 \times 0.096} \times 100 ≒ \frac{1888 - 281}{1888} \times 100 = \frac{1607}{1888} \times 100$$

$≒ 85.1(\%)$

「石油」の1990年度に対する2017年度の減少率の3倍は,

$$\frac{19667 \times 0.560 - 20095 \times 0.390}{19667 \times 0.560} \times 100 \times 3 ≒ \frac{11014 - 7837}{11014} \times 300 = \frac{3177}{11014} \times 300$$

$≒ 86.5(\%)$

であるから,「原子力」の減少率は,「石油」の3倍より小さく, 正しい。

5 ✕ 「天然ガス・都市ガス」の1990年度に対する2017年度の割合を求めると,

$$\frac{20095 \times 0.234}{19667 \times 0.104} \times 100 ≒ \frac{4702}{2045} \times 100 ≒ \frac{4700}{2050} \times 100 ≒ 229(\%)$$

となり, 240％を下回っているため, 誤りである。

資料解釈（実数・構成比）

【コメント】
　正解肢4は，計算量が多く，ある程度正確に計算しなければならない。一方，誤り肢1～3，5は，計算量が比較的少ない。計算しやすい肢から計算すれば，消去法で肢4を正解と判定できる。

正答 4

memo

第2章　資料解釈

SECTION 1 資料解釈
資料解釈（実数・構成比）

実践 問題 194 応用レベル

頻出度：地上★★　国家一般職★★　東京都★　特別区★
　　　　裁判所職員★★★　国税・財務・労基★★　国家総合職★★★

問 図は，漁港背後集落の人口と高齢化率（漁港背後集落及び全国）の推移を，表は，2017年における漁港背後集落の状況を示したものである。これらから確実にいえるのはどれか。　　　　　　　　　　　　　　　　　　　　（国家一般職2019）

図　漁港背後集落の人口と高齢化率の推移

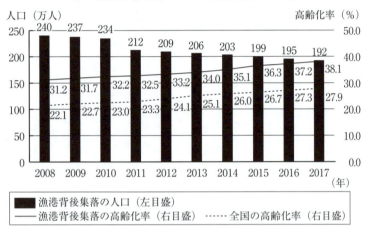

表　漁港背後集落の状況（2017年）

漁港背後集落総数	離島地域・半島地域・過疎地域のいずれかに指定されている地域			
		うち離島地域	うち半島地域	うち過疎地域
4,130	3,177	786	1,421	2,802

1：2017年の漁港背後集落の人口は，2008年と比べて25％以上減少している。
2：2013年からみた2017年の漁港背後集落の高齢者の増加数は，1.8万人以下である。
3：2008～2017年の各年について，漁港背後集落と全国の高齢化率（％）の差は，一貫して9ポイント以上であるが，2016年に初めて10ポイントを超えた。
4：2017年の漁港背後集落のうち，離島地域，半島地域，過疎地域のいずれか一つのみに指定されている集落数の合計は1300以上である。
5：2017年の漁港背後集落のうち，離島地域には36万人が，半島地域には66万人が居住している。

OUTPUT

実践　問題 194 の解説

〈実数・構成比〉

1 ✗ 2008年の漁港背後集落の人口は240万人であるため，その75％は240×0.75＝180（万人）となる。2017年の漁港背後集落の人口は192万人であり，180万人を上回っているため，誤りである。

2 ✗ 2013年の漁港背後集落の高齢者数は206×0.34≒70.04万人であり，2017年の漁港背後集落の高齢者数は192×0.381≒73.15万人である。その増加数は，
　　73.15－70.04＝3.11（万人）
となるため，誤りである。

3 ✗ 2013年の漁港背後集落と全国の高齢化率の差を見ると，
　　34.0－25.1＝8.9（％）
となり，9％を下回っている年があるため，誤りである。

4 ○ 離島地域に指定されている集落数をA，半島地域に指定されている集落数をB，過疎地域に指定されている集落数をCとし，ベン図を用いて考える。

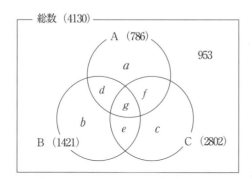

離島地域，半島地域，過疎地域の少なくとも一つに指定されている地域の集落数の合計は，
　　4130－953＝3177
であり，ベン図からは各地域の集落数A，B，Cの合計から重複部分を差し引いたものとなるため，
　　A＋B＋C－($d＋e＋f＋2g$)＝3177　……①
で表される。また，a～gの文字を用いて式を立てると，
　　$a＋b＋c＋d＋e＋f＋g$＝3177　……②
を満たす。

資料解釈(実数・構成比)

A + B + C = 5009になるため,①の式から,
　3177 = 5009 − (d + e + f) − 2 g
　⇒ d + e + f + 2 g = 1832　……③
を導くことができる。
③を利用するために,②の式の両辺に g を加えた下式を考える。
　a + b + c + d + e + f + 2 g = 3177 + g
すると,離島地域,半島地域,過疎地域のいずれか1つのみに指定されている集落数 a + b + c の合計は,
　a + b + c + 1832 = 3177 + g
　⇒ a + b + c = 3177 − 1832 + g
より,a + b + c = 1345 + g となるから,1,300以上であることは確実にいえる。

5 × 人口比が示されていないため,どこの地域に何人居住しているかは求めることができない。

正答 4

memo

第2章　資料解釈

第2章 SECTION 1 資料解釈
資料解釈（実数・構成比）

実践 問題195 応用レベル

頻出度	地上★★★	国家一般職★★	東京都★★	特別区★
	裁判所職員★★★	国税・財務・労基★★★	国家総合職★	

問　図と表は，ある年度における我が国のバターの流通経路とバターの業種別消費量をそれぞれ示したものである。これらから確実にいえるのはどれか。

(国家一般職2018)

図　バターの流通経路

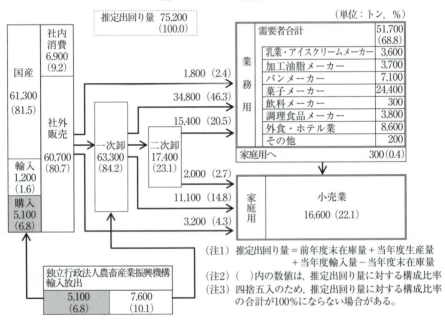

(注1) 推定出回り量＝前年度末在庫量＋当年度生産量＋当年度輸入量－当年度末在庫量
(注2) （　）内の数値は，推定出回り量に対する構成比率
(注3) 四捨五入のため，推定出回り量に対する構成比率の合計が100％にならない場合がある。

表　バターの業種別消費量
(単位：トン)

	消費量	うち国産	うち輸入
乳業メーカー（社内消費）	6,900	4,100	2,800
業務用	51,700	41,000	10,700
家庭用	16,600	16,200	400

OUTPUT

1：一次卸における輸入バターの量は，8,500トン以上である。

2：二次卸から業務用及び家庭用に流通した国産バターの量の合計は，6,500トン以上である。

3：乳業メーカーが社内消費したバターのうち，独立行政法人農畜産業振興機構から購入したバターの量は，2,000トン以上である。

4：業務用の内訳のうち，消費量が多い方から見て，上位三つの消費量の合計は，業務用全体の8割を超えている。

5：業務用と家庭用を比較すると，一次卸を経由して流通したバターが消費量に占める割合は，家庭用の方が大きい。

第2章　資料解釈

第2章 SECTION 1 資料解釈
資料解釈(実数・構成比)

実践 問題 195 の解説

〈実数〉

1 ○ 一次卸が取り扱う輸入バターの量は，一次卸が独立行政法人農畜産業振興機構(以下，「機構」と呼ぶ)から直接購入している7,600トンと，乳業メーカーからの購入分がある。乳業メーカーが扱う輸入バターの量は，乳業メーカーが直接輸入を行った量である1,200トンと，機構の輸入放出である5,100トンをあわせた6,300トンである。ここから乳業メーカーが社内消費で消費した量のうち，輸入の量である2,800トンを引くと3,500トンとなる。乳業メーカーから業務用には1,800トンが流れているが，これがすべて輸入と仮定すると残りは1,700トンとなり，また，家庭用の消費量のうち輸入による400トンがすべて一次卸を通さない乳業メーカーからの直接販売であったとしても，少なくとも，1,700トンから400トンを引いた1,300トンが乳業メーカーから一次卸に流れている。機構から直接購入している7,600トンにこの1,300トンを足した8,900トンが，最低でも一次卸が取り扱っている輸入バターの量となるため，正しい。

2 × 業務用と家庭用で消費した国産バターの量の合計は，41,000+16,200＝57,200トンである。また，二次卸を通さずに家庭用および業務用に流通したバターの量は，1,800+34,800+11,100+3,200＝50,900トンである。これらがすべて国産であったと仮定すると，二次卸から業務用および家庭用に流通したバターの流通量は，6,300トンとなる。したがって，二次卸から業務用及び家庭用に流通した国産バターの量の合計が6,500トン以上であるとは確実にはいえない。

3 × 乳業メーカーが社内消費したバターの量のうち，輸入が占める量は2,800トンである。乳業メーカーは輸入を1,200トン行っているため，これがすべて社内消費に向けられたとすると，乳業メーカーが社内消費した輸入バターのうち，機構から購入した量は2,800－1,200＝1,600トンとなるため，2,000トン以上であると確実にいうことはできない。

4 × 業務用の内訳のうち，消費量が多いほうから見て上位3つは菓子メーカーの24,400トン，外食・ホテル業の8,600トン，パンメーカーの7,100トンであるため，合計は40,100トンである。この量が需要者合計の51,700トンに占める割合を計算すると，

　40100÷51700≒0.776

となるため，8割を超えていない。

OUTPUT

5 ✕ 業務用の消費全体における，一次卸を経由した量の割合を計算すると，

業務用：$(34800＋15400)÷51700×100≒97.1（％）$

である。家庭用のそれは，

家庭用：$(11100＋2000＋300)÷16600×100≒80.7（％）$

以下と考えらえる。以上より，家庭用のほうが大きいとはいえない。

【コメント】

　本問のフローチャートは経路が複雑で，読み取るべき数値がどこにあるのか，どのような計算をすればよいのかを読み解くのが難しい。また，本問は肢4，肢5の計算も非常にタイトであり，全体的に難問となっている。

第2章　資料解釈

正答　**1**

第2章 SECTION 2 資料解釈
資料解釈（指数・増減率）

必修問題 セクションテーマを代表する問題に挑戦！

資料解釈は必ず計算しなければならないわけではなく，グラフの意味を推理して，まったく計算することなく処理する場合もあります。

> 問 図は，我が国の大学入学者数について，全入学者及び理・工・農学関係学科入学者の対前年度増減率の推移を示したものである。この図からいえることとして最も妥当なのはどれか。　（国Ⅱ2006）

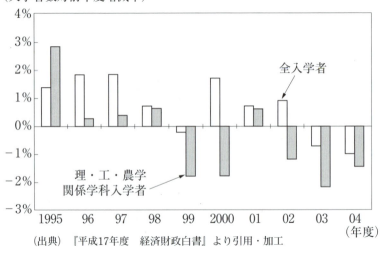

（出典）『平成17年度　経済財政白書』より引用・加工

1：理・工・農学関係学科入学者の全入学者に占める比率は，1995年度をピークに，それ以降一貫して低下している。
2：理・工・農学関係学科入学者数は，1995年度をピークにして，年々減少傾向にある。
3：2000年度以降，全入学者に占める理・工・農学関係学科入学者の割合は，30％を超えている。
4：理・工・農学関係学科入学者とそれ以外の学科の入学者の入学者数の差が最も大きくなったのは，1999年度である。
5：理・工・農学関係学科以外の学科の入学者の数が最も多かったのは，2001年度である。

直前復習

頻出度	地上★★　　国家一般職★★★　東京都★★★　特別区★★★
	裁判所職員★　　国税・財務・労基★★　国家総合職★

チェック欄		
1回目	2回目	3回目

必修問題の解説 ─────────────

〈増減率〉

1 ○ グラフより，1996年度以降の「全入学者」の対前年度増加率と「理・工・農学関係学科入学者」の対前年度増加率を比較すると，いずれの年も「全入学者」の増加率のほうが「理・工・農学関係学科入学者」の増加率よりも大きい値となっている。よって，全入学者数に占める「理・工・農学関係学科入学者」の比率は一貫して低下していることがわかる。

> 　AとBの増加率を比較した場合，Aの増加率のほうがBの増加率よりも大きい場合，Aに対するBの割合は前年と比較すると減少したことになる。逆に，Aの増加率がBの増加率よりも小さい場合，Aに対するBの割合は，前年よりも増加したことになる。
>
> 　例）昨年と今年のAに対するBの割合の変化
>
> | | 昨年 | 今年の対前年増加率 |
> |---|---|---|
> | A | 50 | ＋10.0% |
> | B | 50 | ＋5.0% |
>
> 昨年：$\dfrac{B}{A}=\dfrac{50}{50}$　　割合が1より小さい
>
> 今年：$\dfrac{B}{A}=\dfrac{昨年B×1.05}{昨年A×1.10}=\dfrac{昨年B}{昨年A}×\dfrac{105}{110}$
>
> これより，増加後の割合を計算すると，「昨年の割合×今年の増加率の割合」という式になる。したがって，分母となる値の増加率が分子となる値の増加率よりも大きい場合には，この割合も小さくなることから，全体の割合も小さくなることがわかる。

2 ✕ 1996年の「理・工・農学関係学科入学者」の対前年度増加率は正の値である。これは，前年度よりも入学者数が増えていることを示しているため，年々減少しているとはいえない。

3 ✕ 問題文からは，「全入学者」と「理・工・農学関係学科入学者」の実際の数の関係はわからないため，割合はわからない。

4 ✕ 2000年度は「全入学者」は増加しているが，「理・工・農学関係学科入学者」は減少しているため，前年よりも「それ以外の入学者」と「理・工・農学関係学科入学者」の差は大きくなっている。よって，入学者の差が最も大きくなるのが1999年度とはいえないため，誤りである。

5 ✕ 2001年度と2002年度を比較すると，2002年度の「全入学者」は増加しているが，「理・工・農学関係学科入学者」は減少している。すなわち，「それ以外の学科の入学者」が増加したことになり，2002年度に増加していることから，2001年度が最も多いわけではない。

正答 **1**

第2章 ②　資料解釈

資料解釈（指数・増減率）

1　指数

(1)　指数

　指数とは，**基準となる値を100として，他のものの値を表したものである**。指数は割合の変化等を見るときに便利な数の表し方で，次のように算出する。

$$指数＝100×\frac{比べる値}{基準の値}$$

　例として，ある人の月収の推移，および250,000円を100とおいた指数での表示を下表に示す。

	現在	5年後	10年後
月収	250,000円	312,500円	475,000円
月収の指数	100	125	190

(2)　指数の問題の注意点

　指数の問題では，指数を作成するにあたって用いられた基準値が何であるかに注意する必要がある。選択肢によっては検討不可能なものもあるため，注意が必要である。

　例として，A，B2人の月収の推移を，現在のそれぞれの月収を100としたものを下表に示す。

	現在	5年後	10年後
Aの月収の指数	100	125	190
Bの月収の指数	100	130	150

　たとえば「Aの現在から5年後の月収の増加額は，Bのそれよりも小さい」と問われたとする。しかし，**2人の現在の月収の具体的な値は表からは読み取ることができないため，比較することができない**。したがって，この問いは「検討不可能」という結論になる。

　しかし，たとえば「Aの現在に対する10年後の比率は，Bのそれよりも大きい」という問いに対しては，$A＝\frac{190}{100}＝1.9$，$B＝\frac{150}{100}＝1.5$と求めることができて，この場合は「検討可能」となる。

2　増減率

(1)　増減率

　増加率とは，「前に比べて増えた分の割合」のことである。たとえば，対前年増加率であれば，次のように算出する（なお，減少率の場合は，分子の前後を逆にする）。

INPUT

$$対前年増加率（\%）＝\frac{（当該年の値－前年の値）}{前年の値}×100$$

たとえば，外車の輸入業者の毎月の輸入台数が，以下の表のようになっているとする。

1月	2月	3月	4月
200台	250台	400台	350台

2月～4月の対前月増加率は，次のようになる。

2月：$\dfrac{250－200}{200}×100＝25（\%）$

3月：$\dfrac{400－250}{250}×100＝60（\%）$

4月：$\dfrac{350－400}{400}×100＝－12.5（\%）$

4月の増加率はマイナスであるが，資料解釈で出てくる表では，このマイナスが「△」の印で書かれている場合がある。たとえば，「△12.5％」と書かれてあれば，これは－12.5％のことである。また，4月の減少率は12.5％となる。

(2) 増減率の近似計算

(例) あるプロ野球選手の年俸の対前年増加率が，次の表のように表されている。平成22年の年俸に対する平成26年の年俸の増加率は5％を超えているか。

	平成23年	平成24年	平成25年	平成26年
対前年増加率	5％	3％	△7％	6％

(解説)

平成26年の年俸は，

$$100×（1＋0.05）×（1＋0.03）×（1－0.07）×（1＋0.06）$$

となる。ここで，増加率の掛け算の部分を考える。たとえば，0.05×0.03＝0.0015などは，0とみなすことができるため，増加どうしの掛け算の部分は無視することができる。つまり，このような計算は，増加率を足すことでほぼ正確な計算ができる。

$$平成26年の年俸＝100×（1＋0.05）×（1＋0.03）×（1－0.07）×（1＋0.06）$$
$$≒100×（1＋0.05＋0.03－0.07＋0.06）$$
$$＝107$$

以上より，平成26年の年俸の平成22年に対する増加率は5％を超えているといえる。

なお，上で説明した近似計算は，与えられた増加率が±15％より大きくなると，増加率どうしの掛け算の部分が無視できなくなるため，使いづらくなる。

第2章 SECTION 2 資料解釈
資料解釈（指数・増減率）

実践 問題 196 基本レベル

頻出度	地上★★　国家一般職★★★　東京都★★★　特別区★★★
	裁判所職員★　国税・財務・労基★★　国家総合職★

問　次の図から確実にいえるのはどれか。　　　　　　　　　　（特別区2008）

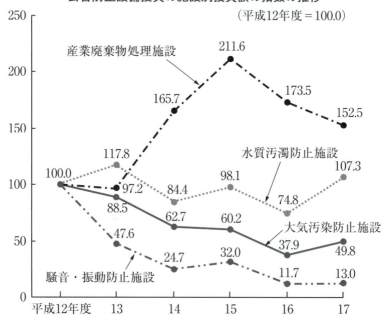

公害防止設備投資の施設別投資額の指数の推移
（平成12年度＝100.0）

1：平成13年度から平成16年度までの各年度のうち，大気汚染防止施設への投資額の対前年度減少率が最も少ないのは，平成13年度である。
2：平成13年度から平成17年度までの各年度とも，産業廃棄物処理施設への投資額は，大気汚染防止施設への投資額を上回っている。
3：平成15年度の水質汚濁防止施設への投資額の対前年度増加額は，平成13年度のそれを下回っている。
4：図中の各施設のうち，平成16年度における投資額の対前年度減少額が最も大きいのは，産業廃棄物処理施設である。
5：平成17年度において，水質汚濁防止施設への投資額の対前年度増加率は，騒音・振動防止施設への投資額のそれの6倍より大きい。

OUTPUT

実践 問題 **196** の解説 ────────────

チェック欄		
1回目	2回目	3回目

〈指数〉

1 × 「大気汚染防止施設」において，平成13年度の対前年度減少率は，

平成13年度：$\left(1 - \dfrac{88.5}{100} \right) \times 100 = 11.5(\%)$

であり，10％以上の減少率である。平成15年度の対前年度減少率が10％以上だとすると，平成14年度の62.7に対して，その10％の6以上減少している必要があるが，平成15年度の60.2は，$62.7 - 60.2 = 2.5$であるため，10％以上減少しているとはいえない。

よって，平成13年度が最も少ないということはない。

2 × 各施設ごとの実際の投資額が載っておらず，わからない。

3 ○ 「水質汚濁防止施設」において，平成13年度と15年度の対前年度増加額は，

平成13年度：$117.8 - 100 = 17.8$

平成15年度：$98.1 - 84.4 = 13.7$

であり，平成15年度は13年度を下回っている。

4 × 各施設ごとの実際の投資額が載っておらず，わからない。

5 × 平成17年度における「騒音・振動防止施設」の対前年度増加率の6倍は，

$\left(\dfrac{13.0}{11.7} - 1 \right) \times 100 \times 6 \ (\%)$

である。$13.0 : 11.7 = 130 : 117 = 10 : 9$ であるから，上の式は，

$\left(\dfrac{10}{9} - 1 \right) \times 6 \times 100 = \dfrac{2}{3} \times 100 = \left(\dfrac{5}{3} - 1 \right) \times 100 \quad \cdots\cdots ①$

に変形できる。

また，平成17年度における「水質汚濁防止施設」の対前年度増加率は，

$\left(\dfrac{107.3}{74.8} - 1 \right) \times 100(\%) \quad \cdots\cdots ②$

である。$\dfrac{5}{3}$ と $\dfrac{107.3}{74.8}$ の大小関係と，①と②の大小関係は一致し，$\dfrac{5}{3} = \dfrac{120}{72}$ であるから，分母の値が小さく，分子の値が大きい①のほうが大きい。以上より，本肢は誤りである。

正答 **3**

LEC東京リーガルマインド　2024-2025年合格目標 公務員試験 本気で合格！過去問解きまくり！　569
①数的推理・資料解釈

第2章 資料解釈
SECTION 2 資料解釈（指数・増減率）

実践 問題197 基本レベル

頻出度	地上★★	国家一般職★★★	東京都★★★	特別区★★★
	裁判所職員★	国税・財務・労基★★		国家総合職★

問 次の図から正しくいえるのはどれか。　　　　　　　　　　（東京都2021）

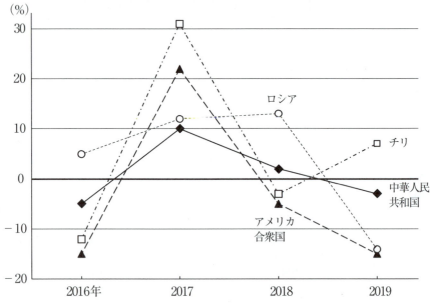

日本における4か国からの水産物輸入額の対前年増加率の推移

1：2015年から2019年までのうち，チリからの水産物輸入額が最も多いのは2017年であり，最も少ないのは2016年である。
2：2015年から2019年までの各年についてみると，アメリカ合衆国からの水産物輸入額に対するロシアからの水産物輸入額の比率が最も小さいのは2015年である。
3：2016年における中華人民共和国からの水産物輸入額を100としたとき，2018年における中華人民共和国からの水産物輸入額の指数は105を下回っている。
4：2016年から2019年までの4か年におけるアメリカ合衆国からの水産物輸入額の年平均は，2018年におけるアメリカ合衆国からの水産物輸入額を上回っている。
5：2017年と2019年の水産物輸入額についてみると，2017年の水産物輸入額に対する2019年の水産物輸入額の増加率が最も大きいのは，ロシアである。

OUTPUT

	チェック欄	
1回目	2回目	3回目

実践 問題 **197** **の解説**

〈増減率〉

1 × 2017年でのチリからの水産物輸入額を1とすると，2019年のそれは，
$1 \times 0.97 \times 1.07 \fallingdotseq 1.04$
であり，2019年のほうが大きい。

2 ○ 2015年におけるアメリカ合衆国からの水産物輸入額をＡ，ロシアからの水産物輸入額をＢとして，各年でのアメリカ合衆国に対するロシアの水産物輸入額の比率を計算する。

2015年：$\dfrac{B}{A}$

2016年：$\dfrac{B \times 1.05}{A \times 0.85} \fallingdotseq \dfrac{B}{A} \times 1.24$

2017年：$\dfrac{B \times 1.05 \times 1.12}{A \times 0.85 \times 1.22} \fallingdotseq \dfrac{B}{A} \times 1.13$

2018年：$\dfrac{B \times 1.05 \times 1.12 \times 1.13}{A \times 0.85 \times 1.22 \times 0.95} \fallingdotseq \dfrac{B}{A} \times 1.35$

2019年：$\dfrac{B \times 1.05 \times 1.12 \times 1.13 \times 0.86}{A \times 0.85 \times 1.22 \times 0.95 \times 0.85} \fallingdotseq \dfrac{B}{A} \times 1.36$

よって，比率は2015年が最も小さいことがわかる。

3 × 2017年における中華人民共和国からの水産物輸入額の対前年増加率は10％であり，2016年の額を100としたときの値は110である。そして，2018年の対前年増加率は正の値であることから，110よりも大きいことがわかる。

4 × 2016年におけるアメリカ合衆国からの水産物輸入額を100とすると，
2017年：$100 \times 1.22 = 122$
2018年：$100 \times 1.22 \times 0.95 \fallingdotseq 116$
2019年：$100 \times 1.22 \times 0.95 \times 0.85 \fallingdotseq 98.5$
4年間の平均：$(100 + 122 + 116 + 98.5) \div 4 \fallingdotseq 109$
であり，2018年の値である116を下回っている。

5 × 2017年の輸入額に対する2019年の増加率をロシアとチリで比較すると，
ロシア：$1.13 \times 0.86 \fallingdotseq 0.97$
チリ：$0.97 \times 1.07 \fallingdotseq 1.04$
であり，ロシアよりもチリのほうが大きい。

正答 **2**

第2章 資料解釈

第2章 SECTION 2 資料解釈
資料解釈（指数・増減率）

実践 問題 198 基本レベル

頻出度	地上★★	国家一般職★★★	東京都★★★	特別区★★★
	裁判所職員★	国税・財務・労基★★		国家総合職★

問 次の図から正しくいえるのはどれか。　　　　　　　　　　　　　　　　（東京都2020）

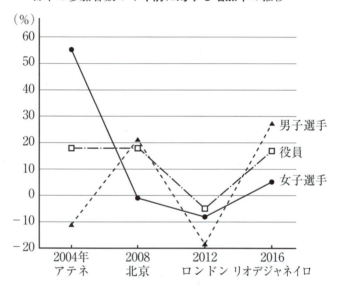

オリンピック競技大会（夏季大会）における
日本の参加者数の4年前に対する増加率の推移

1：2000年と2016年についてみると、2000年の大会への参加者数に対する2016年の大会への参加者数の増加率が最も大きいのは、女子選手である。
2：2000年から2016年までの5大会のうち、大会への男子選手の参加者数が最も多いのは2008年の大会であり、最も少ないのは2004年の大会である。
3：2004年の大会への役員の参加者数を100としたとき、2016年の大会への役員の参加者数の指数は130を上回っている。
4：2004年から2016年までの4大会における女子選手の参加者数の平均は、2008年の大会への女子選手の参加者数を上回っている。
5：2008年から2016年までの3大会についてみると、男子選手の参加者数に対する役員の参加者数の比率が最も大きいのは、2016年大会である。

OUTPUT

実践 問題 **198** の解説

〈増減率〉

1 × 2000年の大会の女子参加者数を100とすると,2016年の女子選手の参加数は,

$$100×(1+0.55)×(1-0.01)×(1-0.08)×(1+0.05)$$

$$≒155×(1-0.01-0.08+0.05)$$

$$=148.8$$

となり,増加率は約48.8%である。また,2000年の大会の役員の参加者数を100として,2016年の値をみると,

$$100×(1+0.18)×(1+0.18)×(1-0.05)×(1+0.17)$$

$$=100×1.18×1.18×0.95×1.17$$

$$≒154.8$$

となり,増加率は約54.8%である。よって,増加率は女子選手が最大にならないため,誤りである。

2 × 2000年の男子選手の参加者数を100とすると,

2004年：$100×(1-0.11)=89$　　　　2008年：$89×(1+0.21)≒107.7$

2012年：$107.7×(1-0.19)≒87.2$　　2016年：$87.2×(1+0.27)≒110.7$

となり,最も多いのは2016年,最も少ないのは2012年の大会であるため,誤りである。

3 ○ 2004年の大会への役員の参加者数を100とすると,2016年の役員の参加者数は,

$$100×(1+0.18)×(1-0.05)×(1+0.17)≒131.2$$

となり,130を上回っているため,正しい。

4 × 2000年の女子選手の参加者数を100とすると,

2004年：$100×(1+0.55)=155$

2008年：$155×(1-0.01)≒153.5$

2012年：$153.5×(1-0.08)≒141.2$

2016年：148.8(肢1を用いる)

であり,その指数の合計$155+153.5+141.2+148.8=598.5$は,2008年の153.5の4倍である614を下回るため,この4大会の女子選手の参加者数の平均が,2008年の大会の女子選手の参加者数を上回っているとはいえない。したがって,本肢は誤りである。

5 × 2008年の男子選手の参加者数をA,役員の参加者数をBとする。

2012年および2016年の男性選手の参加者数に対する役員の参加者数の比率

第2章 SECTION 2 資料解釈
資料解釈（指数・増減率）

は，

2012年：$\dfrac{B \times (1-0.05)}{A \times (1-0.19)} = \dfrac{B \times 0.95}{A \times 0.81}$

2016年：$\dfrac{B \times (1-0.05) \times (1+0.17)}{A \times (1-0.19) \times (1+0.27)} = \dfrac{B \times 0.95 \times 1.17}{A \times 0.81 \times 1.27}$

$= 2012年の値 \times \dfrac{1.17}{1.27}$

であるが，2012年の値と 1 未満の数との積が2016年の値であるため，最も大きいのは2016年とはいえず，誤りである。

正答 3

memo

第2章　資料解釈

575

第2章 SECTION 2 資料解釈
資料解釈（指数・増減率）

実践 問題 199 基本レベル

頻出度	地上★★	国家一般職★★★	東京都★★★	特別区★★★
	裁判所職員★	国税・財務・労基★★★	国家総合職★	

問 次の図から正しくいえるのはどれか。　　　　（東京都2021）

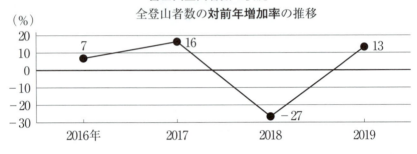

富士山登山者数の状況
全登山者数の対前年増加率の推移

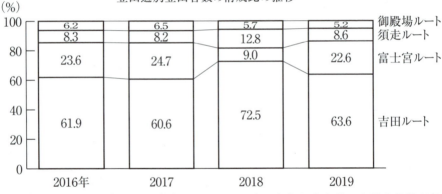

登山道別登山者数の構成比の推移

1 ：2015年から2018年までの各年についてみると，富士山登山者の全登山者数が最も少ないのは2015年である。
2 ：2016年から2018年までの各年についてみると，吉田ルートの登山者数に対する御殿場ルートの登山者数の比率は，いずれの年も0.1を上回っている。
3 ：富士宮ルートについてみると，2016年から2018年までの3か年の登山者数の年平均は，2019年の登山者数を下回っている。
4 ：須走ルートについてみると，2017年の登山者数は，2019年の登山者数を下回っている。
5 ：吉田ルートについてみると，2017年の登山者数を100としたとき，2019年の登山者数の指数は，95を上回っている。

OUTPUT

チェック欄		
1回目	2回目	3回目

実践 問題 **199** の解説

〈増減率〉

第2章 資料解釈

1 × 2015年での全登山者数を100とすると，2018年でのそれは，

$100 \times 1.07 \times 1.16 \times 0.73 \fallingdotseq 91$

であり，2018年のほうが少ないため，誤りである。

2 × 2018年での吉田ルートは全体の72.5％であり，御殿場ルートは5.7％である。したがって，吉田ルートに対する御殿場ルートの登山者数の比率は，明らかに0.1より小さい。よって，本肢は誤りである。

3 ○ 2016年の全登山者数を100とすると，

2017年の全登山者数：$100 \times 1.16 = 116$

2018年の全登山者数：$100 \times 1.16 \times 0.73 \fallingdotseq 84.7$

2019年の全登山者数：$100 \times 1.16 \times 0.73 \times 1.13 \fallingdotseq 95.7$

である。これをもとに，各年での富士宮ルートの登山者数を計算すると，

2016年：$100 \times 0.236 = 23.6$ 2017年：$116 \times 0.247 \fallingdotseq 28.7$

2018年：$84.7 \times 0.090 \fallingdotseq 7.62$ 2019年：$95.7 \times 0.226 \fallingdotseq 21.6$

であり，2016年から2018年までの3か年の平均は，

$(23.6 + 28.7 + 7.62) \div 3 \fallingdotseq 20.0$

となることから，2019年の値を下回ることがわかる。

4 × 2017年の全登山者数を100とすると，2019年のそれは，

$100 \times 0.73 \times 1.13 \fallingdotseq 82.5$

である。2017年と2019年での須走ルートの登山者数は，

2017年：100×0.082 2019年：82.5×0.086

である。100は82.5の1.1倍を越えるが，0.086は0.082の1.1倍未満である。したがって，このルートの登山者数は，2017年が2019年を上回っていると判断できる。

5 × 肢4で計算した2017年と2019年での全登山者数をもとに，それぞれにおける吉田ルートの登山者数を計算すると，

2017年：$100 \times 0.606 = 60.6$ 2019年：$82.5 \times 0.636 \fallingdotseq 52.5$

である。2019年は$60.6 - 6.06 = 54.54$から2017年を1割以上は下回ることから，2017年での登山者数を100としたときの2019年の指数が95を下回ることは明らかである。

正答 **3**

資料解釈（指数・増減率）

実践　問題200　基本レベル

| 頻出度 | 地上★★　国家一般職★★　東京都★★★　特別区★★★
裁判所職員★　国税・財務・労基★★　国家総合職★ |

問 次の表から確実にいえるのはどれか。　　　　　　　　　　（特別区2022）

政府開発援助額の対前年増加率の推移

（単位　％）

供与国	2015年	2016	2017	2018	2019
アメリカ	△ 6.4	11.1	0.9	△ 2.7	△ 2.4
ドイツ	8.3	37.9	1.1	2.7	△ 6.0
イギリス	△ 3.9	△ 2.7	0.3	7.5	△ 0.5
フランス	△14.9	6.4	17.8	13.3	△ 6.7
日本	△ 0.7	13.2	10.0	△12.2	16.5

（注）△は，マイナスを示す。

1：表中の各年のうち，イギリスの政府開発援助額が最も多いのは，2015年である。
2：2015年のドイツの政府開発援助額を100としたときの2019年のそれの指数は，130を下回っている。
3：2016年のフランスの政府開発援助額は，2018年のそれの70％を下回っている。
4：2019年の日本の政府開発援助額は，2016年のそれの1.2倍を下回っている。
5：2017年において，ドイツの政府開発援助額の対前年増加額は，アメリカの政府開発援助額のそれを上回っている。

OUTPUT

実践 問題 **200** の解説 ─────────────

チェック欄		
1回目	2回目	3回目

〈増減率〉

1 ✕ 2015年のイギリスの政府開発援助額を100としたとき,2016年,2017年,2018年のそれは次のようになる。

2016年：$100×(1-0.027)$

2017年：$100×(1-0.027)×(1+0.003)$

2018年：$100×(1-0.027)×(1+0.003)×(1+0.075)≒100×(1+0.051)$

2018年の近似値は明らかに2015年より大きいため,誤りである。

2 ✕ 2015年のドイツの政府開発援助額を100としたとき,2019年のそれは次のようになる。

$100×(1+0.379)×(1+0.011)×(1+0.027)×(1-0.060)$

$≒100×(1+0.379)×(1-0.022)$

$=100×1.379×0.978$　……①

$1.379×0.978≒1.349$より,①の値は130を上回っていると判断できるため,誤りである。

3 ✕ 2016年のフランスの政府開発援助額を100としたとき,2018年のそれは次のようになる。

$100×(1+0.178)×(1+0.133)$　……②

100と②の値×0.7の大小比較をすればよく,

$1.178×1.133×0.7≒0.934<1$

より,100は②×0.7より大きいことになるため,誤りである。

4 ◯ 2016年の日本の政府開発援助額を100としたとき,2019年のそれは次のようになる。

$100×(1+0.100)×(1-0.122)×(1+0.165)$　……③

$1.100×0.878×1.165≒1.125$

よって,③の値は100の1.2倍を下回っているということができる。

5 ✕ ドイツとアメリカの政府開発援助額の実数値がどの年も公表されていないため,本肢はわからない。

第2章 資料解釈

正答 4

第2章 SECTION 2 資料解釈
資料解釈（指数・増減率）

実践 問題201 基本レベル

頻出度	地上★★★　国家一般職★★★　東京都★　　特別区★
	裁判所職員★★★　国税・財務・労基★★★　国家総合職★★★

問 表は，A国の輸入相手国別の割合とA国の輸入総額の指数（2008年＝100）を示したものである。これから確実にいえるのはどれか。　　　（国家一般職2012）

	2008年	2009年	2010年
日　本	13.3%	13.0%	12.6%
韓　国	9.9%	10.2%	9.9%
米　国	7.2%	7.7%	7.3%
ドイツ	4.9%	5.6%	5.3%
マレーシア	2.8%	3.2%	3.6%
その他	61.9%	60.3%	61.3%
輸入総額指数	100	89	123

1：日本からの輸入額は，3年連続で減少している。
2：韓国からの輸入額について，対前年変化率をみると，2009年と2010年はほぼ等しい。
3：2009年について，前年と比べ輸入額が増加しているのは米国のみである。
4：ドイツからの輸入額について，2008年を100とすると，2010年の指数は120を下回っている。
5：2010年のマレーシアからの輸入額は，2008年の1.5倍以上となっている。

OUTPUT

チェック欄		
1回目	2回目	3回目

実践 問題 **201** の解説 ———————————————————

〈構成比と指数〉

1 ✕ 日本からの輸入額について2008年の輸入総額を100とした指数で求めると,

2008年　　100×0.133＝13.3

2009年　　89×0.130≒11.6

2010年　　123×0.126≒15.5

となる。したがって,2009年から2010年にかけて減少しているとはいえない。

2 ✕ 韓国からの輸入額について2008年の輸入総額を100とした指数で求めると,

2008年　　100×0.099＝9.9

2009年　　89×0.102≒9.1

2010年　　123×0.099≒12.2

となる。したがって,2009年の対前年変化率はマイナスであり,2010年のそれはプラスであるため,ほぼ等しいとはいえない。

3 ✕ 米国からの輸入額について2008年の輸入総額を100とした指数で求めると,

2008年　　100×0.072＝7.2

2009年　　89×0.077≒6.9

となる。したがって,2009年は2008年よりも輸入額が増加しているとはいえない。

4 ✕ ドイツからの輸入額について2008年の輸入総額を100とした指数で求めると,

2008年　　100×0.049＝4.9

2010年　　123×0.053≒6.5

となる。そして,ドイツからの2008年の輸入額を100とした2010年の指数を求めると,

（6.5÷4.9）×100≒132.7

となり,120を下回っているとはいえない。

5 〇 マレーシアからの輸入額について2008年の輸入総額を100とした指数で求めると,

2008年　　100×0.028＝2.8

2010年　　123×0.036≒4.4

となる。そして,2010年の輸入額の2008年に対する割合を求めると,

4.4÷2.8≒1.57（倍）

となっているため,1.5倍以上と確実にいえる。

正答 **5**

第2章 資料解釈

第2章 SECTION 2 資料解釈
資料解釈（指数・増減率）

実践 問題 202 　基本レベル

頻出度	地上★★	国家一般職★★★	東京都★★★	特別区★★★
	裁判所職員★	国税・財務・労基★★	国家総合職★	

問　下のグラフは，全診療科医療費に占める産婦人科医療費の割合と産婦人科医療費の対前年度増加率を表している。このグラフに関する次のA〜Cの記述の正誤の組合せとして最も適当なものはどれか。　　　（裁判所職員2014）

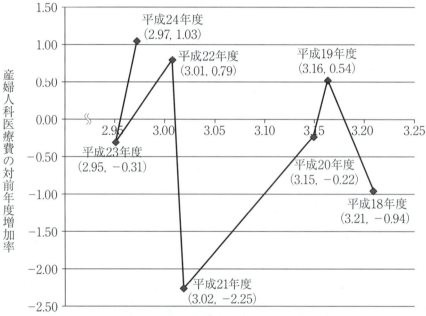

全診療科医療費に占める産婦人科医療費の割合

（厚生労働省「医療費の動向調査」より作成）

A　平成22年度の産婦人科医療費は平成19年度のそれを上回っている。
B　平成18年度から平成24年度まで，いずれの年度も全診療科医療費に占める産婦人科医療費の割合は前年を下回っている。
C　平成24年度の全診療科医療費は前年を1％以上，上回っている。

OUTPUT

	A	B	C
1：	正	正	誤
2：	正	誤	正
3：	誤	正	正
4：	誤	誤	正
5：	誤	誤	誤

第2章 資料解釈

資料解釈（指数・増減率）

実践 問題 202 の解説

〈指数・増減率〉

A × 平成19年度の産婦人科医療費を100として，平成22年度の指数を求めると，
$100 \times (1 - 0.0022) \times (1 - 0.0225) \times (1 + 0.0079)$
$\fallingdotseq 100 \times (1 - 0.0022 - 0.0225 + 0.0079)$
$= 100 \times (1 - 0.0168) < 100$
となる。したがって，平成22年度の産婦人科医療費は平成19年度のそれを下回っているため，誤りである。

B × 平成24年度における全診療科医療費に占める産婦人科医療費の割合は2.97％であり，平成23年度のそれは2.95％である。したがって，平成24年度は前年を上回っているため，誤りである。

C × 平成23年度の全診療科医療費を100とすると，同年の産婦人科医療費は2.95である。これより，平成24年度の産婦人科医療費は$2.95 \times (1 + 0.0103) \fallingdotseq 2.98$となるから，同年の全診療科医療費は$2.98 \div 0.0297 \fallingdotseq 100.34$となる。したがって，平成24年度の全診療科医療費は前年を0.34％しか上回っていないため，誤りである。

以上より，A：誤，B：誤，C：正が正しい組合せである。

よって，正解は肢5である。

正答 5

memo

第2章
資料解釈

第2章 SECTION 2 資料解釈
資料解釈（指数・増減率）

実践 問題203 基本レベル

頻出度	地上★★	国家一般職★★★	東京都★★★	特別区★★★
	裁判所職員★	国税・財務・労基★★		国家総合職★

問 次の図表から正しくいえるのはどれか。　　　　　　（東京都2020）

日本におけるコーヒー生豆の輸入状況

日本におけるコーヒー生豆の国別輸入量（2013年）　　（単位：トン）

ブラジル	ベトナム	コロンビア	インドネシア
157,275	79,473	60,730	45,402

日本におけるコーヒー生豆の国別輸入量の**対前年増加率**の推移

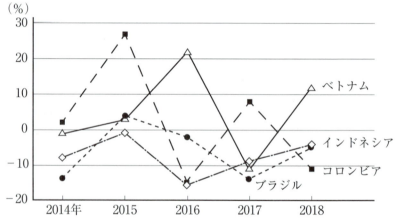

1：2013年におけるブラジルからのコーヒー生豆の輸入量を100としたとき、2015年におけるブラジルからのコーヒー生豆の輸入量の指数は95を上回っている。
2：2014年におけるベトナムからのコーヒー生豆の輸入量とインドネシアからのコーヒー生豆の輸入量との差は、35,000トンを下回っている。
3：2014年に対する2015年のコーヒー生豆の国別輸入量についてみると、最も増加しているのはブラジルであり、最も減少しているのはインドネシアである。
4：2015年から2017年までの3か年におけるコロンビアからのコーヒー生豆の輸入量の累計は、210,000トンを上回っている。
5：2016年から2018年までの3か年におけるベトナムからのコーヒー生豆の輸入量の年平均は、2014年におけるベトナムからのコーヒー生豆の輸入量を下回っている。

OUTPUT

チェック欄		
1回目	2回目	3回目

実践 ▶ **問題 203** **の解説** ————————————

〈指数・増減率〉

1 ✕ 2013年におけるブラジルからのコーヒー生豆の輸入量を100としたとき，2014年におけるブラジルからのコーヒー生豆の輸入量の指数は$100 \times 0.85 = 85$，2015年におけるそれは$85 \times 1.04 = 88.4$となって，95を下回っているため，誤りである。

2 ✕ 2013年における各国のコーヒー生豆の輸入量を100とすると，2014年におけるベトナムからのコーヒー生豆の輸入量の指数は99であるから，その輸入量は，$79473 \times 0.99 ≒ 78678$（トン）である。そして，2014年におけるインドネシアからのコーヒー生豆の輸入量の指数は92であるから，その輸入量は，$45402 \times 0.92 ≒ 41770$（トン）である。よって，その差は，$78678 - 41770 = 36908$（トン）となり，35000（トン）を上回っているため，誤りである。

3 ✕ 2014年に対する2015年のコーヒー生豆の国別輸入量の差を，4つの地域ごとに計算すると，

$$ブラジル：157275 \times (1 - 0.15) \times (1 + 0.04) - 157275 \times (1 - 0.15)$$
$$= 157275 \times 0.85 \times (1.04 - 1) ≒ 5347（トン）$$
$$ベトナム：79473 \times (1 - 0.01) \times (1 + 0.02) - 79473 \times (1 - 0.01)$$
$$= 79473 \times 0.99 \times (1.02 - 1) ≒ 1574（トン）$$
$$コロンビア：60730 \times (1 + 0.02) \times (1 + 0.27) - 60730 \times (1 + 0.02)$$
$$= 60730 \times 1.02 \times (1.27 - 1) ≒ 16725（トン）$$
$$インドネシア：45402 \times (1 - 0.09) \times (1 - 0.01) - 45402 \times (1 - 0.09)$$
$$= 45402 \times 0.91 \times (0.99 - 1) ≒ -413（トン）$$

となり，最も減少しているのはインドネシアであるが，最も増加しているのはコロンビアであるため，本肢は誤りである。

4 ◯ 2015年から2017年までの3か年のコロンビアからのコーヒー生豆の輸入量は次のようになる。

$$2015年：60730 \times 1.02 \times 1.27 ≒ 78669.6（トン）$$
$$2016年：60730 \times 1.02 \times 1.27 \times 0.85 ≒ 66869.2（トン）$$
$$2017年：60730 \times 1.02 \times 1.27 \times 0.85 \times 1.08 ≒ 72218.7（トン）$$

よって，2015年から2017年までの輸入量の累計は，

$$78669.6 + 66869.2 + 72218.7 = 217757.5（トン）$$

となり，210000（トン）を上回っている。

5 ✕ 2014年におけるベトナムからのコーヒー生豆の輸入量を100とすると，2016

年から2018年のその指数は次のようになる。
  2016年：100×1.03×1.22　　　　2017年：100×1.03×1.22×0.9
  2018年：100×1.03×1.22×0.9×1.13
2016年から2018年の3か年のその指数の合計は，
    100×1.03×1.22×(1＋0.9＋0.9×1.13)
  ＝100×1.03×1.22×2.917
  ≒367

となる。この値は2014年の輸入量(100)の3倍を超えているため，2016年から2018年の3か年におけるベトナムからのコーヒー生豆の輸入量の年平均は，2014年のそれを下回っているとはいえない。したがって，本肢は誤りである。

正答 4

memo

第2章 資料解釈

第2章 SECTION 2 資料解釈
資料解釈（指数・増減率）

実践　問題204　基本レベル

頻出度	地上★★	国家一般職★★★	東京都★★★	特別区★★★
	裁判所職員★	国税・財務・労基★★		国家総合職★

問　次のグラフは，ある工場の2009年1月～12月のある製品の出荷額と，対前年同月の増加率を示したものである。以下の記述ア～ウの正誤を正しく組合せているのはどれか。

（市役所2010）

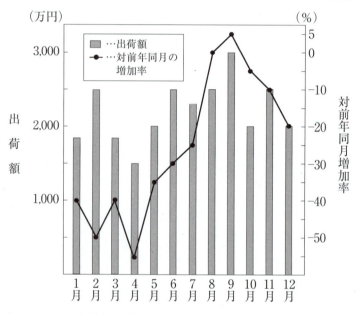

ア　2009年において，出荷額が先月より減少し，前年同月より増加した月は2つある。
イ　2009年の出荷額が最も多いのは9月だが，2008年は4月である。
ウ　2009年の6月と前年同月の差は，12月のそれより大きい。

```
    ア  イ  ウ
1 : 正  正  誤
2 : 正  誤  正
3 : 正  誤  誤
4 : 誤  正  誤
5 : 誤  誤  正
```

OUTPUT

実践 問題 **204** の解説 ────────────

チェック欄		
1回目	2回目	3回目

〈増減率〉

ア✕ 2009年において，出荷額が先月より減少した月は，3，4，7，10，12月である。しかし，いずれの月も，対前年同月の増加率がマイナス，すなわち前年同月より出荷額が減少している。

イ✕ 2008年4月の出荷額を a（万円）とすると，

$$a \times (1 - 0.55) = 1500$$
$$a \fallingdotseq 3333（万円）$$

となる。

ここで，2008年2月の出荷額に着目する。2008年2月の出荷額を b（万円）とすると，

$$b \times (1 - 0.5) = 2500$$
$$b = 5000（万円）$$

となる。

これは，2008年4月の出荷額よりも多い。

したがって，2008年の出荷額が最も多いのは，4月ではない。

ウ〇 2008年6月の出荷額を c（万円）とすると，

$$c \times (1 - 0.3) = 2500$$
$$c \fallingdotseq 3571（万円）$$

となる。2009年6月の出荷額は2,500万円であるから，前年同月との差は，約1,071万円である。

2008年12月の出荷額を d（万円）とすると，

$$d \times (1 - 0.2) = 2000$$
$$d = 2500（万円）$$

となる。2009年12月の出荷額は2,000万円であるから，前年同月との差は，500万円である。

したがって，2009年の6月と前年同月の差は，12月のそれより大きい。

以上より，ア：誤，イ：誤，ウ：正が正しい組合せである。

よって，正解は肢5である。

正答 5

第2章 SECTION2 資料解釈
資料解釈（指数・増減率）

実践 問題205 基本レベル

頻出度	地上★★	国家一般職★★★	東京都★★★	特別区★★★
	裁判所職員★	国税・財務・労基★★		国家総合職★

問 次の図から確実にいえるのはどれか。 　　　　　　　　　　　　　（特別区2012）

平成21年における勤労者世帯の実収入及び消費支出の対前年増加率
（世帯主の年齢階級別，1世帯当たり）

1：平成21年において，図中の各年齢階級のうち，実収入の対前年増加率が消費支出の対前年増加率を上回っている年齢階級は，いずれの年齢階級とも，消費支出が前年より減少している。
2：平成21年における35～39歳の年齢階級の実収入に対する消費支出の比率は，前年におけるそれを下回っている。
3：図中の各年齢階級のうち，平成21年における実収入の対前年減少額が最も大きいのは，70歳以上である。
4：平成21年において，図中の各年齢階級のうち，実収入が前年より減少し，かつ，消費支出が前年より増加している年齢階級は，2つある。
5：平成21年において，25～29歳の年齢階級の消費支出の対前年減少率は，50～54歳の年齢階級の消費支出のそれの4倍より大きい。

実践 問題 205 の解説

〈増減率〉

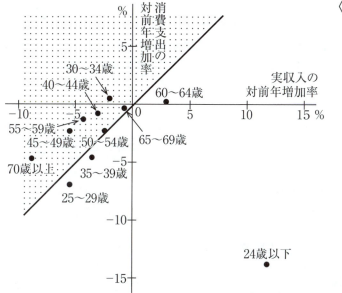

　図のように「実収入の対前年増加率」と「消費支出の対前年増加率」が等しくなる点を結んで直線を引く。すると、この直線よりも上の網掛け部分は、「消費支出の対前年増加率」が「実収入の対前年増加率」よりも大きくなるため、実収入に対する消費支出の割合が前年よりも大きくなっている領域である。逆に、この直線よりも下の部分は、実収入に対する消費支出の割合が前年よりも小さくなっている。

1 × 60～64歳を見ると、実収入の対前年増加率はおよそ3％、消費支出の対前年増加率は1％未満であるがプラスであることがわかり、実収入の対前年増加率が消費支出の対前年増加率を上回っているにもかかわらず、消費支出が前年よりも増加しているため、誤りである。

2 ○ 上図より、35～39歳は直線よりも下であるから、実収入に対する消費支出の割合は前年を下回っているため、正しい。

3 × 実収入額がわからず、各年齢階級の増減額を求めることはできないため、不明である。

4 × 該当する年齢階級は30～34歳の1つであるから、誤りである。

5 × 50～54歳の消費支出の対前年減少率は少なく見積もっても2％程度であるから、これの4倍は8％となる。しかし、25～29歳のそれは大きく見積もっても7.5％程度であるから、4倍より大きいとはいえないため、誤りである。

正答 **2**

第2章 SECTION 2 資料解釈
資料解釈（指数・増減率）

実践　問題 206　基本レベル

頻出度	地上★★★	国家一般職★★★	東京都★★★	特別区★★★
	裁判所職員★	国税・財務・労基★★	国家総合職★	

問　表は，旅行や行楽を行った人の割合（行動者率）を調査した結果を示したものである。これから確実にいえるのはどれか。なお，行動者率とは，過去1年間に該当する種類の活動を行った者が調査対象者に占める割合をいう。

（国家一般職2018）

（単位：%）

		平成18年	平成23年	平成28年
旅行（1泊2日以上）	全体	63.7	59.3	59.1
	男性	63.4	58.5	57.3
	女性	63.9	60.1	60.8
国内旅行	全体	62.2	57.9	58.0
	男性	62.0	57.2	56.2
	女性	62.5	58.6	59.6
観光旅行	全体	49.6	45.4	48.9
	男性	47.9	43.3	47.4
	女性	51.2	47.4	50.3
帰省・訪問などの旅行	全体	25.2	23.8	26.0
	男性	24.2	22.7	25.4
	女性	26.2	24.9	26.6
海外旅行	全体	10.1	8.9	7.2
	男性	10.2	8.5	6.3
	女性	10.0	9.2	8.1
行楽（日帰り）	全体	60.0	58.3	59.3
	男性	56.9	54.8	56.3
	女性	63.0	61.6	62.1

1：平成18年の調査結果についてみると，女性の行動者率は，「旅行（1泊2日以上）」に含まれるいずれの活動においても男性を上回っている。

2：平成18年の調査結果についてみると，「国内旅行」と「海外旅行」の両方を行った者が，同年の調査対象者全体に占める割合は，10%以上である。

OUTPUT

3：平成23年の調査結果についてみると，「旅行（1泊2日以上）」を行ったが，「行楽（日帰り）」は行わなかった男性が，同年の調査対象の男性に占める割合は，5％未満である。

4：平成28年の調査結果についてみると，「行楽（日帰り）」を行った男性は，「行楽（日帰り）」を行った女性よりも多い。

5：平成28年の調査結果についてみると，「国内旅行」を行った者のうち，「観光旅行」と「帰省・訪問などの旅行」の両方を行った者の割合は，25％以上である。

第2章
SECTION 2 資料解釈
資料解釈(指数・増減率)

〈指数〉

1 ✗ 平成18年において,「海外旅行」は男性の行動者率が10.2%であるのに対し,女性のそれは10.0%となっているため,「旅行(1泊2日以上)」に含まれるいずれの活動においても男性を上回っているとはいえず,誤りである。

2 ✗ 平成18年における「旅行(1泊2日以上)」の「全体」について着目すると,「旅行(1泊2日以上)」の行動者率は63.7%であり,うち「国内旅行」は62.2%となっているため,その差は1.5%であり,これが「海外旅行」のみの割合を表す。これより,「海外旅行」における「全体」の10.1%のうち,1.5%は海外旅行のみを行ったものであるため,「国内旅行」と「海外旅行」の両方を行ったものは8.6%であり,10%以上とはいえない。

3 ✗ 平成23年の男性についてみると,「旅行(1泊2日以上)」を行った人の割合は58.5%であり,「行楽(日帰り)」のそれは54.8%となっている。この2つの和は113.3%であり,100%を超過した13.3%がどちらの行動も行った割合の最小値である。したがって,「旅行(1泊2日以上)」を行ったが「行楽(日帰り)」を行っていないと確実にいえるのは58.5−13.3=45.2(%)以下であるため,5%未満であるとは確実にいえず,誤りである。

4 ✗ 平成28年の調査結果における男性の調査対象者の人数,をX,女性のそれをYとすると,「行楽(日帰り)」を行った人数は,男性のそれと女性それをそれぞれ足すと全体になることから,割合を用いて次の式が成り立つ。

$$0.563X + 0.621Y = 0.593(X + Y)$$
$$0.028Y = 0.030X$$
$$28Y = 30X$$
$$X : Y = 28 : 30$$

これより,調査対象者の人数,は男性よりも女性のほうが多いことがわかる。調査対象者の人数および行動者率どちらも女性のほうが多いため,「行楽(日帰り)」を行った男性は女性のそれよりも多いとはいえず,誤りである。

5 ○ 「観光旅行」と「帰省・訪問などの旅行」の割合を足し,国内旅行の割合を引くことにより,どちらも行った割合の最小値を出すことができる。この値を「国内旅行」の行動者率で割ることにより,題意の割合を計算することができる。全体について計算すると,

$$全体: \frac{(48.9 + 26.0) - 58.0}{58.0} \times 100 ≒ 29.1(\%)$$

となり,25%を超えているため,正しい。

正答 5

memo

第2章 資料解釈

第2章 SECTION 2 資料解釈
資料解釈（指数・増減率）

実践 問題 207 応用レベル

頻出度：地上★★　国家一般職★★★　東京都★★★　特別区★★★
　　　　裁判所職員★　国税・財務・労基★★　国家総合職★

問　図は，ある地域における2008年の旅行宿泊者数及び対前年同月増加率を月別に表したものである。これからいえることとして最も妥当なのはどれか。

（国税・労基2010）

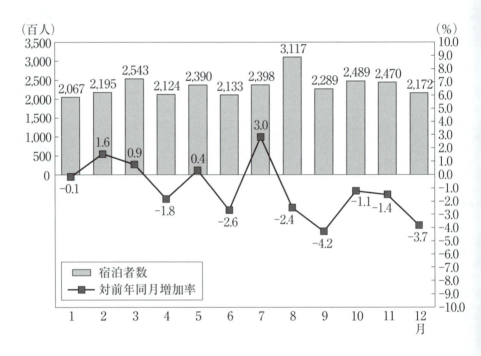

1：2007年における年間の宿泊者数は，250万人に満たなかった。
2：2008年における年間の宿泊者数は，2007年よりも少なかった。
3：2007年12月における宿泊者数は，同年6月よりも少なかった。
4：2007年においては，宿泊者数の対前月比が最も大きかったのは8月，最も小さかったのは4月であった。
5：2007年においては，宿泊者数の前月からの変化が最も小さかったのは5月であった。

OUTPUT

チェック欄		
1回目	2回目	3回目

実践 問題 **207** の解説 ━━━━━━━━━━━━━━━

〈増減率〉

1 ✕ 2008年における年間の宿泊者数は，グラフの上2桁で四捨五入して合計すると，284万人となる。また，折れ線グラフより，前年比がマイナスの月が多いことから，2008年の年間宿泊者数は2007年より減少していることがわかる。したがって，2007年における年間の宿泊者数が，250万人に満たないとはいえない。

2 ◯ 肢1より，2008年の年間宿泊者数は，2007年よりも少ないといえる。

3 ✕ 2007年6月と12月の宿泊者数を求めると次のようになる。

6月：$2133 \div (1 - 0.026) \fallingdotseq 2190$（百人）

12月：$2172 \div (1 - 0.037) \fallingdotseq 2255$（百人）

したがって，12月の宿泊者数が6月より少ないとはいえない。

4 ✕ 前月の宿泊者数が多い9月に着目をして，4月の対前月比と比較をする。

2007年3月 $2543 \div (1 + 0.009) \fallingdotseq 2543 \times (1 - 0.009) \fallingdotseq 2543 - 23 = 2520$（百人）

2007年4月 $2124 \div (1 - 0.018) \fallingdotseq 2124 \times (1 + 0.018) \fallingdotseq 2124 + 38 = 2162$（百人）

2007年4月の対前月比 $2162 \div 2520 \fallingdotseq 0.86$

2007年8月 $3117 \div (1 - 0.024) \fallingdotseq 3117 \times (1 + 0.024) \fallingdotseq 3117 + 75 = 3192$（百人）

2007年9月 $2289 \div (1 - 0.042) \fallingdotseq 2289 \times (1 + 0.042) \fallingdotseq 2289 + 96 = 2385$（百人）

2007年9月の対前月比 $2385 \div 3192 \fallingdotseq 0.75$

したがって，対前月比が最も小さかったのは4月ではない。

5 ✕ 2007年5月と，2008年に前月との変化が少ない10月と11月の2007年同月の宿泊者数を概算する。

2007年5月 $2390 \div (1 + 0.004) \fallingdotseq 2390 \times (1 - 0.004) \fallingdotseq 2390 - 10 = 2380$（百人）

2007年10月 $2489 \div (1 - 0.011) \fallingdotseq 2489 \times (1 + 0.011) \fallingdotseq 2489 + 27 = 2516$（百人）

2007年11月 $2470 \div (1 - 0.014) \fallingdotseq 2470 \times (1 + 0.014) \fallingdotseq 2470 + 35 = 2505$（百人）

肢4より，2007年4月の宿泊者数は2162（百人）のため，5月と11月の変化は，

5月：$2380 - 2162 = 218$（百人）

11月：$2516 - 2505 = 11$（百人）

となる。したがって，最も小さいのは5月とはいえない。

【コメント】

正の値 x が0に近い値であれば，

$$\frac{1}{1 \pm x} \fallingdotseq 1 \mp x \quad （複号同順）$$

を利用して計算できる。

正答 **2**

第2章 SECTION 2 資料解釈

資料解釈（指数・増減率）

実践 問題208 応用レベル

頻出度	地上★★	国家一般職★★★	東京都★★★	特別区★★★
	裁判所職員★	国税・財務・労基★★	国家総合職★	

問 表は，ある県の平成9年度当初の人口を示したものであり，図は，同県の農業地域類型別にみた人口増減率の推移を示したものであるが，これらから確実にいえることとして最も妥当なのはどれか。

なお，農業地域類型とは，人口密度及び耕地率等を基準として，県内の全地域を都市的地域，平地農業地域，中間農業地域，山間農業地域の四つの類型に分類したものである。

(国Ⅱ2004)

表　　　　　　　　　　　　（単位：万人）

県の総人口		130
	総農家人口	15
	都市的地域人口	100
	農家人口	3
	平地農業地域人口	15
	農家人口	6
	中間農業地域人口	12
	農家人口	4
	山間農業地域人口	3
	農家人口	2

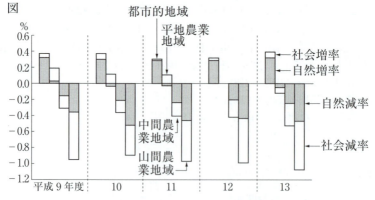

(注) 平成9年4月1日から14年3月31日までの各年度における農業地域類型別の人口動態である。

OUTPUT

1：平成9年度当初に比べ，平成13年度の人口が増加しているのは，都市的地域のみである。

2：平成13年度についてみると，平地農業地域の人口減少数の方が中間農業地域のそれより多い。

3：山間農業地域人口についてみると，いずれの年度も社会減による人口減少数が自然減によるそれより多い。

4：平成9年度から13年度までの間の農家人口のうち，最も減少したのは山間農業地域である。

5：県の総人口は，平成9年度以降一貫して増加し続けている。

第2章 SECTION ② 資料解釈
資料解釈（指数・増減率）

実践 問題 **208** の解説

チェック欄		
1回目	2回目	3回目

〈増減率〉

1× 「平地農業地域」の平成13年度当初の人口は，

　　$15×（1＋0.002）×（1＋0.001）×（1＋0.001）×1$

　　$≒15×（1＋0.004）（万人）$

と考えられる。また，「平地農業地域」の平成13年度末の人口は，

　　$15（1＋0.004）×（1－0.001）≒15×（1＋0.003）（万人）$

となり，平成9年度の当初の人口である15万よりも多い。

2× 肢1から，「平地農業地域」の平成13年度の人口減少数は，

　　$15×（1＋0.004）－15×（1＋0.003）＝15×0.001（万人）$

　　$＝150（人）$

と考えられる。また，「中間農業地域」の平成13年度当初の人口は，

　　$12×（1－0.0030）×（1－0.0035）×（1－0.0040）×（1－0.0040）$

　　$≒12×（1－0.0145）（万人）$

となるから，「中間農業地域」の平成13年度の人口減少数は，

　　$12×（1－0.0145）－12×（1－0.0145）×（1－0.0050）$

　　$＝12×（1－0.0145）×0.005＝0.06×（1－0.0145）（万人）$

　　$＝600×（1－0.0145）（人）$　……①

$1－0.0145＞0.5$であるから，①は300人を上回る。よって，本肢は誤りである。

3× 平成10年度をみると，自然減率のほうが社会減率よりも大きいため，自然減による人口減少のほうが多い。

4× 表より平成9年度当初の各地域の農家人口はわかるが，図は地域人口の増減率を表しており，平成13年度の農家人口を求めることはできない。したがって，農家人口のうち最も減少したのは山間農業地域とは確実にはいえない。

5○ 平成9年度の人口の増減数を求めると次のようになる。

　　都市的地域：$100×0.004＝0.4$

　　平地農業地域：$15×0.002＝0.03$

　　中間農業地域：$12×（－0.003）＝－0.036$

　　山間農業地域：$3×（－0.009）＝－0.027$

平成10年度以降においても，「都市的地域」の増加率はほぼ同率であり，また，「中間農業地域」「山間農業地域」の減少率もほぼ同率なため，
毎年一貫して増加しているといえる。

正答 5

memo

第2章 資料解釈

第2章 SECTION 2 資料解釈
資料解釈（指数・増減率）

実践 問題209 応用レベル

頻出度	地上★★	国家一般職★★★	東京都★★★	特別区★★★
	裁判所職員★	国税・財務・労基★★		国家総合職★

問 図は，ある事務機器販売会社の1999年度上半期における，A機種の毎月の販売台数を基準として事務機器B〜Eの4機種の各月の販売台数を，百分率で示したものである。販売単価は，B〜E機種の順に，それぞれA機種を基準として5％ずつ安く設定している。この図から確実にいえるのはどれか。

（国Ⅱ 2000）

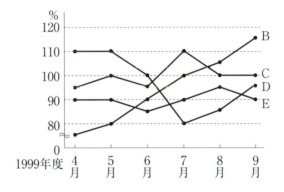

1：7月の販売台数を6月の販売台数と比較した場合，D機種は減少したもののB，C，Eの3機種はいずれも増加したため，A〜Eの5機種の総販売台数は増加した。

2：C，D，Eの3機種それぞれの上半期の総販売高を比較した場合，最も多いのはC機種，最も少ないのはE機種である。

3：B機種の販売台数は5月以降伸びており，9月には販売台数，販売高ともにA機種を上回った。

4：B機種の5月の販売台数は，A〜Eの5機種の総販売台数の中で最も少ないが，販売高ではE機種を上回った。

5：上半期におけるC機種の販売台数をA機種と比較した場合，4月と6月に下回った分と7月に上回った分は等しく，総販売台数は同じになったが，総販売高ではA機種より下回った。

OUTPUT

実践 問題 **209** の解説 ————————————————————————

〈指数〉

1 ✕ 本問グラフは，各月のA機種の販売台数を基準とした**百分率**を示したものであるから，**異なる月の間で販売台数を比べることはできない**。したがって，本肢のように6月と7月の販売台数の大小を比べることはできない。

2 ✕ 本問グラフは，各月のA機種の販売台数を基準とした**百分率**を示したものであるから，各月の中で機種間の販売台数を比較することはできても，それを**上半期を通じて合計した値について比較することはできない**。本問C，D，Eについてみても，月によってこれらの販売台数の大小が異なるため，その上半期の総販売高を比較することができない。

3 ✕ 肢1同様，本問グラフでは，**異なる月の間で販売台数を比べることができない**。よって，B機種の販売台数が5月以降伸びているかどうかは本問グラフからは判明しない。

4 ◯ 5月のA機種の販売台数を$100\,n$（台）とすると，B〜E機種の販売台数は，グラフよりB：$80\,n$（台），C：$100\,n$（台），D：$110\,n$（台），E：$90\,n$（台）である。

次に，同月のB機種およびE機種の販売高について考える。A機種の販売単価を$100\,x$（円）とすると，B機種の販売単価は$95\,x$（円），E機種の販売単価は$80\,x$（円）である。よって，B機種，E機種の販売高は，

B機種：$95\,x \times 80\,n = 7600\,n\,x$（円）

E機種：$80\,x \times 90\,n = 7200\,n\,x$（円）

であり，前者は後者を上回っているため，本肢の販売高に関する記述も確実にいえる。

5 ✕ 肢1同様，本問グラフでは，**異なる月の間で販売台数を比べることができない**。よって，販売台数について，C機種が4月，6月にA機種を下回った台数と7月に上回った台数を比較することはできない。

正答 **4**

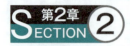

資料解釈（指数・増減率）

実践 問題210 応用レベル

頻出度	地上★★ 国家一般職★★★ 東京都★★★ 特別区★★★
	裁判所職員★ 国税・財務・労基★★★ 国家総合職★★

問 図は，A国〜P国の16か国における教育機関に対する教育支出額と，それを生徒一人当たりに換算した教育支出額について，2016年の数値を，2005年の数値を100とする指数でそれぞれ示したものである。これから確実にいえることとして最も妥当なのはどれか。　　　　　　　　　　　（国税・財務・労基2023）

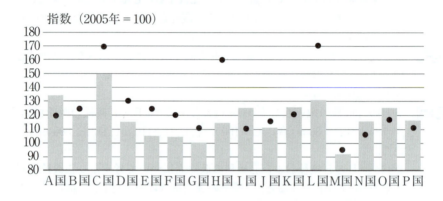

■ 教育機関に対する教育支出額の指数
● 生徒一人当たりに換算した教育支出額の指数

1：2005年と比較して2016年の生徒数が減少している国の数よりも，増加している国の数の方が多い。
2：2005年と比較した2016年の生徒数の減少割合（絶対値）をみると，M国よりL国の方が大きい。
3：2005年と比較して2016年の教育支出額は，全ての国において増加している。
4：A国では，2016年の生徒数は2005年と比較して3割以上増加している。
5：2016年の生徒一人当たりに換算した教育支出額をみると，G国よりC国の方が大きい。

OUTPUT

実践 ▶ 問題 **210** の解説

チェック欄		
1回目	2回目	3回目

〈指数〉

1 × $n = 2005$, 2016として，n 年の教育機関に対する教育支出額を X_n（円），n 年の生徒一人当たりに換算した教育支出額を Y_n（円）とする。また，n 年の教育機関に対する教育支出額の指数を x_n，n 年の生徒一人当たりに換算した教育支出額の指数を y_n とする。すると，$x_{2005} = 100$，$y_{2005} = 100$ であり，X_{2016}，Y_{2016}，x_{2016}，y_{2016} について，

$$X_{2016} : X_{2005} = x_{2016} : 100 \quad \cdots\cdots①$$

$$Y_{2016} : Y_{2005} = y_{2016} : 100 \quad \cdots\cdots②$$

が成り立つ。①と②より，2016年の生徒数を X_{2005}，Y_{2005}，x_{2016} および y_{2016} を用いて求めると，

$$
\begin{aligned}
（2016年の生徒数） &= X_{2016} \div Y_{2016} \\
&= （X_{2005} \times x_{2016} \div 100） \div （Y_{2005} \times y_{2016} \div 100） \\
&= \frac{X_{2005}}{Y_{2005}} \times \frac{x_{2016}}{y_{2016}} \\
&= （2005年の生徒数） \times \frac{x_{2016}}{y_{2016}} \quad \cdots\cdots③
\end{aligned}
$$

となる。よって，2005年の生徒数と2016年の生徒数の大小関係は $\dfrac{x_{2016}}{y_{2016}}$ の値によって決まり，

$x_{2016} > y_{2016}$ のとき，2016年の生徒数＞2005年の生徒数

$x_{2016} < y_{2016}$ のとき，2016年の生徒数＜2005年の生徒数

となる。$x_{2016} > y_{2016}$ となる国は，A国，I国，K国，N国，O国，P国の6か国であるから，残り10か国は2005年よりも減少している。

2 ○ M国の2005年に対する2016年の生徒数の減少割合の絶対値は，③より，

$$\left(1 - \frac{2016年の生徒数}{2005年の生徒数}\right) \times 100 = \left(1 - \frac{x_{2016}}{y_{2016}}\right) \times 100（\%）$$

で求めることができる。M国とL国について，上の式の一部分である $\dfrac{x_{2016}}{y_{2016}}$ を式で表すと，

$$M国 : \frac{90}{95} \qquad L国 : \frac{130}{170}$$

である。95は90の1.1倍を下回るが，170は130の1.1倍を上回る。以上より，

LEC東京リーガルマインド　2024-2025年合格目標 公務員試験 本気で合格！過去問解きまくり！ 607
①数的推理・資料解釈

資料解釈(指数・増減率)

$$\frac{90}{95} > \frac{130}{170}$$

となるから,2016年の生徒数の減少割合の絶対値はM国よりL国のほうが大きい。

3 ✗ 2016年の教育機関に対する教育支出額の指数で,M国が100を下回っているため,2005年に比べて減少していることがわかる。

4 ✗ A国の2005年に対する2016年の生徒数の増加率を式で表すと,③より,

$$\left(\frac{2016年の生徒数}{2005年の生徒数} - 1\right) \times 100 = \left(\frac{x_{2016}}{y_{2016}} - 1\right) \times 100 (\%)$$

$$= \left(\frac{134}{120} - 1\right) \times 100 (\%)$$

$$= \frac{14}{120} \times 100 \fallingdotseq 12 (\%)$$

であり,3割つまり30%を下回る。

5 ✗ C国とG国の生徒一人当たりに換算した教育支出額およびその大小関係は,問題のグラフから求めることができない。

正答 **2**

memo

第2章 SECTION 2 資料解釈
資料解釈（指数・増減率）

実践 問題 211 応用レベル

頻出度	地上★★	国家一般職★★★	東京都★★★	特別区★★★
	裁判所職員★	国税・財務・労基★★		国家総合職★

問 図Ⅰは平成13年における道路交通法違反の取締り状況を，図Ⅱは主な道路交通法違反について，平成9年〜13年の取締り件数の推移を，平成9年の件数を100として指数で示したものである。これらの図から確実にいえるのはどれか。

(国税・労基2004)

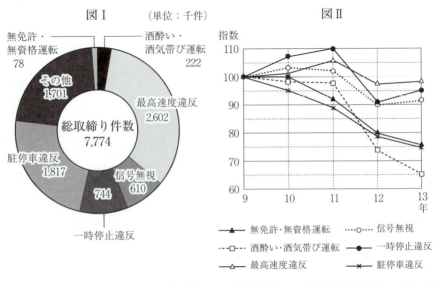

1 ：平成9年〜13年でみると，「無免許・無資格運転」の取締り件数がその年の総取締り件数に占める割合は，一貫して減少している。
2 ：平成13年の取締り件数が平成9年に比べて最も減少したのは，「酒酔い・酒気帯び運転」である。
3 ：「最高速度違反」をみると，平成13年の取締り件数は，平成9年〜12年の4年間の取締り件数の平均を超えている。
4 ：平成9年〜13年のいずれの年も，「駐停車違反」の取締り件数は「酒酔い・酒気帯び運転」の取締り件数の8倍を超えている。
5 ：平成9年〜13年のいずれの年も，「一時停止違反」の取締り件数は「信号無視」の取締り件数よりも多い。

OUTPUT

実践 問題 211 の解説

チェック欄		
1回目	2回目	3回目

〈指数〉

1 ✗ 「その他」項目については，図Ⅱで指数が与えられていないため，各年度の具体的数値を算出できず，取締り件数の総数を算出することができない。よって，各年度で「無免許・無資格運転」の総数に占める割合は，算出できない。

2 ✗ 図Ⅱより指数の減少幅が大きく，図Ⅰの件数が多い「駐停車違反」に着目をする。「駐停車違反」の減少件数は，

$$1817 \times \frac{100}{75} - 1817 = 1817 \times \frac{100-75}{75} = 1817 \times \frac{25}{75} \fallingdotseq 606$$

であり，この減少件数は「酒酔い・酒気帯び運転」の件数を超えている。したがって，取締り件数が最も減少したのは，「酒酔い・酒気帯び運転」ではない。

3 ✗ 件数と指数は比例しているため，件数の平均を比較するためには，指数の平均を比較すればよい。ここで，「最高速度違反」の指数は，平成9年：100，平成10年：101，平成11年：105，平成12年：97，平成13年：98より，

$$(100 + 101 + 105 + 97) \div 4 = 100.75 > 98$$

となることから，平成13年は平成9～12年の4年間の平均を超えていない。

4 ✗ 平成9年の「駐停車違反」の件数は$1817 \times \frac{100}{75} \fallingdotseq 2423$であり，「酒酔い・酒気帯び運転」の件数の8倍は，$222 \times \frac{100}{65} \fallingdotseq 342$より$342 \times 8 = 2736 > 2423$となるため，「駐停車違反」の件数は「酒酔い・酒気帯び運転」の件数の8倍を下回っている。

5 ○ 平成9年の「一時停止違反」の件数は，$744 \times \frac{100}{95} \fallingdotseq 783$であり，「信号無視」の件数は，$610 \times \frac{100}{92} \fallingdotseq 663$であるから，「一時停止違反」のほうが大きい。また，図Ⅱの指数を見ると常に「一時停止違反」のほうが「信号無視」よりも大きいため，この調査年において「一時停止違反」の件数は「信号無視」の件数よりも常に多いといえる。

正答 5

第2章 SECTION 2 資料解釈

資料解釈（指数・増減率）

実践 問題212 応用レベル

頻出度	地上★★ 国家一般職★★ 東京都★ 特別区★
	裁判所職員★ 国税・財務・労基★★ 国家総合職★

問 図は，ある年における，A～D県の人口100万人当たりの社会教育施設数（ただし，全国におけるそれを100とする。）を示したものである。また，表は，同年のA～D県の全国総人口に占める人口割合を示したものである。これらから確実にいえるのはどれか。　　　　　　　　　　　　　　　（国家一般職2017）

図　人口100万人当たりの社会教育施設数

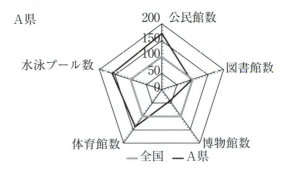

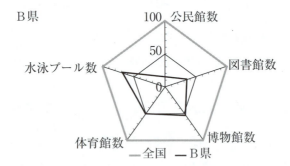

OUTPUT

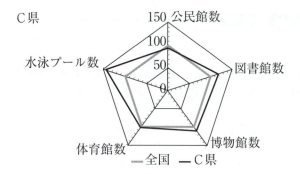

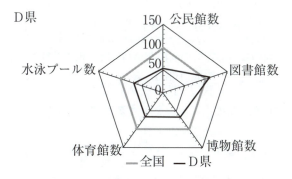

表　全国総人口に占める人口割合
（単位：％）

A県	1.07
B県	7.09
C県	2.23
D県	1.10
全国	100.00

1：A県の体育館数は，B県のそれの2倍以上である。
2：全国の水泳プール数に占めるC県のそれの割合は，5％以上である。
3：C県では，博物館数が公民館数を上回っている。
4：公民館数，図書館数，博物館数の合計が最も少ないのは，D県である。
5：D県の図書館数は，A県のそれを上回っている。

第2章 SECTION 2 資料解釈
資料解釈（指数・増減率）

実践 問題 212 の解説

〈指数〉

指数が人口100万人あたりで記されているため，100万人を単位として考える。
全国の社会教育施設の指数を100としたときの県の指数は，次のような比例式で計算される。

$$\frac{全国の社会教育施設数}{全国総人口(100万人)} : \frac{県の社会教育施設数}{県の人口(100万人)} = 100 : 県の指数$$

この式を，県の指数について整理すると，次のように変形できる。

$$県の指数 = \frac{県の社会教育施設数}{県の人口(100万人)} \times 100 \div \frac{全国の社会教育施設数}{全国総人口(100万人)}$$

$$= \frac{県の社会教育施設数 \times 全国総人口(100万人)}{県の人口(100万人) \times 全国の社会教育施設数} \times 100$$

さらに，全国総人口に占める県の人口割合は，次の式で計算される。

$$県の人口割合(\%) = \frac{県の人口(100万人)}{全国総人口(100万人)} \times 100$$

これより，県の指数と県の人口割合をかけると，県の人口と全国総人口が約分できるため，

$$県の指数 \times 県の人口割合(\%) = \frac{県の社会教育施設数}{全国の社会教育施設数} \times 100 \times 100$$

となり，全国の社会教育施設数に占める県のそれの割合(%)に，さらに100をかけた値となる。

以上より，資料から読み取れるのは次のことである。
① 同じ社会教育施設どうしであれば，全国に占める割合や，県ごとの比率は比べることができる。
② 異なる社会教育施設の実数を比較することはできない。

これをもとに，肢の検討を行う。

1 × グラフよりA県とB県の体育館数の指数をそれぞれ140, 50として指数×人口割合を計算すると，A県は149.8，B県は354.5となり，A県の体育館数はB県のそれの2倍以上であるとはいえず，誤りである。

2 × グラフよりC県の水泳プール数の指数を140として指数×人口割合を計算すると，312.2となるが，5％以上であればこの値は500以上でなければならないため，誤りである。

3 × 異なる社会教育施設の実数を比較することはできないため，誤りである。

4 × 異なる社会教育施設の実数を比較することはできないため，誤りである。

OUTPUT

5 ◯　A県とD県の図書館数の指数を見ると，A県のそれは100をわずかに下回っている一方，D県のそれは100を上回っている。また，人口割合はA県が1.07（％）であるのに対し，D県は1.10（％）と，こちらもD県が上回っている。したがって，指数×人口割合の値はA県よりもD県のほうが大きくなるため，D県の図書館数はA県のそれを上回っているといえる。

正答 **5**

第2章 SECTION 2 資料解釈
資料解釈（指数・増減率）

実践 問題213 応用レベル

| 頻出度 | 地上★★★ 国家一般職★★★ 東京都★ 特別区★
裁判所職員★ 国税・財務・労基★★ 国家総合職★ |

問 表は，主要業種別の1990年度及び1999年度のCO_2排出量に対する2000年度のそれの増減率を示したものである。表に関する次の記述のア，イ，ウに該当する業種の数の組合せとして妥当なのはどれか。　　　　　　　　　　　（国Ⅱ2002）

1990, 1999, 2000の各年度についてCO_2排出量を業種別に比較すると，1990年度が最も少なく2000年度が最も多かったのは（　ア　）業種である。また，各年度のうち1999年度が最も多かったのは（　イ　）業種である。

なお，1999年度において業種全体に占めるCO_2排出量の割合が1990年度におけるそれより大きかったのは（　ウ　）業種である。

(単位：％)

業　　種	1990年度比	1999年度比
電　　力	9.1	1.5
ガ　　ス	−27.0	−5.6
石　　油	27.3	−2.3
鉄　　鋼	−1.7	2.8
化　　学	8.7	−0.2
製　　紙	7.6	3.1
自　動　車	−17.7	−2.5
ビ ー ル	−5.6	−5.5
全　　体	1.2	1.1

	ア	イ	ウ
1 :	1	2	3
2 :	1	2	4
3 :	1	3	3
4 :	2	2	4
5 :	2	3	4

OUTPUT

実践　問題 **213** の解説

チェック欄		
1回目	2回目	3回目

〈増減率〉

本表各業種の1990年度比増加率の値を x, 1999年度比増加率の値を y として，各空欄を検討する。

ア 2 まず，1990年度が最も少なくなるためには，$x > 0$ かつ $x > y$ である必要がある。よって，このような業種は，「電力」「石油」「化学」「製紙」の4つである。次に，2000年度が最も多くなるためには，$x > 0$ かつ $y > 0$ である必要があり，これら4業種のうちこの条件を満たしているのは「電力」「製紙」の2業種である。

したがって，1990年度が最も少なく，かつ，2000年度が最も多いのは「電力」「製紙」の2業種であり，アには「2」が入る。

イ 2 まず，1999年度が2000年度よりも多くなるためには，$y < 0$ である必要があり，この条件を満たす業種は，「ガス」「石油」「化学」「自動車」「ビール」の5業種である。さらに，1999年度が1990年度よりも多くなるためには，$x > y$ である必要があり，これら5業種のうちでこの条件を満たしているのは「石油」「化学」の2業種のみである。

よって，1999年度が最も多いのは「石油」「化学」の2業種であり，イには「2」が入る。

ウ 4 1990年度における全体のCO_2排出量をQ，同年度の業種全体に占めるある業種のCO_2排出量の割合をPとする。2000年度の全体のCO_2排出量について方程式を立てて，

$$Q \times (100 + x) = 1999年度の全体のCO_2排出量 \times (100 + y)$$

$$\Rightarrow 1999年度の全体のCO_2排出量 = Q \times \frac{100 + 1.2}{100 + 1.1}$$

を求めることができる。また，1990年度のその業種のCO_2排出量はQPであるから，

$$同年度のその業種のCO_2排出量 = QP \times \frac{100 + x}{100 + y}$$

である。したがって，1999年度における業種全体に占めるCO_2排出量のその業種の割合は，

$$QP \times \frac{100 + x}{100 + y} \div \left(Q \times \frac{100 + 1.2}{100 + 1.1} \right) = P \times \frac{100 + x}{100 + y} \times \frac{100 + 1.1}{100 + 1.2}$$

$$\fallingdotseq P \times \frac{100 + x + 1.1}{100 + y + 1.2}$$

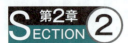

資料解釈（指数・増減率）

となるから，$\dfrac{100+x+1.1}{100+y+1.2}>1$，$x+1.1>y+1.2$，つまり $x>y+0.1$ ならば，1999年度の業種全体に占めるCO_2排出量の割合が1990年度を上回っていることになる。このような業種は，「電力」「石油」「化学」「製紙」の4業種であり，ウには「4」が入る。

以上より，ア：2，イ：2，ウ：4が正しい組合せである。
よって，正解は肢4である。

正答 4

memo

第2章　資料解釈

2024-2025年合格目標
公務員試験 本気で合格！ 過去問解きまくり！
①数的推理・資料解釈

2019年11月5日　　第1版　第1刷発行
2023年10月25日　　第5版　第1刷発行

　　　編著者●株式会社　東京リーガルマインド
　　　　　　　LEC総合研究所　公務員試験部

　　　発行所●株式会社　東京リーガルマインド
　　　　　　　〒164-0001　東京都中野区中野4-11-10
　　　　　　　　　　　アーバンネット中野ビル
　　　　　　　LECコールセンター　　📞0570-064-464
　　　　　　　　　　受付時間　平日9：30～20：00/土・祝10：00～19：00/日10：00～18：00
　　　　　　　　　　※このナビダイヤルは通話料お客様ご負担となります。
　　　　　　　書店様専用受注センター　　TEL 048-999-7581 / FAX 048-999-7591
　　　　　　　　　　受付時間　平日9：00～17：00/土・日・祝休み
　　　　　　　www.lec-jp.com/

　　　カバーイラスト●ざしきわらし
　　　印刷・製本●情報印刷株式会社

©2023 TOKYO LEGAL MIND K.K., Printed in Japan　　　　ISBN978-4-8449-0765-7
複製・頒布を禁じます。
本書の全部または一部を無断で複製・転載等することは，法律で認められた場合を除き，著作者及び出版者の権利侵害になりますので，その場合はあらかじめ弊社あてに許諾をお求めください。
なお，本書は個人の方々の学習目的で使用していただくために販売するものです。弊社と競合する営利目的での使用等は固くお断りいたしております。
落丁・乱丁本は，送料弊社負担にてお取替えいたします。出版部（TEL03-5913-6336）までご連絡ください。

公務員試験攻略はLECにおまかせ！
LEC大卒程度公務員試験 書籍のご紹介

過去問対策

公務員試験 本気で合格！過去問解きまくり！

最新過去問を収録し、最新の試験傾向がわかる過去問題集。入手困難な地方上級の再現問題も収録し、充実した問題数が特長。類似の問題を繰り返し解くことで、知識の定着と解法パターンの習得が図れます。講師が選ぶ「直前復習」で直前期の補強にも使えます。

教養科目
- ①数的推理・資料解釈　定価 1,980円
- ②判断推理・図形　定価 1,980円
- ③文章理解　定価 1,980円
- ④社会科学　定価 2,090円
- ⑤人文科学Ⅰ　定価 1,980円
- ⑥人文科学Ⅱ　定価 1,980円
- ⑦自然科学Ⅰ　定価 1,980円
- ⑧自然科学Ⅱ　定価 1,980円

専門科目
- ⑨憲法　定価 2,090円
- ⑩民法Ⅰ　定価 2,090円
- ⑪民法Ⅱ　定価 2,090円
- ⑫行政法　定価 2,090円
- ⑬ミクロ経済学　定価 1,980円
- ⑭マクロ経済学　定価 1,980円
- ⑮政治学　定価 1,980円
- ⑯行政学　定価 1,980円
- ⑰社会学　定価 1,980円
- ⑱財政学　定価 1,980円

（定価は2024-25年版です）

数的処理対策

畑中敦子 数的処理シリーズ
畑中敦子 著

大卒程度
- 数的推理の大革命！第3版　定価 1,980円
- 判断推理の新兵器！第3版　定価 1,980円
- 資料解釈の最前線！第3版　定価 1,540円

高卒程度
- 天下無敵の数的処理！第3版　定価 各1,650円
  - ①判断推理・空間把握編　②数的推理・資料解釈編

「ワニ」の表紙でおなじみ、テクニック満載の初学者向けのシリーズ。LEC秘蔵の地方上級再現問題も多数掲載！ワニの「小太郎」が、楽しく解き進められるよう、皆さんをアシストします。『天下無敵』は数的処理の問題に慣れるための入門用にオススメです！

岡野朋一の算数・数学のマスト

LEC専任講師 岡野朋一 著
定価 1,320円

「小学生のころから算数がキライ」「数的処理って苦手。解ける気がしない」を解決！LEC人気講師が数的推理の苦手意識を払拭！「数学ギライ」から脱出させます！

公務員ガイドブック

1000人の合格者が教える公務員試験合格法

合格者の生の声をもとに、「公務員とは何か」から「公務員試験合格に必要なこと」まで、すべての疑問を解決！データや図表で分かりやすく、本書を読むだけで公務員の全貌を理解できる！

LEC専任講師 岡田淳一郎 監修
定価 1,870円

※価格は、税込(10%)です。

LEC公務員サイト

LEC独自の情報満載の公務員試験サイト！

www.lec-jp.com/koumuin/

最新情報試験データなど

ここに来れば「公務員試験の知りたい」のすべてがわかる！！

LINE公式アカウント [LEC公務員]

公務員試験に関する全般的な情報をお届けします！
さらに学習コンテンツを活用して公務員試験対策もできます。

友だち追加はこちらから！

@leckoumuin

❶ 公務員を動画で紹介！「公務員とは？」
　公務員についてよりわかりやすく動画で解説！
❷ LINE でかんたん公務員受験相談
　公務員試験に関する疑問・不明点をトーク画面に送信するだけ！
❸ 復習に活用！「一問一答」
　公務員試験で出題される科目を○×解答！
❹ LINE 限定配信！学習動画
　公務員試験対策に役立つ動画を LINE 限定配信!!
❺ LINE 登録者限定！オープンチャット
　同じ公務員を目指す仲間が集う場所

公務員試験 応援サイト 直前対策＆成績診断

www.lec-jp.com/koumuin/juken/

〜行政職だけじゃない！理系（技術職）、心理福祉職にも対応〜
LECの公務員講座は充実のラインナップ

LECの講座には、さまざまな公務員試験に対応した講座があります。
めざす職種に特化したカリキュラムと
万全の面接対策で確実な上位合格を目指しましょう。

地方上級職 / 国家一般職（行政）/ 市役所
都道府県庁・政令指定都市の幹部候補 / 中央省庁の中堅幹部候補

地方上級職は、各都道府県や市役所において、幹部職員候補としてその自治体の行政に関する企画立案から政策活動の実施までの全てに関わるゼネラリストです。国家公務員一般職は、中央省庁の行政の第一線で政策の実施に携わります。基本的にはゼネラリスト的な職種です。

国家総合職・外務専門職
国政、世界を動かすキャリア官僚

いわゆる「キャリア組」といわれ、本省庁の幹部候補生となります。幹部候補生には幅広い視野と見識が必要とされるため、短期間で異動する幹部養成コースを歩み、ゼネラリストを目指すことになります。異動は本省庁内、あるいは地方、海外とを交互に勤め、徐々に昇進していくことになります。非常にハードですが、大変やりがいのある仕事だといえます。

心理・福祉系公務員
心や身体のケアを通して社会貢献

公務員の心理職・福祉職は、公的機関において「人に関わり、その人の抱える問題を共に考え、問題解決をサポートする」仕事です。人に深く関わり、その人の将来に影響を与えるこれらの仕事は責任も大きいですが、その分やりがいも大きいのが最大の魅力です。

理系（技術職）公務員
理系の知識を生かせるフィールド

それぞれの専門を活かした幅広い分野の業務に当たります。道路や社会資本の整備や、農業振興、水質管理、森林保全など専門的な知識が求められる仕事が中心業務となります。

消防官
消火・救急・救助のプロ

消防官（消防士）は、火災の消化や救急によって、人々の安全を守る仕事です。地方自治体の消防本部や消防署に所属しており、「消火」、「救助」、「救急」、「防災」、「予防」といった活動を主な任務としています。

警察官
市民の安全・平和を守る正義の味方

警察官は、犯罪の予防や鎮圧・捜査、被疑者の逮捕、交通の取締り、公共の安全と秩序の維持に当たることなどが、その責務とされています。この責務を果たすため、警察官は、刑事警察、地域警察、交通警察などの各分野で日々研鑽を積みながら職務に従事し、市民の安全・安心な生活を守っています。

資料請求・講座の詳細・
相談会のスケジュールなどについては、
LEC公務員サイトをご覧ください。

https://www.lec-jp.com/koumuin/

LEC公開模試

多彩な本試験に対応できる

毎年、全国規模で実施するLECの公開模試は国家総合職、国家一般職、地方上級だけでなく国税専門官や裁判所職員といった専門職や心理・福祉系公務員、理系（技術職）公務員といった多彩な本試験に対応できる模試を実施しています。職種ごとの試験の最新傾向を踏まえた公開模試で、本試験直前の総仕上げは万全です。どなたでもお申し込みできます。

【2024年度実施例】

	職種	対応状況
国家総合職	法律	基礎能力（択一式）試験, 専門（択一式）試験, 専門（記述式）試験, 政策論文試験
	経済	
	人間科学	基礎能力（択一式）試験, 専門（択一式）試験, 政策論文試験
	工学	基礎能力（択一式）試験, 政策論文試験 専門（択一式）試験は、一部科目のみ対応。
	政治・国際・人文	基礎能力（択一式）試験, 政策論文試験
	化学・生物・薬学	
	農業科学・水産	
	農業農村工学	
	数理科学・物理・地球科学	
	森林・自然環境	
	デジタル	

	職種	対応状況
国家一般職	行政	基礎能力（択一式）試験, 専門（択一式）試験, 一般論文試験
	デジタル・電気・電子	基礎能力（択一式）試験, 専門（択一式）試験
	土木	
	化学	
	農学	
	建築	
	機械	基礎能力（択一式）試験, 専門(択一式)の一部試験（工学の基礎）
	物理	
	農業農村工学	基礎能力（択一式）試験
	林学	

	職種	対応状況
国家専門職	国税専門官A 財務専門官 労働基準監督官A 法務省専門職員（人間科学）	基礎能力（択一式）試験, 専門（択一式）試験, 専門（記述式）試験
	国税専門官B 労働基準監督官B	基礎能力（択一式）試験
裁判所職員	家庭裁判所調査官補	基礎能力（択一式）試験, 専門（記述式）試験, 政策論文試験
	裁判所事務官（大卒程度・一般職）	基礎能力（択一式）試験, 専門（択一式）試験, 専門（記述式）試験, 小論文試験

	職種	対応状況
警察官・消防官・その他 ※	警察官（警視庁）	教養（択一式）試験, 論（作）文試験, 国語試験
	警察官（道府県警） 消防官（東京消防庁）	教養（択一式）試験, 論（作）文試験
	市役所消防官 国立大学法人等職員	教養（択一式）試験
	高卒程度（国家公務員・事務）	教養（択一式）試験, 適性試験, 作文試験
	高卒程度（地方公務員・事務）	
	高卒程度（警察官・消防官）	教養（択一式）試験, 作文試験

	職種	対応状況
地方上級・市役所など ※	東京都I類B 事務（一般方式）	教養（択一式）試験, 専門（記述式）試験, 教養論文試験
	東京都I類B 事務（新方式）	教養（択一式）試験
	東京都I類B 技術（一般方式） 東京都I類B その他（一般方式）	教養（択一式）試験, 教養論文試験
	特別区I類 事務（一般方式）	教養（択一式）試験, 専門（択一式）試験, 教養論文試験
	特別区I類 心理系/福祉系	教養（択一式）試験, 教養論文試験
	北海道庁	職務基礎力試験, 小論文試験
	全国型 関東型 中部北陸型 知能重視型 その他の地上型	教養（択一式）試験, 専門（択一式）試験, 教養論文試験
	心理職	
	福祉職	
	土木	
	建築	
	電気・情報	
	化学	
	農学	
	横浜市	教養（択一式）試験, 論文試験
	札幌市	総合試験
	機械 その他技術	教養（択一式）試験, 教養論文試験
	市役所（事務上級）	教養（択一式）試験, 専門（択一式）試験, 論（作）文試験
	市役所（教養のみ・その他）	教養（択一式）試験, 論（作）文試験
	経験者採用	教養（択一式）試験, 経験者論文試験, 論（作）文試験

※「地方上級・市役所」「警察官・消防官・その他」の筆記試験につきましては、LECの模試と各自治体実施の本試験とで，出題科目・出題数・試験時間などが異なる場合がございます。

資料請求・模試の詳細などについては、LEC公務員サイトをご覧ください。
https://www.lec-jp.com/koumuin/

最新傾向を踏まえた公開模試

本試験リサーチからみえる最新の傾向に対応

本試験受験生からリサーチした、本試験問題別の正答率や本試験受験者全体の正答率から見た受験生レベル、本試験問題レベルその他にも様々な情報を集約し、最新傾向にあった公開模試の問題作成を行っています。LEC公開模試を受験して本試験予想・総仕上げを行いましょう。

信頼度の高い成績分析

充実した個人成績表と総合成績表であなたの実力がはっきり分かる

～LEC時事対策～
『時事ナビゲーション』

『時事ナビゲーション』とは…

公務員試験で必須項目の「時事・社会事情」の学習を日々進めることができるように、その時々の重要な出来事について、公務員試験に対応する形で解説した記事を毎週金曜日に配信するサービスです。

PCやスマートフォンからいつでも閲覧することができ、普段学習している時間の合間に時事情報に接していくことで、択一試験の時事対策だけでなく、面接対策や論文試験対策、集団討論対策にも活用することができます。

※当サービスを利用するためにはLEC時事対策講座『時事白書ダイジェスト』をお申込いただく必要があります。

時事ナビゲーションコンテンツ

① ポイント時事

公務員試験で出題される可能性の高い出来事について、LEC講師陣が試験で解答するのに必要な知識を整理して提供します。単に出来事を「知っている」だけではなく、「理解」も含めて学習するためのコンテンツです。

② 一問一答

「ポイント時事」で学習した内容を、しっかりとした知識として定着させるための演習問題です。
学習した内容を理解しているかを簡単な質問形式で確認できます。質問に対する答えを選んで「解答する」をクリックすると正答と、解説が見られます。

時事ナビゲーションを利用するためには……

「時事ナビゲーション」を利用されたい方はお近くのLEC本校または、コールセンターにて「時事白書ダイジェスト」をお申込みください。お申込み完了後、Myページよりご利用いただくことができます。

詳しくはこちら　｜時事ナビゲーション｜　｜検索｜

こう使え！ 時事ナビゲーション活用術

教養択一対策に使え！
時事・社会事情の択一試験は、正確な時事知識をどれだけ多く身につけるかに尽きます。そのために「ポイント時事」で多くの知識をインプットし、「一問一答」でアウトプットの練習を行います。

専門択一対策に使え！
経済事情や財政学、国際関係は時事的な問題が多く出題されます。「時事ナビゲーション」を使って、その時々の重要な時事事項を確認することができます。講義の重要論点の復習にも活用しましょう！

教養論文対策に使え！
自治体をはじめ、多くの公務員試験で出題される教養論文は課題式となっています。その課題は、その時々で関心の高い出来事や社会問題となっている事項が選ばれます。正確な時事知識は、教養論文の内容に厚みを持たせることができるとともに、説得力ある文章を書くのにも役立ちます。

面接・集団討論対策に使え！
面接試験では、関心を持った出来事やそれに対する意見が求められることがあります。また、集団討論のテーマも時事要素の強いテーマが頻出です。これらの発言に説得力を持たせるためにも「時事ナビゲーション」を活用しましょう。

時事ナビゲーションを活用！～合格者の声～

時事ナビゲーションの見出しはニュースなどで見聞きしたものがありましたが、キーワードの意味や詳しい内容などを知らないケースが多々ありました。そこで、電車などの移動時間で一問一答をすることで内容の理解に努めるようにしていました！

私は勉強を始めるのが遅かったためテレビや新聞を読む時間がほとんどありませんでした。時事ナビゲーションではこの一年の出来事をコンパクトにまとめてくれており、また重要度も一目で分かるようにしてくれているのでとても分かりやすかったです。

毎週更新されるため、週に1回内容をチェックすることを習慣としていました。移動中や空き時間を活用してスマホで時事をチェックしていました。

詳しくはこちら⇒ www.lec-jp.com/koumuin/

■お電話での講座に関するお問い合わせ 平日：9:30～20:00　土祝：10:00～19:00　日：10:00～18:00
※このナビダイヤルは通話料お客様ご負担になります。※固定電話・携帯電話共通（一部のPHS・IP電話からのご利用可能）。

LECコールセンター　0570-064-464

LECWebサイト ▷▷▷ www.lec-jp.com/

情報盛りだくさん！

資格を選ぶときも、
講座を選ぶときも、
最新情報でサポートします！

最新情報
各試験の試験日程や法改正情報，対策講座，模擬試験の最新情報を日々更新しています。

資料請求
講座案内など無料でお届けいたします。

受講・受験相談
メールでのご質問を随時受付けております。

よくある質問
LECのシステムから，資格試験についてまで，よくある質問をまとめました。疑問を今すぐ解決したいなら，まずチェック！

書籍・問題集（LEC書籍部）
LECが出版している書籍・問題集・レジュメをこちらで紹介しています。

充実の動画コンテンツ！

ガイダンスや講演会動画，
講義の無料試聴まで
Webで今すぐCheck！

動画視聴OK
パンフレットやWebサイトを見てもわかりづらいところを動画で説明。いつでもすぐに問題解決！

Web無料試聴
講座の第1回目を動画で無料試聴！気になる講義内容をすぐに確認できます。

スマートフォン・タブレットから簡単アクセス！ ▷▷▷

自慢のメールマガジン配信中！（登録無料）

LEC講師陣が毎週配信！ 最新情報やワンポイントアドバイス，改正ポイントなど合格に必要な知識をメールにて毎週配信。

www.lec-jp.com/mailmaga/

LEC E学習センター

新しい学習メディアの導入や，Web学習の新機軸を発信し続けています。また，LECで販売している講座・書籍などのご注文も，いつでも可能です。

online.lec-jp.com/

LEC 電子書籍シリーズ

LECの書籍が電子書籍に！ お使いのスマートフォンやタブレットで，いつでもどこでも学習できます。

※動作環境・機能につきましては，各電子書籍ストアにてご確認ください。

www.lec-jp.com/ebook/

LEC書籍・問題集・レジュメの紹介サイト **LEC書籍部** www.lec-jp.com/system/book/

- LECが出版している書籍・問題集・レジュメをご紹介
- 当サイトから書籍などの直接購入が可能(＊)
- 書籍の内容を確認できる「チラ読み」サービス
- 発行後に判明した誤字等の訂正情報を公開

＊商品をご購入いただく際は，事前に会員登録(無料)が必要です。
＊購入金額の合計・発送する地域によって，別途送料がかかる場合がございます。

※資格試験によっては実施していないサービスがありますので，ご了承ください。

LEC 全国学校案内

＊講座のお問合せ，受講相談は最寄りのLEC各校へ

LEC本校

■ 北海道・東北

札　幌本校　☎011(210)5002
〒060-0004 北海道札幌市中央区北4条西5-1　アスティ45ビル

仙　台本校　☎022(380)7001
〒980-0022 宮城県仙台市青葉区五橋1-1-10　第二河北ビル

■ 関東

渋谷駅前本校　☎03(3464)5001
〒150-0043 東京都渋谷区道玄坂2-6-17　渋東シネタワー

池　袋本校　☎03(3984)5001
〒171-0022 東京都豊島区南池袋1-25-11　第15野萩ビル

水道橋本校　☎03(3265)5001
〒101-0061 東京都千代田区神田三崎町2-2-15　Daiwa三崎町ビル

新宿エルタワー本校　☎03(5325)6001
〒163-1518 東京都新宿区西新宿1-6-1　新宿エルタワー

早稲田本校　☎03(5155)5501
〒162-0045 東京都新宿区馬場下町62　三朝庵ビル

中　野本校　☎03(5913)6005
〒164-0001 東京都中野区中野4-11-10　アーバンネット中野ビル

立　川本校　☎042(524)5001
〒190-0012 東京都立川市曙町1-14-13　立川MKビル

町　田本校　☎042(709)0581
〒194-0013 東京都町田市原町田4-5-8　MIキューブ町田イースト

横　浜本校　☎045(311)5001
〒220-0004 神奈川県横浜市西区北幸2-4-3　北幸GM21ビル

千　葉本校　☎043(222)5009
〒260-0015 千葉県千葉市中央区富士見2-3-1　塚本大千葉ビル

大　宮本校　☎048(740)5501
〒330-0802 埼玉県さいたま市大宮区宮町1-24　大宮GSビル

■ 東海

名古屋駅前本校　☎052(586)5001
〒450-0002 愛知県名古屋市中村区名駅4-6-23　第三堀内ビル

静　岡本校　☎054(255)5001
〒420-0857 静岡県静岡市葵区御幸町3-21　ペガサート

■ 北陸

富　山本校　☎076(443)5810
〒930-0002 富山県富山市新富町2-4-25　カーニープレイス富山

■ 関西

梅田駅前本校　☎06(6374)5001
〒530-0013 大阪府大阪市北区茶屋町1-27　ABC-MART梅田ビル

難波駅前本校　☎06(6646)6911
〒556-0017 大阪府大阪市浪速区湊町1-4-1
大阪シティエアターミナルビル

京都駅前本校　☎075(353)9531
〒600-8216 京都府京都市下京区東洞院通七条下ル2丁目
東塩小路町680-2　木村食品ビル

四条烏丸本校　☎075(353)2531
〒600-8413　京都府京都市下京区烏丸通仏光寺下ル
大政所町680-1　第八長谷ビル

神　戸本校　☎078(325)0511
〒650-0021 兵庫県神戸市中央区三宮町1-1-2　二宮セントラルビル

■ 中国・四国

岡　山本校　☎086(227)5001
〒700-0901 岡山県岡山市北区本町10-22　本町ビル

広　島本校　☎082(511)7001
〒730-0011 広島県広島市中区基町11-13　合人社広島紙屋町アネクス

山　口本校　☎083(921)8911
〒753-0814 山口県山口市吉敷下東 3-4-7　リアライズⅢ

高　松本校　☎087(851)3411
〒760-0023 香川県高松市寿町2-4-20　高松センタービル

松　山本校　☎089(961)1333
〒790-0003 愛媛県松山市三番町7-13-13　ミツネビルディング

■ 九州・沖縄

福　岡本校　☎092(715)5001
〒810-0001 福岡県福岡市中央区天神4-4-11　天神ショッパーズ
福岡

那　覇本校　☎098(867)5001
〒902-0067 沖縄県那覇市安里2-9-10　丸姫産業第2ビル

■ EYE関西

EYE 大阪本校　☎06(7222)3655
〒530-0013　大阪府大阪市北区茶屋町1-27　ABC-MART梅田ビル

EYE 京都本校　☎075(353)2531
〒600-8413　京都府京都市下京区烏丸通仏光寺下ル
大政所町680-1　第八長谷ビル

【LEC公式サイト】www.lec-jp.com/

スマホから簡単アクセス！

LEC提携校

＊提携校はLECとは別の経営母体が運営をしております。
＊提携校は実施講座およびサービスにおいてLECと異なる部分がございます。

■ 北海道・東北 ■

八戸中央校【提携校】 ☎ 0178(47)5011
〒031-0035　青森県八戸市寺横町13　第1朋友ビル　新教育センター内

弘前校【提携校】 ☎ 0172(55)8831
〒036-8093　青森県弘前市城東中央1-5-2
まなびの森　弘前城東予備校内

秋田校【提携校】 ☎ 018(863)9341
〒010-0964　秋田県秋田市八橋鯲沼町1-60
株式会社アキタシステムマネジメント内

■ 関東 ■

水戸校【提携校】 ☎ 029(297)6611
〒310-0912　茨城県水戸市見川2-3092-3

所沢校【提携校】 ☎ 050(6865)6996
〒359-0037　埼玉県所沢市くすのき台3-18-4　所沢K・Sビル
合同会社LPエデュケーション内

東京駅八重洲口校【提携校】 ☎ 03(3527)9304
〒103-0027　東京都中央区日本橋3-7-7　日本橋アーバンビル
グランデスク内

日本橋校【提携校】 ☎ 03(6661)1188
〒103-0025　東京都中央区日本橋茅場町2-5-8　日本橋大江戸ビル
株式会社大江戸コンサルタント内

■ 東海 ■

沼津校【提携校】 ☎ 055(928)4621
〒410-0048　静岡県沼津市新宿町3-15　萩原ビル
M-netパソコンスクール沼津校内

■ 北陸 ■

新潟校【提携校】 ☎ 025(240)7781
〒950-0901　新潟県新潟市中央区弁天3-2-20　弁天501ビル
株式会社大江戸コンサルタント内

金沢校【提携校】 ☎ 076(237)3925
〒920-8217　石川県金沢市近岡町845-1　株式会社アイ・アイ・ピー金沢内

福井南校【提携校】 ☎ 0776(35)8230
〒918-8114　福井県福井市羽水2-701　株式会社ヒューマン・デザイン内

■ 関西 ■

和歌山駅前校【提携校】 ☎ 073(402)2888
〒640-8342　和歌山県和歌山市友田町2-145
KEG教育センタービル　株式会社KEGキャリア・アカデミー内

■ 中国・四国 ■

松江殿町校【提携校】 ☎ 0852(31)1661
〒690-0887　島根県松江市殿町517　アルファステイツ殿町
山路イングリッシュスクール内

岩国駅前校【提携校】 ☎ 0827(23)7424
〒740-0018　山口県岩国市麻里布町1-3-3　岡村ビル　英光学院内

新居浜駅前校【提携校】 ☎ 0897(32)5356
〒792-0812　愛媛県新居浜市坂井町2-3-8　パルティフジ新居浜駅前店内

■ 九州・沖縄 ■

佐世保駅前校【提携校】 ☎ 0956(22)8623
〒857-0862　長崎県佐世保市白南風町5-15　智翔館内

日野校【提携校】 ☎ 0956(48)2239
〒858-0925　長崎県佐世保市椎木町336-1　智翔館日野校内

長崎駅前校【提携校】 ☎ 095(895)5917
〒850-0057　長崎県長崎市大黒町10-10　KoKoRoビル
minatoコワーキングスペース内

沖縄プラザハウス校【提携校】 ☎ 098(989)5909
〒904-0023　沖縄県沖縄市久保田3-1-11
プラザハウス　フェアモール　有限会社スキップヒューマンワーク内

※上記は2023年9月1日現在のものです。

書籍の訂正情報について

このたびは，弊社発行書籍をご購入いただき，誠にありがとうございます。
万が一誤りの箇所がございましたら，以下の方法にてご確認ください。

1 訂正情報の確認方法

書籍発行後に判明した訂正情報を順次掲載しております。
下記Webサイトよりご確認ください。

www.lec-jp.com/system/correct/

2 ご連絡方法

上記Webサイトに訂正情報の掲載がない場合は，下記Webサイトの
入力フォームよりご連絡ください。

lec.jp/system/soudan/web.html

フォームのご入力にあたりましては，「Web教材・サービスのご利用について」の
最下部の「ご質問内容」に下記事項をご記載ください。

- ・対象書籍名（○○年版，第○版の記載がある書籍は併せてご記載ください）
- ・ご指摘箇所（具体的にページ数と内容の記載をお願いいたします）

ご連絡期限は，次の改訂版の発行日までとさせていただきます。
また，改訂版を発行しない書籍は，販売終了日までとさせていただきます。

※上記「2ご連絡方法」のフォームをご利用になれない場合は，①書籍名，②発行年月日，③ご指摘箇所，を記載の上，郵送
にて下記送付先にご送付ください。確認した上で，内容理解の妨げとなる誤りについては，訂正情報として掲載させてい
ただきます。なお，郵送でご連絡いただいた場合は個別に返信しておりません。

　送付先：〒164-0001 東京都中野区中野4-11-10 アーバンネット中野ビル
　　　　　　　　　株式会社東京リーガルマインド 出版部 訂正情報係

- ・誤りの箇所のご連絡以外の書籍の内容に関する質問は受け付けておりません。
  また，書籍の内容に関する解説，受験指導等は一切行っておりませんので，あらかじめ
  ご了承ください。
- ・お電話でのお問合せは受け付けておりません。

講座・資料のお問合せ・お申込み

LECコールセンター　☎ 0570-064-464

受付時間：平日9：30～20：00/土・祝10：00～19：00/日10：00～18：00

※このナビダイヤルの通話料はお客様のご負担となります。
※このナビダイヤルは講座のお申込みや資料のご請求に関するお問合せ専用ですので，書籍の正誤に関
するご質問をいただいた場合，上記「2ご連絡方法」のフォームをご案内させていただきます。